中国旅行指南系列

湖南

本书作者

彭棠　何望若　龚宥文
何苗苗　尼佬　王玫珺

湘北地区 179页
湘西地区 93页
湘东地区 56页
湘中地区 241页
湘南地区 204页

中国地图出版社

计划你的行程

欢迎来湖南	4
湖南亮点	6
湖南Top14	8
行前参考	18
新线报	20
如果你喜欢	21
当地人推荐	24
省钱妙计	26
每月热门	27
旅行线路	30
负责任的旅行	38
水上看湖南	40
和当地人吃喝	43
自驾游	48
带孩子旅行	52

在路上

湘东地区 56
长沙 59
长沙周边 82
浏阳 82
宁乡 84
靖港 85
铜官 86
昭山 86
左宗棠故居 86
湘潭周边 87
韶山 87
湘乡 88
株洲周边 90
醴陵瓷谷 90
茶陵县工农兵政府旧址 ... 90
炎陵 91

湘西地区 93
凤凰及周边 96
凤凰 96
凤凰西线 109
凤凰西北线 113
吉首及周边 115
吉首 115
德夯和矮寨 116
茶峒(边城) 120
芙蓉镇及周边 122
芙蓉镇(王村) 122
小溪 126
永顺 130
龙山及周边 131
龙山 132
洗车河镇 133
惹巴拉 133

禾库,见114页

黔城,见158页

高椅岭丹霞,见240页

目录

隆头 134
里耶 134
张家界 **137**
张家界市区
（永定区）........... 138
武陵源 146
怀化及周边 **155**
怀化 155
黔城 158
洪江 160
芷江 172
通道 174

湘北地区 179
岳阳及周边 **181**
岳阳 181
张谷英村 190
汨罗 191
平江及周边 **192**
平江 192
杜甫墓祠 193
纯溪小镇 193
石牛寨 194
常德及周边 **194**
常德 194
桃花源 199
夷望溪 201
城头山 202
壶瓶山 202

湘南地区 204
衡山及周边 **205**
南岳衡山 205
衡阳 216
永州及周边 **220**
永州 220
浯溪碑林 225
江永及周边 **226**
江永 226
女书园 227
千家峒 228
上甘棠村 229
郴州及周边 **231**
郴州 231
汝城 234
莽山 235
小东江 238
高椅岭丹霞 240

湘中地区 241
益阳及周边 **242**
益阳 242
安化 246
新化及周边 **248**
新化 248
梅山龙宫 249
紫鹊界梯田 250
邵阳及周边 **251**
邵阳 251
曾国藩故里 252
崀山 253

了解湖南

今日湖南 258
历史 260
湖南人 268
建筑和艺术 272
饮食 277
环境 282

生存指南

出行指南 290
交通指南 295
健康指南 299
幕后 303
索引 305
地图图例 309
我们的作者 310

特别呈现

水上看湖南 40
和当地人吃喝 43
坐船走湘西 128

欢迎来湖南

大山深处流传着巫蛊与赶尸的神秘传闻,都市里信奉着娱乐至上的精神。吃辣椒长大的辣妹子,养成了"吃得苦,霸得蛮"的性情。湖南的种种,你也许早有耳闻。当你深入它,你会发现更多。

沿水而生

湖南之"湖",源自洞庭;潇湘的"湘",来自湘江。湘、资、沅、澧四条大河在汇入洞庭湖之前,用5000多条支流衔接起各城、各景和各方的人们,也打通了这片土地的任督二脉。沿河而有山,湘江畔有以秀闻名的南岳衡山和领袖的故里——韶山;澧水从张家界所在的武陵山脚流过;资江边矗立着赤色的崀山百里丹霞;沿着沅江,你能深入陶渊明描述过的那个桃花源。中国最古老的游记《永州八记》早为后人写好了攻略,例如,欣赏洞庭湖最好要登上岳阳楼。水对湖南意味着什么?古时此地,连聚落族群都以水命名——五溪蛮。

古镇古村如珠

"边城"不在凤凰,却意外成就了凤凰。凤凰的火爆,也令其他古村落得以"隐姓埋名",守住一份高洁。湖南最早的古石桥在上甘棠村,张谷英村中206个天井将屋屋相连,洗车河镇将山坡化作街巷,芙蓉镇重重叠叠"挂"在瀑布上的格局,你可能走遍中国也找不到雷同。凤凰的吊脚楼、洪江的窨子屋、通道的风雨桥和鼓楼,都是不同民族、不同聚落的标志建筑。这些古镇、古村,以落后于时代的节奏,成了一个个遗世独立的原乡。

数风流人物

前有炎帝与蚩尤争地盘,后有土司在湘西圈地八百年,地方团练竟有"无湘不成军"的大气候,而三湘大地的革命者们更是书写了半部中国近代史,别看湖南如今极具娱乐精神,也曾一路闯过了烽火狼烟。文武双全才湖南。中国理学兴于此,周敦颐奠定了湖湘学派的思想基础。千年学府岳麓书院薪火相传至今,江永将古代女子间的私密文字延续了下来。历代文人骚客为湖南贡献了颇多笔墨,汨罗江边对屈子的凭吊从未懈怠,新一代的背包客正沿着沈从文的描述溯水走湘西。

百味辣为先

如果你曾体验过湖南冬天直往骨头里钻的湿冷,就会明白,为何位列八大菜系之一的湘菜,不愿照顾不吃辣的食客。湘菜的辣,辣得直接。"口味"二字在长沙代表辣。霉豆腐、臭豆腐、米豆腐等终点都是通往辣。辣椒可以自成一菜,火烧辣子、抖辣椒、镭钵辣子,还有红辣椒炒青辣椒的"绝代双椒",虎皮青椒已经是最温和的了。伟人冠名的红烧肉倒是不辣,但远不如辣椒炒肉这道家常菜更受湖南人欢迎。火辣辣的味道养成火辣辣的性子,难怪这片土地能诞生"敢为天下先"的开拓者。

我为什么喜欢湖南

本书作者 何苗苗

作为一个好奇的探秘者,我对湖南一往情深。这里有《阿凡达》里的奇幻仙境,有陶渊明《桃花源记》中的世外乐土,湘西少数民族的奇特风俗和诡异仪式流传至今。奇绝的山水让我过足了户外瘾,而古村寨、祠庙、书院的历史渊源,千古流传的诗词歌赋,以及将士们保家卫国的不朽功勋则吸引我将这片土地越探越深。夜晚扎进夜市寻找最佳口味更是湖南之旅的一大乐事,当火辣的湘味逐渐征服我的味蕾,我已忍不住开始计划下一次"湘行"。

更多关于作者的介绍,见310页。

上图:凤凰古城里卖花环的苗族阿婆

湖南亮点

武陵源
石英砂岩峰林在云雾缭绕中直冲云霄,任谁置身其间都忍不住要击节赞叹。(146页)

德夯
三条溪流汇聚于此,四面青山将其包围,湘西山水在这里浓缩。(117页)

凤凰
中国古镇的代表作,以它为据点,深入周边,更有助于你理解湘西。(96页)

常德
吃一碗常德米粉,去桃花源里看看陶渊明笔下的"土地平旷,屋舍俨然,良田美池"。(194页)

岳阳
从岳阳楼上俯瞰洞庭湖,会范仲淹所描述的"衔远山,吞长江,浩浩汤汤"。(181页)

张谷英村
206个彼此相接的天井连起庞大的明清古建筑群。(190页)

长沙
在中国最具娱乐精神的省会寻觅街巷间的平民美味。(59页)

韶山
到伟人故里了解少年毛泽东的成长经历。(87页)

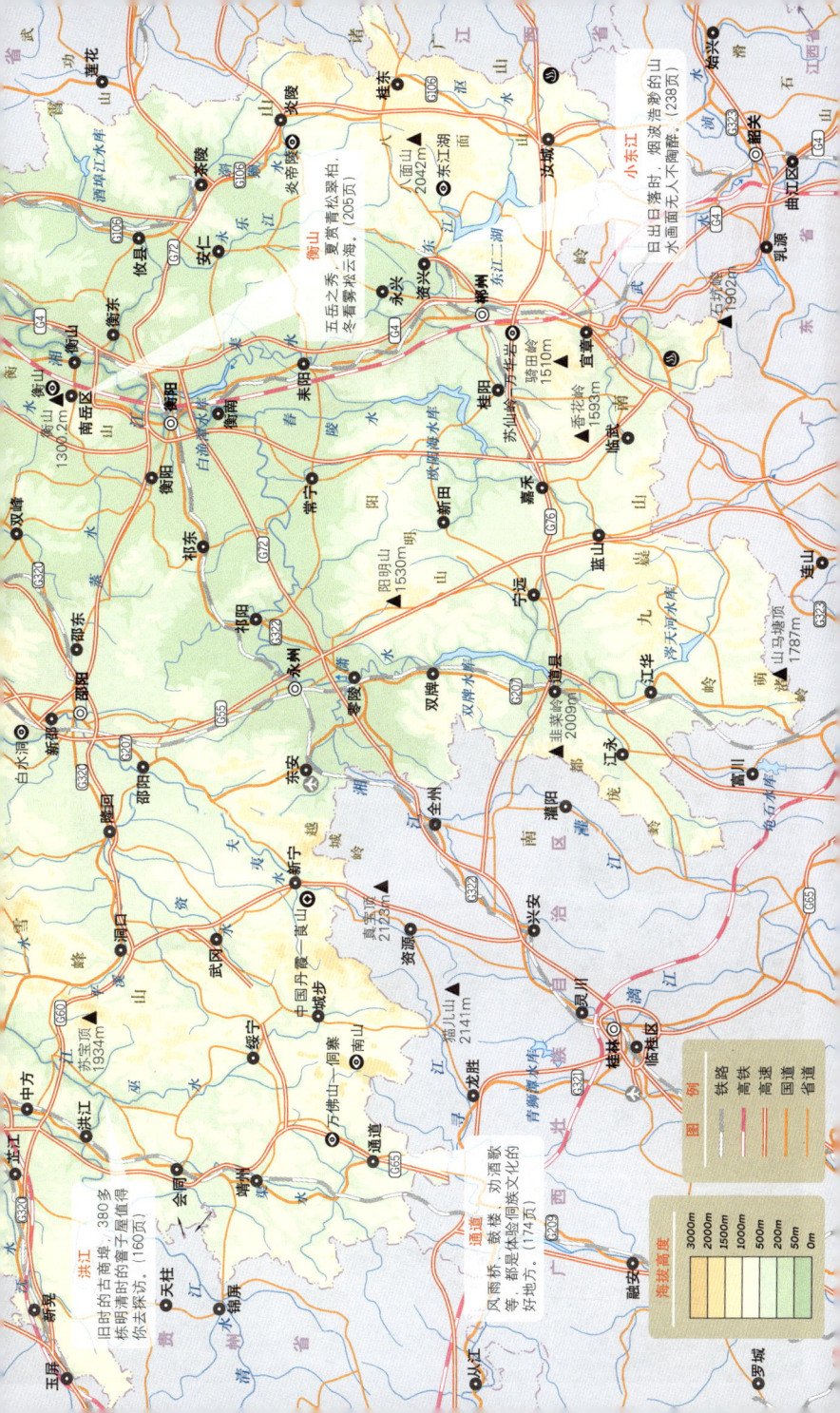

湖南
Top 14

1

张家界奇观

1 张家界（见137页）是新的，又是旧的。新，是说它被世人广为认识的时间如此短暂，却已经被认为是中国的标志景观之一；旧，是说它私藏了百万年之后，世上绝无仅有的云海石山群立，看似星外来客，却仍是中国美学中最典型的流动水墨画。尽管几十年来，张家界的旅游开发者各种惊天动地的工程引起了人们对这一世界奇迹保护的担忧，但那些神奇的山内电梯和规模庞大的缆车，确实为观赏奇景提供了前人未有的角度。而那些古老的登山栈道还在，你仍可像古人一样，独自置身于峰林中。

凤凰古城

2 凤凰（见96页）几乎代言了整个湘西。湘西的吊脚楼、沈从文书写的家乡、苗族的歌声，你都能在凤凰觅到踪影。纵然一定有人警告过你凤凰早已不是从前的模样，相信你还是不会入湖南而不到凤凰。如果你可以和大多数游客错开点时间，依然能在黎明时分惊叹凤凰的美。不要将活动范围局限在沱江边，站上笔架山，镜头里的景致要开阔得多。若只想将光阴沉浸在古城，不要随波逐流，走走无人的巷子，你才会发现除了千篇一律的沿江客栈，凤凰还"藏"有很多历史悠久的古建。图为沱江上的游船。

视觉中国 提供

2

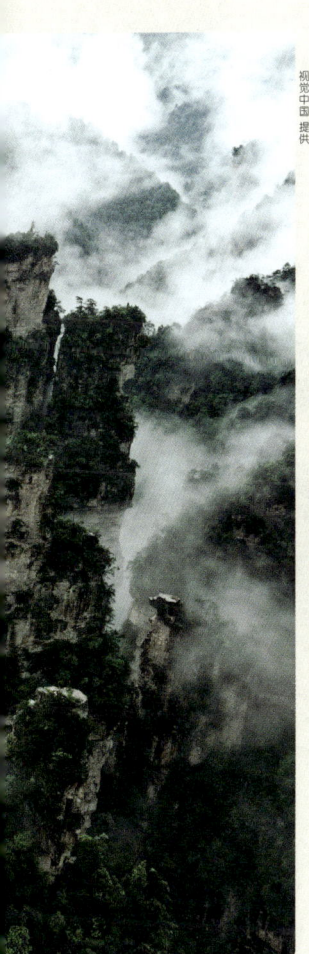

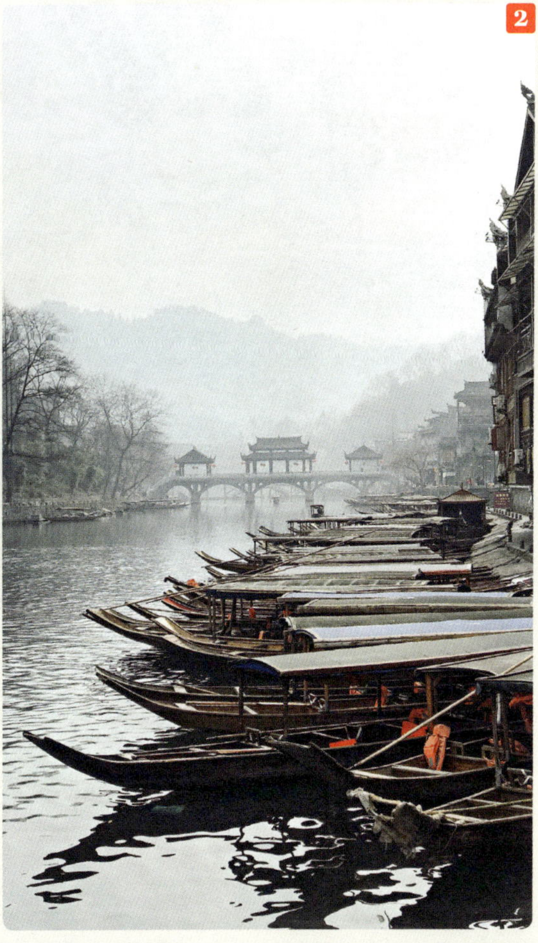

何苗苗 摄

湘西赶场

3 鼠标消费的今天,你有多久没逛过街了?来湘西赶一回边边场吧,走入山地民族的集市,见识一下原生态的"市场"。人们通过5天一次的边边场,集中采购衣食住行所需。露天市场上,人挨着人,背篓挨着背篓,挤得水泄不通。苗族阿婆们戴着高高的头巾,身穿青蓝色系的传统服饰,小吃摊上各种美食便宜又好吃。腊尔山(见114页)和禾库(见114页)的边边场最原汁原味,除了满眼穿民族服饰的苗族妇女,你还能看到拔牙的游医、占卦的相士等,除了本地苗族,邻近的贵州、重庆山民也会前来。图为腊尔山赶场。

湖南省博物馆

4 全新亮相的湖南省博物馆(见65页)是你了解湖南历史文化、风土人情的不二之选。别看它仅设三湘历史和马王堆汉墓两个系列的陈列馆,但你绝不可能在一两个小时内看完。馆藏文物18万余件中,被誉为"方罍之王"的商代大型盛酒器、中国唯一的人面纹铜方鼎等堪称青铜器时代的艺术巅峰。辛追夫人的"新家"呈现出一派高大上的气质,布展极其用心,随葬品的展出按照出土时的位置原样摆放。等比例还原的马王堆汉墓墓坑是最大的视觉亮点,酷炫的3D技术为你开启一场魔幻的"地宫"之旅。图为馆藏文物人面纹方鼎。

计划你的行程 湖南 Top 14

洞庭湖

5 洞庭湖幅员辽阔，水系繁复，在不同的季节和时辰有着截然不同的风景。岳阳（见181页）坐拥东洞庭湖，春可尝君山茶，夏可采团湖莲，秋可观洞庭月，冬可数万羽鸟。飞檐展翼的岳阳楼矗立于万顷洞庭之滨。深入湿地自然保护区，还有可能捕捉到江豚和野生麋鹿群的身影，洞庭湖鲜更是治愈旅途劳顿的良药。沅江（见129页）是探索南洞庭湖的大本营，这里水浸皆洲，水落为洲，星罗棋布的洲址和浩瀚的芦苇荡如同一座天然的水道迷宫。无论是淫雨霏霏，还是薄暮冥冥，都呈现出诗一般的意境。图为在东洞庭湖国家级自然保护区越冬的候鸟。

坪坦河侗寨群

6 通道县一条短短的坪坦河，却分布着不下十几座建于清朝时期的廊桥（见176页），郭沫若把这种南方田园的廊桥称为"风雨桥"，当地的侗家人则亲切地将它称为"福桥"。每座桥都象征着一个村落，也象征着侗族村寨流传至今的传统田园生活。无论你走进黄土、高步或是坪坦，都有机会听到喜庆的芦笙，喝到醉人的"苦酒"。除了廊桥，每个村落里都有高大的鼓楼和姿态各异的侗族木楼，你能在鼓楼看到对祖先的祭祀，也能在木楼里体验小家的温馨，都是货真价实的文化遗产。图为黄都侗寨普修风雨桥。

紫鹊界梯田

7 自秦汉起，苗族和瑶族先民就在雪峰山一隅的紫鹊界垦荒劳作，用勤劳和智慧与大自然共同创造了壮美的紫鹊界梯田（见250页）。海拔500~1200米，8万多亩500余级梯田依山就势，年年岁岁的春耕秋收不仅让人们丰衣足食，还造就了四季迥异的色彩盛宴，天然形成的自流灌溉系统更是成为世界灌溉工程遗产。养在深闺的天然风光和低调的旅游宣传使这里保持了相对清静的环境，只要不是节假日，不管是自驾还是搭班车前来，都能让你优哉游哉地尽兴而归。

岳麓山

8 想要了解湖湘文化与历史便万万不可错过岳麓山（见60页）。不过300米高，却遍布辛亥革命先驱与抗日烈士的遗迹。传统的儒释道文化在此荟萃，山脚下的湖南大学和岳麓书院、半山腰的麓山寺和山顶的云麓宫都在以各自的方式守护着这片千年净土。春暖花开时，山上青翠的树木与嫣红的杜鹃相互映衬。炎炎夏日里，当地人更爱夜爬或露营，在山里寻一分凉爽清幽。深秋时节，枫叶与银杏衬托出爱晚亭的翘角飞檐。冬季的岳麓山也有它低调的美丽，碰上大雪或冰冻，这里便仿似一片晶莹仙境。图为岳麓山下的爱晚亭。

小东江

9 半个世纪前的东江大坝建设工程，于耒水上游切割出一段蜿蜒静止的翠绿江水——小东江（见238页）。每逢日出、日落，由于温差作用形成的水汽在水面蒸腾，弥漫于青山翠谷之中，形成了特有的雾霭景观。此时，景区会特意安排渔民乘舟撒网，一幅充满古意的山水画便完美呈现于摄影爱好者的镜头中。尽管一切都是人工安排，但景色确实如梦如幻。拍完照后也别着急走，江水西岸修建的河面栈道能近距离欣赏饮用水等级的透彻绿水，东岸的自行车道还可带你到东江大坝脚下。图为雾漫小东江。

衡山

10 "山不在高，有仙则名"，位列五岳的衡山（见205页）便是如此。夏日青松绿柏、冬日雾凇云海的秀岳，每至清晨和傍晚，山脚或山中的古老寺庙都会传来悠悠诵经声。白天，可以看到来自五湖四海的信徒徒步在翠林间，从山脚南岳大庙一路祭拜到山顶祝融寺。入夜后，留宿禅房的旅人，还能听木鱼声响入斋堂食斋饭，并与师父一同探讨禅学。即便对宗教不感兴趣，每到秋季落满金黄树叶的千年古寺，大陆唯一留存的忠烈祠，暗藏玄机的抗战官邸，以及祝融峰的日出晨光，都是让人回味的南岳韵味。

9

计划你的行程
湖南 Top 14

10

张谷英村

11 这个深藏在岳阳大山里的古村落,完整的明清古建筑里至今演绎着鲜活的生活。206座天井相连的大屋内,四通八达的六十多条巷道晴雨两安,巧妙的采光、排水和防火系统隐于其中。如今的大屋居住着两千多名张姓村民,都是始建者张谷英的第二十几代传人。相较于许多商业化的古村镇,张谷英村(见190页)仍保持着难得的朴实,在渭溪河边的麻石古栈道上,在繁忙的油豆腐作坊里,在家长里短的邻里相安和"耕读继世,孝友传家"的家训中,你会看到这个隐没的桃源延续千年的缘由。图为张谷英村纺线的老人。

崀山丹霞

12 作为世界自然遗产"中国丹霞"的重头戏,108平方公里的崀山(见253页)几乎涵括了丹霞发育过程中所有的地貌景观。辣椒峰有险峻的赤壁丹崖,天一巷汇集了高矮长短的一线天,百变的石墙、石峰、石柱和连绵起伏的峦嶂在骆驼峰前尽情演绎,八角寨上群峰浮于云海的场景可遇不可求。春夏可乘竹筏流连于两岸的花草林木与河心的奇石洲汕间,秋天甜润可口的崀山脐橙上市,冬日雪后的崀山银装素裹,雾凇点缀。

火辣湘菜

13 温暖湿润的气候给湖南带来了丰富的食材,也成就了以辣而名扬天下的湘菜。湘西的山林盛产笋、蕈等山珍和烟熏腊味,腊肉加豆腐和辣椒一起煮的干锅会驱走秋冬的湿气和寒意,让你吃得满面红光,大呼快哉。湘北的洞庭湖平原贡献了大量水产家禽,到岳阳来,无论是鲜嫩少刺的回头鱼还是肥美的水鸭都能让挑剔的食客心服口服。湘东以长沙为代表,汇集湘菜酸辣香鲜的特点,琳琅满目的小吃夜宵让人恨不能多生两个胃。从臭豆腐到口味蛇,逐一挑战你的味蕾和心理承受度吧。图为湘西剁椒。

不夜长沙

14 无论你是不是湖南卫视的死忠粉,长沙(见59页)的娱乐活动都会让人不虚此行,这座城市越到半夜越难打车。市中心解放西路的大型夜店供年轻人躁到天亮,田汉大剧院和湘江剧院仍然有忠实的旅行团拥趸。到河东河西的Livehouse里看来自世界各地的乐队卖力演出,与文艺青年们一同沉迷在现场音乐的魅力中。要情调有鸡尾酒吧,要热闹有开到凌晨的夜宵街。累了?感受一下足浴城极富特色的刮式手法,一定能让你满血复活。图为解放西路酒吧里的夜生活。

行前参考

更多信息,请参考"生存指南"章节(见289页)

简称
湘

少数民族
11个世居少数民族

现金
在市区和县城,四大商业银行及24小时自动柜员机很容易找到。
村镇一级通常有农业银行,至少会有农村信用合作社。
手机支付在城市和热门旅游景区越来越普及,偏远乡村依然只能依靠现金。

语言
无论在城市还是乡村,或面对少数民族,百分之九十九的当地人都能听懂你说的普通话。
除了少数民族的本族语言,长沙话、西南官话也不难听懂。

通信网络
有人居住的地方基本都已覆盖手机信号,深山峡谷里信号不稳,联通信号尤其差。
4G网络覆盖大多数城市和县城,大多数酒店、旅馆及公共场所提供免费Wi-Fi。

住宿
长沙和部分凤凰的酒店不提供一次性洗漱用品,别忘了自带。

何时去

张家界 4月至11月前往
常德 全年前往
岳阳 全年前往
湘西州 4月至11月前往
益阳 3月至6月,9月至10月前往
长沙 10月至次年5月前往
怀化 4月至11月前往
娄底 3月至6月,9月至10月前往
株洲 10月至次年5月前往
邵阳 3月至6月,9月至10月前往
衡阳 全年前往
永州 全年前往
郴州 全年前往

冬季湿冷,夏季炎热
冬季温和,夏季炎热

旺季
(5月至10月上旬)

➡ 公共假期密集,凤凰、张家界等热门景点人满为患,住宿价格飞涨,提前预订很有必要。

➡ 气候总的来说是雨热同步,城市闷热。

➡ 山间凉爽,峡谷水量充足,瀑布水量丰沛,是跋山涉水的好时候,漂流、徒步等户外活动也都合适。

平季
(3月至4月,10月中下旬)

➡ 除了小长假,其余时候游人不多,住宿价格合理,天气也宜人,是"抄底"旅行的好时机。

➡ 大山里野花漫山遍野,美不胜收。

淡季
(11月至次年2月)

➡ 气温很少低于0度,但湿冷的渗透力远大于你的想象,不要高估自己的抗寒能力,把最厚的衣服带上。

➡ 看洞庭湖候鸟迁徙,登衡山赏雾凇。

网络资源

新浪微博@长沙旅游网（微信公众号同名），关于长沙的新闻资讯、生活信息、吃喝玩乐等，对于打算细走长沙的旅行者很实用。

新浪微博@湖湘地理（微信公众号同名），同名周刊的官微，深入解读三湘大地的人文、地理、风光。

微信公众号"湘约出行""爱上新湖南""锦绣潇湘旅游卡""衡阳户外俱乐部"，旅游信息及时、全面、实用。

华声在线（hw.voc.com.cn）的户外板块是湖南最大的旅行论坛，常组织各种旅行、户外活动。

户外资料网8264（hunan.8264.com）的湖南频道常组织漂流、徒步、攀岩等活动，每年固定举办湖南百公里毅行。

重要号码

在拨打报警电话时，记得加上区号，能帮助警方更快定位。

报警	110
医疗救护	120
湖南省旅游咨询、投诉	12301

主要城市区号

长沙	0731
岳阳	0730
凤凰	0743
张家界	0744
怀化	0745
衡阳	0734

每日预算

经济
200元以下
➡ 青年旅舍床位40~60元，或淡季时普标100元以内。

出发前，准备好！

➡ 旅行社花招多！记住"天下没有免费的午餐"，你这一刻占到的便宜，下一刻可能得加倍还上。

➡ 山间雨后岩壁湿滑，小径常布满青苔，一双舒适防滑的鞋是必备品。在大山里徒步时，雨伞不如一次性雨衣来得实用，前者极可能被大风"牵着鼻子走"。

➡ 从你进入凤凰始，就会遇到各式各样的"热心肠"。如果他们所言与你做的功课不一样，那么，相信手头的攻略。

➡ 湖南山多，如果有晕车史，最好带上药，以免被山路十八弯影响了观景的心情。

➡ 夏季若遇连日暴雨，可能会引发洪涝，要避免去山里进行户外运动。

➡ 吃粉：8~15元。
➡ 尽量利用公共交通。
➡ 很少购物。
➡ 淡季出行。

中档
200~500元
➡ 选择快捷酒店、客栈标间：150~250元。
➡ 能经常下馆子品尝地方特色：120元/天。
➡ 如果要去门票昂贵的景点，当天预算最好有400~500元。
➡ 适当购买一些土特产、纪念品。

高档
500元以上
➡ 入住精品客栈、星级酒店：400元起。
➡ 吃喝选择面很广，可以遍尝当地美食。
➡ 包车或自驾走偏远的线路。
➡ 可收一两件少数民族手工艺品。

抵达湖南后

长沙黄花国际机场
➡ 机场大巴至市区：15.5~29元
➡ 出租车至市区：80元

张家界荷花机场
➡ 机场大巴至市区：10元
➡ 4路公交至市中心或火车站：1.5元
➡ 出租车至市区：20~30元
➡ 出租车至武陵源区：80~100元

常德桃花源机场
➡ 机场大巴至市区：免费

衡阳南岳机场
➡ 167路或168路公交车至市区：3元
➡ 出租车至市区：60元

永州零陵机场
➡ 机场大巴至市区：免费
➡ 出租车至市区：60~80元

更多交通信息，见
交通指南（见295页）

计划你的行程

行前参考

新线报

5年磨一剑，辛追娭毑入住华丽的新"家"

2017年11月29日，湖南省博物馆历时5年闭馆扩建重新开放。丰富的文物展全面追溯了湖南的"上下五千年"，出土自马王堆的辛追夫人全家的随葬品占据了整整一层。而省博的布展也极为精美，融入了裸眼3D的设计，还有按1:1比例打造、堪比"春晚"舞台效应的井椁。

凤凰古城取消门票制

凤凰古城自从推行门票制以来，无论在旅行者还是本地生意人中都"不得人心"。终于，2016年古城迫于各方压力取消了门票，再度畅行。而据本地人称，虽恢复免票，但人气并未彻底复苏，所以，近两年或许是你去凤凰旅游的最好时机。

高铁时代全面来临

随着沪昆高铁的开通，前往长沙多了一条快速通道，你还可以先坐高铁到怀化，然后换大巴去凤凰，这是目前前往凤凰最快捷的方案。2017年9月，连接湘东、湘中和湘北地区的长石铁路通车，从长沙出发，坐动车两小时便能带你进入"桃花源"。成都、重庆也已与长沙通高铁，跨省前来时间缩短至6~7小时。另外，怀邵衡铁路已于2018年建成通车，黔张常铁路于2019年投入运营，而贯穿湘西地区的张吉怀高铁已于2021年底通车，从此前往张家界更加方便了。

新机场

2014年年底衡阳南岳机场通航，从最初的仅有省内和北京、上海的航线，如今已与十来个省会城市通航。岳阳三荷机场已经完工，于2018年通航。郴州北湖机场也已于2021年投入使用。

新"桃花源记"

2017年8月，常德的桃花源景区经过长达6年的施工改造，全新开放。新景区变大了，花上一整天逛不完。看点也多了，很好地还原了《桃花源记》中的场景。

长沙地下四通八达

长沙已建成南北纵横5条地铁线路，两个火车站和长株潭汽车站、长沙汽车西站、长沙汽车北站都在地铁沿线。

高速"天路"，车行"画"中

2017年11月底，永吉高速建成通车。这条公路从永顺到吉首，经芙蓉镇、罗依溪、古丈，沿途穿行于湘西秀美的大山，被誉为湖南最美高速。

小东江自行车道

东江湖湖口至白廊修建了一条免费的环湖公路，你可以在小东江东岸入口处租辆自行车，一路骑行欣赏小东江。

张家界年票

如果你觉得张家界门票的4日有效期还不足以玩转张家界，可以购买298元的年票，只多出50元，称得上划算。

长株潭滴滴"城际专线"

长株潭三地开通滴滴"城际专线"，这一服务既没有"黑车"的安全隐患，又可以接送上门，无疑是比火车、长途大巴更便利的选择。

如果你喜欢

山水美景

湖南的山优势不在高,而在秀和奇;湖南的水,有文人赋诗,有歌咏。

衡山 五岳之秀,夏日青松绿柏,冬日雾凇云海,你可以夜登衡山,还可以骑行上山。(见205页)

武陵源景区 张家界的精华——石英砂岩峰林在晴天、雨后变幻出截然不同的视觉效果。(见146页)

崀山丹霞 世界自然遗产"中国丹霞"的成员,方圆20多公里的赤壁丹崖,尽显大自然的无穷创意。(见253页)

洞庭湖 欣赏中国第二大淡水湖,可在东洞庭湖(见186页)观鸟、采莲,可在南洞庭湖(见245页)泛舟芦苇荡。

莽山 屹立在湘粤交界处,石峰林立,气候万千,山里还生长着濒危的莽山烙铁头蛇。(见235页)

紫鹊界梯田 名气不大,景色不俗,春天蓄水后梯田如镜面,冬日雪花覆田埂如五线谱。(见250页)

张家界黄龙洞 被称作"中国溶洞的全能冠军","定海神针"已在洞中屹立了20万年。(见152页)

神农谷 这里是中国负氧离子含量最高的区域之一,有湖南落差最大的瀑布。(见92页)

历史人文

从《楚辞》开始,这片土地常出现于古诗词中。翻翻湖南的名人录,你会惊讶地发现,中国近代史几乎有"半壁江山"都是湖南人打下来的。

湖南省博物馆 了解湖南历史的不二之选,可以在此看望"安睡"中的辛追夫人。(见65页)

岳麓书院 光是细数来此讲学和求学的名人,都让人肃然起敬。(见60页)

韶山 这里留下了毛泽东青少年时学习生活、从事革命的印迹。(见87页)

如果你喜欢观鸟

每年秋冬,近20万只候鸟飞抵东洞庭湖越冬,届时可以去采桑湖观鸟。

岳阳楼 古代江南三大名楼之一,登楼远眺浩瀚的洞庭湖,温习一遍《岳阳楼记》。(见181页)

永州古城 柳宗元被贬为永州司马的十年中,写出了《永州八记》,如今这座小城处处有柳宗元留下的影响。(见224页)

抗日胜利受降旧址 到"芷江受降"的发生地凭吊历史,"为了忘却的纪念"。(见172页)

里耶秦简博物馆 上千枚秦简从官僚、刑法、生活等多个角度为你展开一部秦史。(见135页)

屈子文化园 去屈原投河的汨罗江畔了解他的一生。(见191页)

曾国藩故里 晚清重臣的家乡,保留着曾国藩及其家人的故居、藏书楼等诸多建筑。(见252页)

人造奇观

山高路险难不倒湖南人,一座座公路奇观叫人瞠目结舌,还有秀美江山上玩出无限创意的"极限"建筑。

矮寨大桥 世界上跨峡谷跨径最大的钢桁梁悬索桥,拥有四项世界纪录,还被美国全国广播公司(NBC)旗下的新闻网站推荐为10个非去不可的世界新地标之一。(见119页)

小东江 20世纪建成的水坝,虽

计划你的行程

如果你喜欢

为人造但不输天然,雾霭与渔船更是自然与人的完美结合。(见238页)

张家界大峡谷玻璃桥 世界首座斜拉式高山峡谷玻璃桥,并创下世界最高、跨度最长等多项世界之最。(见152页)

天门山玻璃栈道 紧贴着峭壁,透过脚下的玻璃,视线穿透悬崖。(见140页)

矮寨公路 "山路十八弯"也不足以形容这条公路,在它结束使命前一定要来体验一下。(见118页)

百龙天梯 嵌在悬崖山体里的高速电梯,有1.5分钟在露天运行。(见150页)

古镇古村

昔日繁荣的码头文化和相对闭塞的环境,令湖南保留有一大批古老沧桑的古镇古村。

凤凰古城 如果有"最美古城"名录,一定不会少了凤凰。将镜头对准沱江,就是一张360度无死角的完美明信片。(见96页)

洪江古商城 "七冲八巷九条街"串联起380多栋明清时期的窨子屋。(见160页)

张谷英村 206个彼此相接的"井"字屋脊连起明清古建筑群,四通八达的60多条巷道很容易让人迷失其中。(见190页)

芙蓉镇 和其他古镇比起来,它既袖珍又秀美,古镇如堆蒸糕一样"挂"在瀑布上。(见122页)

上甘棠村 湖南目前发现的年代最早、保存最完好的古村落。(见229页)

黔阳古城 昔日沅江边的重要码头,王昌龄曾在此"送辛渐"。(见158页)

上图:湘西禾库边边场上洗银饰的摊位
下图:猛洞河漂流

洞市 茶马古道上的重镇，这里保留了当年的一条老街，还有茶马古道风景区。(见247页)

地方特色

热情奔放的少数民族，别处没有的民族风俗，数个非物质文化遗产，带你全面领略三湘大地。

禾库边边场 湘西最真实的"苗味"，如今只有在苗族偏远世居地的赶集日才最淋漓尽致。(见110页方框)

花鼓戏 火宫殿的戏台每晚有花鼓戏演出，湘江边也是票友们的自娱场所。(见78页)

侗族合拢宴 在劝酒歌"耶——啰——耶"的伴随下，喝下一碗侗家苦酒。(见175页)

汝城祠堂 "中国古祠堂之乡"，共有710座祠堂。(见234页)

长乐故事会 汨罗长乐镇特有的春节习俗，是集民间杂耍、彩绘、表演于一体的行为艺术。(见275页方框)

户外活动

湖南的山川峡谷里多的是看着危险、实际安全的路径，能让你小过一把户外瘾。5月至10月进行户外活动最为理想。

张家界徒步 你可以沿着金鞭溪走上5.7公里，也可以从中途的岔路口直上袁家界。(见147页)

骑行仙人溪 从张家界市区骑到天门山后天门，全程40公里，难度不大，半天就能完成。(见142页)

壶瓶山徒步 湘鄂交界的山岭，除了登顶交界处的主峰，还可以翻山去湖北。徒步路线成熟，危险更多是来自天灾，若遇极端恶劣天气别逞能。(见202页)

崀山攀岩 如果你是一位攀岩爱好者，那么崀山的天然岩壁你该来试试。(见253页)

潇贺古道徒步 秦代便有的一条交通要道，如今走起来很轻松，花上大半天就能体验其中一段。(见230页方框)

坐龙峡 这可能是最不好走的峡谷景区，也是最容易一试的户外活动。(见124页)

猛洞河漂流 湖南最著名的漂流线路之一，昔日的险滩已经抚平，如今更像是适合消夏的水上战场。(见124页)

石牛寨 玩一次飞拉达，在丹霞悬崖上"飞檐走壁"。(见194页)

手工艺

湖南被列入"非遗"名录的手工艺不少，你不但能在博物馆中欣赏陈列的作品，也能在村落间找到更具生活气息的实物。

西兰卡普 土家族的传统织锦，也是土家族姑娘的嫁妆，一两个月才能织完一条西兰卡普。(见134页)

醴陵瓷谷 釉下五彩瓷的原产地。这里既陈列了富有年代感的瓷器，也有当代艺术家的作品展出，你也可以DIY一件陶艺。(见90页)

江永女书 电影《雪花秘扇》里所描述的姐妹间互诉衷肠的文字，就是江永行将消失的女书。(见271页)

浏阳夏布 用苎麻手工纺织而成的纯麻纤维制品，如今这一手艺也面临失传。(见83页)

中国湘绣博物馆 了解中国四大名绣之一——湘绣的好地方。(见79页)

滩头年画 隆回县滩头镇的手工木版水印年画制作始于明末，画面火红艳丽，造型夸张，构图饱满。

> 计划你的行程 如果你喜欢

当地人推荐

常立军

《湖湘地理》记者、摄影师,擅长挖掘自然地理与人文历史的内在关联。

何谓潇湘?要想深入了解湖南,如何获得旅行灵感?

地理上潇湘是指永州零陵老城那一片。但在古时潇湘不仅指代湖南,更是一种美学境界,是文人墨客的精神寄托。可多读一些历史、地理、文学、美学方面的书,读过再来湖南,那种感觉是完全不同的。譬如,为什么湖南在古代成为很多知识分子的贬谪之地?为什么南宋之后,理学在湖南兴起?为什么近代湖南人精英辈出,成为主导社会发展的中坚力量?为什么禅宗的南宗在长江流域的湖南得到了迅猛的发展?为什么古诗词中会经常出现"潇湘"这个词?寻访答案的过程,就是旅行的意义之一。

给旅行者推荐一些主题游的路线吧。

比如诗词之旅。湖南自屈原以来,浪漫主义文学就在这里扎根了,其后到了唐宋,大量的诗人进入湖南,在这里留下了相当多的诗篇,沿着他们走过的路,可以感受潇湘的诗词美学意境。

还可以有寻禅之旅。湖南和江西共同构成了禅宗南宗的祖源地,五家七宗都与湖南有着密不可分的关系。这条线路可以从长沙出发,去往衡阳的南岳衡山,那里是禅宗诸多流派的祖源地之一,然后再去常德,常德有药山寺、夹山寺和乾明寺,可以形成一条完整的寻禅脉络。

C-BLOCK

华语嘻哈组合,2007年在湖南长沙成立,因方言说唱走入大众视线。

长沙对你们意味着什么?许多老街都拆了,修了更适合旅游发展的街区,你们怀念以前的样子吗?

有机会出海的海盗怎么会停留?想家了就把漂流瓶寄回家乡码头!希望还是能留一条小时候走的青石板路,给大家一段放慢步行的老长沙style,那些小吃摊是我最希望能复刻的。上学的时候很喜欢学校附近的堕落街,最喜欢大家一起凑钱吃火锅。现在这些重新修过的石板路可能不是以前的味道了,但也许十年后它们又会有新的故事。

带外地朋友来长沙玩会选什么地方?

长沙的餐馆有老长沙龙虾馆、一盏灯等,一条解放西路走下来可以玩遍酒吧。还可以去湘潭吃小吃,那里是长沙的后花园,当地小吃更接近长沙人心中的童年味道。推荐十八总大码头米粉,还有湘潭本地小吃雪水臭豆腐——用雪水做卤水底子的白色豆干。吃喝玩乐这些常规活动之外,外地朋友也可以去洋湖湿地公园,那里树很多,会看到很多鸟类,有一种城市里的丛林状态,非常贴近自然。长沙周边的黑麋峰森林公园也很棒。

易晓春

凤凰柚子客栈老板,洪江人。

除了凤凰，湘西地区有没有其他古镇推荐，人少又好玩的？

沅水边的黔城古镇，是昔日王昌龄送辛渐的地方。整片老城保存完好，还停留在20世纪六七十年代的光景——木屋石板道，老人们在屋内打着纸牌，孩童绕屋串巷吃着百家饭。下行30公里到洪江古商城，一路是沅江相伴，山间青竹松柏摇曳，能体会到沈从文先生笔下纯美的湘西山水。

在凤凰，哪个少数民族节日最值得旅行者参与其中？

农历四月八，苗族人祭祀祖先。这天，凤凰附近所有苗族村寨的女子都会着盛装——从头到脚，银头饰、银耳环、银项圈、银镯子，穿着滚边绣风的大花衣，打着一把大花伞。主会场会有打苗鼓、对苗歌、上刀梯下火海等各种活动。活动地点每年不定，有时在凤凰县城，有时在山江、德夯、老洞苗寨。凤凰的端午节也值得一赶，各乡各寨的龙舟被黝黑精壮的汉子划得惊天动地，江边是乌压压观战喝彩的当地人，比赛最后一项是扑腾到水里抢鸭子，就像沈从文在《边城》里写过的样子。

余志兵

东洞庭湖国家级自然保护区采桑湖管理站站长。

东洞庭湖近年来冬季候鸟情况如何？

据一年一度的洞庭湖越冬水鸟种群调查统计，东洞庭湖越冬水鸟的数量自2015年起就保持在10万只以上，且逐年增多。每年12月至次年1月候鸟数量最多，以雁鸭类为主，其中白琵鹭、大天鹅、螺纹鸭等最为常见。有经验的观鸟者或可捕捉到国家一级保护动物东方白鹳、黑鹳的身影。

有哪些较好的观鸟点呢？

采桑湖管理站对面的观鸟大堤和东边的丁字堤，两处都位于自然保护区的核心地带。

在3月至4月的白鹭繁殖季节，国道转入采桑湖路两旁的林中白鹭铺天盖地。君山岛乌龙尾至公园大门一线有芦苇、茶园、灌木丛和滩涂，林鸟和水鸟均有分布。实际上，大量的水鸟都聚集在洞庭湖深处，如果有条件或碰巧找到能进湖的渔船，会有更大收获。

观鸟需要注意些什么？

观鸟者不要采用追逐、惊吓或驱赶的手段，更不要以任何方式诱引禽鸟。切勿过于接近禽鸟，以防孵化或育雏中的成鸟弃巢。同时，在路边或水边观鸟时要注意自身安全，并把垃圾带回有垃圾处理能力的地方丢弃。

大鲸

沅陵人，跨媒体创作人，著有《大英国小宇宙》等书。

你觉得"湘西"有没有类似的文化共性？如果有，它是如何影响你已经横跨世界的生活和旅行的？

万物万事内含一种匪劲儿，让我一直都有胆子在这个世界里横冲直撞。一个湘西小县城生长的女生，一辆吉普开到五大洲的尽头，说是湘西人可能就不会觉得奇怪了。

湖南有什么东西是让你念念不忘，每次回到湖南都要找到它的？

田埂事物。水田插秧、稻谷机打谷、打板栗、收红薯等，季节合适都会去。虽然长沙或者其他城市看起来已经充满摩天大楼，可是湘菜、腊味这些城市生活仍然念念不忘的东西，根源都还是湖南的乡土生活。沅江流域的古村古镇，或者是湘西地区的苗寨和侗寨，都还有这些典型的田园生活。

去湘西旅行，要怎样才能讨好看起来很厉害的当地人？

夸湘西，再喝两杯。如果不够，再夸再喝。

省钱妙计

门票

➡ "锦绣潇湘旅游卡"是湖南省旅游局推出的惠民年卡,售价200元,持卡可全年无限次免票进入百余个景区,包括张谷英村、石牛寨、紫鹊界梯田、坐龙峡、芙蓉镇、崀山、洪江古商城等。

➡ 12月至次年2月,张家界门票执行冬季价,其中武陵源核心景区为你省下的钱接近一张百元大钞。

➡ 前往常德的话,198元的"亲亲常德旅游卡"涵盖了12个景区,只要桃花源在你的计划中,再多加一个景点,购买这张卡就很划算了。

➡ 法定节假日前往岳阳楼的话,先把《岳阳楼记》背熟了,能否免票全靠它。

➡ 提前一天在旅游网站或淘宝上购票,往往会有10%左右的折扣。

➡ 不是所有的湘西苗寨都收门票,如果你愿意花点时间研究一下旅行社的路线,然后反其道而行之,也许能为你光明正大地省钱。

➡ 如果你是学生、记者、军人,别忘了带好证件。

住宿

➡ 凤凰淡旺季价差明显,尽量避开法定假期和暑假。若执意在黄金周前往,选择离古城核心区稍远的客栈。淡季凤凰大多数客栈都住不满,不必早早预订,去了再找往往能谈成比订房网站上更低的价格。

➡ 长沙、张家界、凤凰、衡山等热门目的地都有青年旅舍,即使旺季一张床位也花不了多少钱。

➡ 如果你有快捷连锁酒店的会员卡,在小县城、非旅游热点,这类住宿常会成为你的首选。

餐饮

➡ 除了早餐吃粉,午餐同样能以粉填饱肚子,顶多十来块就能搞定。

➡ 跟着本地人觅食是吃得好、吃得省的好办法,犄角旮旯里的小馆子往往有惊喜。如果在湘西赶边边场,本身就是解决午餐的最佳场所。

➡ 美味那么多,仅凭一个人、一日三餐想要尝遍太难,呼朋唤友拼饭是基本技能。

➡ 大城市大馆子,开吃前先上团购网站捋一遍,查查有没有团购券或其他优惠。

➡ 入住乡村农家乐、客栈时,可以和主人搭伙吃饭,告诉主人你吃得很简单,不必特意为你准备,这样你的搭伙费也会便宜些。

交通

➡ 游览城市时,充分利用起共享单车。

➡ 湖南还有一些绿皮火车,不赶时间的话,这是最省钱的出行方式。

➡ 大多数景点都有班车通达,尽量选择公共交通,只要你愿意早点出发,几乎不会发生有车去没车回的状况。

➡ 一些传统交通方式,例如坐船,有可能遇到船夫对本地人、游客两种票价,不妨先参考本地人付了多少,然后直接给出相同的钱,索性不给对方不找零的机会。

购物

➡ 全国大同的流水线纪念品就不要在各个古城买了。土特产得去农贸市场或赶集时买。手工艺品尽量直接从制作者手中购买,不仅能看到制作过程,价钱也相对公道,还能给他们一些实际的帮助。

每月热门

最佳节会

长乐故事会	农历正月初一
苗族四月八	农历四月初八
汨罗端午节	农历五月初五
瑶族盘王节	农历十月十六
洞庭湖国际观鸟节	11月至次年3月

1月至2月

低温赋予了山川缥缈仙气，衡山、大熊山、崀山的雾凇和雪后张家界，都美出了另一种境界。选择这个季节前来旅游的人不多，但湖南各地过年的气氛很浓郁，不容错过。

土家过赶年

过年是土家族聚落一年中最人丁兴旺的时候，外出打工的年轻人都回来了，家家户户打糍粑。不过，你若打算参与其中，可别搞错日子了。土家族有过赶年的习俗，比汉族春节早一天，腊月二十九才是他们自己的年。

南岳抢头香

大年初一，十多万人涌向衡山脚下的南岳大庙，抢烧头香，为来年祈福，沾沾"福如东海，寿比南山"的好运。初一早上11:00前南岳大庙还免门票。

春节逛庙会

在长沙火宫殿、岳阳汴河街的庙会上，可以欣赏到精彩的花鼓戏、巴陵戏、长乐故事会等民间曲艺表演。

长乐故事会

春节期间，汨罗长乐镇会举办故事会竞赛，故事不靠嘴讲，而是集民间杂技、表演、彩绘于一体的民间行为艺术。

赶鸟节

农历二月初一，江华瑶族会穿上民族服饰，参加一场"赶鸟"会。节日上会有类似斗鸡的"比鸟"活动，以及瑶族男女互相对歌等。

3月至4月

终于告别漫长的寒冬，春暖花开，很适合踏青，大山里的野菜也依次端上了桌。

桃花源里赏桃花

桃花开时常德的桃花源名副其实。而附近的花岩溪迎来成群的白鹭，在此筑巢繁衍，3月、4月也是观赏这些白色生灵最好的季节。

5月至6月

旅游人气随气温同步上升，这两个月民俗节日颇多，到乡镇去更能体验这些节日的原貌。

橘洲音乐节

自2010年起，每年在长沙橘子洲头举办的音乐盛会，汇聚了最炙手可热的歌手、独立音乐人和当季《歌手》节目的人气选手。音乐节为期两天，通常在5月、6月举行。

炎帝陵公祭

农历四月二十六是炎帝诞辰，位于炎陵县的炎帝陵自汉代便有"炎帝陵祭典"，一直延续至今。

苗族四月八

苗族祭祖的节日，也叫跳花节，凤凰附近的三江镇会有对歌、耍狮、上刀山等庆祝活动。

端午节

屈原被流放的楚地自然对端午节格外重视。"端午源头,龙舟故里"的汨罗每年都会以龙舟竞渡、吃粽子、唱老戏、插艾草、朝庙等活动来纪念屈原,并在屈子祠举行大型祭祀活动。凤凰等湘西地区也都有热闹的龙舟赛。

斗牛节

农历四月八,江永和江华地区的瑶族会过斗牛节,未出嫁的姑娘们穿上美丽的服饰,邀朋约伴过节,也称瑶族的"姊妹节"或"女儿节"。

南岳庙

农历五月十七为天符大帝诞辰,南岳大庙会举办各种祀神活动及庙会。

7月至8月

城市热如火炉,幸好湖南的大山相对清凉,峡谷里水量丰富,是玩漂流的好季节。在张家界和凤凰是绝对的旺季,住宿价格上涨。

团湖荷花节

岳阳团湖是亚洲最大的自然荷花景区之一,7、8月是欣赏荷花最好的时候,还能泛舟采莲。

大兴禅寺观音法会

嵩云山森林公园里的大兴禅寺,每年会举办3次观音法会,又以农历六月十九这天的最热闹。人们大多在前一天晚上就上山了,沿途灯火通明,寺院里人声鼎沸。

苗族六月六

也被称为苗族的情人节,姑娘小伙以对歌的方式寻找意中人。不过如今节日庆祝更像是针对游人的表演,你可以在凤凰围观六月六歌会。

"讨念拜"和"讨僚皈"

这是虎形山的花瑶特有的节日,为了纪念其祖先历经磨难迁徙的历史。节日要过3天,村里会大摆宴席,喝酒对歌,还有各种绝技表演。农历五月十五至十七的"讨念拜"在水洞坪,农历七月初二至初四的"讨僚皈"在茅坳,七月初八至初十在崇木凼。

9月至10月

秋高气爽,除了十一黄金周,旅游热度消退中。民俗节日不多,但适合进行徒步等户外运动。

芦笙节

通道地区的侗寨会在重阳节前后举办芦笙节。节日里,两队一组比赛吹芦笙、跳芦笙舞等。

南岳衡山自行车登顶赛

在9月至11月间举办,不失为体验南岳的另类方式。

11月至12月

深秋至初冬,枫叶染红了山林,银杏为公路铺金。再往后,天气清冷,景区冷清,再加上绵绵无绝的冬雨,旅游体验说不上好,倒不如和当地人一起烤烤火,听他们讲讲旅行指南上没有的故事。

侗年

农历十一月初一,对怀化地区的侗族来说就是过年。人们会聚在一起吃年饭,吃鱼冻。

瑶族盘王节

农历十月十六,是瑶族祭祀祖先盘瓠的节日,江华、蓝山、宁远、江永等地的苗族聚居区都会举行节日活动。这一天,瑶族男女会穿上传统服饰,以唱歌跳舞来庆祝节日。

浏阳国际花炮文化节

世界各国的烟花点亮浏阳河畔的夜空,带来一场声光色的盛会。浏阳国际花炮文化节自1991年开始举办,每两年一次,迄今已办了十四届,通常在11月举行。

洞庭湖国际观鸟节

11月至次年3月,三百多种、十多万只水鸟飞来洞庭湖过"寒假"。洞庭湖国际观鸟节通常在逢单数年的12月举办,吸引了世界各地的观鸟爱好者。

崀山脐橙文化旅游节

旅游节在脐橙成熟的11月底举行,崀山景区北大门有表演和脐橙采摘等活动。旅游节期间景区还常有门票半价优惠。

上图:汨罗长乐故事会
下图:浏阳国际花炮文化节

视觉中国 提供

计划你的行程 每月热门

计划你的行程
旅行线路

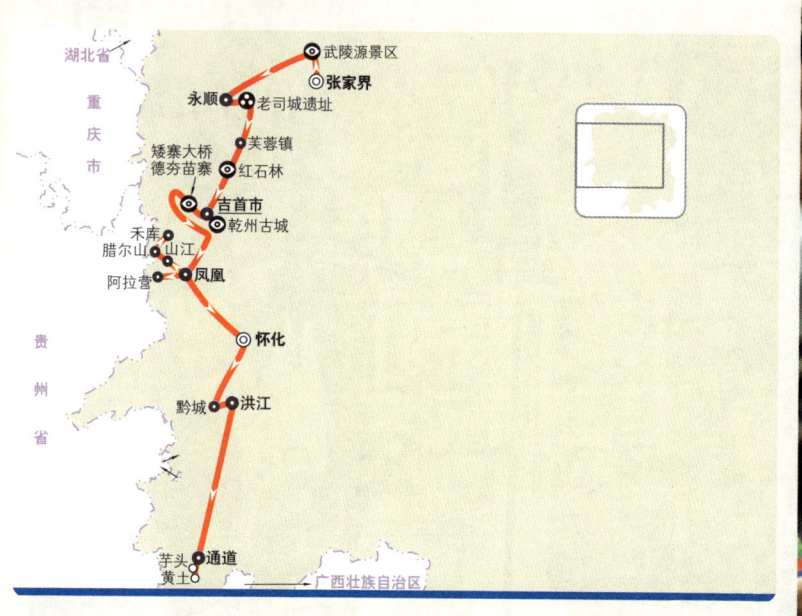

13天 湘西经典路线

有张家界和凤凰坐镇的湘西无疑是湖南的王牌旅游目的地,这片区域四季皆有美景可赏,只不过冬季阴寒难耐,如果你能忍受湿冷,倒是能在很多景区或村落独享一个人的湘西。如果你仅有一周假期,就将行程锁定在张家界、凤凰、怀化三地。

这条线路由北往南,你可以选择直飞**张家界**(见137页),花3天游览这片砂岩峰林。第1天住在张家界市区,游玩天门山。之后2天奉献给**武陵源景区**(见146页),顺着**金鞭溪—袁家界—杨家界—老屋场—天子山**的顺序或反方向游览。

第4天前往**永顺**(见130页),去**老司城遗址**(见130页)了解古代湘西的土司文化,晚上可以泡个温泉。第二天去**芙蓉镇**(见122页),最好住在景区外,放下行李后,先去周边的**红石林**(见123页)游玩,待芙蓉镇景区售票处下班后再进去逛逛吃吃。次日一早趁着工作人员没上班再进景区,赏西水河晨雾,细细品味老街。然后坐车去**吉首**(见115页),参观**乾州古城**(见115

凤凰苗族花鼓

页)。第7天去德夯和矮寨一线,走**矮寨公路**(见118页)去**矮寨大桥**(见119页),然后坐接驳车去**天问台**(见118页),沿着**玉泉溪**(见118页)下到**德夯苗寨**(见117页),时间充裕的话可以再去**九龙溪**(见118页)和**夯峡溪**(见119页)走走,晚上回到吉首住宿。

第8天去**凤凰**(见96页)。古城闲逛一天绰绰有余,再留一天去周边。如果当天**禾库**(见114页)或**腊尔山**(见114页)有边边场,那是最好的选择;如果凑不到赶场,可以在**阿拉营**(见109页)一带的**南方长城+营盘寨+黄丝桥古城+岩板堰和山江**(见113页)附近的**中国苗族博物馆+老家寨**的两条线路中,择一游览。

下一站**怀化**(见155页)。住上一两天,去附近的**黔城**(见158页)和**洪江**(见160页)两处古城看看,它们都曾是繁荣的商埠码头,如今又比凤凰清静很多。最后去**通道**的**芋头**(见174页)或**黄土**(见175页)两个寨子感受一下侗族文化,在此结束湘西之行。你可以从通道前往广西进入下一段旅程,或者返回怀化,坐高铁离开。

岳阳
洞庭湖
湖北省
张谷英村
江
沅
汨罗
水
资
长沙
江
西
省
韶山
湘
衡山
江
洣
衡阳
水
永州

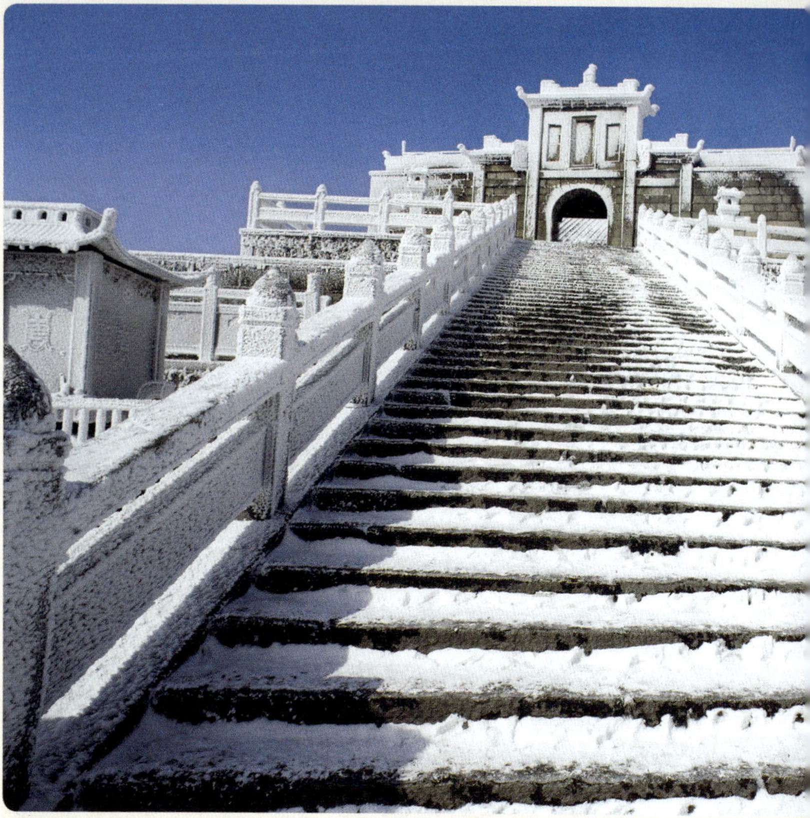

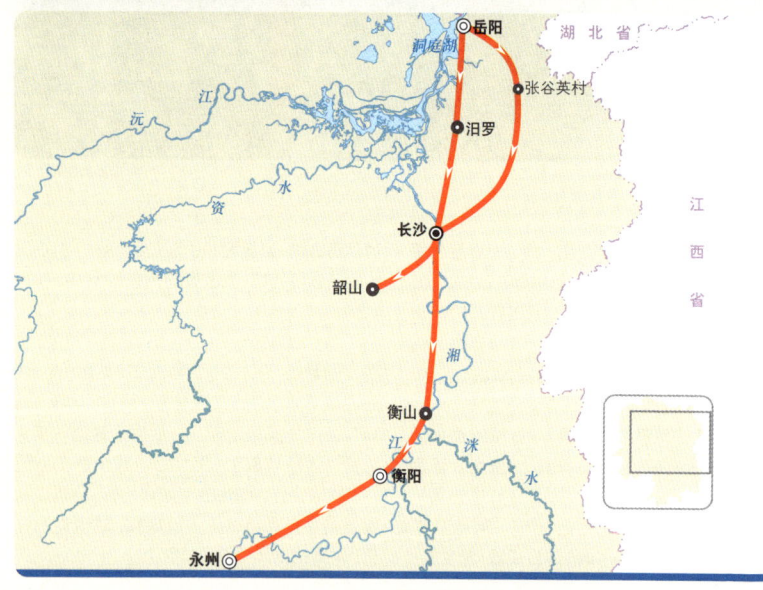

7~9天 高铁纵贯游湖南

> 高铁已经将湖南南北串联起来,沿线目的地人文看点颇多,大多数站点间切换不过半小时。

如果你的出发地是北京、湖北、河南、山东、安徽等省市,可以直接坐高铁而来,将首站设在岳阳。**岳阳**(见181页)1天就够,除了学古人登上**岳阳楼**(见181页)眺望**洞庭湖**(见182页),还可以湖上的**君山岛**走走,若是冬天,越冬的候鸟是洞庭一大景致。次日跟着我们为你设计的步行路线游览**岳阳老街**(见184页),中午坐高铁去**汨罗**(见191页),下午游览**屈子文化园**(见191页),端午节和春节正月是汨罗最热闹的时候。当天傍晚就可以前往长沙。

如果你将长沙设为此行第一站,那么可以利用高铁、长途大巴交错走一个环线——坐高铁去汨罗和岳阳,再从岳阳坐班车去**张谷英村**(见190页),住一晚后再坐班车回到长沙。

预留2天在**长沙**(见59页),行程设计可以悠闲一点,上午参观**湖南省博物馆**(见65页),下午登**岳麓山**(见60页)、游览**岳麓书院**(见60页),第二天可以去百年学府**湖南大学**(见61页)、**橘子洲**(见64页)、**贾谊故居**(见66页),其余时间便投入街巷美味中,从中山亭逛到黄兴路步行街,再到坡子街,将长沙美食小吃一网打尽。如果对红色旅游景点有兴趣,还可以挤半天去**韶山**(见87页)参观伟人故里。

接着坐上去南岳衡山的高铁。**衡山**(见205页)的游览方式很多,图省力就借助缆车或观光车,全程步行或骑行上山虽较费体力,但也别有乐趣。在衡山住上一晚是个好主意,次日拂晓可登高赏日出。下衡山后直奔**衡阳**(见216页),虽然没有特别的景点,但很适合爬山后的休整,且美食丰富。

最后一站**永州**(见220页),找找这座城市里柳宗元的痕迹,步行游览**永州古城**。你可以坐飞机离开永州,也可以继续坐高铁前往广西。

上图:衡山祝融峰
下图:韶山毛氏宗祠

8天 山水行摄之旅

计划你的行程 旅行线路

湖南的美,主要就体现在湖光山色中,无论是"命名"全世界石英砂岩峰林地貌的张家界,还是中国第二大淡水湖洞庭湖,甚至人造的东江湖都能美如瑶池,对于摄影师来说,湖南山水的出片率绝对高。山峰上,夏看云海,冬赏雾凇;湖泊溪流中,夏玩漂流,冬观候鸟。

直飞**张家界**(见137页),住到**武陵源景区**(见146页)里。除了那些著名的观景点,作为摄影师,你肯定还想拍点独特的角度,那么别错过**黄石寨**(见150页)、**鹞子寨**(见147页),**老屋场**(见149页)观景台是看日出的好地方,如果天气给力的话。在张家界遇到下雨的概率很高,有雨必有云海,这可比晴空万里时更上镜。附近的**黄龙洞**(见152页)也能让你拍出很出彩的照片。

结束张家界之旅前往**益阳**(见242页),这里的**南洞庭湖**(见245页)呈现出沙洲般的景象,拍摄主题为芦苇荡与候鸟。然后去**新化**(见248页),附近山多,山的表现力也丰富。低调的**紫鹊界梯田**(见250页)四季皆有不俗的景观;如果张家界的溶洞还没看过瘾,还可以去**梅山龙宫**(见249页),视觉同样华丽;冬天来的话你应该去**大熊山**(见249页)拍摄漫山的雾凇。接着,经邵阳中转去**崀山**(见253页),看看红岩绿水的丹霞,雨后放晴时的云海、冬日雪后的银装素裹都能为美景加分不少。

下一站郴州,直奔**小东江**(见238页)。把握住日出日落的黄金摄影时段,才能锁定"雾漫小东江"的景致。你可以在**郴州**(见231页)坐高铁离开,结束行程。

上图:紫鹊界梯田
下图:张家界缆车

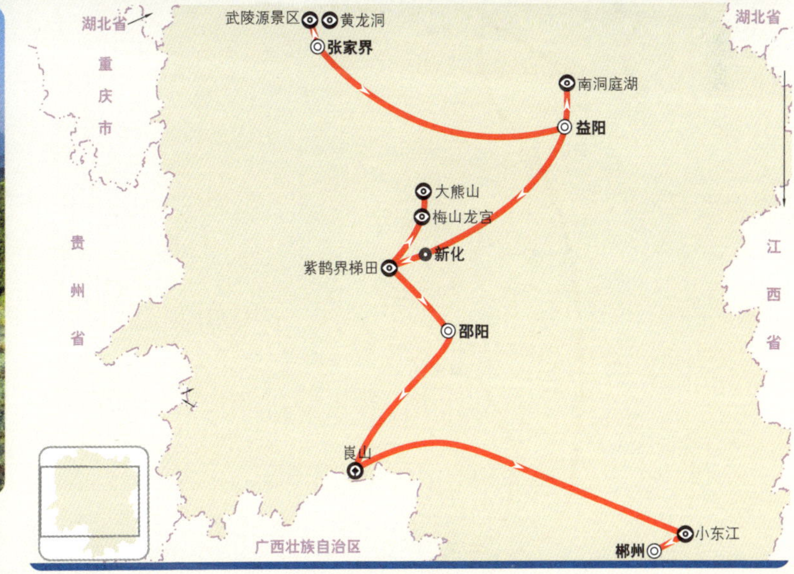

计划你的行程 旅行线路

湖北省
武陵源景区 黄龙洞
张家界
重庆市
南洞庭湖
益阳
贵州省
大熊山
梅山龙宫
紫鹊界梯田 新化
邵阳
湖北省
江西省
崀山
郴州 小东江
广西壮族自治区

计划你的行程

旅行线路

里耶
芙蓉镇
重庆市
茶峒
吉首市
乾州古城
凤凰古城
贵州省
怀化
黔城 洪江
高椅村

探访湘西古城古镇

5~8天

古时的五溪蛮之地,水运发达,也应运而生繁荣的码头文化。除了凤凰这张王牌,湘西还藏着多处古城古镇,它们大多保持着低调质朴的本色,留有很多明清古建筑群。这片区域也是多民族聚居地,文化风俗既彼此相容,也各有特色。

从交通最为便利的**怀化**(见155页)开始本趟行程,市区没什么看点,亮点都在周边。你甚至无须在怀化落脚,可以直奔**黔城**(见158页),细走这里的明清街巷、祠堂、庙宇、老屋等。当日住到**洪江**(见160页)去,这里有380多栋窨子屋,你也可以在古商城里找一家窨子屋改造的客栈入住。次日去**高椅村**(见171页),这是一个三面环山、一面临水的村落。继续经洪江转车回怀化,接着赶车去凤凰。在**凤凰古城**(见96页)可以不去任何售票景点,走走沱江两岸的石板巷子就好。在凤凰悠闲住两晚后去**吉首**(见115页),游览**乾州古城**(见115页)。第二天吃完一碗吉首米粉,前往**芙蓉镇**(见122页)。

如果你只有5天假期,那就在芙蓉镇结束旅行。如果假期尚有"余额",就将茶峒和里耶加入此趟行程。去**茶峒**(见120页)看看沈从文笔下的边城如今的模样,去**里耶**(见134页)通过秦简了解秦代的完整历史,这里也有一条古街。不过茶峒和里耶交通都不算便利,路线上颇费周折,不妨这样走:吉首—花垣—茶峒—花垣—永顺—里耶—永顺—芙蓉镇。

上图:黔城的老街巷
下图:芙蓉镇土王行宫

湘西苗族阿婆

计划你的行程
负责任的旅行

自从Lonely Planet诞生以来,"负责任和可持续的旅行"(Responsible & Sustainable Travel)一直是我们秉持的理念。如果在旅行途中能对当地文化、环境及居民有所裨益,你走的每一步都会更有意义。下面的一些小贴士可以帮助你保护和支持湖南的环境与社区。

湖南的环保公益组织

➡ **绿色潇湘**（www.greenhunan.org.cn；微信公众号：ghgreenhunan）致力于湖南生态保护，提倡有价值的环保生活。

➡ **岳阳市江豚保护协会**（微信公众号：jiangtunxiehui）2012年成立。以保护江豚及其野生动植物的生存环境、力促洞庭湖江豚种群的逐年增长为目标，经常招募或组织相关志愿者参与活动。

➡ **WWF世界自然基金会长沙项目办公室**（www.wwfchina.org/officedetail.php?id=5）1999年成立，长期推动长江江豚保护、洞庭湖和湘江流域的流域综合管理、长江中下游地区水资源保护等。

➡ **湖南省护鸟营**（weibo.com/442963881）2012年由湖南省环保社团联合会在大学生护鸟营的基础上发起，搭建"候鸟守护者"行动网络，进行大规模的候鸟守护行动和宣传工作。

对文化负责

➡ **了解才能尊重** 湘西地区（包括湘西州、张家界、怀化）是苗族、土家族、侗族、瑶族等少数民族的主要聚居地。在湘西旅行，建议提前了解相关民族禁忌、民俗风情和文化差异，带着善意和尊重前往。

➡ **了解湖湘文化和革命历史** 湖湘文化源远流长，湖南有与湘军和红军有关的大量遗迹、名人故居、纪念馆等，出发前建议查阅资料了解历史背景。

对环境负责

➡ **保护野生动植物** 请在自然保护区允许的范围内活动，不要破坏野生动物的生存环境，也不要购买或食用受保护的鸟类、鱼类等野生动物。没有买卖就没有杀戮，避免让自己沦为偷猎和走私者的帮凶。

➡ **低碳环保出行** 尽可能使用可降解的产品，同时减少使用一次性产品。不要把垃圾遗留在大自然中。湖南大部分城市都有商业共享单车或城市公共自行车，条件允许时可选择步行和骑行的游览方式。

➡ **节约能源** 湖南淡水资源丰富，但使用能源时仍需注意节约，尤其在山区，纯净水、电和燃料是非常紧缺的资源。

对当地人负责

➡ **让当地人直接获益** 我们提倡住在当地人开的旅店或者家庭旅馆；在路边的小吃摊和家庭餐馆享用美味，喝当地饮品；从当地手艺人那里直接购买手工艺品，并且不过分压价。

➡ **礼貌拍摄** 除非获得允许，否则不要拍摄私人或者宗教活动。

雾漫小东江

计划你的行程
水上看湖南

　　在湖南的地形图上,水体贯穿南北。早期的苗民因居于沅水及其支流一带而被称为五溪蛮;两千年前被放逐的屈原,坐了一叶扁舟,沿沅水溯流而上;20世纪,一代领袖站在橘子洲头写出了"湘江北去"的诗词。湖南的水,既有烟波浩瀚之大湖,更多的是万千河道。有人居的地方自然少不了一衣带水,古时繁荣的商埠文化造就了今天这里一个个"冻龄"的古镇、古村,想象一下,没有沱江的凤凰,颜值定会减分不少。

水上风景

湘江、资江、沅水、澧水是湖南最著名的4条河流，它们从西、南两个方向汇入"八百里洞庭"，而这四水流经之处，又为湖南添加出千丝万缕的支流。

中国第二大淡水湖洞庭湖位于湖南东北部，由东南西三个湖盆组成，景观极为丰富。东洞庭湖有岳阳楼做伴，冬日铺天盖地的候鸟如约飞至。南洞庭湖河汊纵横，沃野千里，2.4万公顷的芦苇荡与星罗棋布的洲、岛构成了一座大自然的迷宫，春看候鸟迁徙，秋赏鱼鹰归巢。从洞庭湖沿沅江西溯，便走进了古时武陵人的避世之地"桃花源"。

各条江上新建的水库不少，大多风景秀丽，不输天然，最典型的便是小东江。上游平坦广阔，下游蜿蜒曲折，日出日落时因温差作用，形成特有的雾霭景观，一条玉带漂浮于青山翠谷，恍如仙境，再缀以渔人撸桨撒网的前景，没有哪个摄影师不为之心动。

好山也有好水来配，张家界武陵源景区有澧水绕山脚，扶夷江映衬着赤色的崀山丹霞。湘西的每一个山坳坳里都不会少了潺潺溪流。峡谷深处的德夯苗寨被三条小溪包围，有"中国落差最大"的流纱瀑布坐镇，夏如白纱，冬似冰沙，德夯苗寨虽算不得素颜，峡谷风光却足够原始。越来越发达的公路交通网络依然没有辐射到小溪村，同样是双溪交汇之地，这里保留着世界上少有的免遭第四纪冰川侵袭的原始次生林。永顺县城虽看起来灰头土脸，但一走出城便能顺猛洞河进入负离子充分的青山绿水中。

江畔风物

古时的湖南水运发达，昔日重要的码头包括沅江沿岸的洪江、黔城，资江边的益阳、安化、新化，酉水河畔的芙蓉镇、里耶等。随着水运的没落，这些古商埠也归于平静，唯留青石板路和青砖黑瓦的旧屋。

万溶江畔的乾州古城，秦汉时便是重要的商埠码头，如今还留有冷兵器时代的壁垒。凤凰早已成了旅人眼中的苗族缩影，沱江上俏皮的跳岩与古朴的风雨桥相得益彰，江边细脚伶仃的吊脚楼是凤凰独有的建筑。

以凤凰为据点，你可以去周边的阿拉营、山江、腊尔山、禾库等镇，真正走进苗族人的生活，赶一赶苗族的边边场。

土家族沿沅水的支流酉水而居。里耶老街不但留有多种建筑风格的老宅，还出土了36,000多枚秦代竹简，轰动了中国考古学界。曾是土司王旧府所在地的芙蓉镇，古镇不大，但"重重叠叠，如堆蒸糕""挂在瀑布之上"，可谓湘西最别致的古镇。昔日湘鄂川黔物资集散地的洗车河镇，以风雨桥为集市，街巷、山坡合而为一。洗车河下游的惹巴拉村，因河床开阔，"三叉戟"状的风雨桥也更有气势，村里的土家族妇女将西兰卡普这一传统土家织锦带出了大山。

洪江是古时沅江流域数一数二的大码头，380多栋明清窨子屋化作如今的平常人家，塞满了无数白手起家的创业故事，被称作"中国资本主义萌芽时期的活化石"。相隔不远的黔城古镇，同样是旧时沅江边重要的集镇码头，王昌龄在此送别辛渐，这里同样保留着明清时的街巷、窨子屋等。

另外还有流入省会长沙的浏阳河与湘江，它们的关系正如民歌所唱——"浏阳河，弯过了九道弯，五十里的水路到湘江"。祁阳县的湘江岸上还保存着唐代伊始的摩崖石刻。潇湘两水交汇处的永州，给了柳宗元无限创作灵感。被资江润泽的安化，种植出了湖南最棒的茶叶之一，也成就了这个丝绸之路上远近闻名的"中国黑茶之乡"。

水上活动

除了凭江眺望，你还可以泛舟于其中慢赏，或坐进橡皮艇搏击急流，抑或以骑行的方式贴近它。在湘西最有意思的方式是挤在赶集的乡民中一起坐船，你会发现沈从文写过的湘西，并未走远。

深入桃花源之路可以如古人坐船一探，你还可以溯溪看一场"桃花源记"的漫游演出。而欣赏崀山丹霞的角度也可以坐着竹筏缓缓而行。

你能在沅江坐船游南洞庭湖，穿梭在芦苇交错的水道中，等待"柳暗花明又一村"。不过若是碰上赶集的日子，坐当地人的"公交船"将会有很不一样的体验，赶集的日子

最佳摄影点

景点	摄影时间	拍摄主题	拍摄地点	备注
小东江	4月至10月的日出、日落	雾漫小东江	仙来居农家乐对面的观景台	
芙蓉镇	6:30~7:30	晨雾	翼南广场下的观瀑平台	可以拍出与芙蓉镇宣传照同一角度的照片
东洞庭湖	10月至次年3月	越冬的候鸟	采桑湖管理站的观鸟长廊	着装切忌过于鲜艳
凤凰	傍晚	凤凰古城全景	笔架山	
汨罗江	端午节	赛龙舟	江边	

除了满船的人，还有满船的货物，人们聊着、吃着，像过节一般。这样的景象，你也能在湘西酉水沿岸的赶集日遇到。同样，从洪江去高椅村，赶集时坐船比坐车有意思多了。而在资江柘溪水库边的平口，每逢赶集日，大小船只载着各家的土货从各村向平口汇集，形成热闹的集市。

湖南能进行漂流的地点数不胜数，但凡有山涧溪流处，夏季大多开发了漂流活动。猛洞河漂流是湘西的三大王牌之一（另两大王牌自然是张家界和凤凰），2.5小时的漂流中，弯道达155个，遭遇险滩13个，虽然滩多浪急，但有惊无险，你大可以在随波逐流时多欣赏一下两岸的美景。其他还有凤凰的万溶江漂流、张家界的茅岩河漂流、通道的龙底河漂流、东江漂流等可体验。

如果你嫌凤凰的沱江太吵，不妨骑自行车沿着沱江骑远一点，到长滩岗水库去感受下鸟语花香、水声潺潺的清静世界。小东江新修了一条10公里长的自行车道，也能换种方式赏江景。

水上旅行路线

如果你打算学古人，以船为交通工具切换目的地，那么走湘西的沅水、酉水一线是最合适的，也相对最完整。这条线也是当年沈从文回家的路线，你大可以手捧沈从文的散文，看看沿线半个世纪以来的变化。尽管如今线路已大大"缩水"，因大坝的阻拦，有些路段你得上岸靠汽车代替一程，但它仍不失为走入当地人生活的好方式。总路线为兴隆街—五强溪—沅陵—凤滩水电站—小溪—芙蓉镇—保靖（见297页），因大多数目的地班船一天仅一班，可能会很耗旅行时间，在行程安排上要适当宽松一些才好。

除了湘西这条线，还有两条不算长的航线可以让你小过一把乘船旅行的瘾——安化境内的东坪至平口，以及南洞庭湖的沅江至共和。由于公路已四通八达，水运没落在所难免，未来极有可能会逐步停航，坐船游对你来说更是不可多得的体验，也许你会成为它们退出历史舞台的见证者。

计划你的行程
和当地人吃喝

来到湖南，一到饭点，你会感到空气中都弥漫着辣的味道。不管是宴席上的剁椒鱼头，还是小店里的口味虾，或是小吃摊上的臭豆腐，都能极大地刺激你的味蕾，让你欲罢不能。早上来碗加满辣子的米粉，它将带你走进湖南人的生活。

美食体验

传说吃辣的境界有三层：辣不怕，不怕辣，怕不辣。湖南人已达第三层。有一个流传甚广的段子——去湘菜馆告诉厨师不要辣，厨师直接把大勺一扔，"那你来炒！"但如果说湘菜并不全都像传说中的那么辣，你也许会跌破眼镜。事实上，传统湘菜里有许多名菜并不是以辣味取胜，例如发丝牛百叶、冰糖湘莲、腊味合蒸等。完全不吃辣的旅行者的湘菜体验或许会稍打折扣，但也一定能在长沙等大城市的菜单里找到饮食之乐，更能在米粉店和小吃摊上寻得正宗不辣的当地特色。

对于无辣不欢的人来说，湖南是你的天堂。湘菜中的辣层次丰富，取材天然，有酸辣鸡杂、东安子鸡这样的酸辣口感，也有剁椒鱼头、豆豉蒸排骨等咸辣路线，更有著名的臭豆腐和臭鳜鱼作为香臭辣兼有的代表。要想感受直白的辣，点一道擂辣椒皮蛋试试，会不会遇上最辣的那种青椒全凭运气。名字里有"口味"的菜也会给你的舌尖带来酣畅淋漓的味觉刺激，让你痛并快乐着。如果嫌城市里的餐馆经过商业化改良而不够劲儿，那就往山区走吧，越是乡里人家，家常小炒就越能叫人辣得浑身冒汗却停不下筷子，米饭一碗接一碗。比吃到体重冲破上限还要糟糕的是，你会发现居然还有太多美食尚未尝试，于是

何时去

虽然湖南的大部分美食并不受限于季节的变化。但对于苛刻严谨的老饕，反季节的菜品总是与食物属性背道而驰的。失去当季的山野、河湖之鲜，总不是那个味。

春季

春天里，野菜带着清香争先恐后地冒头，香椿、蕨菜、藜蒿皆是盘中美食。春茶正当时，沩山毛尖和安化松针就很不错。

夏季

这个时节是鸭子最肥美的季节，以各地命名的名鸭——芷江鸭、洪江鸭、凤凰血粑鸭好吃得让你连油汁都一扫而光。由山气蒸出来的各种菌菇，鲜美异常，价格不菲。

秋季

秋高气爽，蟹肥膏满。登上一叶扁舟，荡漾在洞庭湖泽，摘莲藕，品膏蟹，最是惬意。

冬季

一年中最丰盛的菜品都会在春节的餐桌上得以展示。年猪做成的刨汤、糯米打制的糍粑，还有大鱼大肉为主料的火锅，绝对能驱散阴冷湿气的寒意。

经典名小吃

➡ **臭豆腐** 火宫殿的臭豆腐就如全聚德的烤鸭,真正好吃的还是小巷口五姨驰炸出的臭豆腐,为此排个长队算什么。

➡ **糖油粑粑** 糖油锅里高温煎炸出来的糯米球,入口香甜有弹性。据说,湘籍歌唱家宋祖英返乡,必来几个解馋。

➡ **葱油粑粑** 最平民的小吃,许多早餐店或饭店都有,但最地道还要数小推车卖的湘潭葱油粑粑。

➡ **口味虾** 来湖南卫视录节目的某韩国男子偶像团体大概吃了有几千只,你不来一份吗?

➡ **酱板鸭** 中草药熬制的鸭子,有嚼劲有辣劲。长沙、常德、醴陵都有自己的招牌。

➡ **米豆腐** 只知道芙蓉镇的米豆腐就可惜了,来湘西,最好吃的米豆腐就在某个小镇的路边摊。

当地人的零食

➡ **湘潭药糖** 因主料饴糖可入药而得名,并不苦。湘潭人中秋必吃,认准中路铺的。

➡ **浏阳红薯片** 红薯压成泥后加入陈皮芝麻,压成片晒干,街上挑担卖的很常见。

➡ **宁乡紫苏梅** 糖和盐腌制的青梅和姜片与紫苏叶拌在一起,酸甜辣咸都占一点。

➡ **凤凰姜糖** 正宗的姜糖气孔多,姜末细,口感酥脆。多试几家,优劣高下立见。

绝佳饮食体验

➡ **鲁哥饭店**(见75页)老长沙才懂的好味道,小炒和小吃都相当正宗。

湖南的"qiá"

湖南各地方言千差万别,十里不同音。但无论是长沙话,还是湘西话,对于"吃"的发音似乎格外一致,全省通行,全都叫"qiá"。在汉语字典或电脑输入中,是找不到"qiá"这个字的。在湖南,尤其是省会长沙,基本都用"呷"(读"xiā",字典中的意思是小口喝)来代替,不管是本地报刊还是民间,经常能看到。

➡ **伍厚德堂**(见74页)门庭气派,菜单里不仅有宴客硬菜,市井小吃也很地道。

➡ **井水·巴陵**(见188页)在岳阳楼附近一次吃得起的全鱼席并不是难事。

➡ **壹德壹**(见197页)老牌常德米粉店,种类多得让人挑花眼。

➡ **胡师傅三下锅**(见144页)门面普通,口味地道,张家界名气最大的三下锅。

➡ **李师傅脆肚**(见144页)清淡的小火锅,适合不那么重口味的人。

➡ **玉泉菜馆**(见219页)不太好找却一到饭点就排队,大盆鱼和拆骨肉都是有口皆碑。

➡ **宁远血鸭酒家**(见223页)家庭小馆,招牌血鸭卖相不佳但味道很好。

➡ **罗记鱼粉**(见233页)品尝著名的郴州栖凤渡鱼粉来这里就对了。

➡ **金沙羊肉鹅肉粉馆**(见105页)有鹅肉和羊肉两种可选,辣椒可以自己添加。

➡ **张老水餐馆**(见133页)在龙山分店颇多,腊肉干锅值得一试。

美食分布地图

湖南有"三湘四水"之称。"三湘"是指湘江流经永州与"潇水"、流经衡阳与"蒸水"、入洞庭湖与"沅水"相汇而得名,分别称"潇湘""蒸湘"和"沅湘"。四水则指湘江、资江、沅江和澧水。这些湖泽水系贯穿连通整个湖南,而湖南的城市县镇也基本分布在江河之滨,尤其湖南最大的河流湘水之畔城市群密集。

根据这样的地形地貌,湘菜也就有了三大分割板块——洞庭湖泽的湖鲜,湘江流域的都市菜肴,以及湘西的山野腊味。各地菜式也各有千秋,其中湘江流域的长沙、衡阳最擅长快熘小炒菜,西洞庭湖常德等地则以钵子菜见长,大湘西地区则擅长腊味及干锅,蒸菜则首推湘东小城浏阳。不过在省会长沙能将各地美食一网打尽,想尝到湖湘各地美食并不困难。

水域湖鲜

湖南北端是洞庭湖,南端则是东江湖,

郴州鱼粉

其间广阔地域纵横着湘、资、沅、澧四水,湖泽河溪里的湖鲜、河鲜极多。在全国各地的湘菜馆中,剁椒鱼头已成为必点的一道菜,四季都有。三月田螺四月鳝,配上辣椒也是一道好菜。夏天来更不能错过口味虾或虾尾。秋风一起,螃蟹也该上市了,无论是清蒸、"口味"还是姜辣,怎么做都好吃。如果你在冬季来到湿冷的湖南,不妨一试杂鱼火锅或鱼杂火锅。杂鱼火锅是将河流中的各类小鱼仔煮入锅中,热气腾腾的鱼汤颇能暖胃。鱼杂火锅则是鱼子、鱼鳔、鱼白、鱼肠鱼锅。如果游玩至有河流的地方,附近的餐馆往往都有新鲜捕捞上来的鱼。经过一个冬天,北风风干的鱼肉配上初春新鲜采摘的藜蒿炒,又是香喷喷的新一年。

湘江都市菜肴

湘江是湖南最大的河流,流经长沙、湘潭、衡阳、株洲、永州等地。这些沿岸城市的都市菜肴多以烹炒为主,加以各地的特色时鲜。

长沙的辣椒炒肉,可谓一绝,暂且将秘法透露一点——将辣椒配以五花肉,用骨头汤将辣椒杀去青味,完美地混合肉香与辣椒香味。湘潭的"毛氏红烧肉",肥而不腻,酥软甜香。而咸味的红烧肉在湖南也一样普遍,通常与油豆腐或豆笋等一同红烧,肉香油浓。小炒黄牛肉,一般餐馆都能吃到。发丝牛百叶,则属于殿堂级湘菜——玉楼东、火宫殿这样的老字号才有,牛百叶切得如头发丝一样细,与玉兰片(笋片)合炒,微辣。长沙周边的浏阳,当地的黑山羊鼎鼎大名,山羊肉切成细丝,大火爆炒,佐以浏阳本地的红尖椒。

湖南的腊肉

著名作家梁实秋在《雅舍谈吃》中专有一篇写湖南腊肉,提到"原来腊味之制作最重要的一个步骤就是烟熏,微温的烟熏火燎,日久就把肉类熏得焦黑,但是烟熏的特殊味道都熏进去了",并称许"湖南的腊肉最出名"。

湖南地域内多湖泽河溪，随处都可看到放养的鸭群。而各地炒制的名鸭多以当地地名来命名，如永州血鸭、钱粮湖鸭。正宗的永州血鸭需现杀，新鲜鸭血要放点醋和米酒以防凝固，鸭肉大火爆炒至七分熟再加辣椒和鸭血爆炒，成品黑乎乎一团，但口味绝佳。永州的东安子鸡同样出名，醋的分量决定了它的成败。

湘西山珍腊味

湘西山地是云贵高原的末端，耸立着武陵山、雪峰山脉，海拔在千米左右。山野之地多产各类时蔬野菜，野菜种类尤其繁多——香椿、藜蒿、水芹菜、蕨菜、野韭菜等。到饭馆点菜，不用看菜单，只问当季时蔬即可。蕨菜、枞菌、竹笋、莲藕这些难以长途外运的山珍，你若正赶上当季，一定不要错过它们。如果错过季节，就只能以干蕨菜、菌油、腌笋来解馋了。冬季的湖南，同样有不少蔬菜出产，如包菜、白菜、红菜薹、白菜薹、油菜薹，可清炒，也可当火锅配菜。

湖南各地的乡土人家，必储藏腊味，屋檐下灶台上挂着一大排一长串——腊鱼、腊肉、腊鸡、腊鸭、腊肠等。经典湘菜腊味合蒸里就有腊肉与腊鲤鱼、腊鸡三种肉类。要找到真正的好腊肉，并不那么容易。为了批量供应满足市场，市面上的腊肉基本上都是明火快烤的，而不是经过漫长时间的冷烟熏制。足够地道的腊肉颜值不如那些红亮的腊肉高，黑漆漆的一块，但一放上蒸笼便显出它的好了，绵软酥香，回味悠长。腊味与大蒜、藜蒿、冬笋合炒也很常见，蔬菜的清香与岁月风干的肉香可谓相得益彰。

在湘西，不容错过的还有各地炒制的鸭子——芷江鸭、洪江鸭、凤凰血粑鸭。炒制过程中，湘西人除了葱姜辣蒜，还爱放一味作料——甜酱，黑乎乎的，却香甜无比。

湖南的辣

辣成就了湖南美食。在湘菜里，辣椒绝不像在其他菜系中仅仅作为配角，而是可以独挑大梁的台柱子。平均每个湖南人一年可以吃掉十几公斤辣椒。有趣的是，湖南的气候条件并非辣椒生长的最佳地盘，湖南人吃的辣椒大部分都是外来户，但却在这里找到了知己。干制、剁制、泡制以及鲜食，你会惊叹于厨师善用不同辣椒特质的灵活手艺。随意走进一家早餐店，餐桌上必有一两罐供人自行添加调味的辣椒，其中一味是在滚滚热油中炸得香香的油辣椒，另一味就是鲜香爽口的剁辣椒或酸辣椒。

辣味，在湖南最直接的品尝方式就是来盘辣椒，做法有多种——虎皮青椒、油淋豆豉辣椒、擂辣椒皮蛋、白椒花生等。一个个饱满的辣椒或被油煎，或被火烧，或被捣烂，保存着原汁辣味，猛烈直白。更有甚者，将青椒与红椒合炒，称为"绝代双椒"。一旦你开始适应，吃辣是会上瘾的。浓郁丰富的调味更是会勾住你的舌头，让你一直吃到额头后背冒汗，毛孔舒张，好不痛快！

如何吃得像个当地人
在什么时间吃

➡ **早餐** 湖南米粉在当地人心中的地位独一无二。对于很多离家在外的游子来说，即使吃了豆浆油条也并不觉得吃过早饭，打开一天的正确方式是一碗汤浓粉滑的米粉。各地的口味不同，各有千秋。好的米粉店往往是每天现熬骨汤，清晨便有食客，人多时人们干脆用塑料凳当桌子蹲在马路边吃粉，堪称一景。

➡ **午餐** 在湘东地区旅行，蒸菜很适合单身旅行者，荤素自点。而在湘西地区的凤凰街头，也能找到大碗菜这样的平民快餐，十几样菜随你挑选，不够再加，管饱。即使在通道这样的偏远县城，也不难在简餐店找到煲仔饭或盖浇饭。

➡ **晚餐与夜宵** 大城市餐馆选择丰富，不愁找不到好吃的。夜市普遍以摊较早，基本上在晚上六七点就摆上街面了。独自去吃笼恐怕要恨自己没多长两个胃，不如约上青旅的室友一同前往，也可以多点几种。如果不想走远，问问客栈、酒店的老板或服务员，他们总能给你不错的建议。

不可错过的湖南米粉

早上没呷一碗粉?那你肯定去了假湖南。米粉是湖南最常见的早餐选择,在各地又变出不同的花样。"呷圆的还是扁的?"——这一定是个长沙粉店老板。扁粉是铺平了的凝固米浆切出来的,形似面条,而圆粉是机器挤榨出来的。大多数长沙人会选扁粉,配上种类丰富的炒码(配菜)更入味。圆粉则是常德的特色,最初因慰劳云南士兵而做成这个形状,形似米线。津市牛肉粉最为出名,牛肉汤锅以小火慢炖,肉香浓郁。湘潭米粉的汤头相对更清爽,可以用葱油粑粑沾着吃。郴州栖凤渡鱼粉的红油鱼汤可能会吓你一跳,但扑面的鲜香让你难以抗拒。衡阳鱼粉就清新得多了,白汤配红椒葱段,一碗喝下去也没问题。还有怀化的鸭肉粉、沅陵的猪脚细粉、永州的卤粉找当地人最多的馆子准没错,用一碗热腾腾的米粉开启饱满的一天吧!

在什么地方吃

➡ **传统老店** 基本都持续营业十年以上,有多家分店,口碑不一,但总店一般品质较为稳定。这种老店大多数只提供一两种主打菜/小吃,选择不多,却足够抓住一批老顾客的心。

➡ **网红人气餐厅** 菜品一般是从外地借鉴引进而来,在一段时间内会风靡一时,大排长龙,但流行的周期不会太长,一两年就会被新的美食所取代。

➡ **夜宵街** 基本上需要有当地人带领,才能找到真正地道的口味店。问询出租车司机也可以,但他们热情推荐的夜宵街一般都位于城郊,乘坐公共交通需要花费很久,单人前往也不太方便。

张家界天门山盘山公路

计划你的行程
自驾游

自驾早已成为游玩湖南最便捷的旅行方式之一。平原和高山交错的大地，拥有可直达各县市和景点的高速公路和国道，以及深入苗寨和侗乡的盘山公路。热门景点多集中在北部和西部，且多与外省交接，跨省旅行也成为自驾湖南的一大乐趣。

沿途最美景观

➡ 张家界

➡ 紫鹊界梯田

➡ 洞庭湖

➡ 高椅岭丹霞

最佳自驾体验

➡ 挑战26截近乎上下平行的矮寨山路,赞叹抗战公路传奇,远眺矮寨大桥。

➡ 行驶在东江湖的环湖公路,赏湖色风光,尝金秋冰橙。

➡ 驶入郴州市辖下县城的乡村公路,寻找散落村中的古祠堂。

➡ 金秋时节驶入江永县城以南的S325省道,看金黄稻田和绿色香芋平铺于喀斯特低山丘陵之中。

热门线路

➡ 长沙—张家界—凤凰—新化—韶山—长沙

➡ 张家界—吉首—德夯—凤凰—梵净山

➡ 岳阳—汨罗—南岳衡山—小东江—江永

为何去

7条主要高速公路将湖南与周边各省紧密相连,G55二广高速、G65包茂高速、G56杭瑞高速、G60沪昆高速、G76夏蓉高速等纵横贯通全省;超过6400公里的高速网络基本连通湖南境内所有县城。值得一提的是,随着2017年底S99龙吉高速和G5515张桑高速的开通,张家界市形成了中心城区到辖内各区县30分钟左右的旅游交通圈。而S71益娄衡高速的通车,则加速了湘中地区各城市的连接。自驾者可以从湘东跨越至湘西,看窗外景色从波光粼粼的洞庭湖变为溪水潺潺的山峦。日趋完善的交通网络减少了行程时间,给自驾者更多机会拜访湘西古镇,甚至深入偏远的山寨,赶个有浓浓苗味的"边边场"。

何时去

自驾湖南,季节不是什么问题。春节期间,在长沙和岳阳的庙会可以欣赏到花鼓戏等民间艺术;届时衡山将人山人海,若非信徒,不建议来凑"抢头香"的热闹。待春季鲜花吐蕊,常德桃花源一片姹紫嫣红,湘西和湘南的青山绿水正是清幽。夏季可到大山深处和峡谷泉瀑避暑,在猛洞河漂流刺激一把;或者驶入郴州汝城,欣赏莲花池后高耸宗祠牌楼的历史韵味。秋冬时节,田野乡村又换了风景,岳麓山万山红遍,江华、江永的瑶族以及湘西地区的苗族和土家族将迎来各自的丰收节庆。在游人稀少的旅游淡季,和村民们一起载歌载舞吧。

热门线路
长沙—张家界—凤凰—新化—韶山—长沙

这条路线是湖南最经典的自驾环线,全长约1300公里,不仅能在长沙一饱口福,到张家界细数武陵源的奇峰异石,还能立足于沱江边欣赏凤凰的美,最后走进伟人毛主席的故乡韶山。走过这条路线,你就可以在朋友圈晒图说,你已经饱览湖南的大山和古镇民族风情了。

起点长沙位于湘江边,遍布街头的小吃和餐馆值得为之留出一天的时间。接着驶入G5513长张高速,经慈利行驶约319公里抵达张家界市。可以此为基地,南下天门山北上武陵源。

武陵源出来后,走S306省道过魏家湾隧道进S10张花高速,经吉首进G56杭瑞高速,下高速约20分钟就能到凤凰古城。

从凤凰到位于新化的紫鹊界梯田约270公里。先后经过G56杭瑞高速、G65包茂高速和S70娄怀高速,转入X057县道后蜿蜒驶过X060和X062县道抵达目的地。紫鹊界梯

德夯天问台

田始于先秦,2017年被列入了全球重要农业文化遗产。

接下来的行程是拜访两位历史名人故里。原路离开梯田,重回S70娄怀高速向东在S71娄衡高速的双峰西互通下高速,往荷叶镇方向行驶46公里就到了曾国藩故里。在富厚堂里走一走,可一窥这位改变晚清历史走向的人物曾经的生活痕迹。从这里前往韶山走高速有116公里的路程,进入G4W2许广高速后转入西向的S50长韶娄高速,在韶山大道下高速。穿过韶山就到毛泽东故居景区入口。

跨省自驾

除从凤凰跨省到梵净山,推荐的跨省自驾游的路线还有:从江永前后经S325、S201和S305省道过恭城进入阳朔,全程约130公里;从岳阳走G4京港澳高速到武汉,全程约235公里,或走G56杭瑞高速到庐山,全程约320公里;从郴州汝城走G4E武深高速和G6011南韶高速进入韶关,全程约120公里。

张家界—吉首—德夯—凤凰—梵净山

这条短程路线将重点放在湘西风光和苗族古镇,并跨省前往贵州的梵净山,全程约400公里。

张家界驶上S99龙吉高速,在吉首转入西向的G65包茂高速,约20分钟就能抵达德夯的矮寨大桥和苗寨。大桥主跨1176米,是全世界跨峡谷跨径最大的钢桁梁悬索桥。也可走桥下老路矮寨公路,虽仅6公里长,却折了13个急弯,甚至还有8字形的转弯。从德夯走G65包茂高速向西北行驶约60公里就到了茶峒(边城),城如其名,从这里跨过清水江就是重庆秀山县洪安镇,再往南则进入贵州松桃县。也可回头到吉首走G56杭瑞高速南下至凤凰,第二天出发到120公里外位于贵州铜仁的梵净山。

岳阳—汨罗—南岳衡山—小东江—江永

这条路线纵贯湘北和湘南,既包含了成熟的岳阳洞庭湖线路,也将衡山和摄影热点

湖南自驾锦囊
租车
　　在湖南自驾租车,建议首选全国连锁的神州租车(400 616 6666; www.zuche.com)。在长沙、岳阳、衡阳、郴州、株洲等主要城市的火车站、高铁站、汽车站、机场和热门景点均设有门店,仅直营店可异地(2元/公里)或同城异店(50~100元/次)还车。不少门店提供24小时服务,有些还会提供还车后送高铁站的服务,对旅行者非常方便。

　　此外,一嗨租车(400 888 6608; www.1hai.cn)和常见的旅游平台在湖南主要城市都有门店,但覆盖率比较低。

保险
　　异地租车,买份保险很有必要。除规定要买的基本保险外,建议购买"不计免赔险",这个险种能将大部分车主事故责任所承担的免赔金额"转嫁"给保险公司。

停车
　　湖南各地停车都比较方便。不少酒店提供免费或收费的停车服务。在凤凰、武陵源、衡山、小东江等著名景区也设有公共停车场,价格通常在20~60元/天。

高速收费站
　　迎接E世代,湖南省界、长株潭城市周边和流量较大的收费站已开通支付宝和微信的手机扫码支付方式,2018年内基本可以覆盖到全省各收费站。

加油
　　湖南境内高速公路上配套的休息站和加油站不少处于关闭状态,有时超过100公里都不见一间,建议只要看到运营的休息站千万别憋着。

雾漫小东江囊括其中,同时还能另辟蹊径前往江永探访神秘女书和宗族古村。全程约790公里。

　　从岳阳出发,沿岳荣公路向南过岳阳县进S210省道,然后向西转入乡村公路,约20分钟抵达屈子祠。预计2018年底岳望高速将通车,到时就能一路高速至此。屈子祠平时清幽,唯至端午,汨罗江举办精彩的赛龙舟比赛会吸引大批游客前来。

　　沿乡村公路到汨罗市后,就能进入G4京港澳高速。向南220公里后下高速,大约10分钟就能抵达南岳衡山脚下。衡山尊为五岳中的寿岳,有许多香客来此祈寿祈福。

　　从南岳衡山原路返回G4京港澳高速继续向南,在五里牌互通下高速,前往资兴市,中途可岔到高椅岭欣赏免费的山水丹霞地貌。小东江位于资兴市东南角,因"雾漫小东江"之景而出名。

　　小东江到江永有240公里,先沿着S322郴州大道向西南行驶,在郴州互通上G4京港澳高速。可到郴州市内吃碗栖凤渡鱼粉作为午餐,之后接入G76夏蓉高速和S81道贺高速,在道州南互通下高速进入S325省道,约半小时后进入上江圩镇,这里传承着仅在女性中流传的神秘女书。向南过江永县城,约25公里后可见招牌指引向西转入千年古村上甘棠。成排马头墙依河而建,红砖黛瓦与清溪相辉映,非常典雅。

危险和麻烦

　　湖南相对多山,加之多阴雨,可能因泥石流和滑坡等阻断交通。遇有雷雨天气尽量不要赶路,或提前询问警察当地路况。

　　虽然冬季没有严寒气候,但在较高海拔的山路,还是会有肉眼难以看见的暗冰路面,部分盘山公路弯道较多,考验你驾驶技术的时候到了。

　　湘西的高速许多路段限速80公里/小时,其他地区基本是100公里/小时,自驾行程最好安排松一点。

　　湖南西部和南部人口密集城镇的摩托车、拖拉机、牲畜较多,出入巷口要多注意那些肆无忌惮的电动车。

汨罗龙舟节上的孩子

计划你的行程
带孩子旅行

玩山玩水,好吃好喝,带孩子到湖南旅行既轻松又能长知识。这里既有平坦开阔的湖泽平原,也有峰林石壁的崇山峻岭。不同民族、不同地方的人,不同的服饰、风俗和歌声;还有在中国历史刻下烙印的先贤伟人留下的史迹。这一切想必会成为孩子们难忘的记忆。

孩子们的湖南

长沙

国货陈列馆旧址（见67页）展出了许多20世纪50~80年代具有当地特色的老物件，可让孩子增长见识。宁乡**炭河古城**（见85页）再现了3000年前西周时期的生产、生活场景，可以带孩子来一场穿越之旅，还有专门为孩子设置的娱乐体验项目和游乐区。

凤凰

沱江上的**跳岩**（见103页）对孩子颇具挑战性。带他们去赶"**边边场**"有助于了解当地人的生活。还可以去看看沈从文上过的**文昌阁小学**（见99页），让孩子了解这位作家的童年生活和文学著作。

岳阳

冬季生机勃勃的**采桑湖**（见186页）和**丁字堤**（见186页）适合带孩子观察和认识鸟类，从个头较大的水鸟入手最简单。**岳阳楼**（见181页）在国家法定节假日有背《岳阳楼记》免门票的活动，课本上的知识可即刻转化为财富。

张家界

无论是爬山、漂流、看原始森林，还是乘**天门山索道**（见139页），走**大峡谷玻璃桥**（见152页），都能让孩子在享受自然风光的同时锻炼勇气。在张家界石板路上寻找的角石（一种化石），还能培养他们善于观察的能力。

计划行程

带孩子去湖南不需要做什么专门的准备。旅途之初，可以指导孩子读一读关于目的地的书籍，向孩子介绍一下目的地的自然风光和风土人情，这样不仅能让孩子根据自己的兴趣做一些自主选择，还能培养他们对目的地的好奇和向往。另外，行程安排不宜太过匆忙，每到一个地方最好有一两天的停留，让孩子适应周边环境。游玩景点时也不要过于追求教育意义，尽量维护孩子的旅行兴趣。

Lonely Planet出版的《带孩子旅行》一书，有很多实用的旅行建议和技巧，值得一读。

在路上

住宿

随着全家出行越来越普遍，湖南不少客栈、酒店甚至农家乐都会提供家庭房。家庭房大多为一张双人床和一张单人床，或是三张单人床。一些酒店的标间就是两张双人床，可提前致电了解。部分含双早的酒店，可能会视儿童的大小，加收一些费用（通常是一份成人早餐的半价）。

就餐

湖南菜多数偏辣，如果孩子不习惯，最好在点菜时提前声明，或让服务员推荐一些不辣的菜。湖南也有些当地菜是不放辣椒的，如红烧肉、蒸蛋、青菜钵等。餐前免费的凉菜建议家长先尝尝，有的表面看似不辣，但实际上特别辣，如酸萝卜。

在较大城市中档以上的就餐场所，都会备有4岁以下儿童专用餐椅。

儿童折扣

儿童的门票折扣政策因景区而异。一般来说1.2米或1.3米以下的儿童可以免门票，超过规定身高的孩子，可以购买半价的学生票，所以别忘了带上学生证。像游乐场、水上乐园等面向儿童的游乐场所，儿童票会有更优惠的价格，我们已在书中列出。

带孩子坐班车，身高1.2米以下，不单独占座的儿童是免费的，但一辆车上携带免票儿童的数量是有限制的（核定载客数的10%），购票时请告知售票人员携带儿童的数量。身高1.2~1.5米以下的儿童可以买半票（有座位），请尽量在客运站里买票，上车买票未必能落实优惠政策。

根据中国铁路客户服务中心公布的信息，1.2米以下的儿童乘火车免费（不占座位或铺位），1.2~1.5米的儿童可买半票（有座位或铺位），但半票为硬座票价的一半，购买硬卧或软卧票时，基价（硬座票价）以外的部分是不打折的。

乾州古城的老街巷

飞机票的儿童折扣政策是全国统一的。2~12周岁的儿童,持有效证件可选择购买全价票款50%的儿童票(免燃油附加费)或普通的成人打折机票,但相应的退改签政策也会有不同。

健康和安全

旅行中,儿童面临的很多健康问题其实和大人相似,可以参见299页的"健康指南"。洞庭湖区最大的健康隐患是血吸虫,家长需留心避免让孩子的身体与河水或湖水接触。一旦皮肤局部出现丘疹、荨麻疹,或发热、腹痛、腹泻等急性症状,需立即到医院或卫生防疫站就医。进行户外运动时,要给孩子准备好应付气温及气候变化的防护装备。

在少数民族地区,可以适当让孩子和当地的同龄人一起玩耍,这不仅能让孩子从小学会尊重和欣赏差异,也能让孩子更融入当地人的生活。

在路上

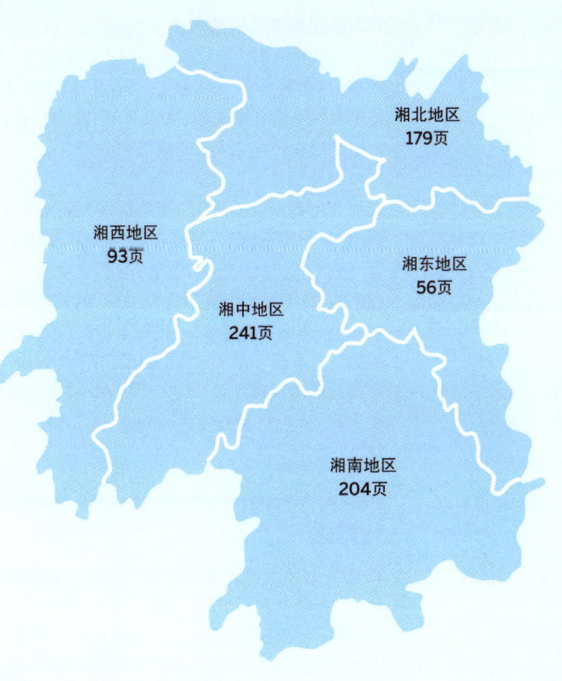

湘北地区 179页
湘西地区 93页
湘东地区 56页
湘中地区 241页
湘南地区 204页

湘东地区

包括 ➡

长沙	59
浏阳	82
宁乡	84
韶山	87
湘乡	88

最佳餐饮

- ➡ 伍厚德堂（见74页）
- ➡ 五娭毑臭豆腐（见73页）
- ➡ 鲁哥饭店（见75页）
- ➡ 承源百年古冰窖（见77页）
- ➡ 时光之尘（见76页）

最佳住宿

- ➡ 天鹅之旅国际青年旅舍（见70页）
- ➡ 拾一客栈（见70页）
- ➡ 马益顺捌玖（见71页）

为何去

老饕也好，玩咖也罢，你的湖南旅行地图绕不开这里。湘东地区以省会长沙为代表，还包括紧挨着的株洲与湘潭，如果用一种颜色形容，那它一定是令人瞩目的"红"。红是湘菜里无处不在的辣椒，也是长沙夜宵的名角儿口味虾；红是浏阳人谭嗣同洒下的一腔热血，也是韶山走出的开国领袖毛泽东点燃的革命火种。这片土地上的人与物自带一股热辣的豪情壮志，既有胸怀家国的深忧，又有及时行乐的通达。即使你只是把长沙当作去往凤凰、张家界的中转地，也一定会在短时间内感受到这种红红火火的精气神儿。

省会长沙早在20万年前就有了人类生活的痕迹，西周的青铜文明鼎盛一时，清代初年被定为湖南中枢。老城西倚岳麓山，东出浏阳河，一条湘江贯穿南北。短暂停留两三天的过客，可以先在太平街琳琅满目的小吃摊上大饱口福，再去岳麓书院感受"心忧天下、敢为人先"的人文情怀。如果时间再多一点，你将有机会深入所剩不多的旧年街巷，拜访遍布全城的历史遗址和名人故居。浏阳、宁乡和韶山，都是新中国重要领袖的故居所在地，左宗棠和曾国藩等近代史上赫赫有名的人物，也都是长沙周边的本地人氏。湘东真是人杰地灵之所在。

何时去

1~2月 春节期间来长沙的火宫殿庙会观民俗、品小吃，年味十足。若赶上下雪，银装素裹的岳麓山别具魅力。

5~6月 大围山国家森林公园的杜鹃花开得最盛。各大音乐节在长沙掀起初夏的热度，橘子洲沙滩公园届时热闹非凡。

7~8月 长沙进入火炉模式，口味虾和气温一样火爆。

10~12月 浏阳花炮节的绚烂烟火点亮夜空。金黄的银杏首先拉开岳麓山上的秋之序幕，爱晚亭的枫叶在11月下旬最红。

数风流人物

湖湘人物在中国近现代史的舞台上有着出色的表演,湘学和湘军备受瞩目和认可。细数从湖南走出的名士与将相,又多集中在湘东。

岳麓书院是湖湘学派的渊源,南宋的朱熹、张栻,以及明代的王阳明先后从外地到书院讲学,明清之际的湖南人王夫之提出"经世致用",成为湖湘文化延续下来的基本精神。曾国藩、左宗棠的湘军曾挽救过大清帝国;魏源、谭嗣同等从海外带来新知;辛亥革命中最有血气的革命党人也多出自湖南,长沙城有两条街道仍以"蔡锷"和"黄兴"命名;给中国和世界带来巨大冲击的,当然还是来自韶山的毛泽东;这片土地上还诞生了刘少奇、彭德怀等多位开国元勋;直到现代,湖南籍的政治人物仍以决断与骨气著称,比如胡耀邦与朱镕基。

在湘东,请记得

关爱肠胃: 辣椒、鱼虾、啤酒、臭豆腐齐下肚,口舌大快,肠胃却苦不堪言。

自备洗漱用品: 长沙禁止酒店免费供应一次性日用品,请支持环保。

做个夜猫子: 晚上10点夜生活才刚开始,调好时差。

"好韵味": 一个人、一道菜,都可以赞一句"好韵味"!

说唱曲艺:从弹词到Hip-Hop

长沙繁荣的曲艺娱乐文化可谓前有古人、后有来者。形式虽然在变,但核心始终是用方言唱本地人身边事。长沙弹词是一门自唐代的道情演变而来的传统曲艺。旧时老长沙人在茶楼里喝茶听弹词,乐师奏渔鼓,艺人用方言唱念词,颇有诗情画意。辛亥革命时,这项曲艺形式也曾用以向老百姓宣传进步思想。

20世纪末,相声搭档"奇志大兵"自长沙歌厅开始崛起,红遍湖南。他们的表演往往用方言搭配普通话,给观众带来无数笑声。大兵曾拜长沙弹词的泰斗彭延坤为师。2002年,彭延坤老先生在火宫殿举办专场演出。而就在这一年,《越策越开心》在湖南经视开播,围绕湖南方言里的"策"(方言,意为调侃、挤兑)文化,扎根平民生活,"笑"果十足。

2015年底,"策神"马可用一曲长沙话版的《听海》走红网络,他也顺势推出了"方言演唱会",邀请许多本地艺人助阵,其中就有嘻哈组合C-BLOCK——以长沙街区(Changsha block)为名,结合方言与嘻哈音乐,创作了许多现实风格的佳作。

快速参考

➜ **长沙**
人口: 764万
电话区号: 0731

➜ **湘潭**
人口: 284万
电话区号: 0731

➜ **株洲**
人口: 402万
电话区号: 0731

你听懂了吗?

娭毑(āi jiě): 婆婆

嗲嗲: 爷爷

妹陀: 女孩子

伢子、满哥: 小伙子

哦该: 为什么,怎么了

七里八里: 啰啰嗦嗦

丢嘎子: 闲逛

阅读湘东

《湖南骡子》,何顿著。通过长沙青山街何姓家族五代的命运变迁,折射湖南的百年沧桑和湖南人的"骡子"性格。

《长沙这个鬼地方》,范宁著。用长沙话来策长沙,从历史文化到衣食住行,稍带些攻略性质。

《长沙文史书丛》,一共9本书,用一手资料编纂而成的民国长沙社会生活长卷。

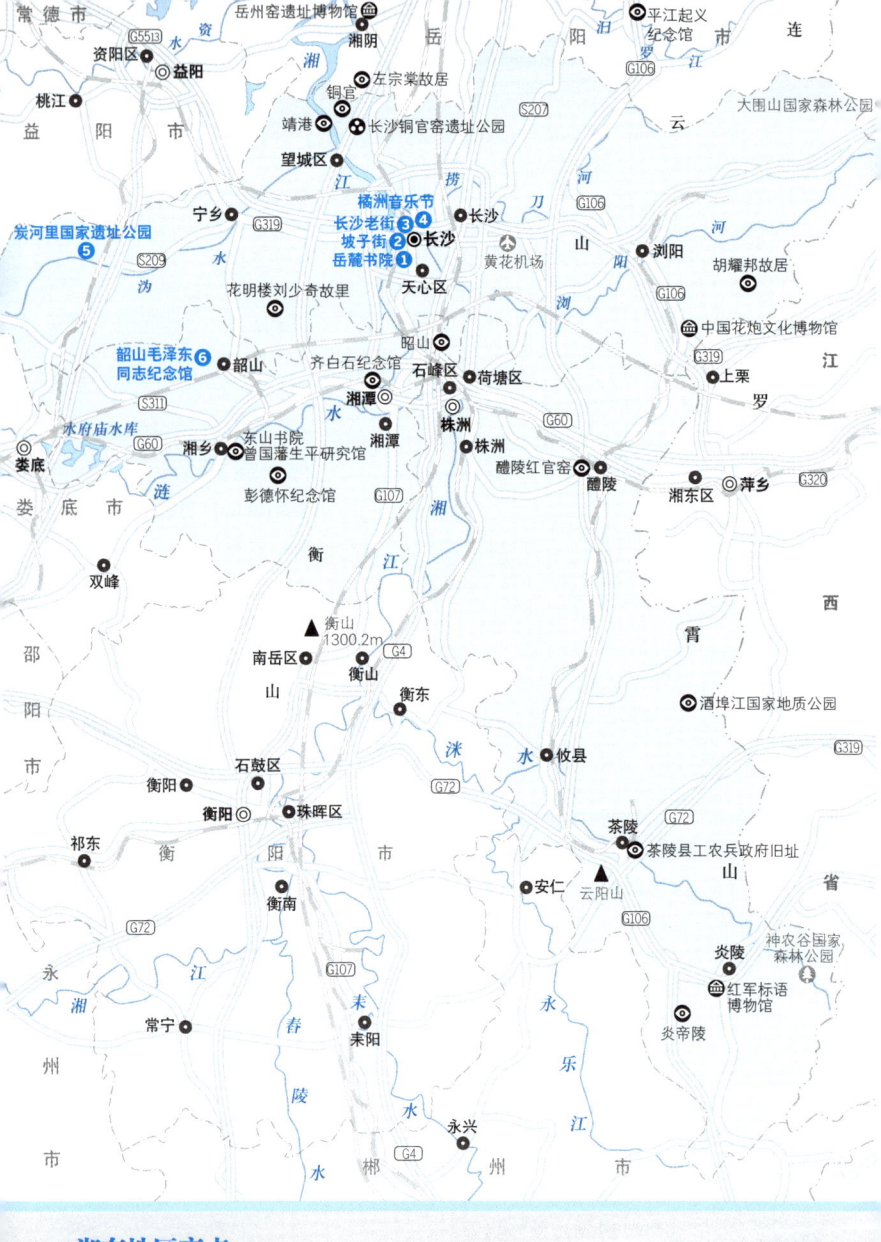

湘东地区亮点

① 细数**岳麓书院**（见60页）走出的湖湘风云人物。

② 在**坡子街**（见72页）的老字号里吃个肚皮滚圆。

③ 迷失于**长沙老街**（见67页），寻找老建筑，触摸市井生活。

④ 去**橘洲音乐节**（见68页）放飞自我，嗨翻音乐现场。

⑤ 拜访**炭河里国家考古遗址公园**（见85页），了解西周青铜文明。

⑥ 带长辈参观**韶山毛泽东同志纪念馆**（见87页），探寻伟人生活点滴。

长沙

以湘江和橘子洲为界,长沙总给人两极的印象。左岸像沉郁雄浑的山水赋,岳麓山埋葬着救亡图存的先驱烈士,而岳麓书院承载了文化精英的道德担当;右岸是热闹繁荣的市井图,年轻人在解放西路彻夜狂欢,老字号在坡子街历经百年沧桑之后浴火重生。

初次来长沙的旅行者会迅速被这里的活力感染——人们对湘菜的热情从不消退,历时五年重新开放的湖南省博物馆门口总是排着长龙,商业街、夜宵摊的俊男靓女中也许就有来湖南卫视录制节目的明星大腕,而歌厅、足浴店和酒吧永远人满为患。这里就像一场不会落幕的嘉年华,消费多寡随意,又确保你能满意而归。市区大部分景点、博物馆都免费开放,青年旅舍和满街的小吃,足以让预算有限的你食宿无忧。想要极致体验?多家五星级酒店和高档餐厅都不会给你挑剔的机会。

热闹之下,长沙没有停下进取求变的脚步。湘江西岸的民生配套建设日渐成熟,跨江大桥和还在增加中的地铁线路连通全城,社区提质改造也进行得如火如荼。只是这般大刀阔斧的城市建设也隐隐令人心惊。"文夕大火"已令这座古城的历史存续几近于无,老街巷的拆除改造更让市民仅存的旧时记忆变得尴尬。趁早来,还留存着的一些老长沙韵味值得你细细品尝。

历史

早在15万年至20万年前,长沙所在的区域就有人类活动,传说炎、黄二帝都曾来过这里,而炎帝就葬在今株洲炎陵。商周时期,古越人在三苗之地创造了越文化,后来出土的300多件青铜器则表明这里有中原文化的传入,其中著名的四羊方尊是现存中国商代青铜方尊中体形最大的。

春秋末期,楚国势力进入长沙,秦灭楚后设长沙郡,西汉建长沙国。马王堆汉墓的发掘和出土的不腐女尸曾经轰动考古界。汉末时长沙乃吴、蜀必争之地,走马楼出土的三国孙吴简牍是吴国曾治理长沙的佐证。唐朝时经济繁荣,杜甫笔下"著处繁华矜是日,长沙千人万人出"正是盛世的写照。五代十国时期长沙进入马殷之楚国时代。

宋代是长沙历史发展的重要时期,其作为湖南中心的地位得以巩固。岳麓书院创立,朱熹、张栻在此讲学兴教,湖湘学派声名远扬,名人辈出。清末曾国藩创立湘军,镇压太平天国,而后在戊戌变法、辛亥革命中,湖南人都扮演着非常重要的角色。1938年的"文夕大火"把长沙烧成一片废墟,而后6年日军发动的四次大规模会战更是雪上加霜。1949年8月5日,国民党将领程潜、陈明仁发动起义,长沙和平解放。

改革开放后,由于诸多原因,长沙逐渐落后于沿海城市。直到20世纪90年代中期,传媒、餐饮和服务行业才初具规模。近年来湖南卫视引领着文化娱乐产业一路前行。2017年联合国教科文组织将长沙评为媒体艺术之都,更让"星城"多了一张国际名片。

当地知识

"文夕大火",可怜焦土

1938年11月8日,日军侵入湘北。11日,岳阳失守,兵临长沙。同日,蒋介石下达密令:"长沙如失陷,务将全城焚毁",即当时的"焦土政策"。时任湖南省政府主席张治中立即部署,点火信号选在长沙城中最高的天心阁。13日凌晨2时许,南门某处意外起火,不到一刻钟又有三处。此时警察和消防队都已撤离,不明真相的警备司令部以此为信号,随即全城点火。因当时电报代码为"文",这场发生在晚上的灾难史称"文夕大火"。

整整五天五夜,全城90%的街道、建筑被毁,三万余人丧命。"来不及撤退的长沙百姓,披头散发寻找亲人的,顿足捶胸的,望着大火发呆的,扑向火丛抢救财产的",经历了"文夕大火"的郭沫若如此回忆。长沙城自春秋战国以来的地面文物几乎尽数覆没,老城的文化传承也就此中断。长沙因此成为第二次世界大战中毁坏最严重的城市之一。

👁 景点

👁 湘江西岸

河西的岳麓区是感受湖湘文史的必去地。尽管岳麓书院、岳麓山和橘子洲常年游人如织,但不减山林和沙洲清幽雅致的底色,山下高校里的老建筑,也会让你感受到这片土地的传承和积淀。

★ 岳麓山　　　　　　　　　　　山

(见62页地图;📞8882 5011;www.hnyls.com;岳麓区;免费;⏱24小时)麓为山脚下,岳麓山就在南岳衡山的脚下。岳麓书院、麓山寺和云麓宫分别作为儒、释、道的代表在山上和谐共存,古迹和先烈墓碑遍布山间。这座有着深厚文化历史底蕴的湖湘名山海拔不过300米。山上古树名木极多,春夏满目青翠,深秋枫香、银杏红黄交接,冬天也有独特的冰泳美景。

景区有南门和东门两个正门,时间不多的话,从南门进入两三个小时足以一览主要景点。

湖南大学体育馆西门旁有座建于清代的自卑亭,取《礼记·中庸》"君子之道,辟如行远必自迩,辟如登高必自卑"之句,其中"自卑"(从低处)是相对"登高"而言。向西便是岳麓书院,后门出来即是爱晚亭。亭子的盛名源于杜牧《山行》的"停车坐爱枫林晚",深秋时节尤其受团客青睐。毛泽东在长沙求学时常携友"凭栏熟计连朝夜",这里也是当年新民学会活动的重要场所。

半山腰的古麓山寺是湖湘佛教发源地,门楼两侧挂着著名的楹联"汉魏最初名胜,湖湘第一道场"。这座始建于晋代的古寺,曾六次毁于战乱,唯留两株六朝古松。山巅的云麓宫是道教第二十三洞虚福地。宫内望湘亭视野极佳,橘子洲和长沙城尽收眼底。宫前有棵710年树龄的银杏,秋天满地黄叶很是上镜。

此外,你还可能经过隋舍利塔、翊武亭、白鹤泉、蔡锷墓、黄兴墓等景点。观光车(单程20元,往返或两线组合30元)的两条线路分别从南门和东门出发通往山顶,南门线路沿途景点更多。滑道(上行30元,下行35元,往返45元)和索道(索道上行30元,下行25元,往返50元,学生半价)都通往山顶的观光长廊,两侧有古炮台和禹王碑。

山上和山脚都有不少小吃茶饮点供歇脚。如果时间充裕,建议你留半天时间遍访每个角落。主路没有区分车道与步道,观光车速度较快,要小心避让。

乘立珊专线在桃子湖站下车后步行至景区南大门,也可乘地铁2号线,溁湾镇站下车后转公交车在桃子湖站下车。

岳麓书院　　　　　　　　　　书院

(见62页地图;📞8882 3764;ylsy.hnu.cn;麓山路273号;门票50元,含博物馆,学生半价,讲解60元;⏱5月至10月7:30~18:00,11月至次年4月8:00~17:30)岳麓书院位于岳麓山南大门附

当地知识

青山有幸埋忠骨

百年前,湖南这片热土卜涌现了数以万计的辛亥革命志士。据史料记载,先后有55名烈士入葬岳麓山。在官方导游图上只能找到黄兴墓和蔡锷墓,蒋翊武、禹之谟、陈天华、姚宏业等数位烈士的墓地散布于山上,有些烈墓毁坏严重,甚至沦为菜地,亟待修复。

抗战时期,岳麓山是长沙战场极其重要的一个军事制高点。1941年,三次长沙会战期间,湖南第九战区司令部战时指挥所搬至岳麓山爱晚亭后的防空洞,如今在清风峡建有纪念遗址。观光长廊附近有炮台遗址,穿石坡还有一条10多米长的战壕。

岳麓山的抗战墓共55座,其中规模最大、保存较完整的是位于赫石坡的陆军第七十三军抗战阵亡将士墓,下方还有为第四路军阵亡将士修建的麓山忠烈祠。记载着第一次长沙会战经历的长沙会战纪念碑由云麓宫前移至响鼓岭,云麓宫前的麻石围栏上刻着抗战阵亡将士名录,五千多个名字早已风蚀难辨。此外,白鹤泉下方的岳麓山4号是湖南省会警察纪念堂,现为长沙抗战纪念馆。

一草一木,遍埋忠骨。献一束花,行注目礼,都是你的心意。

值得一游

千年学府脚下的大学城

三所没有围墙的高校环绕在岳麓山南麓与西麓,形成"河西大学城"。拜访过岳麓书院,不妨来校园里走走,感受传承自古的文化气息。

湖南大学(见62页地图)起源于岳麓书院,1903年改制为湖南高等学堂,1926年正式定名湖南大学,历经沧桑,可谓中国高等教育发展史的缩影。校内9栋建于20世纪20~50年代的早期建筑,于2013年入选全国重点文物保护单位,其中7栋是柳士英先生的作品。岳麓书院正门对面的**大礼堂**曾是长沙会战的司令部,以红墙绿瓦为基色,屋顶层层叠叠,有典型的中国传统宫殿式华丽与气派。现在的**传媒学院**曾是工程院,弧形立面和环环相连的圆圈设计如同机械带轮的转动。东方红广场旁的**科学馆**(今校办公楼)则见证了1945年9月15日的中国战区第四受降区日军投降仪式。

中南大学(见62页地图)于2000年由三所高校合并,校本部中段的**和平楼**和**民主楼**两座姊妹楼,是1937年"卢沟桥事变"前后清华大学南迁时的校舍,呈"工"字形,前长后短,据说梁思成参与了设计。刚进校门,林荫道两旁的老民居也值得一逛,若想省力就在门口乘坐1元校车,绝对是性价比最高的观光车,校内招手即停。

湖南师范大学(见62页地图)是师范类学校,又有音乐、美术等艺术类院系,在网上的国内十大"美女高校"中榜上有名。

湘东地区

长沙

近,自北宋时创立,历经朝代更迭与兴废,现在除了作为景点开放,也是湖南大学的国学研究中心,延续着从古至今的士人气脉,担得起千年学府之美名。现存的建筑都为明清遗构,讲堂、湘水校经堂和文庙等核心场所都位于中轴线上,斋舍、祠堂则分列两侧,园林亭苑点缀于其间,尽管许多原物已经在战火中被损毁,现存的大多是重修过的,但典雅庄重的学府气质未变,丰富的碑刻和匾联皆有历代鸿儒在此求索的痕迹,置身其中你也会感受到这种睥睨时空的力量。细细看下来需要大半天,匆匆一瞥也请至少留出两小时。

现存的**大门**是清同治年间重建的,上有宋真宗赐字"嶽麓書院",两边楹联"惟楚有才,于斯为盛"分别出自《左传》和《论语》。二门的匾联为清代山长(即书院院长)所撰,也很有看头。正中的**讲堂**是书院的核心,大石上朱熹所撰的"忠、孝、廉、节"即书院校训。抬头可见三块匾:"实事求是"是民国初期迁入书院办学的湖南工专校长宾步程所撰;"学达性天"为康熙御赐,意为教育的目的是要达到天人合一的境界;"道南正脉"为乾隆所赐原物,意为表彰朱、张的湖湘学派是理学向南方传播后的正统。深处的**御书楼**掩映在葱葱树影后,藏书超5万册,现在是湖南大学古籍图书馆,不对外开放。

后花园南侧有唐代李邕亲自撰文书写的麓山寺碑,你可以找一找碑侧大书法家米芾的题刻。编钟表演需另付费观看,4人以下每首曲子120元,4人以上每人20元。还有文庙,在2013年孔子诞辰日,这里重启了中断百年的祭孔大典。

入口左侧的**中国书院博物馆**是中国目前唯一一座展示中国书院史的专题博物馆。建筑外部是极简的现代风格,内部陈列布展则遵循古代书院曲径回环的风格。按书院的历史、教育、学术、祭祀、藏书与刻书分设5个主题,展品丰富,值得一看。

新民学会成立会旧址 故居

(见62页地图;☎8888 3401;新民路周家巷2号;免费;◎9:00~17:00,周一闭馆)1918年,毛泽东、蔡和森等在此创建了"五四运动"时期湖南影响最大的进步社团——新民学会。1920年,中国共产党在长沙的早期组织也于此诞生。蔡和森一家的故居旧址门前还有入党誓词,旁边一畦绿油油的菜地,颇有意趣地复原了当年他们在这里种菜的岁月。从岳麓山东门下山不妨顺道看一看。坐公交车到新民学会旧址站下车即到。

长沙城区

长沙城区

◎ 重要景点
- 橘子洲 C4
- 岳麓山 A4
- 岳麓书院 B5

◎ 景点
- **1** 白沙公园 E5
- **2** 天心公园 E5
- **3** 长株潭两型社会展览馆 C6
- **4** 船山学社 E3
- **5** 杜甫江阁 D5
- **6** 国货陈列馆旧址 E3
- **7** 湖南大学 B6
- **8** 湖南省博物馆 F2
- **9** 湖南省立第一师范学院旧址 D6
- **10** 湖南师范大学 B4
- **11** 开福寺 E1
- **12** 青年毛泽东雕像 C7
- **13** 天心阁 E5
- **14** 新民学会成立会旧址 C4
- **15** 中南大学 A7

🛏 住宿
- **16** OOHHOO喔活酒店（五一大道店） G4
- **17** 长沙书院国际青年旅舍 D7
- **18** 汉唐四季酒店 H4
- **19** 湖湘驿长沙国际青年旅舍 F1
- **20** 马益顺捌玖 E5
- **21** 天鹅之旅国际青年旅舍 C4
- **22** 万达文华酒店 D3

🍴 就餐
- **23** 矮子粉店 E2
- **24** 八吉祥餐厅 E1
- **25** 白果园31号公馆 E4
- **26** 常青汤圆店 E3
- **27** 炊烟时代（五一华府店） E4
- **28** 大春鱼满仓 F3
- **29** 戈雅法餐厅 D3
- **30** 蒋大小吃 E3
- **31** 静心莲素茗斋 A5
- **32** 橘洲1910 .... D4
- **33** 老长沙龙虾馆（化龙池店） ... E5
- **34** 鲁哥饭店 E2
- **35** 四喜馄饨（南门口店） E4
- **36** 天宝兄弟 F5
- **37** 五娭毑臭豆腐 E5
- **38** 夏记粉店 E4
- **39** 易哥湘潭葱油粑粑
- **40** 益华家菜屋 F4
- **41** 玉楼东（五一路店） G4

🍹 饮品
- **42** 化龙池清吧街 E5
- **43** 解放西路酒吧街 E4
- **44** 纳咖啡 E4

✪ 娱乐
- **45** 46 Livehouse C4
- **46** Vox Livehouse D7
- **47** 红咖俱乐部 E3
-     琴岛演艺中心 .... （见47）
- **48** 田汉大剧院 F6

🛍 购物
- **49** 定王台书市 F4
- **50** 黑石户外 F4
- **51** 止间书店 F3

ⓘ 实用信息
- **52** 车站路邮政所 H4
- **53** 湖南省人民医院 E4
- **54** 湖南省图书馆 G4
- **55** 湘雅医院 F2

🚆 交通
- **56** 长沙站 I4
- **57** 长株潭汽车站 H4

橘子洲 公园

（见62页地图；☏8888 2152；湘江江心；免费；⏱7:00～22:00）据说长沙正因江中这道长长的沙滩而得名。晋、唐后，洲上多种橘树，杜甫诗云："桃源人家易制度，橘洲田土仍膏腴。"南宋时，朱熹和张栻渡江去岳麓书院时曾在此休歇。1904年，长沙被辟为商埠后的十几年间，洲上逐渐出现外侨居住区，今天还可以看到民国唐生智的公馆和由神父居所改成的**橘洲1910**西餐厅（见76页）。1925年，32岁的毛泽东在这里"独立寒秋"，看"湘江北去"，写下那首著名的《沁园春·长沙》。

十几年前，洲上尚有原住民，如今已变身城市绿洲公园。观光车一趟趟载着旅行团前来，人们纷纷和大得夸张的**青年毛泽东雕像**（见62页地图）合影。这里不仅是夜观江景的好去处，夏天也有盛大音乐节举办（见68页）。洲上由天伦造纸厂旧址改建的**长株潭两型社会展览馆**（见62页地图；☏8978 1188；www.czt.gov.cn；免费；⏱9:00～16:00，周一闭馆）充分运用高科技展示了长株潭"两型社会"(资源节约型和环境友好型社会)实验区的建设成就和其对衣食住行的积极影响,对科技和环保感兴趣的旅行者不要错过。展览馆经整修已于2019年重新开放。

坐地铁2号线在橘子洲站下车即到。景区面积不小,徒步绕一周6.8公里,非常锻炼腿脚,我们更推荐你结合观光车(20元;7:30~21:00,有5个主要站点),坐一段车,再步行一段,外环临水步道和园内小径都适合散步。

👁 湘江东岸

河东与河西的气质截然不同,景点虽有不少古迹,但几乎都是"文夕大火"后重建的,适合作为了解历史的窗口。省博和市博都很值得一看,展品精致,展览设计诚意十足。

除了在商业与历史之间寻找平衡的太平老街,白沙井正对的白沙街、化龙池(化龙池)北口正对的白果园巷、连接南门口和杜甫江阁的文庙坪巷等,都是有故事的老街区。行走其间,你会真切触摸到老长沙的城市肌理。

★ 湖南省博物馆   博物馆

(见62页地图;☎8441 5833;www.hnmuseum.com;东风东路50号;免费;⊙9:00~17:00,16:00停止入馆,周一、除夕闭馆)历时5年扩建,湖南省博物馆于2017年11月重新开放,由历史文化和马王堆汉墓两大展馆组成,藏品丰富,布展精美。博物馆每半个小时有一场免费讲解(11:00~13:30除外)。

位于二楼的"湖南人——三湘历史文化"陈列馆中,可以让你详细了解湖南自殷商青铜文明的开启,到楚人入湘、江西填湖广和"湖南熟天下足"的历史沿革,以及苗族、土家族、侗族、瑶族等少数民族的文化风俗。这里展出的青铜器极为精美,留意一下商代的几架盛酒器:凤鸟纹"戈"提梁铜卣(读"yǒu")、唯一一件野猪造型的豕尊、中国发现的唯一以人面为饰的方鼎都是馆藏珍品,迄今发现出土的最高大的"皿而全"方形罍(读"léi")更是代表博物馆入选"国家宝藏"。另外,距今15,000~13,000年的陶釜、西汉的牛形铜灯、西晋的青瓷对书俑等也都是馆藏精品。

三楼是长沙马王堆汉墓陈列馆。马王堆是湖南省最重要的历史遗产,展馆内展出了辛追墓出土的大量随葬品,还原了古人的现世生活和所向往的来世。展示设计也极花心思,漆器上的彩绘狸猫动了起来,T形帛画中的天界与人间被详细分解,你还可以跟着多媒体互动学做一套汉代养生操。辛追夫人的"新家"设计成了一座华美的地宫,四壁滚动播放着长约4分钟的3D影像,呈现了四层棺椁上描绘的世界万象。沿人行电梯下到一楼地宫底部,辛追夫人就"安睡"在特制的展柜中。

博物馆4楼是观众餐厅,提供15~30元套餐。市区112、136、146、150、203、358、901路公交车在省博物馆站下车即到。

天心阁   古迹

(见62页地图;☎8515 5379;天心路17号;公园免费,阁楼区门票32元,讲解60元;⊙公园6:00~22:00,阁楼区7:30~17:30)明万历年间,天心阁就被视为古城长沙的标志。20世纪初,长沙人靠**午炮亭**正午时分一声炮响确定时间。抗战时期这里是市民在硝烟后方的公众俱乐部。今日的天心公园仍然人气高企,清晨、傍晚都有市民吹拉弹唱,很是热闹。

穿过纪念长沙会战阵亡将士的**崇烈门**和**崇烈亭**,便是古长沙唯一的历史遗迹——**古城墙**遗址。登阁楼要小心又窄又陡的楼梯。在**拱北楼**可凭票观看4D短片《关羽战长沙》,**南屏楼**有百年长沙老照片展,都是旅行者了解长沙历史的好机会。

乘公交在天心阁西门站下车,或坐地铁1号线在南门口下车向东步行800米即到。

长沙市博物馆   博物馆

(见62页地图;☎8289 2350;www.csm.hn.cn,微信公众号cssbwg;开福区滨江文化园;门票免费;⊙9:00~17:00,16:00停止发票,周一闭馆)尽管省博风头正劲,但长沙市博物馆自2015年迁址新建后也非常大气,值得一探。一楼和二楼分别以"湘江北去""中流击水"为题,介绍了长沙的古代和近代历史文化。你可以从象纹大铜铙、兽面纹提梁铜卣中,窥得西周时期长沙青铜文明的兴盛;在刻有"缪叔义行之用"的铜戈前想象战国时楚人与鄂人对抗的激烈;还可以在铜官窑出土的唐代瓷器前驻足,瓷器上的题诗"君生我未生,我生君已老"就是某位不知名的窑工原创的。不要错过二楼的手稿和老照片等陈列,它们会带你回顾波澜壮阔、荣辱并存的长沙近代史。

除常规展览外，定期特展可通过微信公众号或官方网站关注，公众号还提供语音导览。既然来了，也不妨欣赏一下两旁的**长沙规划展示馆**、**市图书馆**和**市音乐厅**，建筑风格和外墙设计都颇具心思。

乘公交在滨江文化园下车，或乘地铁1号线在北辰三角洲站下车后步行900米即到。

长沙市简牍博物馆　　　　　　博物馆

（☎8542 5680；www.chinajiandu.cn；微信公众号jdmuseum；白沙路92号；免费；⏱9:00～17:00，讲解10:30和14:30；周二闭馆）这里是国内首座以简牍为主题的博物馆，馆藏品主要为长沙1996年、2003年出土的两汉三国时期简牍。竹简与木牍合称"简牍"，是纸张发明前广泛使用的文字载体。馆内介绍了简牍的发展历史和制作流程，不乏古代的名片、户口、合同文书等实物，对考古感兴趣者还可参观1:1复原的长沙走马楼J22古井窖。我们调研时，博物馆二楼正在整修。团体可预约免费讲解，其他来参观的人也总是可以蹭到。多功能厅每周六下午举办文史科普讲座，可关注微信公众号了解详情。

乘公交车在简牍博物馆站下车即到，不远就是天心阁。

贾谊故居　　　　　　　　　　故居

（见70页地图；☎8227 2799；太平街28号；免费；⏱8:30～11:30，13:00～16:30，周一闭馆）太平街上这座安静又足够显眼的房屋值得你驻足。作为西汉初期杰出的政论家、思想家和文学家贾谊，被贬为长沙王太傅时居住的地方，这里是长沙作为"屈贾之乡"的标志性文化遗产，历经多次重建。传说进门左侧的双眼古井为贾谊亲手所凿，井旁一石床也很可能是当年原物。太傅殿内布置成贾谊生平陈列，读完历代文人留下的诸多感叹，重温一下《过秦论》吧。

旁边小巷称"太傅里"，古代又名"濯锦坊"，相传因屈原在此地一口古井容洗涤锦衣而得名。后贾谊写下千古名篇《吊屈原赋》，足见两个怀才不遇者的惺惺相惜。

乘公交车在贾谊故居站下车即到。

湖南省立第一师范学院旧址　　学校

（见62页地图；☎8515 7430，书院路356号；免费；⏱9:00～17:00，周一闭馆）翻开这所学校的校友录，中国近代史上的许多风云人物赫然在列。它的前身为南宋时期张栻创办的长沙城南书院，地位不输岳麓书院。近代有毛泽东、何叔衡、蔡和森、田汉、任弼时等在此求学或任教。始建于1912年的校舍仿日本青山师范（今东芸大学）的建筑风格，青白相间，颇为雅致。青年毛泽东在锻炼身体后提（打）冷水洗澡的水井是唯一的原物，还有重建的教室、寝室等旧址以及青年毛泽东纪念馆可观。这里有免费的志愿讲解服务，值得一听，讲解时间可提前电询。第八班教室里毛泽东当年的座位已被访客们磨得锃亮，旁边第一附属小学的孩子们传来的琴声和欢笑声，会带你重回校园时光。

乘公交车在第一师范站下车即到。

杜甫江阁　　　　　　　　　现代建筑

（见62页地图；☎8982 4455，湘江中路二段

当地知识

毛泽东的间隔年

1917年，毛泽东在湖南省立第一师范读书期间，与朋友萧子升利用暑假，历时一个多月漫游长沙、宁乡、安化、益阳、沅江五县。他的行李非常简单，常常只是一把雨伞，一个挎包装着换洗衣物和纸笔。据美国学者罗斯·特里尔的《毛泽东传》记录："毛泽东和他的朋友不带一文钱，他们给当地的乡绅写巧妙的对联换取食宿。这次游学历经6个星期，步行近千华里，让毛泽东更多地了解了湖南。"1918年春，毛泽东再次出门远足，和蔡和森沿洞庭湖南岸和东岸去好友家游学考察，途经湘阴、岳阳、平江、浏阳几县，这一次花了半个多月。途中他们徒步考察了湖南的农村和城镇，学者、官吏、农民、商人、手艺人皆是探访交流的对象。他们还大量阅读了当地县志与佛经。这些社会底层民情和地方人文知识，为毛泽东建立了扎实的社会认知，也点燃了他对革命的热情。他随后将途中所见的社会制度问题写成通讯，投寄给湖南的《通俗日报》，以期研究和解决。

老街旧巷历史寻踪

尽管长沙市内许多古建都在"文夕大火"中付之一炬,商业街和高楼也改变了城市样貌,但你仍然可以在一些老街巷里看到历史的痕迹。有些街巷经过修缮已是商铺林立,旧时的繁荣换了新的面孔;有些则不在主流商圈或景点附近,如果不是有心来访,极易错过这些看似寻常的历史见证处。趁还未被拆尽,多看两眼吧。

作为长沙仅存的几条麻石街之一,黄兴北路以东的**潮宗街**曾是明清时长沙县署所在地,旧时是出城门到湘江码头的必经之道。民国后,湘雅医学专门学校、复陶女子中学和真耶稣教会堂都先后在此建立,现在还能看到清末军机大臣瞿鸿禨的宅邸旧址石碑,教堂犹在,而街中部一条名为"梓园"的小巷里还隐藏着民国旅社,如果碰上开门还可以看到里面飞檐翘角的民国老戏台。

长沙的街道名大多都有历史含义,看街道名便可知旧时这条街处在官署衙门的什么位置。衙署前便是"正街",后面的则为"后街",例如天心阁下三条紧挨着的**都正街**、**县正街**和**高正街**都是明清所设善化县的县署所在。这里曾住着许多名厨,如毛泽东的厨师石荫祥和蒋介石的厨师彭长贵,现在经过一番修复改造,入夜后便成了人气高涨的美食街。若是白天来,这里清静安宁,还保留了几分古朴的诗意。都正街里有一院落"东池",原是唐潭州刺史所建,隔栏门望去,柳宗元在《潭州东池戴氏堂记》中所载的"郁然而阴,粲然而荣"园林之美也还可以想见。浏览一遍青砖灰瓦的照片墙,老城的城南旧事跃然眼前。

贾谊故居所在的**太平街**,保存着较为完整的"鱼骨状"街巷格局。因紧靠湘江,得地利之便,商贾云集达千年之久,20世纪初期,更是洋行密布,盛极一时。2007年末,这条古街完成仿古改造,现在已经是游客如织的商业街。美孚洋行现已被改造为展示湘文化的小型博物馆。太平粮仓大门紧闭,前身是清末著名的乾益升粮栈,主人朱昌琳是朱镕基之曾祖伯父。往支巷深处走,在不惊扰主人家的前提下,可观察一下长沙老民居的建筑风格。相对于几十米外商业街的热闹,这里显然更接近数十年来原汁原味的本地生活。

108号;门票11元;⊙9:00~22:00,焰火燃放当日16:00闭阁停止售票)公元768年,杜甫从蜀中远赴湖南,到长沙投友未果,举目无亲,只得以舟为家,泊在湘江岸边。诗圣在长沙度过了最后的岁月,留下50余首诗作,皆是对当时长沙风物人情的历史见证。南湖港的驿楼就是他送别友人的地方,后来他移居江边租的楼房,称其为"江阁"。杜甫在这里也遇到了流落于此的大音乐家李龟年,写下他最后一首七绝,纪念与故人的重逢。

如今这座仿唐纪念性建筑虽无甚新意,但因正对橘子洲,且焰火音乐在此播放,故这里也是最热门的观景点,在夜晚的灯饰装点下最好看。为空气质量考虑,目前仅有节日燃放烟花,可提前上网查询时间。最佳观景角度在二楼靠右侧,一定要提前去,焰火燃放前后附近路段拥堵严重,建议你步行。

乘地铁1号线在南门口下,再向西走800米即到。

国货陈列馆旧址　　　　　博物馆

(见62页地图;☎8892 3495;中山路146号;免费;⊙10:00~21:00)1932年,实业家刘廷芳为振兴国货创办了国货陈列馆。2014年,原址重建。曾经堪称长沙地标的排场虽已不再,如今也仅在主营黄金珠宝的友阿商场五层保留了一小片区域陈列展览,但我们还是推荐来重温一下社会变迁中的共同记忆。老物件、旧票子和报章匾额无一不记录着湖南近现代进程中的民生缩影,留言簿尤其值得翻开看看。乘公交车在中山亭站下车即到。

白沙井　　　　　泉水

(见62页地图;白沙路26号;免费)白沙井始凿于何时已不可考,明代长沙府志中对"长沙第一泉"已有记载。当地人到白沙井取水的习惯延续至今,每天带着各种容器来打水的人络绎不绝,游人不妨带着水杯过来接上一瓶,但需煮沸后再喝。

白沙井在贺龙体育馆西侧公园的山坡

后，附近有不少茶馆用井水煮茶。乘公交在白沙井站下车即到。

船山学社 学校

（见62页地图；📞8222 2126；中山路47号；免费；⏰9:00～17:00,周一休息）这栋三进四合小院最初为曾国藩的祠堂，民国初年社会进步人士在此创办船山学社，纪念和研究王夫之的学术思想。1921年，毛泽东、何叔衡在此建立湖南自修大学，培养了许多革命干部。其四字门额系毛泽东1950年所题。

乘公交在小吴门站下车，船山学社在儿童图书馆旁边，位置有些隐蔽。

开福寺 寺庙

（见62页地图；📞8448 5300；开福寺路52号；门票10元；⏰7:00～17:00）这里原为楚王马殷的避暑行宫，后将一部分给僧人创建寺院，盛时云集僧侣上千。如今依旧香火旺盛。毗卢殿的500尊罗汉雕像用来"数罗汉"，即以任何一个罗汉为起点，按自己的年龄来数，方向随意，按最后一个罗汉的编号抽签（解签20元），以测吉凶。现在的签辞已"改良"，多以劝谕行善为主，不必太当真。寺庙门口有很多算命乞讨者，最好别搭理，小心被纠缠。

乘地铁1号线在开福寺站下车即到。

✈ 节日和活动

音乐节

作为娱乐之都，长沙自然少不了文艺青年的聚会盛事——音乐节。一般由当地的各大livehouse背后的文化传媒公司主办，时间大多安排在5～6月或9月。长沙本土的橘洲音乐节从2009年开始在橘子洲沙滩公园举办，影响力很大。自2014年起，草莓音乐节也落地长沙，人气居高不下。2010年起开办的长沙国际爵士音乐周则多在秋季举行，是见识国际乐坛的爵士新锐力量的好机会。音乐节每年具体时间一般会提前一两个月放出，票务和表演嘉宾阵容等信息都可以通过官方微博或微信公众号查看。

足浴

虽然足浴等休闲服务行业始终登不上大雅之堂，但确实给长沙带来了可观的经济效益，当地媒体称其规模几乎超过了北京、上海、天津、重庆四地的总和，"脚都"之称当之无愧。旅途中犒赏一下疲惫的双脚，第二天便更有游玩的力气。我们推荐全天开放的四喜富侨，与四喜馄饨是同一品牌，服务流程规范且安全卫生。普通足浴160元/65分钟，结束后可以凭足浴号牌在其他楼层免费点两份小吃，桑拿、桌球等休闲活动也一应免费。定王台老店（📞8882 6444；人民西路工农桥下万顺家园裙楼）人气高，黄土岭开的新店（📞8882 7444；芙蓉中路三段412号）更气派。另外，颐而康、天之道和家富富侨也是不错的连锁品牌，分店遍布全城，一般营业至凌晨，团购一般有折扣。

户外

长沙市内有不少适合运动爱好者的跑步路线，从环境和安全性来看，综合体验最好的首选橘子洲公园。路面平整，跑完一个整圈接近8公里，沿途还有湘江景色。夜晚，对岸岳麓山灯光点点，许多市民会结伴夜跑。如果你是独自一人，建议穿亮色衣服，沿路灯跟着人群跑。河东的烈士公园、月湖公园和西湖公园常有市民慢跑或锻炼，河西的大学校园也是个不错的选择。

如果你在夏季来到长沙，不如试试夜登岳麓山。少了一大批团客，可以获得更清静也更凉爽的体验。每年四五月份起，也有许多人选择在山上露营过夜，可以通过云驿露营（📞18673176313；微信公众号：云驿露营；自带帐篷98元，租场地帐篷138元，免费热水洗浴）提前预约位于响鼓岭北的露营场地。

🛏 住宿

长沙酒店业十分发达，不同价位选择丰富，许多足浴城也可过夜。值得一提的是，从2009年7月起，为降低使用一次性日用品产生的浪费以及环保问题，长沙市禁止所有宾馆、酒店免费供应一次性日用品。我们调研时发现，大部分星级酒店和快捷酒店都会遵守规定，如有需要，每套收费5~15元，有些酒店会对网上预订者和会员提供免费用品。我们倡导旅行者自备牙刷、沐浴用品等。

经济型连锁快捷酒店在长沙竞争激烈。淡季标间140～220元，周末、暑假和法定节假日都有上涨，建议你提前网上预订或成为会员，有优惠。除集中在火车站附近的分店之外，如家步行街店（☎8595 2777；人民西路170号）和7天步行街店（☎8490 3466；黄兴南路440号）地处市中心，但停车略不便。湖南本土连锁品牌五彩今天连锁酒店（☎4006770066；www.todayinns.com）宽敞的空间和舒适的大床让人印象深刻，在长沙已有7家分店。市中心的各种主题酒店客栈，往往是浮夸墙纸和粗糙装修的集中展示，价位与连锁酒店持平。青旅床位平均40元，太空舱58元起，适合行李不多的年轻人。家庭出行可考虑五一广场壹号公寓楼里的酒店式公寓，200~400元，有洗衣机和微波炉，位置也很便利。

高端酒店集中在芙蓉路、韶山路和湘江两岸。运达喜来登（☎8488 8888；芙蓉中路一段478号）多次被媒体评为华中最佳商务酒店，北辰洲际酒店（☎8966 8866；湘江北路1500号）离市博物馆很近，芙蓉国温德姆至尊豪廷大酒店（☎8868 8888；芙蓉中路二段106号）则以独具特色的主题餐厅取胜。

岳麓山和湘江沿岸

若你爱风景，就住在岳麓山下，起个大早

长沙中心城区

长沙中心城区

◎ 景点
1 贾谊故居 A1

住宿
2 长公馆人文酒店 A2
3 拾一客栈 A1

就餐
4 德天顺盖码饭(人民西路店) B2
5 火宫殿(坡子街总店) B2
6 老街鱼嘴巴(解放西路店) B2
7 伍厚德堂(坡子街店) A2

饮品
8 茶颜悦色(悦方ID Mall店) B2
9 承源百年古冰窖 A1
10 时光之尘 A1

娱乐
11 湘江剧院 A2

避开人流去爬山;或在湘江边,拉开窗帘便能望见橘子洲,也是看烟花的好地方。

天鹅之旅国际青年旅舍 青年旅舍 ¥

(见62页地图;☎8516 1515;爱民路岳民巷新民小区北5栋;铺45元,大床房/标双188元;@令❀)藏在居民区里的一栋五层小楼,招牌优雅低调,整体装修颇费心思,很受年轻人欢迎。在门前的小院里坐一坐,如同置身于花园咖啡街。楼顶天台可以晾衣服,内部设施干净清爽,多人间房门不上锁但有监控,储物柜带锁。距离46 livehouse仅400米,离岳麓

山东门也不过700米距离。

长沙书院国际青年旅舍 青年旅舍 ¥

(见62页地图;☎8521 2123;书院路148号;铺40元,大床房/标双130元;@令❀)这里最大的亮点是五楼正对橘子洲头青年毛泽东雕像的大露台。由旧式厂房改建,气氛很接近大学宿舍。淋浴间很多,床位的床带受女生喜爱,房间略显昏暗,储物柜需要自备锁。一楼大厅晚上有桌游等活动。进门处张贴着简餐、出租单车等各种信息。遗憾的是位置有些偏,周边餐饮很少。离东瓜山夜宵街和湖南省立第一师范旧址不远。

万达文华酒店 酒店 ¥¥¥

(见62页地图;☎8800 8888;湘江中路一段308号;标间798元起;@令❀⛱)位于周边的施工工地和老街民居,与万达集团旗下这家五星级酒店显得不太协调。踞湘江东岸,望橘子洲尾,江景房视野绝佳。就餐若不想在酒店解决,开福万达广场就在旁边。

⌂ 市中心

如果你一心就是想逛吃逛吃,住在市中心准没错,最繁华的地段都能一网打尽。湘江东岸的市区面积不是很大,很多地方都是步行可至。

★拾一客栈 客栈 ¥¥

(见70页地图;☎8476 5377;太平街35~39号;标双/家庭房219/307元;@令❀)位于太平老街中部一家饰品店的三楼,拖着行李箱的旅行者上楼可能不太方便,但其优越的地理位置和典雅古朴的内部环境,让这家闹中取静的客栈颖而出。它不仅就在美食街里,坡子街、解放西路等核心商圈也都步行可达。11间客房均用"浣溪沙""蝶恋花"等词牌命名,中式的装修清爽简洁,卫浴不大但十分干净。天井是一方可喝茶赏鱼的小天地。隔音不错,不过入睡早的人最好还是避开紧靠楼梯的房间。

湖湘驿长沙国际青年旅舍 青年旅舍 ¥

(见62页地图;☎8299 0202;东风路工商巷61号;铺33元起,大床房/标双 92/98元起;@令❀)这里是长沙第一家青年旅舍,2014年重新装修,但房间内仍有地板鼓起等陈旧迹

象。藏在安静的巷子里,房间干净卫生,但隔音效果一般,空调噪声稍微有些大。公共空间每晚放电影,还有个难得的大院子,桌球、乒乓球、洗衣晾衣都在其中。最大的优势是距离湖南省博物馆仅700米距离。附近就餐也算方便,晚上巷口有一排小吃摊。

马益顺捌玖　　　　　　　　　精品酒店 ¥¥¥

（见62页地图；☎8256 6000；马益顺街89号；大床房680元起；@🛜❄️🅿️）这座直接用地址命名的酒店,前身是一幢民国老公馆,后列为市重点保护历史旧宅。来自台湾和长沙的两位朋友历时四年,将其修复、改造成这间"大隐隐于南门口"的民宿型酒店。慕名而来者不要被接地气的巷子和大排档迷惑,转角处极其低调的老宅"筠园"便是。内部三栋小楼还原了民国时期的建筑风格,装修优雅大气,软装和卫浴用品都看得出主人的用心。11间客房和餐饮区分开,住店有免费早餐,平日里也做西式下午茶和晚餐接待外客。

长公馆人文酒店　　　　　　　精品酒店 ¥¥

（见70页地图；☎8880 7207；坡子街87号；标单/双259元；@🛜❄️）中式古朴的装修和墙上的字画透着人文和艺术气息,最大的特色是拥有一个清新开阔的露天屋顶花园。隔音不是特别好,设施较旧,但考虑到就在坡子街牌坊处的位置,吃货们也不会有太多怨言了。

🚂 火车站周边

若你要一大早赶车去凤凰,或只是在长沙做短暂的中转停留,火车站附近也有不错的落脚地。无须过夜,还可选择小时房或商务日房小憩。

OOHHOO喔活酒店（五一大道店）　酒店 ¥¥

（见62页地图；☎8273 3999；五一大道79号；大床房211元起；@🛜❄️🅿️）客房主题有十几种之多,阅读房、叶子房、时空房、情调个性房都很抢手,设计也够别出心裁,最贵的OOHHOO套房386元。凭当天车票、机票可以延迟退房是一大亮点。虽然在前台用iPad看房很酷,但还是建议你提前到网站上根据照片选好房型预订。这家店离火车站步行仅10分钟,离湘菜老店玉楼东（见75页）也不远。

汉唐四季酒店　　　　　　　　酒店 ¥¥

（见62页地图；☎8828 5555；车站中路321号；标单/双199/269元；@🛜❄️）位于火车站斜对面,长株潭汽车站和机场巴士民航酒店站也在附近。交通便利,适合短期逗留。房型整体偏小,行李一多便显局促。不同房型的价位与面积密切相关,但都算干净卫生,且装修较新。临街的隔音略差。附近同属一个集团的逸兰酒店（☎85187666；八一路35号）价位相当,离火车站更远一点,但卫生间也相对更大。

🍴 就餐

在长沙的旅行者中随机采访十个人,大概十个人都是冲着美食而来的——且其中一人可能为此来了两次。不夸张地说,这里的后厨不知潜伏着多少美食高手。从百年老店到人气餐厅,再到隐没在街头巷尾却不容小觑的小吃摊,能在长沙这种美食宝地火起来,没两把刷子可不行。餐馆老板和大厨们挖空心思的竞争也造福了各路老饕。只知道网红餐厅?那你就亏大了。追求优雅环境也好,地道家常味也罢,或者想要深入市井吃得像个当地人,你都能在这里吃得不亦乐乎。口碑好的湘菜馆都有不少分店,我们推荐的或是总店,或是地理位置较好的分店。有些家常菜或小吃店仅此一家,如果恰好在附近,不妨感受一下当地人的口味。

除了湘菜,许多旅行者也多少冲着"娱乐之都"的名声而来。在这里,吃喝玩乐形成了一种紧密的互推关系,一些近年来很火的馆子或小吃,往往有湖南卫视的综艺节目推广加持。众口难调之下,能收获人气和口碑者也的确实力出众。资深的嗜辣者一定会在善用剁椒或辣椒混炒肉类的家常菜馆里心愿得偿。对湘菜跃跃欲试的大众味蕾,可以挑战一下剁椒鱼头、擂辣椒皮蛋茄子和冬笋炒腊肉等菜式。吃不了辣也别担心,苹艿排骨、咸蛋黄茄子等完全不辣的菜也都非常好吃且常见。

长沙人的一天往往是从一碗米粉开始的,形似面条的扁粉是长沙的独有特色,湖南其他地区都以近似米线的圆粉为主。扁粉香软,圆粉顺滑,不妨都试试。牛肉粉一般偏辣,肉饼蒸蛋粉会有一点儿胡椒味,但不吃辣的人完全可以接受。街头常见到**津市牛肉粉**

的招牌，讲究用各种大料和药材熬制牛骨汤底，牛肉充分卤过，可以尝尝与其他粉店有何不同。**浏阳蒸菜**是湘菜的另一个传统菜系，在蒸制过程中能最大限度地保持食物的原汁原味和营养，每份量小便宜，可多搭配几样。长沙的浏阳蒸菜馆都不成规模，遇到了可以当快餐尝尝。

近几年，口味菜也在各大餐馆和夜宵排档中风头正劲，料猛，重口味，最著名的要属口味虾（即"麻辣小龙虾"），口味蟹和口味蛇也是菜单常菜，但过了夏秋季节后，也许就没那么鲜美大个了。

对于素食者，**古麓山寺**（见60页）每月初一和十五的12:00对外免费开放素斋，旁边的**静心莲素茗斋**（见62页地图；📞8223 9148；麓山寺白鹤泉边；人均58元）提供自助套餐，味道也不错。**开福寺**（见68页）入口处的**八吉祥餐厅**（见62页地图；📞8234 8463；开福寺路160号）是城内较早的一家素菜馆，有着浓厚的佛教文化和茶文化氛围。

小吃

火宫殿（坡子街总店）　　　　　　　　　小吃 ¥

（见70页地图；📞8581 4228；www.huogongdian.com；坡子街127号；人均30元；⏰10:00-22:00）外地游客心中大名鼎鼎的火宫殿，可以看作长沙近代餐饮业逐渐形成规模的开始。火宫殿原是一座祭祀火神的庙宇，又名"乾元宫"，始建于明代，清道光年间商贾重建，后发展成集祭祀、看戏、听书、餐饮于一体的庙市。历经"文夕大火""破四旧"的毁坏拆除，2002年改扩后重新开业，如今已成为长沙小吃龙头，每天到此一饱口福的游客甚至超过了旅游景点。穿过幸免于"文夕大火"的牌楼，院内东面是火神庙，旁边的戏台晚上有花鼓戏演出，西面就是吃饭的地方。一层为小吃、早茶和夜宵，常有流动的小推车供随时挑选，二层也是小吃，三层和四层提供湘菜正席。每逢大型节假日，这里都会举办**火宫殿庙会**，曲艺说唱和民间绝活精彩纷呈，好不热闹。

虽然当地人普遍觉得这里的味道已经不再地道了，但对于时间有限的游客来说，这里确实是一站式品尝长沙小吃最便捷的选择。如果对菜单上的名字充满疑惑，不妨试试作为非物质文化遗产的火宫殿八大小吃：油炸臭豆腐、姊妹团子、龙脂猪血、三角干子、煮馓子、红烧猪脚、荷兰粉、八宝果饭。只尝臭

逛小吃街才是正经事

"少食多餐"在长沙特别实用，原因无他——如果你在正餐时段吃得毫无保留，那么花样繁多的小吃街一定会让你后悔不迭。这些小吃街一般在午夜进入高潮，凌晨三四点才收摊，整体口味偏重，卫生没有保障。深夜勿暴饮暴食，满足口舌之欲时，也要记得珍爱肠胃。

最著名的小吃街当属**坡子街**，这条老街有百年历史，当属长沙商业文明的发祥地。民国时期商贾云集，如今它与**三王街**构成的T字区域内，集中了长沙耳熟能详的老字号：以粉面为招牌的**杨裕兴**、个大肉多的**向群锅饺**、主打馄饨的**双燕楼**，当然还有小吃集散中心**火宫殿**距离坡子街不远的**太平老街**在年轻人中更受欢迎，碰上周末或节假日必然摩肩接踵，试试看**老长沙大香肠**和**东瓜山肉肠**有何不同，再去同做油炸串串的**文和友老长沙油炸社**和**胡记炸炸炸**一较高下，晚上十点，店铺关门后这里又是另一番光景——各式小推车排满街道，堪称深夜小吃展销会。

不得不提的还有当地人熟知的**东瓜山**和**文庙坪**。前者有当地食肆传奇——靠摆摊发家致富的**东瓜山肉肠**（原铺），还有以热卤（一种自由组合的热拌菜）为招牌的**丹丹热卤**和主打湘西小串的**盟重烧烤**值得一试；后者主打各种爽口而低热量的凉菜，十几种任选，紧靠长郡中学，和学生党一起在校门口的小吃街里重返十七岁吧。

如果你想吃点不一样的，不要错过每周五贺龙体育馆旁边清真寺门口的**清真集市**。上午十一点到下午三四点，不长的巷子里西北特色小吃琳琅满目。烤牛羊肉串不必说，香喷喷的馕和烤包子也很诱人。当地少数民族最爱来此品尝家乡风味。

油炸技术哪家强

若在众多小吃中选出最能代表长沙本地特色而又最为游客所爱的，许多人都会马上想到黑黑的长沙臭豆腐。臭豆腐的臭味主要来自卤水，而卤水制法多样，只有用豆类、菌类发酵制成的素卤才最为干净健康，除此之外用水产肉类酱卤制成的荤卤和硫酸亚铁等化学物质制成的卤汁均不可取。在市中心随便转一圈，满街号称"正宗""经典"的臭豆腐招牌保准让你眼花缭乱、难以抉择。我们推荐经久不衰的**五娭毑臭豆腐**（见62页地图；黄兴南路59、61号之间；10元/10片），多年来始终坚守着两三张桌子的小摊位，价格低廉，口味传统，好口碑名不虚传。火候刚好的豆腐外焦里嫩，酱汁是简单的剁椒配酱油，一口咬下，汁水饱满，即使本来不饿也会忍不住多吃好几片。上午十点出摊，1000片卖完就收摊。从南门口往南200多米，就在西侧路边巷口。**火宫殿臭豆腐**（见70页；5元/5片）虽因毛主席的题词出名，但面向游客的标准化生产已无法满足老饕挑剔的舌头。坡子街的**武爹臭豆腐**（上味舫128号；10元/6片）和**罗记臭豆腐**（坡子街与三王街交叉口；10元/6片）也是传统做法，炸好的臭豆腐鼓胀松脆，老板会戳开灌上辣椒汁。至于和其他大排长队的臭豆腐比孰优孰劣，每位食客心里都有自己的排行榜。

而对于本地人来说，糖油粑粑的江湖地位绝不在臭豆腐之下。糯米团子在糖油里炸成金黄色的球状，趁热吃还有微微拔丝（小心烫），即使是再自律的健身爱好者，也不应错过这甜香糯软的口感。这种平民小吃受摊主影响，各家特色非常明显——荷花池菜市入口处的**刘记糖油粑粑**（蔡锷北路241号；1元/1个，2个起卖）算是最为传统的做法，深得附近居民的喜爱。**李公庙糖油粑粑**（蔡锷北路241号；5元/3个，15元/10个）下午一点开门，浓浓的桂花香气独一无二。文庙坪的**金记糖油坨坨**（学院街55号；4元/1串）像是一串空心脆的糖葫芦，一口一个无压力。河西的**老头子糖油粑粑**（麓山南路202号；5元/5个）也是松脆风格，可口而不黏牙。

豆腐的话不必到混乱的大堂，去外面的火宫殿快餐更有效率。

矮子粉店　　　　　　　　　　小吃 ¥

（见62页地图；☎13874886791；湘春路246号；人均15元；◎6:30至次日2:00）街边不好停车，但还是有人驱车一小时专门来这里嗦粉（吃粉），这家店用数十年如一日的新鲜猪油和熬过一次不再使用的猪骨汤底，成功留住了食客的心。大部分时间这家店的粉都是手工制作的，夏天为防变质，会从粉厂进货。自己拿筹码到后厨端粉，汤头不油腻，粉面细滑且入味，加码的选择非常丰富，再来个煎蛋吧。

常青汤圆店　　　　　　　　　小吃 ¥

（见62页地图；蔡锷北路253号；人均10元；◎8:00~19:00）祖孙三代坚守着不起眼的小门面，纯手工的汤圆现包现煮，现在常卖的是包含了玫瑰、豆沙、黑芝麻馅的混合汤圆（5元），每一口都是惊喜。葱油饼（1.5元/个）和各种卤味都适合搭配汤圆吃。

芍大小吃　　　　　　　　　　小吃 ¥

（见62页地图；☎153 0748 7762；中山大厦222号；人均15元；◎10:00~22:00）没有环境和服务可言，这家老店的秘诀就是忠实遵循了本地人喜爱的重口味路线。许多长沙年轻人从小吃到大，逢假期便来"故地重游"。不知道该点什么的话，问问坐你旁边的妹陀吧。

夏记粉店　　　　　　　　　　小吃 ¥

（见62页地图；观音井巷12号；人均13元；◎6:00至次日2:00）这间老店藏在白果园附近的小巷里，也是当地人的最爱之一，从早到晚都有附近居民来堂食或打包。猪脚和排骨都事先卤过，炖得软烂又入味，肉丸肥瘦相间不柴不腻，每碗粉面的汤底都是一小块乳白色的猪油，滚烫的高汤一浇，撒一把葱花，色香味都有了。

易哥湘潭葱油粑粑　　　　　　小吃 ¥

（见62页地图；☎135 4872 5766；上碧湘街与黄兴南路交叉口西50米；葱油粑粑2元；◎7:00~

21:00）南门口地铁站出来的巷口排着五六家湘潭葱油粑粑的小推车，个个号称最正宗。易哥家葱油粑粑的葱香味较之别处更浓，炸得非常蓬松酥软。糯米团炸过裹上糖粉又是一道老长沙小吃"糖饺子"，也不妨一试。

四喜馄饨（南门口店） 小吃 ¥

（见62页地图；☎8582 5186；黄兴南路222号4楼；人均20元；⊙9:00~24:00）分店众多的一家老店，招牌馄饨个大皮薄，以猪肉、牛肉、虾仁等为主料，味道鲜美。其他小吃种类很杂，哝螺即口味田螺，辣得过瘾，米线卤粉也很受欢迎，还有龟苓膏、双皮奶等甜品。装修古朴，人多嘈杂，需自助点餐，好在服务员都笑脸盈盈。黄兴路步行街上有显眼的招牌。

湘菜

伍厚德堂（坡子街店） 湘菜 ¥¥

（见70页地图；☎8512 0688；坡子街148号；人均80元；⊙9:00~21:00）这栋民国老公馆风格的饭店并非徒有虚表，它的前身是20世纪30年代长沙四大钱庄之一的裕顺长经理伍芷清的公馆，现为市级文物保护单位，静隐在坡子街的热闹中。菜单从猪油拌饭、糖饺子这类平民小吃到煨海参、蒸桂鱼等宴请大菜应有尽有，孜然寸骨等招牌特色菜还考虑到了胃口小的食客，提供半份（88元/4län），如果可以忍耐服务员奇差的点单记忆力，这家的环境和菜品都还对得起价格。包厢6人起订，海信广场和泊富ICITY也有分店。

老街鱼嘴巴（解放西路店） 湘菜 ¥¥

（见70页地图；☎8416 4917；解放西路三王街口；人均50元；⊙11:30至次日2:30）每桌必点的鱼嘴巴（68元）口味鲜辣，可以充分锻炼舌头灵活度和口腔肌肉，咸蛋黄茄子（28元）咸香糯软，适合上了年纪的或不吃辣的人。服务员手脚麻利。坡子街牌坊处和杜甫江阁斜对面的两家分店都不错。

德天顺盖码饭（人民西路店） 湘菜 ¥

（见70页地图；人民西路171号；人均30元；⊙11:00~14:00，夏季17:00~20:30，冬季16:30~20:00）品种繁多的盖码饭20~46元，瓦罐汤10元左右，在长沙不算便宜，但量足实惠，湘味纯正，怕不辣的来挑战称有"重口味""猛辣"字样的吧。这里每到饭点都挤满食客，饭菜坐着电梯上楼，超洋气。饭馆不在当街，但招牌很醒目，乘公交车到樊西巷站，星期五摄影旁。

白果园31号公馆 湘菜 ¥¥¥

（见62页地图；☎8555 3131；人民西路白果园31号；人均200元，包厢最低消费198元；⊙10:30~14:30，16:30~21:30）这家精品湘菜馆由清末民初的公馆改建而成。学设计出身的老板搜罗来的木雕、瓷器和雅玩，被恰到好处地摆在精心布置的10个房间里，更显古朴典雅。菜式以口味更为温和的新式湘菜为主，也有改良过的粤菜和海鲜。用餐时留意那些特别烧制的餐具，餐后别忘了到楼顶天台瞧一眼。当年轰动一时的《湘江评论》印厂就在公

善待口舌与肠胃的选择

　　与外界想象中不同，长沙的湘菜并非每道必辣。完全不吃辣的旅行者也许很难领会到湘菜的精髓，但花样繁多的小吃和主食不会让任何人饿着肚子。常见的蒸菜、粉面和盖码饭里，都有许多不辣的码子，汤圆、包子、锅饺、豆皮等也是不错的快餐之选。香喷喷的葱油粑粑和白粒圆（当然还有糖油粑粑），也同样是本地特色小吃。实际上，长沙颇有旅游中转城市的自觉，湘菜馆的菜单上有许多不辣的菜都非常好吃，充分照顾到了不同口味的食客。除了带"辣"和"椒"的菜，也要注意避开有"口味"字眼的，点菜时最好多和服务员确认做法和辣度。

　　除去辣之外，一些地道的湘菜馆子往往油多盐重，虽然对口味重的人来说非常下饭，但也有旅行者觉得难以接受，这一点很难避开。而不少经典小吃都是油炸食物，既要趁热吃（否则风味尽失），也要小心高温和高热量。总而言之，要想在这场处处热辣爆香的盛宴中保存战斗力，带上助消化的含片或肠胃药准保没错。

馆背后。在化龙池北口沿白果园巷往里走,路窄不好停车。包厢需提前预订。

益华家菜屋
湘菜 ¥¥

(见62页地图;☎138 7493 3716;浏正街136号;人均80元;⏰11:30~20:30)如果在没人带路的情况下能自己找来,那你想必是个资深吃客了。这家饭馆藏身于巷弄里的民房,从装修环境来看近似"苍蝇馆子"。饭菜整体偏咸,但对于不太能吃辣又想感受家常口味的人来说,这里不失为一个好选择。拌牛肉(48元)的分量诚意十足,带辣椒的蘸酱可以自行酌取。蒸菜并不清淡,忽略皮蛋老干妈蒸排骨(38元)的卖相,肉和蛋的组合香得令人叫绝。想吃口味蛇最好提前和店家电话确认,以免久等。

老长沙龙虾馆(化龙池店)
湘菜 ¥¥

(见62页地图;☎400 025 3322;人民西路口;人均70元;⏰周一至周日 16:30至次日3:00,周六至周日加午市11:00~14:00)从白底黑字的招牌,到店内的摆件和装修,浓浓的20世纪七八十年代怀旧风带你感受一把老长沙的味道。百年老店?并不,这家店2012年才开业。人气爆棚?的确,门口几十桌的等位架势令人望而却步,去杜甫江阁分店(☎400 878 3322;湘江中路2段72号)也差不多。实际上,翻台挺快,如果实在不想等,点外卖最省心。招牌的虾尾(138元)吃起来比口味虾要过瘾得多,不算很辣。秋冬季节虾的个头小,不如试试绝味牛蛙(48元)。2元的猪油拌饭小味足,10~20元的素菜凉菜也相当可口,一不小心就容易吃多了。

鲁哥饭店
湘菜 ¥¥

(见62页地图;☎8595 5011;北正街253号;人均50元;⏰10:30~14:30, 17:00~21:30)这家位于中山亭附近的饭店开了20年,由一家"苍蝇馆子"升级成干净清爽的两层门面,主打价格实惠的家常菜,的确定了招牌上的"沙码子才懂得味"("沙码子"即老长沙本地人)。看看菜单你就知道长沙菜有多下饭了,大蒜辣椒炒卤肉(38元)的肉片卤得相当入味,酸包菜红薯粉(26元)虽然切得太碎,但配饭吃极好。本地人或许会觉得这里略显平常,但很难抱怨这里的口味不地道或价格不亲民。尽量早来,晚上八点半一些招牌菜就不供应了。

炊烟时代(五一华府店)
湘菜 ¥¥

(见62页地图;☎8224 8988;东牌楼街58号;人均50元;⏰11:00~20:00)这家连锁湘菜品牌在市区开了12家分店,生意相当火爆。爱吃辣的不妨挑战一下香辣鲈鱼(58元),肉质鲜嫩,收汁后越吃越辣。口味保守的一定不能错过香芋排骨(38元),人气菜品擂辣椒皮蛋茄子(19元),将辣椒的鲜甜、皮蛋的香滑和茄子的软糯巧妙融合,看似平常,口感却令人惊艳。尽量避开饭点来,中午12点后直到下午1点多都需要等位,下午5点后来也可能免不了排号。尽管如此,大部分菜都上得很快,等急了也别太狼吞虎咽。

玉楼东(五一路店)
湘菜 ¥¥

(见62页地图;☎8277 7988; www.yuloudong.com;五一大道125号;人均70元;⏰11:00~14:00, 17:00至次日1:30)这家百年老店被誉为正宗湘菜发源地,享有湘菜"黄埔军校"之美誉,坚守传统口味。大家都爱点剁椒鱼头(58元)和麻辣仔鸡(48元),你也可以看看发丝牛百叶(108元)是不是真的有头发丝那么细。这家店离长沙火车站仅1公里,适合一站式美食体验,但旅行团较多。

大春鱼满仓
湘菜 ¥¥

(见62页地图;☎8528 7878;芙蓉中路芙蓉城一楼;人均50元;⏰10:30~22:30)芙蓉路上一家并不起眼的店面,装修也中规中矩,菜做得却相当地道。招牌的烤鱼剌少肉嫩,都是活鱼现杀,下锅前还可以让服务员送来检查一下。湘西腊肉(45元)和农家米糠肠(36元)辣让人冒汗,却很过瘾,想要真正感受湘菜咸辣下饭的魅力不可错过。吃完饭去附近的止间书店(见79页)逛一逛,还有比这更惬意的事么?

天宝兄弟
湘菜 ¥¥¥

(见62页地图;☎8488 2888;芙蓉中路二段116-1众东国际104号;人均100元;⏰15:30至次日3:00)形似香港老电影片场的装修风格,店名也隐约透着点儿江湖气息。主打虾、蟹、蛇,虽然价格比起同类湘菜馆贵了些,但也处理得更干净,肉质鲜嫩。罗氏虾(200元)口感略带

来一杯伏特加马天尼，摇匀，不要搅拌

如果**化龙池清吧街**（见62页地图）门口揽客的俊男靓女和酒吧里忘我投入的"民谣"歌声不符合你对清吧的定位，而**解放西路酒吧街**（见62页地图）高昂的卡座消费和震耳欲聋的音响也让你退避三舍，也不必过早判定长沙的夜生活与你无缘。环境更为私密而富有情调的鸡尾酒吧和威士忌吧藏匿于市区各处，品质基本都对得起逼近一线城市的价位，一杯酒50元起，值得入夜时前往探索。定王台的**Ho&Wong Spirit**（139 7498 9889；解放西路10号；19:00至次日1:30）没有酒单，跟老板夫妇聊聊你的喜好和对酒精的接受度，然后就等待一款惊喜吧。**Hana to Alice**（8416 6566；南门口1662商场3楼；18:00至次日2:00）虽然就在黄兴路步行街，但找到它可真得费上工夫，顶部的镜面设计让这里的精致优雅翻倍。**Nemo Cocktail Bar**（158 0255 6871；五一大道202大厦南栋B座2608室；20:00～24:00）小巧可爱，更像是个邻居开的轰趴小馆；**麦芽堂**（185 7038 7798；藩后街36号湘域国际中心东栋109室；19:00至次日2:00）从店的颜值到调酒师的颜值都挑不出毛病，一楼吧台可以独自小酌，二楼方便朋友相聚。无论你是经典款的拥趸，还是愿意尝试特调的好奇宝宝，这些酒吧往往都能保证出品质量，啜饮一口，听背景里若隐若现的音乐，还有比这更慵懒舒服的夜晚吗？

点甜，相对口味虾接受度更高，排骨、牛蛙、热卤等其他菜式也都物超所值。结账时，味蕾残留的美妙感受抵得过钱包受伤的心痛。夏天人尤其多，建议你提前电话预订。

西餐

戈雅法餐厅　　　　　　　　西餐 ¥¥¥

（见62页地图；8811 0516；中山路589号万达广场3楼；沙拉50元，套餐200元起；11:30～14:30, 17:00～21:00）在长沙的法餐中，戈雅算是综合性价比不错的一家。环境安静温馨，菜品从分量到摆盘都透着一股实在劲儿。主打的牛排做得鲜嫩多汁，很受欢迎。不要错过颜值颇高的香颂玫瑰露，焦糖南瓜布丁造型有趣，口感也是地道法式风味。同在万达4楼的**王品牛排**套餐（338元）更贵些，招牌的台塑牛排口碑也很好。

橘洲1910　　　　　　　　西餐 ¥¥¥

（见62页地图；8599 6399；橘子洲头神职人员公寓1号；主菜100元，套餐428元；9:30～22:30）原为20世纪初基督神职人员的居所，今天是橘子洲公园里一间奢侈优雅的法式西餐厅。环境幽静，服务周到，最棒的是还有采用3D投影和动作捕捉技术的厨师烹饪动画，让你在大餐之前先感受一场视觉游戏，也难怪这里成为经典约会求婚之选。需提前电话预约。

🍷 饮品

坦白说，只有将生物钟调整至东六区，你才可能真正接触到长沙本地生活的精髓，从各咖啡馆与酒吧的营业时间中便可见一斑。早上11点之前想来杯咖啡，也许只能求助星巴克等连锁品牌，晚上11点之后，俊男靓女的夜生活才准备进入状态。夜晚的长沙市区中心简直像时尚发布地，北上广的"回潮中坚"、年轻的"海龟"和本地"灵泛"的伢子、妹陀，无不使出浑身解数绽放光彩，擦肩而过香风阵阵。**解放西路**坚挺十余年依旧人气兴旺，大型夜店**Muse**、**魅力四射**足以High至天亮。邻近的**太平街**、**化龙池**则被民谣酒吧占领。别只是观望，把本书丢在酒店，收拾一下自己，追逐迷人的夜色吧。

如果不爱人群爱清静，长沙慵懒闲适的那一面也绝不会令人败兴而归。沿着**人民西路**走下来，形形色色的咖啡馆各踞一栋临街爬满藤蔓的小楼，经营着自己的慢时光。对口味没有特别挑剔的话，选个名字和外观看着顺眼的店面走进去，往往都能收获一方颇具情调的小天地。**白沙路**上聚集着数十家茶馆，均用白沙井水泡茶，适合品茶论禅。

时光之尘　　　　　　　　咖啡馆 ¥¥

（见70页地图；8551 9968；太平街167号202室；10:00～23:30）如果从2003年在麓山

南路开业的老店算起，这家咖啡馆已经算是长沙老字号。位于太平街文化创意社区楼上的店面空间相对更大，复古风格摆件，木质装修色调沉稳，时有艺术类活动信息。单品手冲（35元起）品质不含糊，也可以试试与**仙峰天然面包**合作在店里售卖的各式欧包。咖啡香气足以将你与老街的熙攘人声隔开，享受一段悠闲时光。

纳咖啡　　　　　　　　　　　　咖啡馆 ¥¥

（见62页地图；☏8990 9880；南阳街8号；⊙9:30～24:00）在帐篷里喝咖啡感觉怎么样？这家西式咖啡厅融合了许多非洲元素，点一杯30元的拿铁，大手笔的装修投入让其物超所值。二楼随处可见陷进柔软沙发花式"瘫"的文艺青年，只怪这里有趣古怪的装饰摆件太多了，一不小心就能对着发呆很久。

承源百年古冰窖　　　　　　　　酒吧 ¥¥

（见70页地图；☏8982 1682；太平街148号；⊙9:30～23:00）大红灯笼与成排的大酒缸透出浓浓的旧时风情。各色糯米酒十分清甜，极易入口，买一罐（55元）配些小菜坐下慢慢品咂，喝不完还可打包。碰上说书人讲一段聊斋，恍如穿越到了数百年前，小心沉醉不知归路。解放西路湘茶大厦另有一家分店。

茶颜悦色（悦方IDMall店）　　　　茶饮 ¥

（见70页地图；☏15274925455；坡子街216号；人均16元；⊙10:00～22:00）很难不注意到这个长沙独有的连锁品牌，市区分店遍地开花。店里播放的琵琶或古筝曲与颇具诗意的茶饮名字相得益彰，试试"筝筝纸鸢"或"凤栖绿桂"，口感不会辜负排队的你。

☆ 娱乐

从歌厅到酒吧，从足浴城到电视选秀，长沙人喜欢看热闹、凑热闹、制造热闹的性格由来已久。这是一座真正的不夜城，看看凌晨市区堵车的状况就知道了。由20世纪80年代初湘江边的音乐茶座开始，数十年间歌舞厅和夜总会的兴起，捧红了不少流行歌手与本土笑星。进入千禧年后，融合了演艺活动的大型酒吧成为市中心最耀眼的存在。来自世界各地的乐队组合来华巡演都不会错过在长沙的livehouse打卡。湖南卫视的造星运动和综艺节目，更是让这座城市坐稳了"娱乐之都"的名号，也成了国内粉丝追星的首选目的地。

"芒果台"：综艺的诞生

提及长沙"娱乐之城"的名号，便不可不说湖南卫视。自1997年的"快乐大本营"，到2004年的"超级女声"，再到2013年的"我是歌手"（现已更名为"歌手"），在国内综艺节目制作方面，湖南卫视可谓无可争议的领头羊。尽管总有节目"黑幕"的传言，形式和创意也偶陷"抄袭"争议，甚至有人为热播的"雷剧"及其吸引的大批"脑残粉"而对流行文化痛心疾首，但无法否认的是，这个电视传媒巨头已经成功吸引了大量眼球，影响力不容置疑。

看一次"芒果台"综艺节目的现场录制是许多忠实观众的执念。不过现场门票并无官方的公开发售渠道，除了制作团队的人情票外，大多都通过长沙各大高校发放，你可以试试跟认识的当地学生咨询。有人会在淘宝上卖转手的门票，也有人选择在广电中心门口跟"黄牛"试试运气。《天天向上》前三排的票价最低可以砍至200元左右，《快乐大本营》则要翻倍，遇到当红明星来做嘉宾时更是一票难求，黄牛价甚至能炒到千元左右。

通过"黄牛"渠道购买门票并不合法，而看不了现场录制也不必太遗憾。实际上，如果你不是主持人或嘉宾的"真爱粉"，旁观现场录制的体验未必有在家里看电视来得舒服。安检相当严格，除了矿泉水和身份证外，其他物品一概不许带入，候场时间一般也视嘉宾和节目统筹准备从四十分钟到两小时不等。考虑到节目录制过程较长，摄影师也需要集中精力捕捉台上的互动，播出时电视上观众们颇为入戏的欢呼、鼓掌和大笑等反应，都是在候场时间内提前录制好的。一档播出时笑点亮点密集的综艺，背后都是幕后制作团队辛苦剪辑的技术活儿。

长沙有嘻哈

2017年夏天,一档网络综艺"中国有嘻哈"将嘻哈文化推向大众视野。许多人自此开始了解一些极具地方特色的嘻哈团体。而早在十年前,由6个地道湖南年轻人组成的C-Block组合便已开始将"策文化"与Hip-Hop音乐相结合,创造出一系列极具湖南特色的方言说唱作品。C-Block的代表作之一《长沙策长沙》细数本地生活的种种趣味,以流畅的韵脚搭配长沙花鼓戏采样的伴奏,一度被满街的时尚店铺循环播放。《十年长沙》《老街的味》的歌词中提到的青石板路、北大桥、烈士公园和橘子洲头游泳的夏天,正是许多长沙80后、90后共有的儿时回忆和青春写照。虽然这个组合的影响力早已冲出长沙,但想看一场他们的现场表演也不难,关注他们的微博或46 livehouse(见本页)的演出信息,抢票需手快。

★ 46 Livehouse 现场音乐

(见62页地图;📞132 5731 6136;微信公众号:LIVEHOUSE4698;新民路52号湘财大厦负一层;票价60~120元,淘宝预售有优惠,啤酒20元/支)2006年开业,几经易址,人气不减,已成为全球艺术家和乐队到长沙演出的首选场地,也是长沙独立音乐对外交流的重要平台。全年演出200场以上,以摇滚和嘻哈风格为主,最多可以容纳900人,演出排期在微信公众号即时更新。如今的第三代46依然带着些许叛逆意味的个性,走下昏暗的楼梯,一整面墙的《V字仇杀队》经典面具,为你开启一个为音乐疯狂的夜晚。来早了可以去新民路62号的**此刻咖啡馆**坐坐,咖啡店老板Alan熟知长沙的livehouse发展故事。

红咖俱乐部 现场音乐

(见62页地图;📞131 0025 3993;微信公众号:REDlivehouse;中山路249号红色剧院琴岛三楼;票价80~160元,微店预售有优惠,啤酒25元/支)别被老牌歌厅剧场的落址给骗了,这里是时髦文艺范儿年轻人的天下。无论名气大小,这里总有来自世界各地的艺术家和乐队举办演出,民谣风格居多,演出和购票信息公布在微信公众号。每周三晚举办复古摇摆舞会(门票30元,含饮料),跳舞零基础也无须担心,前一小时为现场教学,穿上缀满亮片的衣服穿越回盖茨比的年代吧。

VOXLivehouse 现场音乐

(见62页地图;微信公众号:voxlivehouse长沙;书院南路799号南湖东怡外国生活馆B110室;票价40~100元)由武汉起家的Vox酒吧在长沙也落地发芽了。2017年11月开业,蜗居在一片居民区的小楼里,空间不是太大却别有洞天。除了各种独立乐队演出,老板也有计划将这里打造成一片属于年轻人的文化空间,促进长沙和武汉的"两湖"音乐交流。

田汉大剧院 剧院

(见62页地图;📞8588 8888;www.hnredsun.com;劳动西路347号)长沙版的"百老汇"大型歌舞晚会每日上演。与**琴岛演艺中心**(见62页地图;📞8883 8888;中山路249号红色剧场内)并列长沙最著名的剧院。旅游大巴、本地商务接待的人流每天21:00开场前准时汇聚在这里。票价100~380元,市内餐饮场所前台常有这两家剧院的打折卡或优惠票领取,可享受8折甚至更低的折扣。

湘江剧院 戏曲

(见70页地图;📞8581 4607;坡子街166号火宫殿对面)作为长沙湘剧保护传承中心,这里每周都有专业的湘剧和花鼓戏演出。一般19:00开始,依剧目不同,有时凭身份证免费领票,有时需购票,可留意门前滚动的电子屏信息公告。

🔒 购物

省会长沙汇集了各处特产,在此进行一站式购物最省心不过。无论什么样的旅行群体,都能在丰富的品类中挑到心仪之物。单就茶来说,就有益阳的安化黑茶、岳阳的君山银针和保靖的黄金茶等可选。当你在小吃街大快朵颐拍照发朋友圈时,也可以顺便购买真空包装的臭豆腐、酱板鸭带回家与亲朋好友分享,而湘绣工艺品、韶山的毛主席纪念品和株洲的醴陵红官窑则更为长辈青睐。需要注意的是,小吃类价格较为接近,工艺

老书虫的选择：定王台书市

对于千禧年之前出生的长沙人来说，定王台书市（见62页地图；解放西路15号；⊙8:30~18:00）是学生生涯中必不可少的成长记忆——开学时在这里采购教辅文具，周末与假日窝在书店一隅看小说漫画。而这一文化地标在如今的电商时代受到极大冲击，曾经260余家大小书商的繁荣与混乱早已不见。尽管如此，述古人文书店（菜根香巷定王台公寓1栋1门101室）仍然坚守着小小的店面，提供严肃的文史哲类图书库存，喜欢这类书籍的话，可以在这里好好淘淘，常有惊喜（还有折扣），还可咨询老板加入书友群。隔壁的民生书局（解放西路64号）的书目五花八门，折扣感人。畅达书局（1楼115号）在人民西路的店面更大，除主营绘画书法和地图类书籍之外，更有意图通过组织各类书画手工艺活动及课程，复兴书店作为公共文化空间的意义。进去坐下喝杯茶，很可能碰到资深书法爱好者手把手教你入门。弘道文化（书市门口，解放西路13号）依然保留了老牌综合型书店的风格，能够在满墙提防扒手的提示中想象曾被学生挤满过道的盛况。几乎每家都可下单寄送外地，省力的同时也可为实体书店存活尽些薄力。加老板微信获取最新到货图书信息，也不失为网络畅销书榜之外的阅读灵感来源。

品可能价格虚高，请谨慎购买。坡子街、太平街、各大购物中心等旅行者聚集处，都有湖南特产专卖店。火车站附近的中国湘绣博物馆在我们调研时虽然展品区闭馆，但卖场的绣品相当丰富。不想增加行李重量？大多店家都提供满百包邮服务，你回家收快递就好了。

五一广场、黄兴广场是长沙最繁华的商圈，悦方iDmall、王府井、新世界等几大商场分布在周围。中山亭地下如迷宫般的金满地商场能让人迷路找不着北。麓山南路面向高校学生的小店以廉价著称。文庙坪里特色店铺见缝插针地野蛮生长，从潮流服饰到创意作品，足够打发一下午。

止间书店 书店

（见62页地图；☎8582 5239；建湘路270号；⊙10:00~22:30）这间书店集咖啡馆与花店于一身，期待过路人能在周围平实朴素的门面中慧眼识珠，"守心一处，止步此间"。进门处各式花艺与文创产品能迅速吸引注意力，但并不会抢了书的风头。图书相当丰富且分类清晰、易于查找，只是几乎都有塑封，想翻阅需要找店员。装修颇具心思，别忘了抬头看看。角落有张大书桌。你也可以在提供简餐、咖啡的区域度过一段悠闲时光。

黑石户外 户外用品

（见62页地图；☎8588 8858；五一大道549号；⊙10:00~22:00）各大户外品牌都可在此一站式购买，换季或促销活动时才有便宜可捡，但品质对得起价格，服务也周到。

❶ 实用信息

危险和麻烦

长沙高峰期打车难，不妨同时试试网约车。火车站等交通枢纽处黑车数量远高于正规出租车，宰客现象严重，同时存在不小的安全隐患。

闹市区要提防扒手。在酒吧饮酒要适量，并请格外留意美女酒托。

紧急求助

湖南省旅游咨询投诉电话 ☎12301

上网

我们推荐的住宿和咖啡馆几乎都有免费Wi-Fi。机场和车站的Wi-Fi信号一般都比较稳定，大型商圈的商场Wi-Fi不太稳定，信号时强时弱。

媒体

《潇湘晨报》（www.xxcb.cn）是当地最具竞争力和影响力的日报。

《晨报周刊》提供最新的文艺信息和不错的玩乐主意，美食别册常有折扣券。

《湖湘地理》周刊（www.xxcb.cn/hxdl；微信公众号：xxcbsjx）创刊十余年，立足本土，探索未为人知的地理生态，涉及文化与历史思考，在读者中有口皆碑。

《发现另一个湖南》系列丛书收纳了该刊记者在

三湘大地行走的五年间,对湖南地理民情的近距离感知和对湖湘文化的溯源寻踪思考,分"抗战纪""溯水行""边界线"三册。如果你准备在湖南开展深度游或地理考察,其中的路线设计和背景知识会为你提供诸多灵感。

《**长沙晚报**》(www.icswb.com)的橘洲副刊(微信公众号:cswbjuzhou)专注地方人文,刊登杂文和诗歌。

图书馆

湖南省图书馆(见62页地图;📞8417 4174;www.library.hn.cn;韶山北路169号;⏰8:30~18:00,周二闭馆)三楼的地方文献阅览室提供湖南人物资料、人物传记、各地方志等资料。

医疗服务

湖南省人民医院(见62页地图;📞8227 8048;www.hnsrmyy.com;微信公众号:湖南省人民医院;解放西路61号)

湘雅医院(见62页地图;📞8975 3999;www.xiangya.com.cn;湘雅路87号)

银行

国内各大银行在长沙都有分行,商圈附近很容易找到。ATM遍布市区,五一广场等人流较大的区域,排队时间较长。

快递邮政

长沙的快递和邮局网点都很多,大多数购物点都提供满百元包邮代寄服务。火车站出站口手边有**车站路邮政所**(见62页地图;车站中路460号;⏰8:00~20:00)。

旅游信息

长沙旅游网(www.changsha.com.cn,微信公众号:changshalvyou,微博:长沙旅游网)长沙旅游局官方网站及平台,及时更新旅游资讯。

星辰在线(www.changsha.cn,微信公众号:csnews2001)本地新闻网站,有现代版"湘江评论"。

红网论坛(bbs.rednet.cn,微信公众号:rednet-bbs)本土人气最旺的论坛,省内各地区设分论坛。

湖南省人民政府网站旅游版(www.hunan.gov.cn/hnly)提供旅行社等实用信息。

长沙热门旅游(微信公众号:tdchangsha)提供多角度的长沙旅行灵感。

长沙好呷鬼(微信公众号:changshahaoxiaogui)专注发布本地美食资讯和探店心得。

旅行社

长沙旅行社的省内线路以张家界、凤凰为主,还有长沙市内、韶山、花明楼、岳阳、南岳等一日游。许多旅行社还经营长沙往返凤凰的旅游大巴,火车站对面的阿波罗广场是主要集散地。除了国内各大旅行社的分社,我们推荐由长沙市旅游局主管的**长沙旅游咨询集散中心**(📞8208 0111;www.cslvme.com),与旅行社经营方式类似,在几个主要车站都有咨询点。

ℹ 到达和离开

飞机

长沙黄花国际机场(📞96777;csa.hnjcjt.com)通过频密的航班连接国内各大城市,国际航线可直达港澳台和多个亚洲城市。京广高铁开通后,北京、广州、武汉等高铁连接城市在淡季常有往返于长沙的特价机票。

2013年底,长沙机场在国内首推三项快捷服务:无托运行李的旅客持二代身份证可直接前往专属安检通道,实现快速值机、安检,享受"一证通关";微信用户可通过官方微信公众号(CSA96777)在线办理"微信值机",还可查询航班动态和机场服务信息;高铁旅客可在长沙南站的"城市值机"代办点办理值机手续,直接乘机场快线前往机场登机。

长途汽车

长沙是湖南交通的重要中转站,最方便的汽车站是紧邻火车站的长株潭汽车站。自助售票机较为普及,短途车可上车买票。

火车站出站口右手边的醒目位置设有**长途汽车售票处**(⏰6:00~24:00),代售西站、东站、南站7日内车票,手续费5元。这三个站和黎托高速汽车站都属龙骧集团旗下,统一咨询电话(📞96228)。除北站外,其余车站的大部分线路可通过**黎约出行**(微信公众号:lc96228)预订。

长株潭汽车站(见62页地图;📞8228 0212;火车站西北阿波罗商场南侧)非常便于乘火车到达的旅客接驳点,有发往凤凰和张家界的班线。

黎托高速汽车站(📞8208 0111;火车南站西广场南侧)是火车南站的配套汽车站,已开通张家界、吉首、怀化、益阳、常德、湘潭、邵阳、娄底、浏阳等地的班车。

长沙汽车西站(📞8870 8705;枫林三路与西二环交会处)主要发往湘西、湘中各地,也有到岳阳、

车次时刻表
长株潭汽车站

到达站点	发车时间/班次	票价(元)	行程(小时)
张家界	8:20、9:30、10:30、11:30、12:30、13:40、14:50、16:00、17:30、18:30	120	5
凤凰	7:30、10:00、14:50、16:50	158	6
吉首	8:10~19:00,共12班,50分钟1班	137	5
岳阳	8:00~17:00,共12班,30分钟或1小时1班	50	3
衡阳	9:00~17:00,共6班	64	2.5
湘潭	6:00~19:00,流水发车	22	1
株洲	6:00~20:05,流水发车	25	1

长沙汽车西站

到达站点	发车时间/班次	票价(元)	行程(小时)
张家界	8:10~19:00,共13班,每40分钟至1小时1班	119	4.5
凤凰	9:00、10:50、14:20、17:20	147	5.5
吉首	8:30~18:30,共9班,约每小时1班	136	5
怀化	10:40、15:00	148	上午班次8小时,下午班次5.5小时
益阳	7:10~20:00,每约10分钟1班	30	1

湘潭、株洲以及湖北的车。

长沙汽车南站(☏8280 5051;中意一路811号)主要发往湘南、湘中以及长沙以南的湘潭、株洲等地。

长沙汽车东站(☏8461 1431;远大路1021号)主要发往湘东北的岳阳和浏阳等地,去浏阳(24.5元;6:00~17:30流水发车;70分钟)需在站外单独的窗口买票。

长沙汽车北站(☏8480 6463;芙蓉北路)主要发往望城、湘阴、汨罗等地,流水发车,规模较小。

火车

长沙现有两个火车站,地铁2号线将它们与市区相连。

长沙站(见62页地图;☏8263 7122;车站北路五一大道口)是京广铁路途经站,直达全国多个城市,有动车组列车停靠。还有几趟火车直达张家界和吉首,坐火车去湘西地区是相对节省的选择。

长沙南站(雨花区黎托)是京广高铁和沪昆高铁途经站,俗称"武广南站",到怀化最快1小时20分钟,到北京最快5小时39分,到广州最快2小时19分,到武汉仅需1小时17分。未来还将连通渝厦高铁。长沙南站距市区约10公里,多路公交直达。

火车站和高铁站均有多个行李寄存点,火车站官方寄存处紧邻候车厅,高铁站游客服务中心的行李寄存点相对可靠。

除了在铁道部12306网站/App和火车站购买火车票外,长沙市区也有不少火车票代售点,还可通过电话订票(☏9602 0088, 9510 5105)。

❶ 当地交通
抵离机场

黄花机场距市中心约29公里,打车含过路过桥费90~100元。

机场大巴共有4条线路。线路1最常用,往返火车站旁的民航大酒店(15.5元;7:30至机场最后一班航班,15~20分钟一趟;40分钟)。线路2往返汽车南站,经停高铁站(20.5元;7:20至汽车南站18:00/高铁站19:30,20~30分钟一趟;55分钟)。线路3和4分别往返于汽车西站和长沙大道地铁2号线的运达中央广场,详情请查(☏8479 8076; csa.hnjcjt.com/channels/713.html)。

民航大酒店门口有不少黑车,不建议选择,下了大巴可以到附近路口拦正规出租车。公交114路(2元;10~15分钟一趟;2小时)往返于火车站和机场。长沙南站有磁浮快线(20元;9:00~18:00;

20分钟)往返机场。

公交车

长沙的公交系统比较发达，大多数景点都可乘公交到达。普通车1元，空调车2元。值得一提的是，长沙已投入运营30辆纯电动公交车和上千辆混合动力公交车，为城市节能减排。

火车站、溁湾镇、东塘是3个主要公交枢纽，基本可辐射到市区各处。公交站牌上常有两列上下用括号括起来，并非两站合并或不停靠，只是站名太长需要占用两列而已。

8684公交网（changsha.8684.cn）可查询长沙公交线路及站点。咨询投诉电话。**龙骧巴士**（☎8567 1110），其他公司班线参见站牌。

出租车

长沙出租车2公里以内起步价8元，之后2元/公里；晚间（22:00至次日5:30）起步价10元，之后2.4元/公里。上下班高峰、司机交接班时段不易拦车。如遇拒载或拒绝打表等情况，可投诉（☎12358、8430 3488）。

市区网约车很方便，但目前滴滴出行尚未取得平台运营资质，叫车需谨慎。

地铁

大修地铁使长沙的地面交通陷入混乱。1号线南北连通开福寺、五一广场、黄兴广场、南门口、侯家塘；2号线东西连通火车南站、火车站、五一广场、橘子洲、溁湾镇（辐射岳麓山景区）。两条线路交会于五一广场。截至2021年已完成5条主体线路。

共享单车

共享单车在长沙的投放量已超过40万辆，几大主要品牌都有，在地铁口、商圈、大型社区和景区相当常见，非常利于出行。橘子洲公园内不能骑共享单车，但上下洲处都有停靠点。

自驾

停车贵的历史已经一去不返了。自2017年12月起，市内停车15分钟内免费，24小时之内不限时不限次50元封顶。**神州租车**（changsha.zuche.com）在机场、火车站和高铁站均设有柜台。市内有多个服务网点，异地取还车也非常方便。

长沙周边

浏阳

提及浏阳，大多数人会本能地想到那首民歌："浏阳河，弯过了几道弯，几十里水路到湘江。"这里家家户户寻常的一日三餐到了长沙便是自成一派的"浏阳蒸菜"。与湖南其他县级市相比，浏阳的经济实力排在前列，花炮和菊花石雕是浏阳的两张商业名片。更不必说谭嗣同、胡耀邦两位历史风云人物皆出自浏阳。

◉ 景点

谭嗣同故居 故居

（☎8362 9210；北正南路101号；免费；⊙9:00~17:00）现存庭院式民宅始建于明末，

旅游公交线

长沙有3条市内旅游专线，原旅2、旅3现在分别改为167、171路，站点及走向不变。还有一条由祖籍湖南的香港人彭立珊出资建设的"立珊专线"。票价同普通公交，往返站点或稍有不同，请留意站牌。

	线路	途经景点	运营时间
旅1	长沙火车站——猴子石大桥西首末站	新民学会旧址、湖南师大、岳麓山南、湖南大学	6:00~22:00
167路	黎郡社区——华夏	开福寺、中山亭、定王台、天心阁、简牍博物馆、南门口	6:00~21:00
171路	长沙火车站环行	定王台、天心阁、简牍博物馆、坡子街、中山亭、烈士公园南门	7:00~18:00
立珊专线	长沙火车站——中南大学学生公寓	太平街口、新民学会旧址、湖南大学、中南大学	5:30~23:00

当地知识

消逝中的手艺

虽不如花炮名声在外,但夏布也曾在浏阳的特产中一度辉煌。这是一种苎麻编织的平纹布,因透气凉爽、适合夏天穿着而得名。苎麻曾在中国多地广泛种植,以湖南浏阳的产量最高。嘉靖年间,浏阳夏布成为贡品,后有谭嗣同在《浏阳麻利述》中称其"战天下商务而未尝遇敌"。新中国成立后,高级手工夏布多为日、韩订购,可以用于和服衣带和丧葬服饰。现在市面上的夏布多为机器生产,手工夏布难以为继,浏阳本地的家庭作坊已是寥寥。与工业化生产相比,老师傅手工制作夏布的成本极高,但做出来的布料更精细,光泽感更强。

所幸,随着中国本土设计的兴起,这门传统手艺也得到了一些有心人的重视。毕业于北京服装学院的易洪波在老家浏阳承包田地种植苎麻,与当地老手艺人合作,为一些国内服装和家居品牌提供面料。还有一些设计师推出"心之夏""国夏源"等本土品牌,生产文具包袋等。据说高坪镇将建立夏布展览馆,旅行者也可以期待能亲眼见到精工细琢的手工夏布是为何物。

谭父任湖北巡抚时,因其官位显赫,奉旨命名其宅为"大夫第官邸"。"戊戌六君子"之一的谭嗣同15~17岁曾在此生活,20岁起历经10年,游历13省,行程8万余里,广交了大刀王五在内的天下义士。33岁为变法英勇就义。故居的木雕工艺精美,留意屏门的双面镂空雕刻和头顶的梁架、斗拱、雀替。谭嗣同将自己的房间题为"莽苍苍斋",正厅的谭嗣同铜像目光坚毅,次厅悬挂的"巾帼完人"横匾是康有为和梁启超合送给谭妻李闰的,她在谭嗣同过世后创立了浏阳第一所女子学校和育婴堂。三进客厅的谭嗣同画像两旁的对联结合了谭嗣同就义前的诗作,气势悲壮。

乘1路公交车在圭斋路口站或乘2路公交在湘东比一比站下车即到。

浏阳文庙　　　　　　　　　　历史建筑

(圭斋东路72号;门票10元,未成年人免费;◎夏季8:30~18:00,冬季8:30~17:00)这座典型的清代江南建筑位于浏阳一中校内,也是浏阳市博物馆所在。4个展厅用图文的形式讲述了孔子的生命历程,大成殿前的东西舞亭和青花瓷脊饰,据说在全国文庙中都属少见。浏阳文庙的祭孔古乐创制于清道光年间,独具风韵,其音乐类似于宫廷御乐,乐律和器配置源于古韶乐。古乐最后两位老乐生已是耄耋之年,或成绝响。我们无缘聆听,只能从曾国藩日记中记述的"音节清雅,穆然令人想三代之盛"来想象。

乘2路公交车在自来水公司站,或1路在圭斋路口站下车即到。

中国花炮文化博物馆　　　　　博物馆

[☎8380 8698;大瑶镇花炮工业园内的大和坪;门票30元(只收现金);◎6月至9月8:30~17:30,10月至次年5月8:30~17:00]浏阳花炮曾在2008年北京奥运会开幕式上创下3项吉尼斯纪录,俨然成为"奥运专业户"。自1991年起,浏阳市已成功举办11届国际花炮文化节,现定为单数年份的10月。大瑶镇是花炮发源地,昔日"十家九爆"的作坊已发展为现代工业化生产。

博物馆建在原李畋阁遗址,旁边就是花炮始祖李畋的陵园和道教风格祠庙。作为全国首家村办博物馆,展览内容相当丰富,共9个展厅,陈列花炮印刷板等实物百余件,复原传统老作坊,系统讲述了浏阳花炮的起源、发展、变迁与兴盛,以及对环保安全技术的探索。展厅内外还有各个时期的花炮样例,看完不难明白它名扬世界的深厚实力。

从浏阳汽车南站乘车(5元;流水发车;40分钟)到大瑶镇,跟售票员说到博物馆,过了花炮市场即到。长沙汽车东站也有车直达大瑶镇。

胡耀邦故居　　　　　　　　　　故居

(☎8378 2568;www.huyaobangguli.com;中和镇苍坊村;免费;◎9:00~17:00)胡耀邦是20世纪80年代中国重要领导人之一,他出生在浏阳中和镇,并在这里度过童年和少年。故居建于清咸丰年间,周围是幽静的山林。对面山坡上建有现代化的陈列馆,近200件胡耀邦工作、生活遗物结合大量照片展示出一代平民总书记的人生。一身正气、两袖清风、身材不高的胡耀邦,去世后在国人心中的形象尤显高大。

故居离长沙火车站约100公里,自驾1.5小时左右。浏阳汽车南站有中巴车(9:00~17:00每小时1趟;50分钟)到中和镇,注意从中和镇的返程末班是13:20,过后当天就无法返回浏阳,过夜可以住在耀邦广场旁的故居山庄。

食宿

南北向的金沙路是浏阳市区的主街,食宿选择较多。酒店标间120~160元,都离汽车站不远,花炮节期间会集体涨价,有些酒店的价格甚至会翻好几倍,需提早预订。汽车南站广场对面的几间家庭宾馆标间60~90元,旺季上涨幅度相对酒店要小一些,装修相当清爽,卫浴也干净。汽车西站以东3公里的**如家韩式宾馆**(☏8363 0988;金沙北路30号;大床99元;@🛜❄)干净卫生,2017年底刚装修完毕,还有各种游戏或电影主题房。

浏阳蒸菜是这里的特色饮食,小盘菜自选,荤素种类丰富,味道好又实惠。蒸菜馆我们推荐**湘蒸坊**(☏137 5509 3938;人均30元;劳动北路51号)和**浏水蒸香**(☏8348 9898;人均30元;金沙北路华盛彩虹城132-134号)。

❶ 到达和离开

浏阳汽车西站(花炮大道8号)主要通往长沙西站(30元;8:30,8:50,13:20)。从长沙高铁汽车站也有车去浏阳(40元,8:30~13:30每20分钟1班)。

浏阳汽车南站(金沙南路350号)到大瑶镇、中和镇在这里坐车,有小巴和面包车两种,都停在站前广场。

❶ 当地交通

1路公交车贯穿金沙路南北。出租车起步价5元,不打表和拼客很见见。也可以使用网约车App。

宁乡

这里是曾出土了四羊方尊、人面纹鼎、象纹大铜铙等1500多件青铜器的南国青铜文化中心,也是前国家主席刘少奇的故乡。大多数人冲着花明楼而来,如果有富余时间自驾,这里还有古城遗址公园和温泉住宿等适合家庭放松休闲的好去处。

◉ 景点

花明楼(刘少奇故居) 故居
(☏8709 4027; www.shaoqiguli.com; 宁乡

另辟蹊径

自驾去大围山

浏阳河的发源地大围山位于浏阳东北,距离长沙约140公里。**大围山国家森林公园**(☏8348 8701; www.dwstravel.com; 大围山镇;门票11月至次年3月68元,4~10月98元;峡谷漂流198元,滑雪夜场280元/3小时)适合自驾来散心,看看山里的野生动植物和地质公园。当地人常在5月初来此赏杜鹃花。夏季来避暑可以体验漂流,冬季这里则变身野外滑雪场。景区内有几家山庄和农家乐,建议你多看几家比比价格。从长沙市区经三一大道再到长浏高速,途经浏阳市,约2.5小时到达,过路费55元。

大围山脚下有白沙和东门两个镇,合并成大围山镇后,东门得以大力开发建设,而白沙则还保留着古朴与安宁。**白沙古镇**有500余年的历史,这里还有秋收起义上坪会议的旧址。浏阳河的支流大溪河贯穿而过,一座古桥相连两岸。客家人临河而建的吊脚楼、桥上晒着的花被子、岸边当地人洗衣打水的身影,一一映在水中,让人忍不住按下快门。河东的麻石古街和青砖黑瓦房也能拍到不错的照片。从大围山镇沿东白路往东北方向行驶约15公里便是。

县花明楼镇炭子冲村；免费；⊙9:00~17:00）花明楼以前国家主席刘少奇的故居和纪念馆为核心，形成一个园林式景区，提供免费讲解。我们推荐按逆时针方向游览。进门后穿过立有刘少奇铜像的广场，首先到达**刘少奇同志纪念馆**，馆内以800多件文物系统展示了刘少奇的生平业绩。隔壁的文物馆设三个展厅，定期举办专题展览和临时陈列。前方的**炭子冲民俗文化馆**展出当地生产、生活场景，尤其突出酿酒工艺，酒香弥漫，可品尝、购物，喝"刘家老酒"也成了像在韶山吃"毛家饭"一样的旅游产品。深处的**刘少奇同志故居**是砖木结构的普通农舍，刘少奇1898年在此出生，1961年回乡调查时住过6天，到水塘对面拍照可以把故居倒影也收入画面。

从故居左转进入新建的花明园，或者直奔园内**刘少奇坐过的飞机**。这架伊尔18-240是我国1959年从苏联购买的第一批伊尔18型飞机中仅存的一架，保存较为完整，周恩来、彭真、陈毅等都曾乘坐过，可惜不能进到舱内参观。最后经过修养亭回到大门。一圈走路逛下来约两小时，也可考虑坐电瓶车（15元）。景区门口有几家餐馆，以接待旅行团为主，也有快餐和小卖部。

长沙市内旅行社有不少花明楼一日游**团次**信息，也可以从汽车西站坐车去花明楼（15元；8:35、14:15；1小时40分钟），或从宁乡县城坐901路公交到景区。

炭河里国家考古遗址公园　　遗址

（📞8757 3881；微信号：nxtanheli；宁乡县黄材镇寨子村；免费；⊙9:00~16:00周一闭馆）作为南方罕见的商周遗址，这里曾经出土了300多件重要青铜文物。1963年当地村民在沩水和其支流交汇的河滩上发现了一件提梁卣（yǒu，盛酒器），湖南省博物馆随即派人来此考察，炭河里遗址就此得见天日。这里现在建立了青铜文化博物馆，对西周青铜文化和藏品感兴趣的人不可错过。遗址本体中保存最完整的部分是城墙，墓葬区域也值得一看。

离公园约500米处还有一座主题公园**炭河古城**，内部娱乐项目略显浮夸。"炭河千古情"主题演出非常受长沙出发的一日游团客青睐，往往与古城门票打包销售（共160元）。

也可从长沙汽车西站坐车（23元；7:40~17:00每半小时1班；3小时）到宁乡黄材镇，或者从宁乡县城坐118路到公园。

ℹ 到达和离开

长沙到宁乡县城十分便捷，汽车西站有直达班车（10元；7:00~18:00，约半小时一班，票价10元），返回末班17:00，建议向售票员询问确认；也可选择去星沙汽车站（17元；8:30~16:50，约1小时1班；2小时）、汽车东站（15元；8:50、10:00、12:20、13:30、16:30；约3小时）、黎托高铁汽车站（24元；9:30、13:20、16:30；2.5小时）和汽车南站（24元；12:10；4小时）乘坐汽车。从长沙出发的自驾车程基本都在1.5小时以内。长沙本地旅行社（见80页）常有花明楼一日游、炭河古城一日游，但这两地之间暂未通班车，除非自驾，否则无法在一天内游览。

靖港

（📞8830 5999；微信公众号：jinggang-lvyou；望城县靖港镇；进入古镇免费，景点套票78元；⊙夏季9:00~17:30，冬季9:00~17:00）靖港古镇位于湘江西岸，曾为三湘物资集散的繁荣商埠，鼎盛时有粮行50多家，得"小汉口"之美名，也曾是太平天国战争中的重要战场。咸丰四年（1854年），太平军征湘军占领靖港，石贞祥率湘军大败曾国藩水师。曾国藩愤而投江，被人救起。

后来随着水运衰落，靖港也渐趋萧条。直到2008年当地政府"保护性开发"，以湖南晚清最后一座青楼"宏泰坊"的保护与拆迁制造新闻热点。名人效应也起了作用，据传汪涵在这里置业用以休闲。然而，游人普遍认为"新建的古镇"景点乏善可陈、配套设施不够完善。镇上的老人则抱怨，忽然涌入的游客破坏了他们平静的生活。

小镇的主街两边挤了不少景点：铁器文化馆、宏泰坊、中共湖南省委旧址、陶承故居、曾国藩水上遗址等。这些景点略显简陋，但或许会得老人或孩子的欢心。不少小吃店边做边卖，店家行云流水般的手艺倒是值得驻足。另外，秤店和铁铺的老物件都是不错的摄影对象。

靖港适合一日游，若得闲住上一晚，可以

享受到不被游客打扰的小镇清晨。主街有几家客栈,房间并无特殊之处。街边小摊上有姜盐芝麻豆子茶、大小花片、腌制鱼干等特色饮食。

❶ 到达和离开

在长沙汽车西站乘918路或W116路到望城汽车站(☎8873 6900)再转W104路到靖港,不考虑发车间隔(20~30分)也要3小时左右。通过大众点评网等网络平台订靖港、铜官一日游要方便得多,相当于包车,115元/人起。

铜官

湘江东岸的铜官镇曾与一江之隔的靖港齐名。这里陶土蕴藏丰富,陶业发达,已发现唐代古窑遗址几十处。如今这座陶都处于正在旅游开发的尴尬阶段,附近的铜官窑遗址公园经过修整后已经开放。修整一新的铜官古街以土黄色为主色调,"长沙县铜官饭店"的老招牌和墙上的毛主席语录保留着几分时代感。这条陶瓷主题的老街上分布着十几家陶艺工房,规模大的几家陶瓷馆都有体验项目,包烧窑包快递60元/人。如果有中意的陶艺制品,切记货比三家,门面越精致,陶器价格越高。出了老街沿路往西北600米处有一家中通快递。

镇上有一些小吃,并没有专门的客栈和宾馆。山间步道连接起老街和镇子,沿途可见黄绿相间的琉璃屋顶,透过门窗还能瞥见屋内堆放的土坯和陶器。

❶ 到达和离开

长沙汽车北站有到铜官的班车,流水发车,返程末班16:00。但参加一日游团或自驾更方便。

靖港和铜官之间有轮渡(5元;12分钟),水位下降时停运。码头的位置和船的班次时间可向当地人打听。

昭山

(湘潭雨湖区昭山乡;免费)昭山是湘江边上一座海拔185米的小山包。"古潇湘八景"之"山市晴岚",指的就是雨后天晴的昭山和易家湾集市,可惜集市早已不再,天也总是灰蒙蒙的。我们调研时,景区正在修建观音寺、千佛塔等建筑和旅游配套设施,意在打造更具影响力的新版"山市晴岚"盛景。

沿石道登临峰顶的昭山古寺仅需半小时,古寺始建于唐朝初年,如今的四进院落是2017年重修的,深色简约的外观庄重朴实。寺外的观景台可观湘江水蜿蜒远去。寺后一条小道通往海拔更高的笔架峰观景台,但景色不如前者。昭山半山腰还有一座伟人亭,为纪念1917年毛泽东与同学从长沙步行至昭山做社会调查,夜宿昭山寺而建。

❶ 到达和离开

昭山位于长沙和湘潭之间,距两地均有20余公里。从长沙侯家塘和湘潭汽车站均可乘201路公交车(长沙发车10元,湘潭发车11元;6:30~19:00,30分钟1班;40分钟)在昭山站下车。也可以在长沙汽车南站乘101路(4元),或在湘潭汽车西站乘115路(4元)前往,但这两趟公交车停站频繁,耗时很长。

左宗棠故居

(湘阴县樟树镇柳庄;门票30元;◷8:00~17:30)1843年,左宗棠按风水先生指点,用教书所得积蓄约900两白银在此置薄田70亩。因挚爱柳树不折的性格,左名之曰"柳庄"。他在此隐居期间,躬耕陇亩,遍读群书,自号"湘上农人"。直至36岁出官入仕,收复新疆而闻达于诸侯,柳庄被认为是他厚积薄发之地。如今这位晚清重臣的故居门可罗雀,家具上厚厚的灰尘倒营造出几分"古物"的感觉。各屋零星展有左公家训、书法作品和一些老照片,逛上半小时,能对左宗棠的家庭、仕途和功绩有初步的了解。

❶ 到达和离开

长沙汽车北站到樟树的班车(15元;7:40~16:30,约50分钟1班;1小时)路过景区门口,樟树返回长沙末班车为14:00。湘阴到樟树(东线)的班车(10元;8:00,15:00;40分钟)也经过景区,走樟树(西线)的班车(10元;7:20~16:40,约1小时1班;40分钟)较多,但下车后需乘摩托车到景区,单程15元,往返25元。

湘潭周边

韶山隶属湘潭，名气比湘潭更大。毛泽东的童年和少年在韶山度过，17岁到湘乡求学，受到进步思想的影响并走上革命道路。韶山和周边的景点就围绕着毛泽东青少年时期的足迹展开。

韶山

（☏5569 2412；www.shaoshan.com.cn）作为毛泽东的故乡，韶山从20世纪60年代就进入了火热的"朝圣"状态，80年代成为全民红色旅游目的地，如今景区每天接待数以万计的游客，12月26日毛泽东生辰更是直达人气峰值。尽管是伟人故里，旅游致富中绕不过去的弊端依然显现，还需留意消费陷阱。

◎ 景点

在韶山景区的7大景点中，毛泽东广场、毛泽东故居和韶山毛泽东同志纪念馆三处免费景点是主要看点，逛下来需要约3小时。其余景点可以根据时间和兴趣来选择。一条较为科学的线路是：从游客中心乘景区交通车（20元，必须购买，当日内不限次数乘坐；⊙8:00~18:00）到毛泽东广场北站下，游览纪念园和故居后步行至广场，参观广场和两座纪念馆，接着前往广场西站，从西站可乘车继续前往韶峰、滴水洞，也可返回游客中心。

毛泽东故居 故居

（免费，凭身份证换票；⊙8:30~17:00）1893年，毛泽东诞生在这栋470余平方米的农舍，并度过童年和少年时代，后来他几次回乡也在此短暂停留。屋舍东边是毛泽东家，西边是邻居家，中间堂屋两家共用，屋中许多家具和生活用具都是毛泽东使用过的原物。由于来访人数居高不下，整个参观过程基本是挤在人流中被推着完成的。通常每天9:00前、16:00后和午饭时间人会相对少些。

毛泽东纪念园 纪念馆

（门票60元；⊙8:30~17:00）园内以1:1的比例再现了毛泽东工作和战斗过的主要革命圣地，包括遵义会议会址、延安宝塔、西柏坡旧居、泸定桥等，堪称红色景点大全，但性价比不高。

毛泽东广场 广场

这是韶山景区的中心地标。从入口景观石起沿瞻仰大道步行5分钟，6米高的毛泽东铜像矗立于眼前。你可以行注目礼，或像旅行团一样绕铜像一周后三鞠躬。景区售卖3元手花到799元的花篮可供敬献。铜像右后方远处，山顶的建筑便是韶峰寺（见87页），左边的毛氏宗祠可简单游览。

韶山毛泽东同志纪念馆（生平展区） 纪念馆

（www.ssmzd.com；免费，凭身份证换票；⊙9:00~16:00，周一闭馆）生平展区以《中国出了个毛泽东》为主题，全面展示了毛泽东从青少年时代到1976年逝世的人生历程和革命功绩。展馆每15分钟统一入场一次，并有讲解员全程解说，十个展厅的参观时间约为40分钟。

韶山毛泽东同志纪念馆（专题展区） 纪念馆

（免费，凭身份证换票；⊙9:00~16:00）专题展区共设四个展览。一层是毛主席文物展，大到会见尼克松时用的沙发、吉姆汽车，小到卧床阅读时用的单腿眼镜，还有大量的菜单、账本、笔记、书信等文字材料，千余件遗物还原出毛泽东朴素的生活习惯和生活情趣。展厅每到整点有免费讲解。二层还有毛主席诗文书法、毛主席一家六烈士和永远的缅怀三个主题展览。全馆细细看下来需要2小时。

滴水洞 峡谷

（门票50元；⊙8:00~17:30）滴水洞是一处三面环山的苍翠峡谷。1959年毛泽东到滴水洞口的韶山水库游泳，随口说想在这山沟里修几间茅屋老了来住，于是就有了滴水洞一号楼，毛泽东1966年视察时在此住了11天。除了参观这座青砖青瓦的别墅，还可以花1个小时登上楼后山顶上的虎歇坪，尽览滴水洞山色。

韶峰 山

（门票80元，含往返索道）韶峰是韶山第一高峰。景区只能乘索道上下山，山脚有一片毛泽东诗词碑林，山顶的韶峰寺可观韶山景区全景。

🛏 食宿

景区内的中小型宾馆、农家乐和饭店数

不胜数,被拉客阿姨热情骚扰在所难免。普通宾馆平日标间在100~150元,法定假期和12月26日前后会翻2~3倍。由于外来车辆不得进入景区,店家大多可提供从环保车站到酒店的免费接送。

故居景区的**八戒青年旅舍**(☎5568 5003;韶山村新屋组19号;铺40元,标单/双98元起;@🅿❄)就在铜像广场西南200米,旅游信息丰富,餐饮质量也不错。追求舒适可到政府接待的**韶山宾馆**(☎5568 5262;故园路16号;标双288元起;@❄),但酒店非常抢手,最好提前预订。也可以住在韶山市区的汽车站周边,几家酒店标间100~200元不等。这里不但有景区专线车,晚上还可以到毛泽东同志青年塑像公园和老韶山站看看。

餐厅以纪念园和广场周边最为集中,大多以"毛"字开头。其中最正宗的是**毛家饭店**(☎5568 5350;纪念园南门右侧)。毛泽东的邻居汤瑞仁以绿豆稀饭起家,如今已全国连锁。招牌菜都是毛泽东最爱吃的,毛家红烧肉(58元)、农家火焙鱼(38元)几乎桌桌必点,还有128~388元不等的"主席套餐"。不远处的**来韶饭店**(☎135 7407 3555;纪念园南门,新塘湾美食街;人均50元)口碑也很不错。

☆ 娱乐

《中国出了个毛泽东》 实景演出

(二等票238元,一等票298元;润泽东方文化城;⊙冬季19:30~21:00,夏季20:00~21:30)演出以高科技的多媒体技术和舞台装置,再现了毛主席从走出韶山、领导秋收起义到长征、抗日战争、渡江战役、建国等多个历史时期的重大事件。表演形式包括歌、舞、杂技、戏剧等,场面恢宏,情节扣人心弦。

❶ 实用信息

危险和麻烦

景区内只有环保票是必须购买的,若碰到有个人或商铺推销所谓的优惠套票、有偿办理景区自驾的小车通行证、售卖"山寨"景点(如家史馆、收藏馆等前文未提及的景点)门票等,不要相信。如需导游服务,可在游客中心联系。

旅游信息

2017年5月,韶山景区出台了《七日无理由退货和先行赔付制度》。旅行者若对在韶山景区消费的商品价格、质量不满意,7日内可向食药工商质量监管部门或经营者申请无理由退货。其中毛泽东故居和毛泽东广场设有7天无理由退货先行赔付受理点,可致电韶山旅游投诉电话(☎5566 6111)处理相关事宜。

❶ 到达和离开

长途汽车

韶山汽车站(☎5568 2160;迎宾路2号)去往湘潭的班车(15元;6:10~17:30,20分钟1班;1小时)最密集,去长沙南站(30元;80分钟)和长沙西站(30元;1小时)都是约1小时1班,末班车均在17:30。也可以从韶山去湘乡(8元;8:30~16:50,约30分钟1班;1小时)和宁乡(13元;6:30、7:40、10:30、13:00、14:00;80分钟)等地。

火车

乘高铁往来韶山性价比更高,**韶山南站**(永义乡韶峰路1号)位于沪昆高铁沿线,每日有频繁的列车往来长沙(30.5元;23分钟)、娄底(27元;18分钟)、怀化(122元;1小时10分钟)等省内外各地。

❶ 当地交通

韶山南站和汽车站都有含讲解服务的豪华旅游专线车直达景区。从韶山南站去景区的专线车(3元;7:40~17:20,20分钟1班;15分钟)会与景区内环保车票(20元,景区必买)捆绑销售,景区返回高铁站的末班车为17:30。从汽车站去景区的专线车(4元;8:20~17:20,20分钟1班;20分钟)返回汽车站末班车为17:35。

需要注意的是,汽车站售票窗口会推销40元的"套票",内容包括往返车票、景区环保车票和旅游服务费用。比非套票多出14元的所谓"旅游服务费用",主要是免去了在景区购买环保车票和返程车票的环节。但实际上景区的售票窗口非常多,若非时间紧张无须购买。另还有一条客运专线往返于韶山南站和汽车站之间(4元)。从韶山市区打车到故居景区一口价20元。

湘乡

"自古无湘不成军,天下湘军出湘乡。"晚清时期,曾国藩建立的湘军在这里起源发祥。涟水之滨的东山书院开湖南新式教育之先河，走出了毛泽东、陈赓、谭政等开国将领。来湘乡了解他们早年的故事，一次读史励志之旅即将开启。

◎ 景点

留大半天时间给湘乡即可，公交102路途经汽车站、火车站、曾国藩生平研究馆至东山书院，堪称旅游专线。

东山书院　　　　　　　　　　　历史建筑

（☎5640 2968；湘乡东山学校内；免费；⊙8:00~17:30）建于1895年的东山书院是毛泽东走出韶山、踏上革命征途的第一站。作为中国最早的新式学堂之一，算学、格致、方言、商务四斋课程的开设在当时相当新锐。1910年秋，17岁的毛泽东被这所汇聚了富家子弟的"贵族学校"破格录取。

一潭清水环抱的书院十分气派，正殿供孔子像，东壹斋和西肆斋分别是毛泽东的自修室和寝室，东斋后面的大教室仍保留着毛泽东读书时的座位。外围的环跑道和书院后面的**东台山国家森林公园** 免费 则是他当年锻炼身体之处。此外，西后斋和东后斋还设有陈赓、谭政两位校友的生平业绩陈列室。书院正门斜对面的**毛泽东与东山学校陈列馆**以1936年毛泽东与美国记者埃德加·斯诺的谈话内容为线索，从第一人称的角度讲述了毛泽东在东山学校求学、励志和成长的过程。

如今的东山学校是一所湖南省重点高中，现代化的校舍立于书院对面。从市区乘2路、102路、103路在东山学校站下车即到。

曾国藩生平研究馆　　　　　　　纪念馆

（☎5681 1839；湘乡市一中南校区；门票30元；⊙8:30~12:00，夏季14:00~17:30，冬季13:30~17:00）从湘乡杨树坪（今属娄底双峰）走出来的这位晚清重臣、湘军统帅曾国藩是湖湘文化的杰出代表。研究馆就建在他的母校涟滨书院旧址，8个展厅串起一部图文并茂的曾文正公传记。出研究馆沿涟水河东行800米，河心的碧洲公园现辟为**曾国藩诗文岛**，岛上有曾国藩诗文碑刻九十七处，有兴趣可以一游。

乘102路至一中南校区站下车即到研究馆。

🛏 食宿

桑梅中路是湘乡最热闹的街道，食宿选择很多。如果乘班车出行，建议你住在距汽车站500米的**志成宾馆湘乡店**（☎5226 6888；向红路82号，与湘乡大道交叉口；标双118元起；❄️🛜Ⓟ），这里房间宽敞，设施较新，在建材市场站乘102路可前往火车站和各景点。

ℹ 到达和离开

湘乡汽车北站（汽车北路）可去往韶山（8元；8:10~17:30，约30分钟1班；1小时）、湘潭（13元；7:00~17:30，15分钟1班；1小时）和长沙西站（35元；7:50~16:50，约1小时1班；2小时），到长沙南站（34元；2.5小时）的末班车为17:40。此外，湘乡汽车站有直达韶山高铁站的商务专线（☎5668 8666；15元；20分钟），也可提前致电预约市内接送。

湘乡站（东风路109号）有普通列车去往长沙、湘潭、衡阳、娄底、怀化，还可直达北京、上海、广州等地，但班次不多。

湘潭名人寻迹

"谁敢横刀立马，唯我彭大将军"，这是毛泽东对同乡元帅彭德怀的高度评价。**彭德怀纪念馆**（☎5783 8100；湘乡县乌石镇；免费；⊙4~10月8:00~17:30，11月至次年3月8:30~17:00）即乌石景区，除彭德怀同志生平业绩陈列外，还有铜像广场、彭德怀故居、德怀墓、烈士墓、德怀亭等可参观。

一代国画巨匠齐白石先生也是湘潭人。**齐白石纪念馆**（湘潭市大湖路2号；免费；⊙9:00~17:00，周一闭馆）以齐白石先生的绘画、木雕、印章、诗文手札等作品（复制品）及其使用过的绘画工具、生活用品等实物，回顾了他的艺术人生。纪念馆左侧的白石公园可以漫步。

株洲周边

作为一座工业城市,株洲城区的看点不多。但周边地区却有源远流长的人文景观可以探寻——先祖炎帝在炎陵安葬,祭祀仪式自汉代延续至今;醴陵的制瓷业自东汉起就已形成规模,现在是与景德镇齐名的瓷都;地处湘赣交界处的茶陵诞生了中国第一个红色政权,是国富民强不可忘却的记忆。如果不是从长沙直接出发,在株洲中转最方便。株洲汽车中心站去往醴陵、茶陵、炎陵的班车约30分钟就有1班。

醴陵瓷谷

(☎2336 7950;www.cncigu.com;醴陵经济开发区凤凰大道A区;免费;⊙8:00~11:30,13:30~17:00)这片位于醴陵市郊标新立异的建筑群,是2016年落成的醴陵瓷谷。远远看去,十一座单体建筑犹如碗、罐、瓶、盘等陶瓷制品,设计感十足。

入口左边几栋彩色的碗状建筑是博物馆,居中的醴陵陶瓷博物馆(☎2338 8566;门票40元;⊙9:00~11:30,13:10~16:20)梳理了史前时代至新中国成立后,醴陵地区制瓷业的发展历程。位于二层第二展厅的锦鸡牡丹纹凤尾尊烧制于清宣统年间,分别采用了釉下五彩、釉上彩、粉彩、描金等绘画手法,经过五次烧制而成,是博物馆的镇馆之宝。三层则展示了为毛泽东、周恩来、邓小平等国家领导人特制的日常用瓷,以及国家礼品瓷、宴会瓷等"国瓷"作品。博物馆旁另外两座建筑分别是用图文展示亚、非、欧远古陶器的世界陶瓷科普馆 免费 和介绍醴陵文化和名人的中国陶瓷历史文化名城展览馆 免费 ,但内容都比较单薄。展览馆后面,阳光满屋的瓷谷书吧提供咖啡和甜品,可读书小憩。

入口右边的白色建筑群是醴陵瓷谷国际展览中心(⊙8:00~20:00),正中的5个展厅分门别类地展示了醴陵窑生产的釉下五彩瓷、国瓷、毛瓷等多种陶瓷精品,大部分用于售卖但价格不菲。进门右边的醴陵瓷谷美术馆(门票40元)不定期开办艺术家的临展。门口的瓷谷陶吧(☎2336 7690;⊙9:00~17:30)可制作属于自己的陶艺、彩绘作品。

展览中心内的图兰朵酒店(☎2324 8888;标双440元起,含双早餐;✱ℙ❄)豪华的装修融入了陶瓷元素并配有高科技生活设施,环境也非常安静。

陶谷以北约500米处是瓷器口大型仿古文化街,在2019年落成后,有陶瓷主题商铺、DIY体验中心、瓷业学堂等文化产业入驻。若想购买实惠的瓷器工艺品,可以到县城的陶瓷烟花市场(李畋东路近建设路路口),大量的瓷器商店和瓷厂门市部汇集于此,还有各瓷窑的小型陶瓷艺术馆供参观选购。

❶ 到达和离开

株洲中心站、株洲火车站均有频繁的班车到醴陵中心汽车站(20元;20分钟1班;1.5小时),下车后在站内的农村客运站台乘6路(2元)在醴陵瓷谷站下车即可,从汽车站打车到瓷谷一口价40元。从省内其他城市可乘高铁到醴陵东站,乘公交7路到汽车站转6路前往,从高铁站打车到瓷谷50元。

茶陵县工农兵政府旧址

(☎2521 8429;茶陵县城关镇前进村;免费;⊙8:30~17:00)这里原是南宋至清代的州衙。1927年,工农革命军第二次攻克茶陵后,遵照毛泽东指示成立了中国第一个红色政权——茶陵县工农兵政府,这是井冈山革命根据地建立革命政权的试验田。

> **值得一游**
>
> ### 渌江书院
>
> 位于醴陵渌水之滨的渌江书院(☎2326 7769;左权中路;免费;⊙8:00~17:00)前身是始建于1175年的西山书院,宋朝的朱熹、张栻,以及明朝的王阳明等鸿儒都曾在此讲学。1753年重修改名渌江书院后,仍然是名家讲学论道的重要场地,晚清名臣左宗棠曾担任渌江书院山长(院长)三年。如今这处崭新的建筑群是2016年在原址重修的,也是醴陵唯一保存下来的书院。除了参观功能齐备的校舍,还可在渌江书院历史文化陈列了解书院的历史沿革和文化渊源。

不要错过

茶陵老街

2路公交车快到工农兵政府旧址的终点站时,会穿过一个比车身宽不了多少的城门,进入一片老街区。城门处的**茶陵南宋古城墙**是湖南省内唯一保存较好的宋代石头城墙。城墙内为**历史文化街区**,从一总街到六总街有上百间清代至民国时期的老房子,一些是危房,一些还住着老人,其中分布着"国民党县政府""民国公路局"等单位旧址。从2路车终点站下车后行至洣水河边右转,可见亭中卧着一尊锃亮的**铁犀**,传说是南宋时期为镇洪水而置,故茶陵也称"犀城"。从这里可以登上古城墙,再从城墙上步行数百米至城门上方俯瞰老街巷,但下来还需原路返回。

中轴对称的庭院气派十足,牌坊后的大堂为工农兵政府第一次工作会议旧址,左侧进入历史陈列馆。陈列馆分五个部分展示了在毛泽东的带领下,中国共产党创建、壮大和保卫茶陵红色政权的艰辛历程。院落其他的房间则复原了古州衙的办公场所。虽然整个院子都是近年翻新的,但朴素利落的风格十分悦目。

从株洲汽车中心站去茶陵(61元;7:00~19:00,30分钟1班;2.5小时),或从炎陵去茶陵(20元;7:00~18:00,30分钟1班;1.5小时)都很方便。下车后从茶陵汽车站十字路口西南角的工业品市场站乘2路公交车至终点站茶陵二中,沿工农路往北约500米右转进州衙路,走300米即到。

炎陵

20世纪90年代,这个原名"酃县"的地方改名为"炎陵县",以"中华始祖炎帝神农氏安寝圣地"之名迎客,但这里夏季清凉的山谷和甜美的黄桃似乎更有魅力。

◉ 景点

炎陵的游览可以安排两天,一天缅怀炎帝功绩和红色记忆,一天去神农谷山玩水、放松心情。

红军标语博物馆 博物馆

(2622 2522;新市街2-4号;⊙8:30~11:30,14:30~17:30)红军标语被视为井冈山根据地和湘赣根据地的重要史迹,地处其中的炎陵县则是全国遗存红军标语最多的县。博物馆按时间顺序陈列了从1927年10月到1938年2月间的标语,大部分为整体切割下来的墙体,也有部分照片。你可以通过多媒体展示器,了解每条标语所在的具体位置和背后故事,有些用字和漫画尽显红色幽默,让人忍俊不禁。

博物馆隔壁的**洣泉书院**属江南清初祠堂建筑,始建于宋,1928年毛泽东率工农革命军第一团回井冈山途中曾在此开展活动,内部有相关陈列。

博物馆位于县中心,县内乘摩托车4元。

炎帝陵 陵墓

(2632 5111;www.ydl.org.cn;炎陵县鹿原镇;门票78元;⊙8:00~17:00)传说炎帝晚年到湖南采药,因误尝"断肠草"而崩葬于"长沙茶乡之尾"的炎陵地区。关于炎帝神农氏安葬地的记载,最早见于晋代,建庙始于宋代,后屡毁屡建,如今的陵园是1984年重建的。

陵园的南边是祭祀区,宽阔的**祭祀大道**经朝觐广场、公祭广场等地笔直地通向尽头的**神农大殿**,大殿内供奉着巨型的炎帝石雕祀像,陈列了炎帝功绩浮雕、祭台、拜垫等物品。继续往北到达午门,便进入炎帝陵寝区,**陵殿**、**墓碑亭**和**炎帝墓冢**均立于此。炎帝陵平时比较冷清,工作人员一见到游人便上前主动讲解,但几句话之后就会"引入正题"——烧香30~300元,幸运包、长明灯等价格不等。这里最热闹的当属每年农历四月二十六的炎帝诞辰日、清明节和重阳节的大型公祭活动。2006年,从古代沿袭而来的"炎帝陵祭典"入选第一批国家非物质文化遗产。

炎陵汽车东站有直达炎帝陵的旅游专线车(4元;6:30~17:00,20分钟1班;30分钟),在井冈路沿线的公交车站均可上车。建议坐到景区转盘下,从南门进入景区,从北门出园后过桥返回公路等车,返程末班车为17:00。从茶陵、长沙或株洲前来可在炎帝陵路口下车,再换乘旅游专线车。

炎陵黄桃，夏日福利

每年8月的炎陵总是特别热闹，除了去神农谷避暑洗肺，炎陵黄桃的上市也让周边居民纷纷前来尝鲜。经过30年试种、改良到规模化种植的过程，炎陵黄桃在平均海拔1000米左右的山中落地生根，特定的生长环境造就了它香脆可口、肉厚汁多的口感，是实打实的"绿色产品"。炎陵县也有了"中国优质黄桃之乡"之称。

从县城至神农谷景区路上的十都、沔渡都是炎陵黄桃的主产地之一，道路两侧分布着一些果园，3月、4月间桃花夹道，8月初至9月初则可采摘、购买。当地人告诉我们，近年炎陵黄桃名气打响，价格也一路攀升，2017年当地市场已卖到15~25元/斤。不少外地黄桃也挂着炎陵黄桃的牌子上市，有几个简单的辨别方法：一是外地黄桃上市要早一个月，价格多在6~12元/斤；二是外地黄桃个头大但颜色浅，炎陵黄桃个头较小，皮与果肉均为金黄色；三是外地黄桃口感略带酸涩，炎陵黄桃浓甜微酸，香气浓。

神农谷国家森林公园　　森林公园

(☎2652 5224；炎陵县东南；门票71元；⏰24小时) 景区属桃源洞国家级自然保护区，遮天蔽日的原始森林间分布着多处瀑布、峡谷、奇石景观。即便在最为"炎热"的7月、8月，这里的平均温度也不足25℃。**珠帘瀑布**13万个/立方米的负氧离子浓度更是国内已测定负氧离子含量最高的区域之一。景区内道路长20多公里，大小景点稀疏分布于两侧。沿**镜花溪原始森林大峡谷**中的栈道缓慢爬升约4公里，可至以235米的落差位列湖南之最的**神农飞瀑**，丰水期气势尤为磅礴。每年7月至"十一"期间，景区交通车(40元，不限次数)可送你到各景点，而其余时段只能自驾。

景区内的农家乐很受当地人欢迎，最好避开夏季周末前往。半山腰的桃源洞村气候凉爽，景致清幽，也是景区交通车和班车的终点站，这里的**五湖山庄** (☎189 7411 3939；标双188起；✻🛜🅿) 条件较好，规模也较大。

炎陵汽车站每天有一班车 (14元；15:00；2小时) 到神农谷 (桃源洞村)，次日6:30返回。旺季打车前往神农谷单程150元，含游览和返程约需400元，淡季可议价。

🛏 食宿

炎陵县城不大，住在井冈路与解放路路口一带最便利。其中炎陵县政府斜对面的**莫林风尚酒店** (☎2623 6666；井冈路2号；大床房150元起；✻🛜🅿) 房间空间大，设施新，周边小型餐馆很多，去往各景点和汽车站也方便。

ℹ 到达和离开

长途汽车

炎陵地处偏远，无论从哪里前往都很费钱费时。长沙汽车南站 (91元；8:50~18:30，约1小时1班；3.5小时) 和株洲汽车中心站 (81元；7:30~18:00，约40分钟1班；3.5小时) 发往炎陵的班车较为频繁。**炎陵汽车中心站** (文化路57号) 返回长沙的末班车为15:00，回株洲的末班车为18:40。

火车

乘火车到炎陵经济快捷，但车次较少。**炎陵站** (霞阳镇灵官坳) 位于县城以北2公里处，目前开通的车次西至衡阳、永州、桂林、昆明，东至井冈山、九江、上海，还有一班火车往返长沙。从县城打车去火车站一口价10元。

湘西地区

包括 ➡

凤凰	96
德夯和矮寨	116
茶峒	120
芙蓉镇	122
永顺	130
里耶	134
张家界	137
黔城	158
洪江	160
芷江	172

最佳住宿

➡ 柚子客栈（见103页）
➡ 清溪禅院（见103页）
➡ 土王行宫·八部堂（见124页）
➡ 禾田居（见153页）

最佳体验

➡ 猛洞河漂流（见124页）
➡ 借母溪徒步（见141页）
➡ 坐船走湘西（见128页）
➡ 徒步张家界森林公园（见147页）

为何去

如果航拍湘西，应该是一幅江山半壁、河流密布的画面。武陵山脉斜贯湘西，张家界"命名"了全世界石英砂岩峰林地貌，还成了全世界极大咖们热衷征服的天险。沅江、澧水及数条支流润泽着湘西，依水而有聚落，芙蓉镇、里耶、洗车河、洪江、黔城等昔日繁荣的商埠码头无不因水而兴。水运没落后，它们便成了留存湘西风土人情的古城古镇，风雨桥、吊脚楼、窨子屋上透着岁月的痕迹。在用手机就能买遍所有的今天，山地民族依然背着背篓赶着五天一次的边边场。这些都是带你走进湘西风俗文化的一把钥匙。

虽为边陲，湘西却也在中国历史进程中产生过重要影响。"五溪蛮"时期的湘西传承过楚文化；里耶用36,000多枚秦简完整了秦代历史；苗汉对峙最严峻时，这片土地令朝廷损失惨重，如今灯红酒绿的凤凰也曾血流成河；"芷江受降"结束了八年抗战。

赶尸、放蛊的传闻令湘西自带神秘感，无数个"剿匪记"给外界留下了野蛮、彪悍的印象，但它终被时间征服。高铁拉近了它与外界的距离，21世纪建成的矮寨大桥改变了山高路陡的旧貌，还创下四项世界纪录。湘西无疑会离沈从文所写过的那个"边城"越来越远，所以你更应该前来，最后坐一次船，沿着屈原流放之路，沿着沈从文回家之路。

何时去

4月至6月 天气转暖，空气宜人，除却三个法定假期，其余时间游客量不算多。端午节大多数地方有盛大的龙舟赛。
7月至10月 游客量年年创新高的绝对旺季，山下酷热难当，山上凉爽宜人，游山玩水正当时。
11月至次年3月 天气湿寒阴郁，除了凤凰、张家界，大多数景区见不到什么游客。过年是感受少数民族风俗的好时机。

湘西的少数民族

按民族划分湘西的话，张家界、龙山、永顺所处的北部武陵山区是土家族聚居区，中部以凤凰为核心的是苗族集中区，南部黔、湘、桂三省交界处生活着侗族。

这些比邻而居的民族生活习俗上同中有异。土家族与苗族都住吊脚楼，但前者建筑外部能直接看到楼梯，而你绕行一圈找不到梯子的吊脚楼则属于苗族。侗寨村落的核心是鼓楼，土家族则为摆手堂。同是着蓝色布衣，土家族上衣有衣领，苗族却没有，不过如今已看不到生活中穿传统服饰的土家族了。一些以湘西为背景的影视剧常将土家族和苗族的风俗混为一谈，但请记住，哭嫁是土家族的习俗，对歌则属于苗族。

湘西味道

湘西并不以美食见长，但湘菜的辣感在湘西登峰造极。炒、炖、涮无一不辣，不擅辣的人会被湘西厨房里的烟火气呛得直打喷嚏。在农家就餐时，若你只想"简单炒个蔬菜"，但可能会端上一盘"绝代双椒"（红辣椒+绿辣椒）；若你极富先见之明地提出"不要辣"，那可让主人犯难了，即便两棵大青菜就摆在眼前，然而清炒时蔬并不在他们能理解的常规菜谱中来。

即便同为湘西，南北辣度也不同。北边的土家族受四川影响大，口感偏麻辣。湿寒季节，桌下烤着火盆，桌上架着火锅，各种腊味与豆腐一起入锅。南边苗族和侗族的口味更偏贵州，以酸辣为主，酸汤鱼便是其中一道名菜。辣子驱寒，酸菜开胃，小吃也遵循此标准，酸萝卜、米豆腐、霉豆腐等都不离酸辣二味。除了腊肉，湘西人也爱腌菜，侗族甚至直接生吃腌肉腌鱼。鸭子也是餐桌常客，凤凰血粑鸭、洪江鸭、芷江鸭各行其道。不过鸭脚板不是鸭，而是一道野菜。无论南北，无论哪个民族，米粉都会是你记忆最深刻的日常早餐。

张家界行前贴士

张家界可能是国内配套设施最完备的景区了。即使你一点儿也不能走山路，也能毫不费力地游玩主景点。你需要面对的最大问题，只是核心景区武陵源（森林公园）距离市区、火车站和飞机场都有二十多公里，所以要提前做好住宿的规划（见139页方框）。如果你是在法定节假日前往，那么建议你带上登山杖，远离需要排队等待的缆车和电梯，将时间花在森林公园里袁家界、杨家界和鹞子寨那些迷人的徒步栈道上，你会获得和其他大部分人不一样的体验和美景。

快速参考

➡ **凤凰、吉首、永顺、龙山**
电话区号：0743

➡ **张家界**
电话区号：0744

➡ **怀化**
电话区号：0745

如果你有

➡ **3天**

只有3天，不如张家界、凤凰二选一，玩透一个地方。前者正好能从容走完整个武陵源景区（见146页）。后者可逛逛古城，去苗族聚居区赶个边边场（见110页方框）。

➡ **5天**

3天放在张家界，游览武陵源景区和天门山（见139页）；2天留给凤凰，一日游走城内，一日放飞城外。

➡ **7天**

前5天同上，最后两天去怀化附近的黔城古镇（见158页）和洪江古商城（见160页）。

阅读湘西

《湘行散记》沈从文著。读读湘西人笔下的湘西。

《永不回来的风景》黄永玉著，画出了凤凰的旧时风景。

湘西地区亮点

❶ 穿行在张家界**武陵源景区**(见146页)的步道中,检阅那些有如神兵的石山。

❷ 离开喧闹的人群,在**凤凰**(见96页)找找沈从文笔下的故乡。

❸ 去最"苗"的**禾库**(见114页)赶个"边边场"。

❹ 炎炎盛夏投入**猛洞河漂流**(见124页),来一场激烈的水战。

❺ **坐船走湘西**(见128页),以最慢、最古老的交通方式体验这片土地。

❻ 在潕水和巫水汇入沅江的河口,寻找百年码头**黔城**(见158页)和**洪江**(见160页)的韵味。

❼ 在又险又野的**坐龙峡**(见124页)充当一回"武林高手"。

凤凰及周边

堪称湘西精华的凤凰，抵达这里并不方便，小小一个县城，没有机场、不通火车，不管从哪里前来都需要中转一下，不过无可争议的山灵水秀之姿，令它成了旅行者心中湘西的最佳落脚点。凤凰的名气也不全来自旅游发展，史书中所说的"镇竿"就是过去的凤凰，曾是湘西的政治、经济、军事、文化中心。在苗汉冲突最频繁的几个朝代，凤凰是历代统治者稳固喦疆的咽喉之地。凤凰的重要性，正如沈从文所言："湘西之所以成为问题，这个地方（凤凰）人应当负较多责任。湘西的将来，不拘好或坏，这个地方人的关系特别大。"

凤凰一天就能逛完，你还应该留出一两天给周边。图省事的话，古城内多的是能提供现成游览路线的旅行社，一天内兼顾游玩山水、苗寨、篝火晚会不在话下，只是跟团走所看的民族风俗，摆设多过真实。如果你意在真正本色的东西，还得自行前往腊尔山、禾库一线的偏远苗族世居地，查查农历，赶一回"边边场"（见110页方框），那才是最有"苗"味的体验。

历史

上古时期，蚩尤统一了"九九八十一个兄弟"的禾苗民族，俗称"九黎部落"。之后，在中国古代最早针对黄河中下游的争夺战中，蚩尤在分别战胜炎帝和黄帝部族后，终不敌炎黄联手。战败的一部分苗民向南迁徙，后获较长一段时间的安宁，直到被尧舜禹瓦解，一分为三，各奔前程，其中一支后来构成战国时楚国的主体民族，分布在湘西的五条溪流一带，古称"五溪蛮"。屈原《楚辞》中所用的楚地方言便是苗语。秦灭楚以后，楚苗遗民西奔南走，最后在中国南方和西南方的山区形成五大聚落，包括黔东南、武陵山一带。此后，中央王朝对苗民采取"附则受而不逆，叛则弃而不追"的政策。

元、明、清是苗汉关系最紧张的三个朝代。元朝推行"开疆拓土"政策，大量移民涌入西南苗民聚居区，与原住民争夺生存空间，冲突开始。明万历年间，朝廷筑起长190公里的苗疆边墙（北起古丈县喜鹊营，南至贵州铜仁黄会营），边墙之内为归顺汉族朝廷的苗族，称"熟苗"，边墙之外是未被同化的苗族，称"生苗"，以此"切割"苗民。清朝对待"生苗"更为严苛，杜绝汉人与苗民往来，导致边墙外的生苗画地为牢，生存条件极为恶劣。以前苗民有农闲时到汉族地区打工的习惯，但边墙哨卡断了苗民外出的路，苗民一次次起义，朝廷一次次镇压，矛盾不断激化。1795年，湘西爆发了最为惨烈的乾嘉起义，清廷动用四十余万官兵才把起义镇压下去，名将福康安客死凤凰。

太平天国运动时，曾国藩创建湘军，这支队伍中来自凤凰的竿军（凤凰旧名"镇竿"，因此得名"竿军"）因骁勇善战而有"无湘不成军，无竿不成湘"之说。之后的辛亥革命、护国运动、护法运动、抗日战争中竿军都是中坚力量，凤凰最出名的文人沈从文年轻时也是竿军一员。

如今，边墙早被夷为平地，只有在荒山野地还能找到些许残迹。但这道"隔离墙"造成的变化影响至今，熟苗区汉化明显，苗民日常生活与你我无异，而昔日边墙外的腊尔山一带苗族文化则保存更好。

凤凰

凤凰古城的口碑，多年来都褒贬相当，它有点像"一生必去一次，去完再吐槽"的目的地，即使实行过一段时间的凭票入内，也没挡住汹涌的游客。尽管客栈经营者声称生意大不如前，但古城与"清静"二字仍相去甚远。为了承受住应接不暇的游客，古城沿着沱江不断扩张，如今它的规模远超发展之初，沿江步道铺设至很远，沱江上建起一座座新桥，两岸但凡有空间都被新式吊脚楼给挤满了。

如果能无视古城里摩肩接踵的游人，对刺耳的旅游团小喇叭、非洲鼓、嗨吧也都充耳不闻，没人能否认凤凰确实拥有成为一流景点的所有条件。古城背靠青山，绿水相依；红石板街道两边青瓦覆古屋，远眺错落有致；跳岩、风雨桥衔接起沱江两岸；最别致的吊脚楼紧靠虹桥，细脚伶仃"踩"在沱江中。冬春之晨，沱江上升起袅袅薄雾；每晚6点，虹桥准时亮灯，此时天色为蓝，正是夜景最佳拍摄时机。自然与建筑搭配得如此完美，何需费心构图，任何人都能在这里轻轻松松拍大片。

黄永玉——凤凰的"总设计师"

很多人来凤凰之前,已读过沈从文笔下的湘西,但当你真正到了凤凰,看到更多的是黄永玉所塑造的凤凰。"鬼才"黄老头已年过九十,他为家乡所做的贡献,所有人都有目共睹。万名塔、虹桥的修复,夺翠楼的保留,玉氏山房的修建,都是黄老倡导修复的风景;文化广场上的凤凰鸟雕塑、文昌阁小学的"童年不再"、沱江上的四座新桥、沱江边的雕塑等,都出自黄老之手。走在凤凰的大街小巷,只要稍加留意,到处都留有"黄永玉"的名字。如果说沈从文让凤凰的美留于优美的字里行间,那么黄老头的确让凤凰美在了实处,而后者还是前者的表侄呢!

黄永玉先生在凤凰有两处"豪宅",一座是回龙阁的夺翠楼,另一座是玉氏山房,但作为私人宅邸都不开放参观,你倒是可以买几本他的书来读读:比如《永不归来的风景》《火里凤凰》。

方位

凤凰分古城和新城两部分。古城是指沱江两岸的老房子区域,以虹桥为中心,东至万名塔、西至跳岩是古城核心区,晨景、夜景都很美。沱江南岸的虹桥以西,是古建、故居等景点集中区;北岸的老营哨是酒吧一条街,每晚以高分贝冲击着古城夜空;南岸虹桥以东的回龙阁也有很多酒吧,不过"声势"比不上老营哨;回龙阁继续往东是一排沿江农家菜饭馆,这一带夜景灯光刺目,与古城核心区已然两种风格。古城"官方入口"在县政府,进去就是文化广场,旅游团大使是从这里浩浩荡荡进入古城。自助旅行者更愿意以虹桥为核心据点。虹桥北端的肯德基也是一个重要地标,如果你报名旅游团周边一日游的话,都是在这里集合。

新城是原古城居民"移民"的生活区,主要有四条大路:南北向的凤凰路、南华路分别连着两座大桥;东西向的虹桥路和金坪路分别在沱江南北岸。虹桥路特别长,饭馆、超市、邮局、银行、医院大多分布在这条路上。四个长途汽车站都在新城。

◉ 景点

进入古城免费,参观古城内各景点需购票。148元的套票包括沈从文故居、古城博物馆、万寿宫、熊希龄故居、杨家祠堂、虹桥二层、东门城楼、崇德堂和一次沱江泛舟,所有景点开放时间都是7:30~18:00。9个景点皆很小,全部游览完不会超过3个小时。杨家祠堂、万寿宫、古城博物馆内定点有苗族歌舞、祈福仪式、苗鼓一类的演出,不算地道,两三分钟长而已,有兴趣的话可以卡着点进去,景点门口标明了演出时间。本书作者调研期间,万寿宫、崇德堂、虹桥二层作为**凤凰艺术年展**的展馆。

另外还有三个私人承包的景点,同样是148元的套票,涵盖**南华山神凤文化景区**(见98页地图)、**陈斗南古宅园**(见98页地图)、农家船游沱江。

◉ 古城内

沈从文故居　　　　　　　　　　故居

(见98页地图;中营街24号)这个简单的四合院是沈从文先生童年生活的地方,里面介绍和展出了先生的生平、照片等。由于先生14岁就离开了凤凰,故居所陈列的家具,除了他儿时的书桌和上学用的书篮外,其他都是后来从北京的家里运来的,并非"土生土长"。屋子里最引人注目的是一台老式留声机,伴着优雅的音乐,先生写出了不少佳作。还没读过先生的作品?门口有个小书店,能买到先生的大多数作品,而且已加盖"沈从文故居留念"的印章。

古城博物馆　　　　　　　　　博物馆

(见98页地图;道门口中心22号)古城博物馆位于朱镕基题写的"凤凰城"牌坊旁,由凤凰本地艺术家雷雨田创建,原址是陈宝箴世家的一栋百年老宅。陈宝箴是清末湖南巡抚,著名的史学家陈寅恪便是其孙。博物馆一楼是主人家的陈设与遗物,所展出的一条光绪帝亲赐的行差狼皮坐褥为博物馆的

凤凰古城

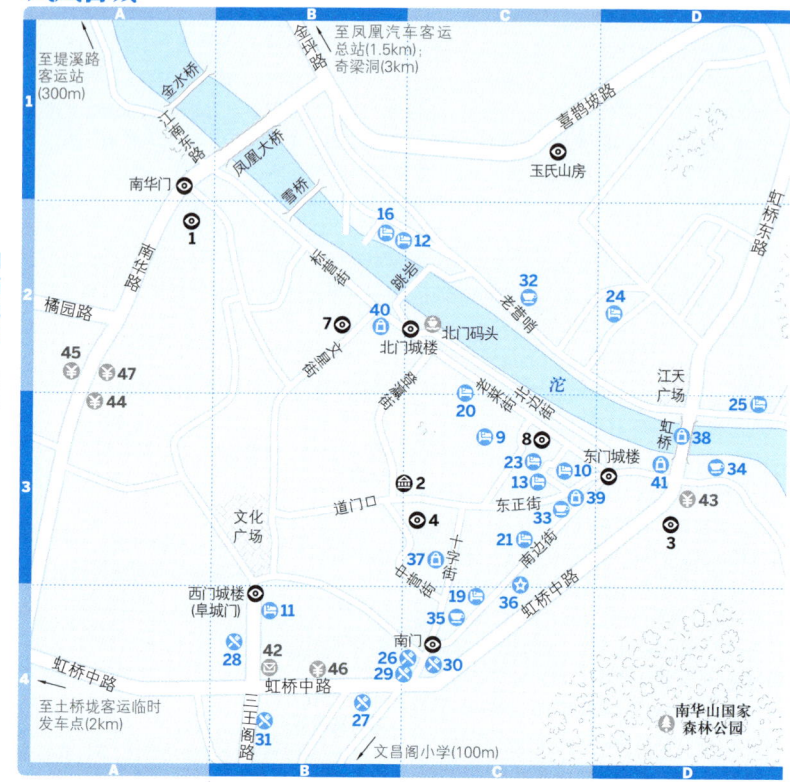

镇馆之宝。另一件极有历史意义的展品是同治帝亲赐的"圣旨碑"。二楼为雷雨田私人博物馆。

万名塔和万寿宫 历史建筑

(见98页地图;沙湾区域)虹桥以西,矗立在沱江边的白色万名塔很醒目。这是座可观不可攀的"惜字塔"——古代用来焚烧纸张的炉塔,中空很小,仅能冲烟。万名塔始建于清嘉庆年间,"文化大革命"期间被毁,仅留废墟。20世纪80年代,黄永玉召集当地人募捐重修为七层。因捐款者甚众,名为"万名塔",也是"万民塔"的谐音。如今塔内密密麻麻刻着各种"到此一游"。

万寿宫就在万名塔后面,过去是江西会馆,明末清初始建,从清朝到民国历经三次扩建后,形成不小的规模。如今是凤凰美术馆,常设展览。

熊希龄故居 故居

(见98页地图;北文星街)文星街的一个小巷里有个俭朴的小四合院,民国第一任内阁总理熊希龄便诞生在这里。同为凤凰人,从小被称为"湖南神童"和"熊凤凰"的熊希龄,其实是在当地比沈从文更重量级的人物。但从政的熊希龄没有太多作品留给后人享读,这个他童年生活过的故居,也小得容不下他的整个生平。故居内只有一些简单陈旧的日用品、人物评价和塑像。

沈从文墓 陵墓

(见98页地图;免费)沿着回龙阁,往沱江下游方向走,渐离游客与奋力吆喝的店家,凤凰变得清静起来。顺着指示牌的指引便能来到沈从文先生的墓地。先生1988年5月10日病逝于北京,他的骨灰在四年后被亲人带回故乡,一半撒入沱江,一半安埋在听涛山的半山

木结构建筑。东门城楼跨于南边街、东正街、北边街、老菜街四街交会点；北门城楼在北门码头旁，紧邻沱江，仿照北京前门而造；南城门与西门都位处古城边缘，走出城门便走进了本地人的生活区域。有城楼就必有城墙与之对应，古城保留下来的一段城墙处于东门城楼至南华门之间，仿若老菜街的一侧屏障。

凤凰古城曾历经"土城（土司时期）—砖城（明朝）—石城（清朝）"的改造过程，城楼与城墙也是在"土改砖改石"后形成今天的面貌。

古城外

文昌阁小学　　　　　　　　　　　　学校

（见98页地图；岩脑坡63号）不在古城内，理论上也不是可以参观的景点，却是调研时作者最心水的地方。相较于套票里的"凤凰九景"，这个小学或许更能让你感觉淘到宝，它最有名的毕业生是沈从文。

进入学校大门，便是一座两个顽童玩"跳马"的雕塑，名字叫"童年不再"，创作自著名画家黄永玉先生——文昌阁小学又一名值得骄傲的毕业生。一路沿小坡而上，你会看到一整面墙刻着沈从文先生写的《自我评述》。走过架在小池塘上的石桥，才到了文昌阁小学的"正宗"老教室，左边那间就是沈从文先生曾经待过的学堂。从中间的走道穿过，正对着的是黄永玉先生捐修的礼堂，有着漂亮的斗拱，一旁的小楼则是沈先生的藏书楼。沿楼边的小道走，幽静处有一口兰泉古井。整个校园很古雅，依山坡而建的格局，布满青苔的石砖和古朴的建筑，一下把人带回了民国。

如果你读过沈从文的书，一定知道他当年是个爱逃课的小孩。而据黄永玉某次故地重游时介绍，学校隔壁有条"鼻涕巷"，因为逃学的孩子都把鼻涕甩在墙上！你也不妨去找找。

严格说来，学校不对外开放参观，上课时间更是校门紧锁。中午十二点、下午四五点的放学时间比较容易混进去。从俊子饭店（见105页）对面的小巷进去，走上200米左右，会看到一个小小的指示牌"文昌阁小学右门"，在这里转左便是学校正门。如果被门卫拦下，那就跟着指示牌从右门进，穿过小巷左

腰上，2007年5月，他夫人张兆和的骨灰也合葬于此。

沈从文先生的墓地非常简朴，墓碑是一块貌不惊人的"五彩石"（并没有五种颜色），正面刻着"照我思索，能理解我；照我思索，可认识人"，是先生的手迹，背面所刻"不折不从，亦慈亦让，星斗其文，赤子其人"出自张充和（张兆和的妹妹）之手。墓前常摆满游客敬上的鲜花与花环，旺季时你可以在山脚买到黄菊花。

墓地附近有一处天然泉水，常有本地人在此打水。从墓地再往上几十米的栈道上，可拍摄沱江下游的风光。

城楼与城墙　　　　　　　　　　　　历史建筑

凤凰古城内建有东（升恒）、南（静澜）、西（阜城）、北（壁辉）四座城门，城门下部以红砂条岩砌成，上部为重檐歇山顶、穿斗式

凤凰古城

景点
- **1** 笔架山公园 A2
- 陈斗南古宅园 .... (见10)
- **2** 古城博物馆 C3
- **3** 南华山神凤文化景区 D3
- **4** 沈从文故居 C3
- **5** 万名塔 E3
- **6** 万寿宫 E3
- **7** 熊希龄故居 B2
- **8** 杨家祠堂 C3

住宿
- **9** 边城姑娘 C3
- **10** 等李庭院客栈 C3
- **11** 东方威尼斯大酒店 B4
- **12** 凤凰城精品酒店 C2
- **13** 湖湘驿国际青年旅舍 C3
- **14** 花筑·悦凤凰古城坡山公馆客栈 E2
- **15** 墨岚艺宿 F4
- **16** 沐澜精品客栈 B2
- **17** 飘摇摆渡客栈 E3
- **18** 璞园 E2
- **19** 千百度驿栈 C4
- **20** 亲的客栈·咸亨店 C3
- **21** 青稞古宅庭院客栈 C3
- **22** 清溪禅院 E2
- **23** 柚子客栈 C3
- **24** 张公馆 D2
- **25** 中天国际青年旅舍 D3

就餐
- **26** 本色餐馆 C4
- **27** 大使饭店 B4
- **28** 金沙羊肉鹅肉粉馆 B4
- **29** 俊子饭店 C4
- **30** 老宅粉馆 C4
- **31** 农耕·湘西食记 B4

饮品
- **32** SOUL TOO亦素咖啡 C2
- **33** 摩西,把房梁抬高 C3
- **34** 素SOUL CAFE D3
- **35** 印宅 C4

娱乐
- **36** 明日去山谷 C4

购物
- **37** 阿雅手工 C3
- **38** 边城书社 D3
- **39** 穆天勇纯银店 C3
- **40** 镇竿阿牛姜糖 B2
- **41** 镇竿老号张家姜糖 D3

实用信息
- **42** 凤凰县邮政中心营业厅 B4
- **43** 湘西长行村镇银行24小时自动柜员机 ... D3
- **44** 中国工商银行 A3
- **45** 中国建设银行 A2
- **46** 中国农业银行 B4
- **47** 中国银行 A2

交通
- **48** 沱田临时客运站 E2

侧的一个小石门,走上去就是。

奇梁洞 *溶洞*

(见98页地图;门票60元;⊙8:00~17:30)与大多数溶洞一样,奇梁洞也有漂亮的钟乳石、石笋、石柱,洞内五光十色,冬暖夏凉。奇梁洞很大,整个洞走完要两个小时,全程由导游带领游览,淡季时你可能得等上好久才能凑足一队人。

洞分上、中、下三层,下层沿着地下暗河走,可欣赏水中倒影。中层的一处石壁上有一个小孔,对着吹试试能不能吹响它,据说以前能吹响的人可以做苗王哦。上层最漂亮,石头的拟人化表现力极佳,你还会看到一些尚未被氧化的白色钟乳石。奇梁洞的另一大噱头是,它是"湘酒鬼洞藏酒基地",曾经囤了25吨的"酒鬼"原浆酒。

前往奇梁洞,可以在凤凰汽车总站或凤凰路上乘坐1A路公交车。

活动

沱江泛舟 *游船*

沱江泛舟分官方游船和私人游船两种。北门码头至万寿宫码头的上游段,是官方游船运营河段,船票含在古城景点套票内,全程15分钟。若打算在19:00之前坐船,即使你不想去其他景点,也得买张套票(148元)才能上船;19:00以后可单售船票(80元)。私人游船在风桥往西的沱江下游运营,只在白天发船,40元/船,船程约25分钟。泛舟时,有时船夫兴致来了会亮起嗓子唱歌助兴。

漂流

4月到10月初是湘西的漂流季节，凤凰古城内的旅行社便会推出三条漂流路线。名气最大的**猛洞河漂流**（见124页）从芙蓉镇或永顺前往更近，但你若不打算继续深入湘西，在凤凰报名一日游也不失为省力的办法。近一点的漂流路线有**西门峡漂流**（📞400 0791 225；门票168元）和**万溶江漂流**（📞400 0791 225；门票168元），距凤凰约20公里，都在凤凰至吉信的途中，漂的是同一条江，区别只是上下游之分。西门峡漂流全程6公里，万溶江漂流全程8.8公里，漂流时长都是两小时左右。

✦✦ 节日和重大活动

三月三（春耕）、四月八（祭祖）、六月六（赶歌节）都是苗族传统节日，如今为了迎合旅游市场，这些朴实的节日都演变成了苗族青年男女对歌谈恋爱的节日，如果你问当地人，他们会告诉你热热闹闹的庆祝形式都是演给游客看的把戏。2017年10月至11月，凤凰古城举办了首届凤凰艺术年展，据称，艺术展今后每年都会举办。

四月八　　　　　　　　　　　　苗族节日

农历四月八是苗族纪念古代英雄亚努的日子，也叫"跳花节"。山江一带的苗寨会有唱山歌、耍狮子、上刀山等活动，非常热闹。

端午节　　　　　　　　　　　　民俗节日

《边城》里所描述的苗族过端午盛大而有趣。如今，凤凰及湘西大多数地方仍保留着端午赛龙舟的习俗。过节时，各个寨子会派出龙舟队在沱江里拼个高低，一二十个人一条船，每次两条船比试。最特别的还是抢鸭子环节，把鸭子扔在水里，一群人光着膀子跳入河中，鸭子被谁抢到就归谁。

六月六　　　　　　　　　　　　苗族节日

农历六月六是苗族的赶歌节，也被称为"苗族情人节"。苗族姑娘换上节日盛装，小伙子则口衔木叶，成群结队来到歌场，以对歌的方式寻找意中人。虽然现在已经很难看到这种场面，但在这一天，凤凰仍会延续传统办起各种歌会，苗族年轻人也会把这天当作情人节来过。

赶秋节　　　　　　　　　　　　民俗节日

立秋这天，由本地德高望重的老人扮演的"秋公秋婆"被12名彪形大汉抬着，沿集市"游秋"，向大家预祝丰收和幸福。你若碰巧在村寨，很有可能会遇上。

在凤凰寻清静

无所谓淡旺季，不分昼夜地闹腾，这是今日凤凰古城的真实写照，以致有人说凤凰只有在凌晨四点才是安静的。不过别灰心，有心寻静总会有门道。

古城内一天中真正清静的时段仅七个半小时：从酒吧"收声"（23:30）到次日第一批旅游团进入（7:00）。晚上酒吧停唱后，酒还继续能喝。从曙光微露到7点，时间虽短，也够你将古城走个七七八八。当游人涌入后，就离开古城核心区，沿沱江走远一点，往回龙阁之东（下游）或凤凰大桥之西（上游）走，当你走到沱江两岸不见客栈、餐馆，耳根清净了，江水也变干净了。

多数人只会待在古城里看古城，但想要一览全景，就得站远一点、站高一点。**笔架山公园**（见98页地图）位于南华门东侧的小山坡上，是本地人晨练的地方，山坡不高，你也不必到达山顶，站在有两个亭子的山腰处，视野可比正下方的凤凰大桥要开阔得多，最棒的是没有人和你抢机位。古城所倚靠的南华山分两部分，开发完善、同样能居高一览古城的是官方售票入口（即南华山神凤文化景区）。不想买票就从文昌阁小学（见99页）正门旁的小路上去，沿途会路过烈士纪念碑和陈渠珍墓，山顶倒无风景可赏，也眺望不到古城，所以不必费力登顶，享受够了天然氧吧和鸟语花香就可以返程。**八角楼**坐落在沱江北岸的山上，也是一个俯瞰古城全景的好去处。从坨田临时客运站沿豹子湾路往西走一点，留意一座牌坊，旁边有条小路可以上山。不过，八角楼并非天天开放，如果不开，只是站在八角楼外看，视线会被树木挡住，并不值得上趟山，所以上山前先向山脚下的居民打听一下八角楼是否开着。

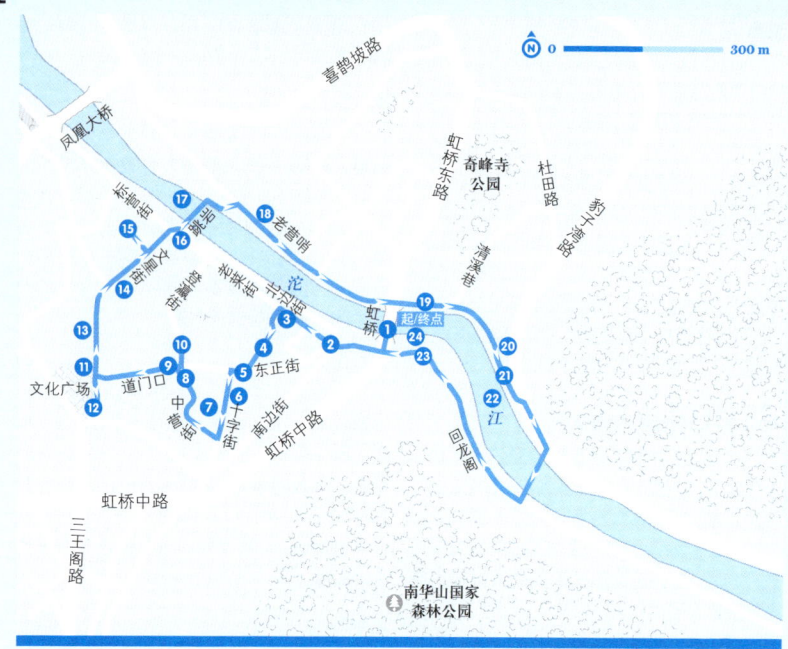

步行游览
古城核心区

起点: 虹桥
终点: 虹桥
距离: 2.5公里
需时: 1.5小时（不含景点游览时间）

以❶**虹桥**为起点，从南侧下到水门街，穿过❷**东门城楼**。沿老菜街走一小段，一栋挂着红五星的老房子就是❸**杨家祠堂**，里面的戏台不时会上演一出两三分钟的苗族祈福仪式。之后拐进窄窄的史家弄，途中你会见到❹**崇德堂**，屋主40岁便成为凤凰首富，并修建了这座宅院。

走出巷子到达热闹的东正街，巷口对面的❺**天后宫**是曾经的福建商会馆。接着转入十字街，这是古城内保存最完整的一条老街，没有景点，也没有大声吆喝的姜糖店和手鼓店，倒保留着旧时商铺的木板条门面。中段有家❻**春和详老药铺**，历史可以追溯到民国，斜对面的❼**阿雅手工**有不少珍贵的苗族老物件。留意右侧有条幽静的窄巷，进去可以一路走到❽**沈从文故居**。出中营街，便能看见朱镕基题词的❾**"凤凰城"**牌坊，对面是❿**古城博物馆**。走出路口便是⓫**文化广场**，也叫"凤凰广场"，是古代练兵的地方，这里本地生活气息浓郁，广场舞、卡拉OK各自为政。⓬**西门城楼**紧邻广场。

广场向北，沿文星街会经过门头花哨的⓭**陈氏宗祠**（也叫"朝阳宫"）和⓮**文庙**，都不开放参观。接近街口的左边小巷内是⓯**熊希龄故居**。文星街走到底又见城墙，上城墙朝⓰**北门城楼**走去，望一望沱江。走过⓱**跳岩**，到沱江对岸去。

对岸便是酒吧街。白天大多关门大吉，夜里吵闹拥挤得几乎无法通行。经过⓲**田家祠堂**，沿着江边走。穿过虹桥的桥洞，就能到⓳**东关门**，它与夺翠楼隔江对望，二楼视角不错。继续沿着石阶往上走，是奇峰寺公园，这里倒是人烟稀少。回到江边继续向前，就到了⓴**万寿宫**，穿过建于清嘉庆年间、穿斗式结构的㉑**迎曦门**即是㉒**万名塔**。

从风桥过对岸，沿江走到头，沿石阶而上，便能看到㉓**准提庵**，你头顶上的跨街建筑是㉔**夺翠楼**，它是黄永玉老先生的工作室。再往前便又回到虹桥，结束此次步行游览。

住宿

古城内几乎所有能改建成客栈的房子都没闲着。如果你泛舟沱江，会发现一个有意思的现象——环顾两岸，所有客栈的阳台都摆着一张白色吊椅，像是一个模子刻出来的。需要提醒的是，古城内所有低于120元的住宿都不含空调费，如要使用空调，通常得另付20元。古城里有两家年头已久的青年旅舍：**湖湘驿国际青年旅舍**（见98页地图）和**中天国际青年旅舍**（见98页地图），位置都不错，但淡季常停业。其他提供床位的青旅很多，网上可以搜出一大摞，但都处在古城犄角旮旯处。以下所列价格都是淡季价，若是节假日或暑假，都有不同程度的涨幅，沿江一带的好位置价格翻两倍是很正常的。

★ 柚子客栈 客栈 ¥¥

（见98页地图；**☎**350 0883；吴家弄16号；标间168元起；❄️📶）淡季来凤凰，百来块的客栈一大把。不过，大多看上去挺美，住进去就问题多多。这家称得上是品质之选，客栈每年都会"整修"一番，以保证常开常新。各个房间设计不同，布置简洁利落，又不乏考究入微的细节，床上用品堪比星级酒店，衣服挂钩和插座比你需要的更多。公共空间摆放的沈从文书籍比凤凰书店陈列的都齐全。客栈位置也无可挑剔，紧邻热闹的东正街和老菜街，但隐蔽在巷子里，外面再怎么吵也吵不到入住的客人。

清溪禅院 精品酒店 ¥¥¥

（见98页地图；**☎**366 8959；清溪巷31号；标间350元起；❄️📶）大门极小，内里乾坤，坐落在安静的清溪巷，主人精心营造了一方漂亮的庭院。最便宜的房间也非常大，洗手间干湿分离。这家客栈旺季房价超过1000元，不过淡季性价比超高，我们建议你多花100元住带有阳台、朝向庭院的房间，房间要漂亮得多，所配的中式复古家具也很雅致。

等李庭院客栈 客栈 ¥¥

（见98页地图；**☎**355 0026；吴家弄4号；标单/双228/188元起；❄️📶）就在陈斗南宅院对面，是古城里少有能提供免费矿泉水的客栈。房间素雅整洁，床品舒适。同样价位的标间有大

跳岩

跳岩在北门城楼附近，有两条。西边的长100米，有15个石墩，每个相隔5米，中间用木板铺就，并用铁链拴牢，和普通的桥差异不大，只是略窄而已。东边的走起来更有趣，它是并列的两排石墩，一侧高一侧低，每个石墩都是独立的，走起来要"一跳一跳"的（实际上没那么夸张）。据说凤凰的跳岩一共有66个石墩，恰好代表"六月六"节日，你可以数是否确实是这个数。

比起风雨桥和沱江上的其他石桥，跳岩显得俏皮得多，几乎每个游客都会上去走一走，因此发生交通堵塞也就难免。走的时候要留意前后，别只顾着拍照而被挤下江里去。

有小，建议你入住前先挑一下。

青稞古宅庭院客栈 客栈 ¥¥¥

（见98页地图；**☎**322 3031；南边街24号；标/双408/308元；❄️📶）南边街上一栋古色古香的大宅子，据说是以前一位大臣的府邸。客栈换了老板，也提高了硬件标准，依然延续着古雅风。所有房间都是套房，间间设计不一，布置浪漫。

花筑·悦凤凰古城坡山公馆客栈 客栈 ¥¥¥

（见98页地图；**☎**366 6660；清溪巷20号；标单/双328/368元；❄️📶）"1937~1945年以军人身份进入中国的日本籍国人不得入内；巴基斯坦籍客人免费入住；香港地区客人每年7月1日免费入住；澳门地区客人每年12月20日免费入住；台湾地区客人每年中秋免费入住；吉首大学学生、军人、记者半价入住。"门口这么写着，主人也是这么做的。或许哪项你都无法对号入座，但若要挑个环境够好的住处，这个明清风格的公馆倒是名副其实。房间是中式风格，面朝客栈庭院，住在里面听不到酒吧的声音，墙外潺潺流水声隐约传来。

沐澜精品客栈 客栈 ¥¥

（见98页地图；**☎**355 0589；老营哨149号；标间258元起；❄️📶）靠近跳岩，紧挨酒吧街，

却因隐蔽在背后的巷子里，不受周遭影响。房间格局不错，也称得上温馨，一些小细节设计很用心。二楼及以上的房间价格在300元以上，格局与一楼差不多。

璞园　　　　　　　　　　　　　客栈 ¥¥

（见98页地图；☎326 1101；清溪巷；标单/双198/268元起；❄️📶）位置极佳，出门没几步正是沱江最美的一个转角。不临江、无江景可赏，但非常安静。最便宜的房间小而精致，很适合行李不多的一个人居住，有些是浪漫的四柱床。268元的房间大很多，洗手间淋浴、浴缸兼有。房间大小、设计不一，入住前不妨多挑一挑。

凤凰城精品酒店　　　　　　　酒店 ¥¥¥

（见98页地图；☎321 9999；www.fhc0743.com；老营哨北门码头对面；不临江/临江 588元/868元，临江1280元；❄️📶）古城内的老牌酒店，就在跳岩旁。淡季时是古城内最贵的住宿，但因其价格不分淡旺季，旺季时性价比颇高。四合院式的建筑，设施四星级标准，房间设计兼顾了现代化和古典元素，床品舒适。房价含早餐。

边城姑娘　　　　　　　　　　　客栈 ¥

（见98页地图；☎189 0743 2900；史家弄；标单/双168元；❄️📶）2017年新开的客栈，古朴的建筑，现代化的客房。房间简单整洁，铺复合地板，床很柔软。在江边的巷子里，看不到江景。

张公馆　　　　　　　　　　　　客栈 ¥

（见98页地图；☎326 0366；田家弄17号；标间128元；❄️📶）自家居民改造的客栈，房间宽敞，谈不上美，倒会舒适入眼，虽经营多年，难得的是能保持干净如新。位置离酒吧街很近，出门走一百米就是。

千百度驿栈　　　　　　　　　　客栈 ¥

（见98页地图；☎366 8116；南边街74号；标单/双100元起；📶）南边街上的便宜之选，内里并不简陋，门头上的"悦来居"比真正的客栈名更显眼。房间中规中矩，床上用品干净舒适。不过客栈已有年岁，基础设施难免老化，选房时最好试一下花洒。

墨岚艺宿　　　　　　　　　　精品酒店 ¥¥¥

（见98页地图；☎366 8131，181 7433 8631；豹子湾路8号；标单/双1088/880元起；❄️📶）这家新开的精品酒店位于沱江下游，很安静。房间为灰色调，有双层隔音隔热的窗玻璃，开放式洗漱区，卫浴干湿分离。双人间有供泡茶的榻榻米。房价含早餐。

飘摇摆渡客栈　　　　　　　　　客栈 ¥

[见98页地图；☎326 0878，183 7437 2567；沙湾18号（万寿宫旁）；标单/双168元起；❄️📶]门口的旗幡看起来江湖感十足，门前开阔，门

凤凰客栈攻略

凤凰古城内的住宿按区域划分，主要有以下几类：

➡ 虹桥和凤凰大桥之间的临江客栈，多为老房改建，房间很小，行李往地上一放就没什么落脚处了，卫生还过得去，江景虽美，但因靠近酒吧街，吵得无法安睡，淡季价格在160元上下，旺季300元左右。

➡ 沙湾和回龙阁以东也有一些江景房，条件与上一条临江客栈差不多，价格要便宜几十块，此地段距古城核心区稍有距离，自然也就远离酒吧，相对安静。

➡ 东正街和老菜街处于旅游团必经路上，如果你想早上睡个懒觉，就不要选这里，至少不要睡临街的房间，否则，7:30导游的小喇叭便开启"叫醒服务"了。

➡ 清溪巷、吴家弄有几家不错的精品客栈，距核心区咫尺，却像被施了自动消音的魔法。这些客栈无江景看，但有些有漂亮庭院。

➡ 想住得便宜，就往凤凰大桥以西的沱江两岸去，旺季也能找到100元左右的房间，但条件很简陋，厕所都很小，几乎都是蹲厕。

内清静，绿化满园，狭长的庭院在寸土寸金的古城实属难得。一楼的房间内饰简单，干净明亮。二楼全木质房间贵60元。前台旅游信息丰富，可报名周边苗寨一日游、漂流、实景演出、篝火晚会等。

亲的客栈·咸亨店　　　　　　　　　客栈 ¥

（见98页地图；☎133 7893 5585；老菜街18号；标单/双108元起；❖）近江但不临江，即使住在最高的三楼也只能看到此岸和彼岸的屋宇，所以不建议你选街的房间，除非你很享受早听非洲鼓（楼下便是非洲鼓店）、晚听嗨吧。每个房间设计都不同，有完全老房子气息的，也有现代化装饰的。淡季时这家店在此地段性价比很高，但旺季价格就飙升至200元以上，周末甚至会卖到600元。

🍴 就餐

无辣不湘西吗？喜迎八方客的凤凰辣度已相当温和，如果你完全不能吃辣，珍惜在凤凰吃的每一餐，尤其是粉，出了凤凰，越深入湘西，即使店家声称没放辣，辣劲也清晰可察。

虹桥西路和南边街交会处的几家老饭店口碑最好，必点名菜当然要数血粑鸭、酸菜鱼和腊肉。另外，春天的蕨菜、山笋、地木耳和秋天的枞菌等时令野菜一定不要错过。古城里随处可见黄牛肉粉店，味道无差，随便去哪家尝都一样。古城里小吃摊很多，可以尝尝湘西的传统小吃油香粑粑，不过走出古城、尤其是边边场（见110页方框）上的味道更正宗。夜市在虹桥北边的 **江天广场**，热闹有余，美味不足。清溪往北走到尽头，有一些水果摊，可以买些本地特色的猕猴桃、火参果。街头常有挑担卖凉薯的，扎成一捆一捆卖，本地也叫地萝卜。

★ 金沙羊肉鹅肉粉馆　　　　　　　小吃 ¥

（见98页地图；☎189 7431 3936；三王阁路；人均10元起；⏱6:00~14:00）这家的粉很受本地人欢迎，早餐时段生意相当好。店里仅售鹅肉粉和羊肉粉，可选宽粉或细粉。粉本身不辣，一碟湘西传统的火烧辣子奉上，要不要辣，你自己做主。早餐时段，你也可以学本地人加一盘筒子骨（10元），就是熬汤用的猪骨等。小店下午两点就卖完关门了，想吃趁早。

大使饭店　　　　　　　　　　　　湘菜 ¥

（见98页地图；☎322 2340；虹桥西路22号；人均50元；⏱10:00~21:30）本地人很喜欢这家店，慕名而来的游客也不少，味道一直保持水准。血粑鸭（30~55元）是必点，腊肉炒蕨菜（28元）味道也相当不错，不过吃蕨菜最好的季节在春天，之后口感就略带苦味了。

本色餐馆　　　　　　　　　　　　湘菜 ¥

（见98页地图；永丰桥路；人均40元；⏱10:00~22:30;❖）在周围众多餐馆中，这家小饭馆最简陋，价格也便宜，不过老板的厨艺倒是远近闻名。血粑鸭（38元）非常美味，叫花鸡可以按半只卖（半只/一只30/55元），酸菜鱼（28元）有草鱼和鲶鱼两种，前者为鱼块，后者为鱼片，如果怕刺又喜欢鱼肉嫩一点的，就选鲶鱼。不要错过地木耳、蕨菜、鸭脚板等时令野菜。

老宅粉馆　　　　　　　　　　　　小吃 ¥

（见98页地图；永丰桥路；人均15元；⏱6:00~21:00）牛肉粉很好吃，花椒的用量恰到好处，粉用的是双色宽粉。招牌苗乡牛肉粉口感微辣，如果不吃辣，就点金牌牛肉粉和招牌牛杂粉。老板极为热心地向食客们介绍凤凰怎么玩，尽管并没有独家攻略。

农耕·湘西食记　　　　　　　　　湘菜 ¥¥

（见98页地图；☎322 2340；三王阁路靠近虹桥路；人均80元；⏱11:00~21:30;❖）本地人才会来的餐馆，环境、味道都出色，湘菜辣度温和，不擅吃辣的人也能放大胆入口。黄牛肉是这里的特色，野葱炒蕨菜、韭菜炸泥鳅都很美味。如果你不抗拒皮蛋，不要错过擂辣椒皮蛋这道菜。主食可以点份蒿菜粑粑，糯米Q而弹牙，馅料充足。

俊子饭店　　　　　　　　　　　　湘菜 ¥

（见98页地图；☎158 9743 6850；南边街永丰桥；人均60元；⏱10:00~22:00）比附近其他饭馆价格稍贵，血粑鸭火锅（小/大48/88元）和酸菜鱼火锅（小/大58/78元）是主打，沱江小虾（29元）和小炒黄牛肉（38元）也广受好评。主食可以来份苗家社饭（10元）。

🍷 饮品

素SOUL CAFE　　　　　　　　　　咖啡馆 ¥

（见98页地图；☎322 9927；回龙阁17号；咖

当地知识

你租来留影的苗服不是湘西特色

头帽亮闪闪、叮当响、高耸的"银帽子",身穿大红色长长的百褶裙,你一定会在虹桥桥头看到这些像是准备参加民歌汇演的姑娘。沱江边也永远有人拿着这样的银头饰、大红裙千万次地问游客:"穿苗服拍照吗?"但,如此耀眼的装扮真的属于湘西吗?不,它更偏贵州特色。

湘西苗服是什么样的?简单地说,湘西苗族的服饰没有贵州的隆重。湘西苗族女性的衣服基本色为青蓝,穿阔脚裤,而不是"到此一游照"里的裙装。头上不直接顶"银帽子",平日里戴一块简单厚重的缠头青布帕,节日时才将银饰戴在头帕外。而即使是这样的装束,你也只能在苗族老太太身上一饱眼福,生活中年轻姑娘的穿着与你我无异。

苗银虽被列入非物质文化遗产,如今的苗族姑娘们可不太买它的账,除了在少数偏远苗族世居地依然视之为重要的嫁妆外,更多的姑娘们已弃银爱金。即使戴银,因成分中混入了铜的银饰便宜又好看,故大有取代纯银之势。而沱江边租来的银头饰,其实是铝合金,真银可敲击不出那样清脆的声音。

啡25元起;⊙8:00~24:00;🛜)这家咖啡馆的位置绝佳,想拍虹桥夜景的话,18:00前早早过来抢占临窗座位。点上一杯咖啡、一块芝士蛋糕,静候夜景启幕。除了饮品、甜品,这里也供应比萨、意面、咖喱鸡饭等简餐。老营哨酒吧一条街上,还开有一家分店 **SOUL TOO 亦素咖啡**(见98页地图;📞326 0396;老营哨16号;🛜),空间更大,有露天座位,能晒太阳,能看人来人往,也能被人来人往看。

摩西,把房梁抬高   酒吧¥

(见98页地图;南边街15号;人均30元;🛜)这栋百年老宅本身就是个有趣的地方,是凤凰最富有人文气息的酒吧,白天可安静喝咖啡看书,晚上喝酒听歌。

印宅   酒吧¥

(见98页地图;📞135 7431 2996;南边街71号;人均40元;🛜)是老宅也是餐吧,18:00后有民谣演出。众人坐在天井围着篝火看表演,看似简陋却很接地气,以至于歌好不好听倒显得不那么重要了,你也可以上去自娱自乐。这座明清老宅院本身也很有看头。

☆ 娱乐

夜幕降临后,老营哨酒吧街摇身变为"大音箱",连沱江中的霓虹倒影都跟着轰鸣声在震动。几乎每家都有着音浪太强、音质不高的现场演出,刺激着过往行人的耳膜与心脏,如果你不在乎歌手唱歌走音,随便进哪家都大同小异。

★ 明日去山谷   现场音乐

(见98页地图;📞321 7479;www.futureinvalley.com;南边街49号;⊙10:00~24:00;🛜)在古城内一众演出水平不高的酒吧中,2017年新开业的这家算是独树一帜。这里是国内独立音乐人巡演的基地,一楼常有高水准现场演出,还常举办独立电影展等。

楼上为客栈(铺56元,标间163元),多人间也配空调,如果不担心被楼下的演出吵到,这倒是古城内性价比很高的住所。同一条街上,有一家同名书吧兼饭堂,厨艺相当不错,如果不想点菜,就算好时间17:30来这里,20元的员工餐可供搭伙。

篝火晚会   歌舞表演

无论冬夏、旺季淡季,凤凰每天晚上都有篝火晚会,是热热闹闹的苗族民俗歌舞,穿插了"赶尸""放蛊"等表演。若想看,可以找旅行社或客栈前台预订。篝火晚会不止一个,有"凤舞苗疆""梦幻沱江""桃花岛""烟雨凤凰"等,演出时间都在20:00左右,票价40~50元,含往返接送。

《边城》实景剧   实景演出

(天下凤凰酒店内;票价260元起;⊙3月至10月底 20:00~21:10)根据沈从文《边城》改编,全剧分六幕,在独具特色的森林剧场中演出,将湘西民俗与巫傩文化结合,融入了苗族对唱、蜡染、傩戏和土家族西兰卡普等。无论是舞美设计、演员表现，还是背景音乐和现代声光电的运用，都堪称视听盛宴。

🛍 购物

镇竿老号张家姜糖 特产

（见98页地图；虹桥南桥头；⊙7:00~24:00）姜糖在凤凰古城几乎十步一店，这种加入了姜汁和姜末的麦芽糖，口感松脆，麦芽的甜和姜的辛辣巧妙融为一体。所有姜糖店也卖木锤酥，店家抡起大锤子敲打的就是这种糖。姜糖和木锤酥都可以先尝后买，按克称，最少5元/包起卖。张氏在古城内遍地开花，另外，刘氏、熊氏、贾氏姜糖生意虽不如张氏火爆，也都是靠谱的老字号。

阿雅手工 服饰

（见98页地图；十字街14号；⊙8:00~21:00）如果喜欢老绣片，不要错过这家店。如今手工绣片这门技艺已经没有多少苗族姑娘愿意传承下去，店主从民间收来各种老苗绣、老银饰，有些甚至可追溯至清朝。注意，绣片因为都是旧的，难免脏，买回去如果要清洗的话不要手洗，容易褪色不均，滚筒洗衣机能避免这个问题。老板娘是山江苗族，你可以和她聊聊那里的风俗、历史，比导游讲得真实可信多了。

穆天勇纯银店 银饰

（见98页地图；☎135 9559 4870；东正街21号，吴家弄口；⊙8:00~22:00）古城里银号众多，但都大同小异，特色不足，价格虚高，而路边摊上便宜的银饰其实是白铜。这家店的银饰都是老板自己设计、自己打制的，款式很多，银饰按克卖(15元/克)，如果看中了款式而尺寸不合适，也可以独家订制，一个多小时就能完工。老板人很实在，但也还有砍价余地。

镇竿阿牛姜糖 特产

（见98页地图；北门对面；⊙8:00~22:00）店名为姜糖，真正出名的是血粑鸭。想必你一定在饭店里品尝过这道凤凰名菜了，如果喜欢吃，可以带点真空包装的回家。血粑鸭口味分香辣和原味，68元一包，买前可以先品尝。这里还售酱板鸭（58元）和猕猴桃干（20元）。

边城书社 书店

（见98页地图；☎326 1166；虹桥17号门面；⊙10:00~22:00）古城里没有像样的书店，虹桥上的这家主打沈从文作品和其他一些与凤凰相关的书籍。书不多，旅行纪念品也没什么特色，店内有明信片销售，也可代寄明信片。

ℹ 实用信息

地图

每年都有全新的凤凰手绘地图（5元）出版，购买时记得看一下出版时间，任何小摊或者客栈都能买到。地图将古城内每栋楼每家店都标示得

ℹ 警惕旅行社的骗局

如果你是坐长途大巴来凤凰，下高速时，会有一个导游模样的人上车，详细介绍凤凰汽车站的发车情况，让你坐5元一位的接驳巴士去古城。真正的后手在你上车后，目的之一是要你参加周边苗寨一日游，价格比古城内的旅行社要高；目的之二是忽悠你去他们指定的客栈，如果你坚持不住，车会把你放在南华门附近，这里离古城中心区还很远，如果你拖着拉杆箱一路过去，小心拉杆箱的轮子。如果你本就打算住在南华门附近，也不讨厌与他们周旋，坐这个车也无妨。

古城里能提供周边苗寨一日游和篝火晚会的有旅行社、客栈等，价格有高有低。以苗寨一日游为例，同样的路线，价格80~200多元不等，大多数店家会和你说价格高的为一价全包，低的有很多隐性消费，实际上，当你坐上旅游团的车，会发现一车人所花的价钱不一，而享受的服务完全一样。并非所有的低价都有猫腻，但预订时问清楚所有细节很有必要，例如是否有迎宾鼓、拦门酒、对歌的三道卡，是否含餐，就餐形式是否为长龙宴，等等。另外，别以为你不吃团餐就可以少交一笔饭钱，导游总有法子逼你就餐，一人50元的价格没得商量，不如在预订时支付，有些可以砍价到20元。周边一日游的导游，都会"好心"地告诉你古城里的一些购物骗局，但最终目的是带你去另一处他们可以获利的地方消费。

清清楚楚，但缺少真正有用的独家贴士。古城内多处有地图指示牌，即使不买地图也不会迷路，况且随心走更容易淘到宝。

银行

古城内没有银行，最近的取现处在虹桥桥头的**湘西长行村镇银行24小时自动柜员机**（见98页地图）。新城里银行很多。古城外有**农业银行**（见98页地图；⏰7:00~17:00），南华路上能找到**工商银行**（见98页地图；⏰9:00~17:00）、**建设银行**（见98页地图；⏰9:00~17:00）、**中国银行**（见98页地图；⏰工作日9:00~17:00）等，都有24小时自动柜员机。其实你不必携带太多现金，古城内吃住大多可以用微信、支付宝支付。

邮局

如果你要寄手信、包裹，凤凰古城到处都可以见到各大快递的电话号码，客栈老板对此业务也很熟悉。古城外有家大点儿的**凤凰县邮政中心营业厅**（见98页地图；三王阁路靠近虹桥路；⏰8:00~17:30），也有24小时自动柜员机。

医疗服务

离古城最近的是**县人民医院**（☎322 1058；虹桥西路靠近凤凰路），虹桥路上还有好几家药店。

旅行社

本书作者调研期间，凤凰的旅行社主要经营5条线路：1.苗人谷苗寨+中国苗族博物馆；2.飞水谷+营盘寨+南方长城；3.苗人谷+巫傩神歌表演；4.老寨寨+《苗寨故事》篝火晚会；5.矮寨大桥+天问台+吉斗寨。上午（9:00去、16:00回）、下午（15:00去、21:00回）各发一团，下午的团通常为苗寨+篝火晚会。每家旅行社报价不一，除了矮寨一线超过200元，其他各条线都在100元上下，最好多方比价并问清楚细节后再预订。旅行社还经营一种类似自助游的"自驾路线"，即你只通过旅行社购买各景点门票，然后自行前往。

古城里旅行社很多，或许是不愁没生意，你多问几句他就开始"变脸"，从最初的笑脸迎客到差点下逐客令。你不如先找客栈老板打听清楚路线，再去旅行社比价。

危险和麻烦

除了要小心跟团游的骗局（见107页方框），总体来说凤凰是安全的。但须记住一点：不要理会价格异常便宜的吃、住、游等，一旦相信他们，最有可能的结果是你花了更多钱。对于一些团团围住你的热情大姐，"坐船吗？""去不去苗寨？""穿苗服拍张照吧！"只要回一句"去（拍）过了"，立马就能耳根清净。

ℹ️ 到达和离开

飞机

凤凰没有机场，不过如果你此趟行程仅以凤凰一个目的地，想速来速走的话，可以选择飞往距凤凰仅1个小时车程的**铜仁凤凰机场**（贵州省铜仁市大兴镇，☎0856-593 8058），它与北京、上海以及广州、成都、西安等大多数省会城市都通航。

长途汽车

凤凰汽车客运总站（见98页地图；凤凰北路，☎215 1858；🚻）也叫"城北车站"，在凤凰二桥的上游不远处，距虹桥3.4公里。抵离凤凰的班车都停在这里。车票随到随买，车站也有自助售票机，可用支付宝、微信支付。古城里的各个客栈、旅行社可代购车票，不收取手续费。车站可寄存行李（6元）。

原**土桥垅客运临时发车点**已搬至土桥垅上南处，新名字为红旗新区临时客运站，不过本地人仍沿用旧名。这里的车主要发往附近的小镇，包括阿拉营、茶田、林峰等。

凤凰二桥桥头的**堤溪路客运站**（凤凰二桥下西南侧）运营发往山江、腊尔山、禾库的班车。

古城北边还有一个**沱田临时客运站**（见98页地图）。对于旅行者，这个车站用处不大，不过你如果想省钱去张家界，可以在早上7点前来这里坐前往新凤凰火车站的班车（10元；流水发车，半小时1班；40分钟），火车站每天有一班火车发往张家界（12元；约8:40），直接上车买票。因新凤凰火车站以货运业务为主，说不准哪天就停止客运，如果打算如此走，最好先在沱田临时客运站向本地人打听清楚。

ℹ️ 当地交通

公交车

1路公交车从汽车客运总站出发，走凤凰路、南部路环线；2路公交车从土桥垅客运站（即红旗新区临时客运站）发车，沿南华路、凤凰路、江北路、豹子湾路，经过玉氏山房、沱田汽车客运站等，如果你住在沙湾、雾桥附近，坐2路很方便；1A

凤凰各汽车客运站车次时刻表

到达站点	发车时间/班次	票价(元)	行程(小时)	备注
长沙	8:00、9:00、10:00、10:30、11:00、12:30、14:30、15:30、17:00	140	6	汽车客运总站
张家界	9:30、10:30、11:30、12:30、13:30、15:30、17:00	80	4	汽车客运总站
武陵源	8:30、13:00、14:30	100	4.5	汽车客运总站,途经张家界
吉首	7:00~18:30,流水发车	25	1	汽车客运总站
怀化	7:40~17:30,流水发车	40	2	汽车客运总站
铜仁机场	13:00、14:30	20	1	汽车客运总站
花垣	8:30、13:30	50	3.5	汽车客运总站
吉信	6:00~18:00,流水发车	8	0.5	汽车客运总站,途经奇梁洞(3元)
阿拉营	6:30~19:00,流水发车,约15分钟1班	8	0.5	土桥垅客运站,途经南方长城(5元)、营盘寨(6元)
山江	6:00~18:00,流水发车,约半小时1班	7	0.5	堤溪路客运站
腊尔山	5:30~17:30,流水发车,近1小时1班	13	1	堤溪路客运站,途经山江

路为奇梁洞环线。天下凤凰大酒店是重要的换乘中心,对旅行者有用的公交都有此站。公交首末车时间分别是6:20和21:00。

公交车兼顾不到的地方,还有电瓶车沿虹桥路从南门外至天下凤凰大酒店缓慢运行。运营时间为7:00~22:00,票价1元,随处可停车上下。

从汽车客运总站出发,若要到虹桥,可先坐1路公交在大地商贸城站下车,过马路到虹桥路上转乘电瓶车。

出租车

凤凰不大,但出租车不便宜,对外地人也不打表。从汽车客运总站打车到虹桥,本地人10元,游客15元。

凤凰西线

西线的核心是阿拉营,当地人管它叫"阿拉",只是一个普通的湘西小镇,只有在"边边场"的日子,才会变得生动起来。阿拉营的集市规模是凤凰周边最大的,从集市的一头到另一头,人山人海,车子堵死,在一个个大背篓间找空隙穿梭,起码得走上二三十分钟。非赶集日,阿拉营对旅行者的意义只是中转,在此继续找车前往周围的景点。

◎ 景点

南方长城　　　公园

(见111页地图;门票45元)这座被认为是中国南方唯一的"长城"始建于明嘉靖年间,是当时的统治者为了隔离苗民、以求苗疆安定所修建的边墙。2000年开发凤凰旅游时,它的残迹才被发现,之后大兴土木,建了东、西两门以及环行城墙,又向外延伸多修了4.5公里。景区里有一小片古遗址,断壁残垣上杂草丛生,和新修的城墙形成鲜明对比。

绕环行城墙爬上一圈,站在山顶看四周阡陌纵横,视野相当不错。景区内东门前的空地上画着一些大格子,旁边的墙壁上写着"棋行大地,天下凤凰"几个字。这是一个巨大的围棋盘!当然,这也是21世纪的产物。这里举办过几次中韩围棋赛,世界级高手常昊、李昌镐曾在此巅峰会决,棋手坐在城门上指挥,少林和尚在下面充当黑白棋子。

这张门票并不是非买不可,你也可以坐在车上欣赏南方长城,凤凰到阿拉营的车途经南方长城,快到时让司机提醒你一下,然后便可抬头仰望它弯弯曲曲蜿蜒在山脊上。南方长城一直修到营盘寨,如果你计划去营盘寨的话,一样能近距离触摸南方长城。

不要错过

赶边边场

固定的时间,固定的地点,大家带着各自的"产品"聚到一起交换或者买卖,这是千百年前"市场"的雏形。而在我们已经习惯用鼠标消费的今天,湘西依然延续着古老的购物方式——赶场。赶场就是赶集,在湘西叫"赶边边场",每隔5天赶一次,届时街道就会变成人声鼎沸的露天商场,车子开不进去,人挤着人,背篓挤着背篓。

凤凰周边,最近的边边场是山江和阿拉营,阿拉营的集市非常大,来赶集的除了苗族还有不少土家族,不过卖的东西比较汉化,都是些平常的百货和生活用品。也不要期待看到清一色着苗服的民族盛会,除了苗族阿婆穿传统服饰,头戴厚重的头巾,年轻人无一例外是与你我一样的现代服饰,最大的民族风情也就是身上所背的大背篓。

要想感受更浓的"苗味",就得往更偏远的地方走——腊尔山或者禾库。不光附近几个苗寨前来赶集,邻近的贵州、重庆山民也常来此交易,可谓"三省赶一场",而对旅行者而言,简直像在围观民族节庆。集市上有卖苗服、花带、头帕等传统服饰的,你能在这里看到靛蓝色、浅蓝色、绿色、灰色、红色、紫色等十几种颜色的苗服,当然,身穿民族服饰的依然以中老年女性为主。比银饰更有意思的是一个个洗银饰的摊位,你不妨花上5块钱把自己随身戴的银饰洗得锃亮,听听苗族老太太对你所戴的现代银饰的评价。你甚至还能在集市上发现掉牙的游医、占卦的相士等有趣角色。赶集者中,除了来采购5天生活所需、补充日常用品的人,也有前来挑选嫁妆的苗族姑娘。

切记,赶场最热闹的时段一般在10:00~13:00,到了下午就只能见到收摊的份了。你可以买些水果,吃碗米线,尝尝颜色金黄、样子像灯泡的"灯盏窝窝"(1元/4个),或者与当地人聊聊,一定要参与其中,才能感受在凤凰体会不到的苗族山民的淳朴热情。

日期(农历)	地点
逢一、六日	禾库(最"苗")
逢二、七日	阿拉营(最大)、腊尔山(最高)、洗车河镇
逢三、八日	山江(最近)、贾市
逢四、九日	黄合、苗儿滩
逢五、十日	吉信、隆头、边城

营盘寨　　　　　　　　　　　　村落

(见111页地图;门票68元)南方长城穿寨而过,寨子里有3座崭新的城门、4处已干涸的古井。中午过后就会有很多旅游团来此,不过寨子本身是漂亮的。营盘寨布局紧凑,青片石叠砌的石屋、青石板铺就的路,就像一个由石板造就的聚落,非常上镜。

营盘寨与南方长城为两个独立售票又彼此贯通的景点,如果你想省下一张门票,可以对穿过去。虽然两处景点的入口处相距仅600米,但据本地人说,南方长城蜿蜒了好几个山头才到营盘寨,从里面对穿得走上三四个小时。

天龙峡　　　　　　　　　　　　峡谷

(见111页地图;门票168元)天龙峡号称"苗疆第一险谷",景区内山高谷险、瀑布飞泉、激流汹涌。顺着田边小路步行到峡谷深处,两岸绝壁险要至极,最窄处不过2米,从鹰愁崖、一线天这些名字中可见端倪。峡谷里有些路段悬空建造木板路,类似古人修的悬崖栈道,起落幅度很大。

从阿拉营坐三轮摩的前往天龙峡10元。凤凰的旅行社经营有"天龙峡+营盘寨一日游"的路线。

黄丝桥古城　　　　　　　　　　村落

(见111页地图)湘西有句古话叫"凤凰之源渭阳城",这渭阳城指的就是黄丝桥古城。不过如今和凤凰相比,黄丝桥显得门庭冷落,2017年《爸爸去哪儿》第五季来此取景,不知是否会为古城吹来一股东风。古城破旧失修,只有几户居民还住在里面,不过它还保留了古城该有的真实原貌。

古城建于公元687年,是统治者防止苗民生衅的前哨阵地,一个大的屯兵营。康熙三十九年(1700年),朝廷为了安抚和镇压少数民族,在这里设立了凤凰直隶厅和沅永靖兵备道。古城面积不大,被城墙所围,没有小桥流水的秀美景致,只有经历了几百年的战火却依然坚固沧桑的城楼。你会发现古城只有东、西、北三个城门,唯独缺了南门。据说以前是有南门的,但风水不好,以致城内常常失火。拆了南门后,城里从此平静了下来。

旺季时会有村民向你收取门票(20元),并带你上城楼走一圈,介绍每座城楼的不同用处。淡季没人逼你买票,除非你需要陪同讲解。绕城一圈顶多20分钟。古城内房屋大多破旧无人居住,虽缺人气,仍鸡犬相闻。

古城离阿拉营很近,从阿拉营坐三轮摩的前往8元,若是遇到赶场堵车,步行过去也就30分钟左右。

岩板垭 村落

(见111页地图)不要错过这个寨子,它距黄丝桥古城不到1公里,在拐入黄丝桥古城前的路口,右边有个山坡,一路向上走,会先经过两个现代化苗寨。路的尽头,有一个小水库,顺其往前,一座气势恢宏的高架水渠(也叫渡槽)与之相连,你或许见过这种古罗马时代城市建筑遗址,但湘西的苗寨村落里有一座一模一样的,着实让人惊叹。所谓渡槽,指桥面中间有一道沟渠,用以"引渡"水库之水,如果你从桥面上走到另一端,就会看懂这一水利工程的原理。农忙时水库会灌水,水流顺沟渠而下,用以灌溉下面的农田。

凤凰周边

另辟蹊径

骑行去长滩岗水库

如果你在凤凰古城待腻味了,可以去邻近的长滩岗水库看看,凤凰开往山江的班车经过水库岔路口,接下来你还需要走半小时到水库。更理想的体验是租辆自行车自己骑过去。凤凰古城西门城门旁的**东方威尼斯大酒店**(见98页地图;西门城门口旁;📞322 2622,137 8933 6467)能租到自行车(40元/半天,60元/天)。从凤凰二桥的南边桥头出发,沿着堤溪路沱江上游骑,一路沿江风景秀美,二十分钟左右会通过一座桥,路过亥冲口村后没多久就能看到"长滩岗水库"的标志。单程三四十分钟,体力要求不大。

沱江在此被截流,上游是平湖大坝,下游是碧绿色峡谷。你可以沿着Z字形线路爬到大坝顶上,在码头租船到老洞苗寨一游,后者也曾是旅行社的常规路线,不过如今已无商业感,虽然苗味不浓,倒也清静。你还可以沿着江边的泥巴小路往下游方向走,沿途鸟语花香,水声潺潺,偶尔还能遇到吃草的小羊羔和背着篾篓的农人。一路走到一座衔接公路和村庄的大石桥,夕阳西下时最为美好。

岩板堰在桥的另一端,你得从桥面的下层走,穿过一个个桥拱到达对岸,过程本身就很有趣。过桥下到村子里,换个角度欣赏高架渠的全景,在两岸群山的映衬下,恍如欧洲古堡。村子本身没什么看头,寨前阡陌纵横,溪流交错,形成一个个跌水水潭,杭瑞高速就横跨在寨子上方。

都罗寨
村落

(见111页地图)都罗寨过去也进行过旅游开发,后来开发商转战别处,村子便冷清了下来,当然也就少了恼人的小贩和一路尾随歌唱的小孩。如果你想在凤凰周边找一个安静的寨子走走,可以来这里。

寨子是汉族与土家族混居的,村落不小,大多数是新房,但你还是能找到一些土房子,大多已废弃,或正拆到一半。村里有几处水井,供全村饮用,正对着水井有三个池子,水流自井而下,依次流入洗菜、洗衣、洗猪草的池子。村口一座木房里住着一位土家族的独居老太太,她可是远近闻名的"神婆",常有人从凤凰赶来请她作法,老太太很热情,你可以进去听她讲讲这个寨子的故事。

土桥垅客运站发往林峰的班车(6:00后30~40分钟1班;5元;30分钟)途经都罗寨(三角洞招呼站),下车后还得步行15分钟到寨子里。回程末班车17:00。

舒家塘
村落

(见111页地图)舒家塘是西线最远的村子,最不易到达,但它保留有被学者称为"真正南方长城"的**古营盘**,不过即使到了这里,找到古营盘也绝非易事。

舒家塘全村都姓杨,自称是杨家将的后代,这点也的确得到了专家的考证。舒家塘至少已有800年历史,它最初是宋朝的军事基地。村子里有旅游开发的痕迹,但终因山高路远沦为日常农作的村子。你能看到圆形的古堡,有14户石制大门,破落不堪的门楣上还能辨出曾有题词的斑驳痕迹。内部圈起的古城,错落有致,曲径通幽,颇有"迷宫"之韵,其中还隐着一所废弃的学校。如果你有耐心,可以深入几户人家看看,年久失修的老房子还留有昔日御赐的精雕细琢。

沿着村中水井旁的大路往上走,就是通往古营盘的路,还得在村里找人带路才行。当地人把它叫作"王坡",意思是坡中之王。爬上王坡起码得半个小时,顶部的营盘城墙据说以前高8米,气势磅礴。如今在外行人看来,只是一大圈杂草丛生的石头,但你也不是白费力气,天气好的时候,站在这里能眺望到远处贵州的梵净山!

没有专门跑舒家塘的班车,你只有在阿拉营赶场时找有没有村里出来的车。如果从阿拉营包三轮摩的往返的话需要80元,路不好走,单程也要开半个小时。而且司机也不知道古营盘在哪里,你只能自己进村打听,是否值得前来碰运气还请自行权衡。

ℹ️ 到达和离开

凤凰发往阿拉营的班车(见109页)在土桥垅

客运站乘坐,返程末班车19:00。南方长城和营盘寨在凤凰前往阿拉营沿途,其他的需要到了阿拉营再包三轮摩的前往。

凤凰西北线

这是一条深入偏远苗族世居地的路线。盘山公路带着你越盘越高,一步一步盘入苗人腹地,"苗味"也越来越浓。山江离凤凰古城最近,旅游开发已相当充分,如果你想看远离商业气息的苗族聚居区,就去腊尔山和禾库,选其中一个就好,体验如何由你去的日子决定,窍门是翻翻农历,凑边边场的日子前往。

以下景点中,中国苗族博物馆、苗人谷苗寨、老家寨都属于山江,"苗人谷苗寨+中国苗族博物馆""老家寨+《苗寨故事》篝火晚会"是旅行社运营的两套线路。腊尔山和禾库你只能自行前往。

◉ 景点

中国苗族博物馆 　　　　　　　　　　博物馆

(山江镇上;门票68元;⊙8:00~18:00)作为一座私人博物馆,它大有来头,因建在湘西末代苗王龙云飞的故居内,也被称作"苗王府",1082年沈从文为其题写馆名,宋祖英担任名誉馆长。

博物馆在内容上做得相当不错,分8个展厅详细介绍了苗族历史发展、民居、婚俗、巫傩文化、湘西名人等,所展出的四滴水床(一滴水代表一层床檐,层数越多代表家世越显赫)、苗绣、银饰、服饰等代表了苗族手工艺的高水准。馆内每天有两场表演(11:00、14:30),为时半小时,除了迎宾花鼓舞、敬酒舞、竹竿舞等,还会有一位年迈的苗族老太太表演赤脚踩地刀和口吞火炭,观者目瞪口呆,表演者淡定自如。

晚上7点左右,博物馆内有《苗寨故事》篝火晚会,如果想看,最好的方式是在凤凰的旅行社参团。

苗人谷 　　　　　　　　　　　　　　村落

(见111页地图;☎366 8358;山江镇;门票68元)苗人谷是距离凤凰最近的苗寨之一,凤凰的旅行社有固定线路,不过自己前往也很方便,它就在山江镇早岗村,坐班车到山江镇后再步行过去很近。

进苗寨之路得先穿过苗王洞峡谷,之所以得此名,据说是因湘西最后一代苗王龙云飞曾栖身此洞。入口是一个平静的水库,可坐船(20元)进入,其实走过去也不远,速度不会比坐船落后很多。上岸后经过两处气势如虹的瀑布,高达百米。接着走上一段又长又陡的台阶到达上游水库,再度坐船(20元),同样可以选择步行,便正式进入了苗人谷苗寨。

苗人谷的房子有两种结构,一种是下部以石头砌成、上部为木板;另一种是黄土房,但更多更醒目的是非湘西特色的新农村建筑,总的来说苗族特色不足。如果你是跟团前来,那么进村后便进入了购物(野生刺梨果、银饰、姜糖)—参观苗族家庭—就餐的固定流程。如果"游山玩水+吃吃购购"是你喜欢的旅行模式,那么苗人谷很合适,如果你一心寻找淳朴的苗族民风,那么还是换个地方吧。

老家寨 　　　　　　　　　　　　　　村落

(见111页地图;山江镇;门票68元)虽然也是旅游团的热门路线,不过老家寨很好看,值得前来。最好不要跟团,自行前往,如此你才能撇开那些盯着你钱包的小贩们。

老家寨虽属山江镇,但坐凤凰发往腊尔山的班车(8元,40分钟)前往更方便。从路口走进去1.5公里,出现一汪碧池,老家寨便在湖对岸的山冈上。旅游团会从码头坐船进村,每天旅游团前来的时间都是固定的(本书作者调研期间是15:00~16:00),非旅游团前来时,码头不发船,你得沿着公路绕到湖的北边,从寨子出口进去。虽然会多走点路,却极有可能畅通无阻(无人查票)。只不过,寨子里的一些老宅如吴家大院、张家大院等并不对散客开放。

从寨子里的多棵百年古树,可以看出老家寨的久远。这是一座典型的按八卦图式建成的苗寨,1795年乾嘉起义时这里就是苗民的屯兵地,只不过现在寨子后方的碉楼全是新建的。寨子里的路全部由青石板铺成,屋子也以石板层层堆砌,上部使用部分土砖。寨子里建筑新旧混杂,好在新建筑也延续了其原有风格，远望非常和谐。寨子里并非路路相通，而是户户独立，一户人家常常是路的尽头。不用担心，寨不大，很容易走出去。

腊尔山
村落

（见111页地图）到了腊尔山，便已进入苗人腹地，历史上几乎每一次苗民起义都是从这里开始的。如今它已不是想象中那样"彪悍"，镇上一溜的新房子，光靠看是看不出什么"苗味"的。每逢农历二、七的边边场才让它尽显苗乡本色。这里的边边场规模比禾库大，附近贵州的苗族也会来赶场。

如果不是去赶场，腊尔山的亮点倒是在前往的路上，途中会经乌巢河大桥，这座"天下第一大石桥"跨度120米，竟然没有用到一根钢筋。过了桥有一小段沿着山壁的公路，俯瞰山下，风景绝佳！

禾库
村落

（见111页地图）凤凰周边最原生态的边边场要数禾库（每逢农历一、六），你能在集市上看到最多的民族服饰——高高的头帕、闪亮的银饰、不同颜色的苗服，虽然这些都是苗族老太太带给你的视觉体验，年轻人可不爱这么穿。跟着人群随波逐流是感受边边场的最好方式，留意那些没见过的新奇玩意儿，比如层层绕圈的头帕、手工编织的花带、洗银小摊。边边场上有很多卖银饰的摊位，价格比凤凰古城内低了一半多，但也有掺假的，没有鉴别力不要轻易入手。集市上还有摊位播放着当地人原创的山寨苗歌MTV。

逛够了，就到小吃摊上填饱肚子。尝几个油粑粑，来一碗粉，酒酿粉圆满满一碗才5元，价格、味道都比县城实在。还有一种小米煮猪肉（15元/斤），口感介于饭与粥之间，因加入了猪肉特别香。

逛完边边场，不要立刻掉头就走，顺着摊位尽头可看到农田村庄。它可不比买票参观的苗寨逊色，村里有好几栋老宅，砖砌的、石板垒砌的、木板房，这些你在别的苗寨里——领略过的房屋，这里全都有，令它更像是不同年代的苗族建筑集成。相对于统一规划的寨子，这里更具生活气息。

❶ 到达和离开

前往山江、腊尔山、禾库都在凤凰二桥桥头的**堤溪路客运站**（见108页）坐车，发往山江的班车很频繁（7元；6:00~18:00流水发车；30分钟），凤凰去腊尔山也有固定班次（13元；5:30~17:30近1小时1班；1小时），从山江和腊尔山返回凤凰的末班车分别是18:00和17:00。

凤凰到禾库的直达班车中午才出发，等车子开到边边场已近尾声了，不如从腊尔山转车更方便。禾库赶集的日子，很容易在腊尔山找到前去禾库的小面包车（5元；30分钟）。从禾库直接回凤凰的班车在早上，同样对旅行者没多大用处，还是从腊尔山转车更方便。如果你下一站去吉首，

❶ 想省钱？就和旅行社"对着干"

如果想去凤凰周边的苗寨，跟旅行社走确实要比自己去便宜和方便。可是，一日游结束后，你会发现，对苗寨特色说不出个所以然，却被导游忽悠着买了一大堆东西，这种体验实难称好。还是建议你自行前往，我们不鼓励逃票，但用点策略就可以玩得既尽兴又省钱，何乐而不为？

淡季时，除了南方长城，其他苗寨查票并不严，而且这些景区一心想赚旅游团的打包价，非旅游团大巴车前来的时段，对于"散兵游勇"多半睁一只眼闭一只眼，你大摇大摆走进去，不一定会被人拦住。所以你得与旅游团打时间差。到了凤凰后先去旅行社捋一遍线路，搞清楚各条线路的发团时间，例如上午发团的苗寨，你就改在下午去，反之亦然。另外，像苗人谷、老家寨，旅游团的游览顺序都是坐船走水路进苗寨，你就迂回一下，改走陆路，反方向进去。

除了有机会省下一张门票，选在旅游团空档前去还有一个好处，你进苗寨时没有为你唱山歌（实际是想要你为此付钱）的小孩，也不见各路摆摊的老太太，你可以安安静静地欣赏寨子。

不要错过

属于自驾者的风景

如果你是自驾,这条线路值得一走。从凤凰出发,先往吉信,经过三拱桥到禾库。途中会看到盘瓠洞、象鼻山、屯粮山三处景致,还有一个当地人称猴面山的地方。其中象鼻山最有意思,象鼻下方的平地也是野炊扎营的好地方。算好时间在14:00前到达禾库,边边场还没散,午饭也可以在那里解决。之后,从禾库去板吉,途中会经过岩桥寨,这一带便是天星山,乾嘉苗民起义领袖吴八月起义的聚居活动地之一。然后走火炉坪、米禾,出吉信。吉信可去三潭书院一观,晚上7点后吉信的烧烤闻名全湘西,不如在此享用晚餐后再回凤凰。

包车的话,旺季在凤凰或者赶场停车点能找到不少车,价格根据走的路线和车况有所浮动,一般会开价在300元左右。

从禾库走倒很方便,集市尽头有很多车(10元;1小时)。

吉首及周边

虽为湘西土家族苗族自治州的首府,但吉首在旅行者心中的地位远不如凤凰,大多数人只是将其作为中转站匆匆路过。德夯近年来热度很高,看点也多,凤凰各个旅行社都推出了德夯一日游,不过蜻蜓点水式的游览并不足以展现德夯的魅力,如果时间充裕,大可自行前往。

吉首

吉首不大,能称得上景点的只有一座乾州古城,花大半天游览绰绰有余。住上一晚的话,你可以沿峒河走走,这里没有为游客而生的苗族装扮,只有两岸人们自顾自地悠闲生活。早餐自然要跟随当地人来一碗米粉,这才是属于吉首的好味道。

整个城区以人民路为主路,纵向贯穿。新城区和乾州古城在城南,最北是火车站。横向的要道为团结路和武陵路,它们与人民路的交叉口各有两座天桥,天桥周边就是最热闹的商业街。

● 景点

乾州古城 古城

(☎851 2997;www.china-qzgc.com;乾州人民南路;门票80元,非物质文化遗产展演28元;◉8:00~18:00)万溶江和天星河穿古城而过,将它横切成三块,古城形似"乾卦"而得名乾州。旧时此地,有"乾州"而无"吉首",古县城拥有4200多年历史,秦汉时便是重要的商埠码头。如今它的规模大大缩水,仅留下了两河中间的部分,且经过修复更像座新城。好在3000多户原住民并未迁出,即使各类特产、纪念品店与凤凰如出一辙,但古城所拥有的安静却是凤凰一去不复返的记忆。

从北â€"门进入古城,右手边的**胡家塘**有大小两个荷花池,两池以石拱桥连接,桥边的**安澜井**相传与城外的护城河万溶江相通,如今依旧井水满溢。

过了胡家塘的正街上,聚集着包括翦伯赞故居在内的多座名人故居、寄居。建筑都可追溯至清朝,内部陈设大同小异,有老旧的家具字画以及一些图文介绍。一路走到**文庙**,抗战时安徽国立八中迁入湘西,乾州文庙为初中女子部所在地。朱镕基的夫人劳安曾在此就读,墙上贴有她学生时代的照片。

冷兵器时代,乾州古城也是壁垒森严,有护城河环绕,外围有炮台、营盘、碉卡护卫。最具特色的是**南城门**,也叫"三门开",呈"品"字形,既方便日常的商贸交通,又成为易守不易攻的军事防御设施,只不过它也是新的,只有南城门附近还保留有一小段清朝嘉庆年间所修的土城墙。从南城门出去是万溶江,江水被跳岩截成两段,下游的水很浅,如果凤凰古城的跳岩还没让你跳够,可以再过一把瘾。可以肯定的是,你不会被堵在岩墩上。

乾州古城的门票含免费讲解,由讲解员带领一路参观古城里的各个故居,约1小时,讲解很细,值得一听。另外收费的"非遗"表演上午、下午各有一场(10:10、15:30),演出时间20分钟,内容包括苗族花鼓、巫傩特技、土家族三板斧等。同一个演出场地,每晚20:00有《湘西汉子》歌舞晚会(☎853 0913;票价168元),演的是本地名人罗荣光的传奇故事,时长1小时。

南门附近的湘西文史书店里,有一些不错的湘西主题书籍,等看"非遗"表演前也可以到里面的茶座(20元/位)喝一杯。解放路上的有味书吧同样适合闲坐阅读。

峒河游园 公园

距离火车站5分钟脚程的峒河边,是吉首最具市井气的地方。老年人平日散步、遛弯、聚会全都在这里。除了凑热闹于他们的自得其乐外,还可以挨个看看河上的四座桥——肥桥、爱桥、花桥和醉桥,它们是由黄永玉捐赠并亲自设计的。每个桥拱上都有一个有趣的雕塑,不同的主题,黄老的题字也风格各异。过桥后沿着河边一排有些年头的老房子中,还有一座显眼的红色建筑**伏波宫**,当年人们为了治峒河的水患建造了它,现在因年久失修,略显简陋。

🛏 食宿

火车站周围是很好的落脚点,住宿选择多,出行也方便。火车站对面的**7天连锁酒店**的同一栋楼里,有几十家百元以下的小宾馆,不过条件简陋。同样在火车站对面的**城市便捷酒店**(☎825 4999;人民北路2号;标单/双 158/168元;✱🛜),是这一带性价比很高的住宿,酒店设施很新,房间宽敞、干净,床铺柔软。

到吉首最不该错过的美食就是米粉,汽车北站旁就有一家**888米粉总店**(☎188 6721 5895;光明北路;粉 8元起;⏱6:00~15:00),另一家老字号是**吉首老粉馆**(☎871 1045;人民路市人民医院对面;粉 8元起;⏱5:00~15:00)。放不放辣椒自己决定,但即使未加辣椒,依然带有微辣口感。偏爱清淡口味的,可以**去程家鲜汤羊肉粉**(☎216 7007;人民路尚客优酒店隔壁;粉 8元起;⏱5:30~15:00)。其实你也不一定要去客人棚棚的店里吃,街头随处可见米粉店,哪家都不差。吃粉得赶早,下午两三点来就只能吃闭门羹了。汽车北站对面的**赵三鱼馆**(光明北路;人均约50元起;⏱11:00~20:00)是晚餐的好选择,但旅游团也常去。酸萝卜是湘西有名的小吃,街头会看到很多这样的小店,12元/斤,不妨买了尝尝。

ℹ 实用信息

在吉首取现不成问题。出火车站,往人民路走,一路就会见到农业银行、工商银行、建设银行、中国银行。

ℹ 到达和离开

长途汽车

吉首共有东、西、南、北4个客运站,**西口汽车站**(☎822 9161;西环路)是最大的客运站,**汽车北站**(☎216 2565;光明北路)位于市中心吉首火车站旁,两个车站都有发往省内和省外的班车,从凤凰发往吉首的班车会依次停靠西口汽车站和汽车北站。由于两个车站的发车目的地有很多重叠,故交通更方便的汽车北站对旅行者更有用。

火车站前的广场上有发往矮寨(6:00~18:00,约20分钟1班;4元;40分钟)和花垣(5:00~20:00,坐满发车;35元;70分钟)的小巴。

火车

吉首火车站与汽车北站紧挨着。到北京、上海、广州、长沙、贵阳等地有列车直达,但皆为K字头的普通列车,到达北京、上海均需要23个小时左右。前往怀化和张家界的班次各有12趟,车程与长途汽车差不多,去张家界的票价是长途汽车的一半都不到。

ℹ 当地交通

公交车

吉首公交票价2元,对旅行者来说最有用的是1路(夏季6:00~24:00,冬季6:30~24:00),从火车站发出沿着人民路行驶,途经步行街市二小站、乾州古城。3路公交(夏季6:30~19:00,冬季6:30~18:30)连接火车站和西口汽车站。

出租车

在吉首坐出租车相当便宜,起步价5元,从火车站到西口汽车站6~7元。

德夯和矮寨

德夯和矮寨是一上一下两个相距4公里的寨子。矮寨是一个普通的小镇,它只是去德

车次时刻表
吉首汽车北站

到达站点	发车时间/班次	票价(元)	行程(小时)
长沙	7:30~18:30,共11班,每1~1.5小时1班	100	4.5
怀化	6:40、8:00、9:10、10:20、11:40、12:50、14:00、15:10、16:20、17:20	42	2
凤凰	7:00~19:00,流水发车	25	1
永顺	7:00~17:00,流水发车	35	2.5
里耶	6:30、8:00、10:10、11:30、14:35、16:00	49	4
芙蓉镇	8:30~18:30,流水发车	25	1
龙山	7:20、8:50、10:00、15:00	80	6
常德	8:00、9:45、12:40、14:20	81	4

吉首西口汽车站

到达站点	发车时间/班次	票价(元)	行程(小时)
长沙	8:00、9:00、10:30、11:30、13:00、13:50、15:30、17:10、19:00	100	4.5
张家界	9:00、11:30、14:00、16:00、18:00	50	2.5
铜仁	8:30、11:00、13:30、14:30、15:30、16:30	45	2
禾库	10:30、16:00	17	1.5
龙山	7:00、8:30、10:00、11:30、13:00、14:15、15:30、19:00	80	6
里耶	7:15、8:30、9:30、10:30、11:30、12:30、13:30、14:30、15:30、16:30	49	4
沅陵	8:00、10:00、14:30、17:00	48	1.5

夯和矮寨大桥的一个中转站。德夯处于三条峡谷的中心,周围山峰林立,溪流纵横,别看它藏得深,其实早被开发了,每天旅游大巴会准时到来,不过你只要多走点路进入峡谷深处,就能顺利避开嘈杂的商业氛围。德夯还被称为"苗鼓之乡",这里走出了六代中国苗鼓王。自2016年起,每年秋天这里都会举办吉首鼓文化节,可以看到精彩的苗鼓舞演出。

◉ 景点

以下景点中,德夯苗寨和矮寨大桥需要购票。购票进入德夯苗寨后,可前往三条峡谷游览,九龙溪和夯峡溪都得原路返回;玉泉溪可直上天问台,从天问台离开。本书作者调研期间,玉泉溪和九龙溪沿途在修公路,修好后将运营景区观光车,届时可以省点脚力。矮寨大桥的门票包括矮寨大桥和天问台两个景点,两者之间有免费接驳车贯通,凭景区门票乘坐。

这些景点间可以形成一条环形游览路线:从吉首出发,先去矮寨大桥,游览完坐免费接驳车去天问台,然后沿着天问台旁边的下行台阶,一路下山,进入玉泉溪峡谷,最后到达德夯苗寨。这样走兴许能为你省掉一张德夯苗寨的门票。本书作者调研期间,从天问台下到玉泉溪峡谷并没有强制购买德夯苗寨的门票。但若是反过来走,德夯苗寨和矮寨大桥两张门票都避不开。

德夯苗寨 村落

(见119页地图;📞866 5350;www.dehang.com;门票100元;⏱8:30~17:30)德夯苗寨一共有一百多户人家,大多姓石。寨子被兀立又秀美的青山包围,几条溪流汇聚于此,确实是块宝地。撇开兴建的水泥楼房,寨子核心区清一色的石板铺路,青色屋瓦层层叠叠,吊脚楼大多是用石头垒的墙基,深褐色木头做的柱子。布满青苔的**接龙桥**建于民国,由青石筑就,桥身很高,如果没时间去三条峡谷,这里倒也算一景。

织锦广场是全寨中心,站在这里可以仰

不要错过

矮寨公路

抗日战争时期，国民政府撤往重庆，中国大后方仅有两条公路通往外界：一条是滇缅公路，一条是湘川公路。矮寨盘山公路是湘川公路上最险的一段，它是通往花垣、保靖、里耶乃至重庆、贵州地区的咽喉要道。

矮寨公路侧躺在70多度的山坡上。全长仅6公里，却折了13个急弯，甚至还有8字形的转弯，在垂直距离仅440米的山坡上，形成上上下下26截近乎平行的路面，堪称公路奇观。1936年，蒋介石亲任总指挥，2000多民工栉风沐雨整整奋战了7个月，付出了死亡200多人的代价，才修成这条天险公路。为了追怀死难者的功绩，公路上矗立着一尊开路先锋铜像，以及一座湘川公路死事员工公墓纪念塔。

矮寨大桥通车前，矮寨公路一直是湖南西部连接重庆的主要国道，盘旋难走的车道和巨大的车流量，使得这里频繁堵车。当地的交警必须在每个弯道处疏导交通。由于公路路面太窄，交警执勤台无法设置在路面上，只好就着公路悬崖旁的一棵树，依山搭起一个个光秃秃的执勤台，没有护栏，也没有遮雨棚，多往后踏一步就是悬崖绝壁。这里的交警被网友称为"中国最牛交警"。据说矮寨公路十几年没有发生过重大交通事故。如今，这里已不再有最牛交警执勤，原本的平台被建起警亭，你如果坐车通过矮寨公路，转弯时可留意一下。

如果有意体验矮寨天险，在前往矮寨大桥参观时，可以选择坐吉首与里耶对开的班车（不走高速的车），车会途经湘川公路死事员工公墓纪念塔，你可以在此下车，然后走上一段不长的山间小径，上到矮寨大桥的景点入口。

湘西地区 德夯和矮寨

望到三座有意思的山峰：盘古峰、驷马峰、孔雀开屏峰，如果识别不出三座大山，可以找旁边的游客服务中心为你指点山峰。盘古峰高700多米，有台阶可以攀登，但依然不够安全，雨天千万不要上去。广场旁的空地每天有两场演出（10:30、15:00），每场30分钟，内容都是迎宾鼓、对歌、跳舞、苗族服饰展示等。旺季时每晚有长龙宴和篝火晚会，不过都是为旅游团准备的，不参团而想加入的话需要支付120元，并不太值。

寨子里还有一个全新打造的农耕文化园，集中展示了苗族的日常农事生活，留意一架可供8个人一起荡的秋千。不过，民俗园也是主打旅游团服务，如果你一个人来，除了在豆腐作坊吃碗热乎乎的豆花（5元）、榨油、织布、酿酒、碾米等场所均没机会观摩。

玉泉溪 峡谷

（见119页地图）三条峡谷线路中走得最辛苦也是最美的一条。从德夯寨沿着玉泉溪走，穿过青山为户的玉泉门，开始慢慢上山，景色渐入佳境。爬至山腰，便能见到细长的玉带瀑布从200米高的悬崖上飞泻而下，水量

不算很大，但常年不枯水。到山顶后，有一条细窄的石板路通向一块圆形小平台，它就是天问台，若山中无雾，这里是俯瞰德夯峡谷的最佳地点。天问台是德夯旅游宣传照上的"首席模特"，确实不辜负你气喘吁吁爬上来欣赏。天问台平台不大，台下就是万丈深渊——可别腿软了。

从天问台依指示牌前行，沿着耕田可以走去吉斗寨（见119页地图），它可比德夯寨要原汁原味得多。村子建在一个悬崖顶上，背后有个雄鹰观景台，可以俯瞰德夯寨。无论是天问台还是雄鹰观景台，若是下雨天雾大，眼前唯有一片白茫茫。

如果你打算下一站去矮寨大桥，可以在天问台的游客服务中心购票，然后凭票乘坐免费的接驳车前往矮寨大桥景区。

九龙溪 峡谷

（见119页地图）三条峡谷线路中九龙溪去的人最多，因这里有号称"中国落差最大的瀑布"的流纱瀑布坐镇。峡谷最初的一段风景很平淡，到银练瀑布后，开始沿着溪水边的石板路走，一路溪水碧绿，有野花相伴，夏天还

时有小蟹在路上横行穿梭。随着水声越来越大，很快就到尽头了。216米落差的流纱瀑布从大石崖上倾流而下，落入碧绿的九龙潭中，夏季丰水期确如一匹白纱，不过枯水期你会大失所望，即使有水也只能称其为轻纱拂面，它甚至不如短小精悍的银练瀑布四季长流。沿着弧形的岩壁有条游道可以绕着九龙潭走上一圈，其中有一段是从瀑布背后过，水量大时最好穿上雨衣。留意脚下，地上有苔藓，很湿滑。峡谷全长2.5公里，往返约1.5小时。

夯峡溪
峡谷

（见119页地图）夯峡溪还没有被开发，走的人最少，路原始，风景也原始。一路上要多次穿过小溪。虽然有跳岩可以走，不过大多都有破损，涨水季节可要格外小心。

走这条路的主要目的就是去看神奇的雷公洞。沿着溪水走三四十分钟后，你会在右手边看到一个大岩壁，上面有七个天然的小洞，夏天有水从洞里流出来。据说每当大雨之前，就有缕缕白烟从这七个洞里冒出，之后峡谷间就会狂风大作，电闪雷鸣，大雨如注。当地人把它说得很神，说雷公雷婆住在里面，不过，见不见得到白烟是老天说了算，春天的概率

叫"桃花"的虫子

春天桃花盛开时，德夯峡谷的溪水里有一种叫作"桃花"的虫子。它的长相绝对辜负它美丽的名字，黑糊糊的小虫，有点像水蜻蜓，长在溪水里，春天涨水的时候最多。别以貌取"虫"，它可是苗家待客的珍品。当地人习惯将虫子晒干后，用油炸得酥脆，再放上辣椒，是很好的下酒小菜。如果你对吃虫子不那么畏惧的话，倒是可以尝一尝，不过别把"吃了桃花虫能走桃花运"这话当真。

要大一些。

雷公洞再往里走二十分钟，石板路渐渐就变成了土路，绝壁上数十条瀑布飞流直下。秋冬季节来，很可能见不到一丝水的影子，倒是岩壁上细细的水管暴露无遗。

矮寨大桥
桥梁

（见119页地图；📞866 5117；www.jsslyw.com；门票168元；⏰8:30~17:30）矮寨大桥如今是继凤凰之后湘西最为炙手可热的景点。站在矮寨村里抬头仰望，矮寨大桥就跨在你头

德夯风景区

顶上方。大桥于2012年3月31日建成通车，横跨德夯大峡谷，桥面距谷底355米。大桥主跨1176米，是目前世界上峡谷跨径最大的钢桁梁悬索桥。它不但骄傲地拥有四项"世界纪录"，还曾被美国全国广播公司（NBC）旗下的新闻网站推荐为10个非去不可的世界新地标之一。

由于德夯大峡谷常常烟云缭绕，大桥更是被衬托得如同腾云驾雾。据说因为视线模糊，落成仪式上桥头挂起的众多红灯笼还被不明状况的群众当作"鬼结婚"曝于网上。

进入景区后，观光层位于车辆通行层的下方，车子就在你头顶上开过，你的脚下是峡谷深渊。但当山里雾气很大时，视线里唯有一片雾蒙蒙，你可能连桥长什么样都无从掌握，"会当凌绝顶"的感觉会大大减弱。前往时最好先观天色，毕竟门票不便宜，不值得上去看一场雾。

景区入口旁有条小路，5分钟脚程通往矮寨公路，下去后可以在公路边等候去吉首（10元）的班车，走的正是矮寨公路。

🛏 食宿

如果你想深度游玩德夯大峡谷，可以在德夯苗寨住一晚，寨子里很多客栈，带卫生间的标间都在80元上下，条件自然比不上吉首。德夯最值得一尝的是苗家酸鱼。从河里捞出来半尺多长的鱼，拌上糯米粉、辣椒粉，放在坛子里密封好，腌制一个多月。但作为一个旅游区，在德夯吃喝可不便宜，一盘腊肉45元，苗家酸鱼45元。

❶ 到达和离开

吉首火车站广场上有发往德夯的班车（4元；6:00~18:00，约20分钟1班；40分钟）。本书作者调研期间，矮寨至德夯在修路，班车只开到矮寨，矮寨距德夯4公里，可以包车前往（20元）。矮寨回吉首的末班车17:30。

茶峒（边城）

"由四川过湖南去，靠东有一条官路。这官路将近湘西边境到了一个地方名为'茶峒'的小山城时，有一小溪，溪边有座白色小塔。"这是沈从文的小说《边城》的开头。

拉拉渡

来边城一定要坐一次"拉拉渡"。之所以叫"拉拉"，是因为此处渡船不靠手划，而靠人用手拉。一根钢缆悬在河面上，渡船两头装有固定的铁圈，钢缆从铁圈中穿过，渡船人用一根有凹槽的木棒"拉"住钢缆，利用木棒和钢缆间的摩擦力把船拉往对岸。渡船只有一条，如果它在对岸，你就得学着书里写的，朝着对岸喊船夫，把船叫过来。渡一次2元，本地人也是这个价。你也可以等船夫下班后，自己试着把船拉过岸，自从拉拉渡不再对本地人免费后，本地人便是这么做的。

许多人因为向往边城而误入了凤凰，2008年"茶峒镇"改名为"边城镇"，不过你在湘西其他地区打听边城，不见得人人知道，最好还是称其原名"茶峒"。

就如《边城》里所描述的那般，茶峒有江、有渡口、有拉拉渡、有白塔，还有以船总顺顺"冠名"的吊脚楼。"翠翠"随处可见，不但有翠翠岛、翠翠像，还有翠翠牌客栈、餐馆等。茶峒很小，没有太多的店，没有太多的人，没什么具体的景点，大多数人是来缅怀，那么，就沿着清水江边走走，看看老街上与生意无关的吊脚楼，再去村头坐一趟"拉拉渡"，体验一下"一分钟到重庆"的穿梭感。

边城目前还很安静，不过本书作者调研期间，旅游开发在即，白天江边挖掘机的动静很大，类似凤凰的沿江吊脚楼已具雏形。

◉ 景点

边城老街 古镇

边城老街主要是指以中山路为核心的周边区域。青石板街道的两边，是棕褐色的木板房、吊脚楼，高高的马头墙穿插其间，古朴的石桥装饰着漂亮的浮雕。老街不大，比起凤凰的浮华与喧闹，这里更有人间气息。38元的联票包括民族博物馆、百家书法园、白塔和翠翠岛，而白塔本身就不要票，其余三个景点可以单独购票。

花垣过来的小巴会在电信局停靠，斜对面就是民族博物馆（门票10元）。天井内有一片被玻璃封住的"旧石器出土万年遗址",据说当初考古人员足足挖出十二层,每层都埋有不同年代的文物,最早的甚至可以追溯到十几万年前。二楼陈列了一些苗族服饰和极富年代感的苗绣。

沿着江边向下游走,能到达**百家书法园**(门票20元),环形长廊里摆着一百块石碑,密密麻麻刻着7万多字的《边城》全文。比书法更吸引你的可能是,这些石碑上形似化石的印记。注意抬头看看,一些飞檐翘角也很让人惊艳。

继续向下游走去,经过一个考古挖掘中的茶峒药王洞遗址,然后顺着栈道上山。半山腰上有座**白塔**,还记得《边城》里的那座白塔吗?别计较它是新修的,书里的结局不是写了嘛:"到了冬天,那个圮坍了的白塔,又重新修好了。"看完白塔别急着下山,继续沿栈道往上走,山顶视野极佳,整个茶峒小镇一览无余。

江中心有座**翠翠岛**(门票25元,含渡船),岛上不过几分钟就能逛完,本书作者调研期间,江边正在造吊脚楼。如果想去又不愿意花钱,那就早一点或晚一点来(船夫下班时间),你自己"拉拉渡"过去。

茶师旧址
学校

别错过老街旁的花垣县第三中学,半个多世纪前它的身份是国立茶峒师范学校。1941年,国民政府为解决抗战时期沦陷区流亡学生的安置问题,在此立校。校舍现存7幢历史建筑,大多位于进校门后右侧山坡上,为20世纪40年代至50年代所建,有典型的民国风格,也有苏式建筑,或两者兼容。记得透过音乐教室的窗户看看里面的阶梯教室。一些建筑外墙上还残留着很具时代特色的旧标语、壁画,让一切恍如隔世。

学校邻近百家书法园(其实书法园就是由校舍的一部分改建的),进入学校参观需登记,若是周末前来,学校大门紧闭,就去敲敲旁边门卫的门。

洪安镇
古镇

清水江对面就是重庆秀山县的洪安镇,一江之隔,已是两省,座机号码都晋升了一位数。你可以走**洪茶大桥**,或者坐"拉拉渡"前去。洪安镇渡口的石阶上,赫然立着一个红色的语录塔,这是为纪念1949年刘邓大军进军大西南、解放湖南和重庆而立的纪念碑。

洪安镇修建于山坡上,随青石板路慢慢爬升。镇上不乏古朴民居和旧式商铺以及不灭的红色标语和几个翻修后的"红色景点"。有一条巷子通向风雨桥,连接着"三不管岛"。作为景区的老街不长,几分钟就走完了,大红灯笼高高挂的新古城模式,也令这里的质朴感不如对面的边城。

🏃 活动

清水江上有很多私人游船,游一圈50元/船,如果能拼够4人以上,还是值得一坐。

🛏 食宿

沿河一溜的客栈基本都是由民居改建的,俭朴的木板房内空调、Wi-Fi、卫浴(洗手间皆为蹲厕)倒也齐全,卫生条件也挺好,价格都在80~100元,如果需要用空调得加20元。大多数客栈条件都差不多,正门在中山路,阳台朝着清水江,挑选时不妨先沿河走,挑中哪个阳台就住哪家。

阿尔贝格乡村酒店(☎153 1074 8566;百家书法园旁;标间138元;❄☎)是所有临江客栈中条件相对好的,房间很宽敞。**悠然居**(☎761 2666;拉拉渡码头旁;标间 368元起;❄☎)是茶峒最贵的住宿,装修考究,全身镜、吹风机、免费矿泉水、电热毯一应俱全,每间房间的装修风格不一样,有的单间配以浪漫的四柱床。**三不管岛度假酒店**(☎023-7668 6666;三不管岛;标单/双 228/318元起;❄☎)在对面洪安镇的三不管岛上,是中规中矩的星级酒店模样,硬件设施过关,但特色不足。

茶峒的特色美食是从西水河里捞出的角角鱼,几乎每家饭店都有,**一口吃三省**(☎132 1743 8299;⊙10:30~21:00)因上过旅游电视节目,名头最大,不过码头附近的**翠翠居活鱼馆**更受本地人欢迎,角角鱼58元/斤,不吃辣的话就炖汤,也极为鲜美。本地的特色早餐是蒿菜粑粑,可以去河边的**古城茶峒特色小吃店**(☎151 0740 9597;⊙7:30~19:30)品尝。老街上也有卖米豆腐的。如果遇到赶集,可以尝尝疯儿糕。茶峒凉粉是夏天这里的一道特色小吃。河边有一些酒吧,不过自娱自乐感更强。

"一脚踏三省"与"三不管岛"

边城还真已经在湖南的最上了,跨过清水江就是重庆的地盘,再往南是贵州松桃县。作为三省的交会之地,你可以尽情体验穿梭三省的乐趣。为了方便你找到渝、湘、黔的交会之处,此地还专门建了一个"三省闻鸡鸣"的亭子,让你真正做到"一脚踏"!坐"拉拉渡"过江后,沿着江边向上游走,穿过茶洪大桥的桥洞,就可以看到这个亭子。测试一下你的手机定位,能不能连续发出三条不同定位的朋友圈!

与之相对应的,还有一个"三不管岛",传说在中华人民共和国成立前一直是悍匪山贼的逃难所,历朝历代许多边区民间纠纷、矛盾,都相约上岛一决雌雄。因为岛权属不清,无论死伤,三省衙门官府都"不管"。你可以在洪安古城穿过风雨桥到达那里,不过别指望风景如何,现在这里是一个旅游度假酒店,孤零零地占据江中。

❶ 到达和离开

就交通而言,它确实还是座边城,吉首、凤凰都没有直达车前来。最方便是到花垣中转,花垣到茶峒的车次很多(6:20~18:20,约15分钟一趟;7元;1小时),回程车次一样。到达后,一路经过电信局、桥头车站,最后停靠在洪安。如果打算在此住一晚,就在电信局下车,几步路就走到老街了;如果打算当日离开,就坐到终点,逛完洪安后坐"拉拉渡"回茶峒,逛逛老街,最后到电信局门口等回车。错过了末班车也不打紧,在界桥上等等,20:00前都有从重庆秀山发往花垣的车途经。

❶ 当地交通

你最有可能用到的本地交通便是坐船过江,"拉拉渡"2元一次,如果遇到船夫去吃饭了,私人运营的小渔船同样收费2元,但就不是拉过去了,而是正常的划船。

芙蓉镇及周边

永顺是这片区域的行政中心,但更多人是冲着芙蓉镇而来的。它算得上是湘西除凤凰、张家界外,最为外界所熟悉的目的地,至少这个名字你一定不会觉得陌生,而以芙蓉镇为据点前往周边的古丈和小溪也更方便。

在五代至清朝的土司统治时期,湘西以永顺、保靖的两大彭氏土司势力最大,你可以在这一地区深入了解古代土司文化。这一地区也是少数民族的过渡地带,以酉水为界,南为苗族,北为土家族,很多关于湘西的影视剧中将两个民族的特色合于一身,但仔细观察你会发现,不但吊脚楼有所不同,嗜辣程度也能分出高低、节日、婚丧、文化传承等方面,两个民族都是有本质区别的。

芙蓉镇(王村)

就命名而言,它与边城命运相似。昔日此地是土司王的旧府所在,所以得名"王村",在土司迁都老司城之前,土司王朝都是以此地为中心统辖四省区(湘、鄂、渝、黔)边区20余州。1986年,谢晋来此拍摄电影《芙蓉镇》,令其一朝成名,从此,不管王村的历史多么深厚,也抵挡不住它谋求发展而改姓"芙蓉"的决心。不再有人关注它的历史,镇上随处可见的刘晓庆与姜文的电影海报,才是它博人眼球的金字招牌。

镇子很长,由一条主路贯穿,长途汽车站在北端,中间是本地人生活的新镇,南端穿过老街到码头。一条小河顺着镇子的走向流淌,在汇入酉水前跌下悬崖,形成了壮观的瀑布,古镇就位于瀑布两侧的山坡上,因此王村也被形容为"挂在瀑布上的千年古镇"。芙蓉镇景区不大,"重重叠叠,如堆蒸糕"的依山老屋是湘西别处不具备的风貌。不过,连凤凰都取消门票了,芙蓉镇景区依然得凭票入内。好在这里并没有夜夜笙歌,若逢淡季,很多商铺也都关门大吉,还是能将其当作湘西后花园来偷得浮生半日闲。

与湘西其他地方不同,芙蓉镇的边场场是阳历,逢2、5、8赶集,就在客运站后面。

◉ 景点

芙蓉镇老街 古镇

(门票110元;⊙7:30~18:30)老街已划为

收费景区,虽说进入老街的通道不止官方入口一处,但各条巷子白天都有保安严防死守,混是混不进去的。不过,酉水河晨雾和瀑布夜景都是免费的(7:30之前或18:30之后无人查票)。原则上古街上各个景点(◉8:00~17:00)都需凭票参观,但本书作者调研期间,除了瀑布入口和土王行宫,其他景点的工作人员并不查票。所以,想要免费游芙蓉镇还是有可能的——留宿一晚,趁景区下班时间进去。

古街的格局是村落在上、瀑布在下。若从官方入口进入景区,先到铜柱园广场,这里一组塑像再现了马彭歃血为盟的历史,不过高大光亮的铜柱并非那尊记录历史的溪州铜柱。铜柱园广场就在瀑布顶端,以此为起点,左、右两侧分别有土王桥和跳岩衔接两岸街区。

右岸的街区,以贞节牌坊为始就是五里石板老街。逐步下行的路上,牛角梳、姜糖、土匪烟和全国统一面孔的纪念品店,以及众多"刘晓庆"夹道欢迎。沿途有一些可参观的点,百代宏规老宅内的滴水床华丽无比。芙蓉镇电影海报馆展出了谢晋的作品和其他老电影海报。溪州铜柱的真品就保存在溪州铜柱馆内,这根2吨多重的八角铜柱铸造于五代,虽铜柱已成黑柱,实体大小也多少让人失望,但它可是土司立国八百多年的见证。溪州铜柱原立于酉水河岸的会溪坪,1971年因修建凤滩水库而迁至王村,铜柱内原有的古钱和覆盖的铜顶皆已被盗,只剩空壳。看不清铜柱上所刻的停战条约没关系,馆内墙上贴有全文。

顺着老街走到底便是历史可追溯到汉代的芙蓉镇码头,沈从文称其为"白河(即酉水)中山水木石最美丽清奇的码头",前往保靖、小溪的船只停靠在此,左边一条栈道通往瀑布,景区上班时间有人查票。这里虽能感受瀑布的气势,但并非最佳拍摄点。从铜柱园广场往左,走过土王桥和土王行宫,继续向前。翼南广场下有个不错的观瀑平台,可将两级瀑布和对面的村落全部收入镜头,你能在这里拍出与芙蓉镇宣传照同一角度的照片。

红石林国家地质公园　　　　　　　自然景观

(见95页地图;☏4727866;古丈县花兰寨;门票148元;◉4月至10月 8:00~18:00,11月至次年3月 8:30~17:30)属于喀斯特地貌的石林并不少见,但通体呈红色的唯独这一片,较高的铁、锰元素含量使这片石林犹如刀山火海。石林山体不高,每块岩石上都有因海水侵蚀而形成的横向沟壑,并且所有的横沟几乎都在同一高度——因为同一时间的海平面高度是相同的!这些用了4.8亿年形成的纹理,可以说就是地球的年轮了。

景区以天池为核心,四周都是迷宫般的石柱、石崖、石墙、石峰、石峡,穿行其间,感觉自己被缩小在了一个大盆景中。石林的红色石灰岩里夹杂很多泥沙碎石,并不那么坚固,不管是出于保护自然还是保护自己,都不

溪州铜柱的停战条约

五代时期的公元939年,溪州刺史彭士愁起兵攻打属于南楚国的辰、澧二州,楚王马希范派大军反击。大分裂时期的一场战争并不稀奇,但在秦汉以来中央王朝对"五溪蛮"的无数次征伐中,这一战却至关重要。

战争持续了不到半年,彭士愁便不敌楚军,州城(就在今天的老司城)也被焚毁,最后却签订了一个对战败者有利的停战条约:双方划酉水而治,互不侵犯,彭士愁获得了酉水流域包括永顺、龙山、古丈、保靖、花垣、凤凰等20个州(相当于如今的整个湘西州)的统治权,集军权、司法和官吏任免权于一身,世代承袭。表面上看彭士愁受命于中央王朝,事实上却拥有了一个独立王国,在其辖治范围内高度自治。这个停战条约就铭刻在今天我们看到的溪州铜柱上。溪州停战条约的签订,也从此开始了湘西土家族土司统治的历史。

在这之后,南楚国仅仅持续了11年就灭亡了,彭氏土王却世袭了28代,历经五代、宋、元、明、清,在酉水流域统治长达818年,直到清雍正六年(1728年)推行"改土归流",末代土司举族迁去江西,成为中国历史上最长的一个少数民族政权。历代中央王朝都认识到,让彭氏担任刺史、土司等官职治理溪州,比无休止的征战更有效得多。

要随意攀爬。红石林规模不大,好看却不假,据说还有晴红雨褐的效果。不过,一些人造之景如天池里的亭子、木船和观景台前的假植物,以及《爸爸去哪儿》节目留下的拍摄道具,反显画蛇添足。

红石林位于酉水南岸的古丈县,距芙蓉镇18公里,芙蓉镇汽车站每天有发往红石林的班车(10元;8:00~16:00每小时1班;30分钟),不过淡季人少时发车不准时。从芙蓉镇包车往返红石林150元,如果连着坐龙峡一起包车200元。

红石林另有一种220元的联票,包括从芙蓉镇对面的红石林码头坐船到景区和景区门票,这一段船被称作酉水十里画廊,据说有很高的概率看到两岸峡谷的猴子。

坐龙峡 峡谷

(见95页地图;☎491 2777;www.zlxjq.com;门票138元;⊗8:00~17:30)如果你觉得被列入景区的峡谷都不够险和幽,那就别错过坐龙峡,它会让你充分体会"步履维艰"四个字。

在景区门口花两块钱买副手套,它在你整个穿越峡谷的行程中会很有用。进入景区后走上一段安全但也略显无趣的步道后,好戏就上演了。接下来的很多路段没有路可言,拽着挂在石壁上的铁链,看似飞檐走壁,实则行动笨拙,手脚并用地一路深入高深的峡谷,跨越瀑布和深潭上空。沿途常常水滴飞溅,若是雨天,峡谷中有多处光照极少,本就窄得无处下脚的岩壁更是湿滑,所以一定要手上抓牢、留意脚下。经过双虹潭时,留意一下是否有彩虹现象。峡谷中有一处特殊的一线天,即使晴天也只在正午时有20分钟能被阳光普照到。景区内还有一段无人区,是专业户外俱乐部玩速降、攀瀑、溯溪的区域,普通游客严禁进入。

一路走到龙泉亭便结束了危险路段。你可以在半山亭歇歇脚,打电话通知包车司机前来接应。接下来还有一小段上山路,通往出口——小寨或大寨两个土家族村落。坐龙峡全程走下来约需3小时。

前往坐龙峡没有班车,而且峡谷为单向攀爬(因为两个人迎头相遇的话实在没法避让),不能走回头路,所以包车的确会省力一些。从芙蓉镇包车往返80~100元。

🏃 活动

猛洞河漂流(☎585 4800;www.mdh.cn;门票228元;⊗5月到10月 8:00~15:30)曾是湘西最经典、也最惊险(昔日落差2米的阎王滩真的吞噬过人命)的漂流路线之一,如今险滩已炸平,有惊却无险,大多数人更愿意把漂流当作一场消夏的水上战场,你最好带上一套换洗的衣服,也记得给自己的相机加个防水罩,夏天还得做好防晒工作。

漂流路线其实是在猛洞河的支流牛路河上,起点是哈尼宫,终点在牛路河大桥(就是王村—永顺公路跨过猛洞河的那座桥),全程17.8公里,漂2.5小时,弯道155个,险滩13个。沿途河道曲折迂回,滩多浪急,峡谷两岸郁郁葱葱,瀑布飞泉交替出现,运气好的话还能看到猴群。主要看点:哈尼宫瀑布旁费孝通所题的"天下第一漂";上窄下宽、落差200米的落水坑瀑布;长100米、宽7米、高200米的梦思峡,有无数细流从绝壁上直垂河面,千丝万缕。

凤凰、永顺、芙蓉镇都能订到猛洞河漂流的票,不过芙蓉镇距离最近,但也没有班车接驳,包车来回180元,找镇上跑的黄色面的即可。

如果对漂流没兴趣,只是想游一游芙蓉镇周边的酉水河,无论是芙蓉镇码头,还是对面的红石林码头都有游船,根据路线不同,价格从100~138元不等,私人游船80元一圈。

🛏 住宿

如果选择住在景区里,除非你在景区工作人员下班时间进去,否则你需要购买一张门票,别指望客栈老板出来接你就能帮你省掉门票钱,景区看管很严,没空子可钻。其实,景区内的住宿选择不多,相对来说住宿条件也不如镇上,我们更建议你住镇上。无论景区内外,淡季价格低于100元的住宿,其洗手间通常很简陋。

土王行宫·八部堂 精品酒店 ¥¥¥

(☎177 5261 4488;景区内听涛路土王行宫附近;标单/双 480元起;❄🛜)全芙蓉镇最贵的住宿,但它占据着欣赏芙蓉镇瀑布的最佳位置,仅此一点便令其他客栈望尘莫及。所有房间都面朝瀑布,房间有大有小,装修考究,有些带阳台,价格分680元和480元两档,差别在于位置高低(贵的位置高)。店主瞿掌柜热心又热爱当地文化,你可以与他多聊聊。

老王村一品客栈　　　　　　　客栈 ¥

(☎585 4979;商合街中段;标间120元起;❋⑤)镇上性价比很高的客栈,房间宽敞、卫生,陈设简单,实木地板、原木家具的风格很统一,热水淋浴很舒服。房间大小不一,装修风格也不一样,入住前可以先挑一挑。

边城故事主题文化酒店　　　　客栈 ¥¥

(☎585 4888;商合街388号;标单/双 300/200元;❋⑤)房间漂亮干净,饰以中式家具,配有吹风机。位置在景区外,一两分钟就能走到景区。

土司别院　　　　　　　　　　客栈 ¥

(☎135 7430 9488;景区内过土王桥;标间128元起;❋⑤)与土王行宫·八部堂为同一个老板经营,也在景区内。这家开业时间较久,入夜后客栈里便人声鼎沸,房门之外就是吃饭的客人,不过好在房间内陈设不错,最便宜的房间也简单干净。

餐饮

想要吃得实惠,就离景区(包括景区入口处的三角坪)远一点。

早餐以粉、米豆腐、面条、馄饨为主。本书作者调研期间,景区内有两家酒吧,淡季营业时间都比较随意。

刘晓庆米豆腐店　　　　　　　小吃 ¥

(景区内古街113号;米豆腐 5元;⏰7:00~20:00)米豆腐是大米加水磨浆,再加碱熬制、冷凝成豆腐块。米豆腐在湘西土家族聚居区是很常见的小吃,若说芙蓉镇的米豆腐有什么不一样,大概体现在形状上,别处的米豆腐都是方方正正,此地为小鱼儿状。景区里每家店都打着刘晓庆的旗号,每家都是5元,味道也都一样,如果一心去电影里刘晓庆的米豆腐摊吃,认准古街113号。除了米豆腐,你也可以尝尝田螺、腊肉和米粉等。

符氏大酒店　　　　　　　　　湘菜 ¥

(☎585 3417;商合街靠近小溪路;人均40元;⏰10:00~21:00)这个大酒店不是供住宿的,而是一家简单的饭馆。不在餐饮最繁华的三角坪和景区内,但酒香不怕巷子深,桂花鱼的口碑在本地极好。鱼是很小的一条(40元/斤),红烧是当地人喜欢的吃法,若是怕辣就炖汤。这家店也是湘西少有的米饭、餐具都免

玩在古丈,住在王村

古丈县与芙蓉镇一水(酉水)之隔,古丈尚是苗族领地,过酉水便是土家族唱主角了。芙蓉镇仅有一条半天就能游览完的老街,古丈的自然景观看点颇多,但从古丈出发或前往没有班车,且古丈吃住不便,不如住在芙蓉镇,用一个白天前往古丈的红石林、坐龙峡游玩,在清晨和夜晚的芙蓉镇景区自由出入时间抓紧游览古镇。

如果你喜欢码头、老船、小岛、吊脚楼、古民居,不妨去酉水最大的人工湖泊**栖凤湖**走一遭。栖凤湖位于距芙蓉镇十多公里的罗依溪镇,湖中小岛星罗棋布,岸线迂回曲折,周围青山环绕,炮台和屈原像是电视剧《血色湘西》拍摄时留下的。端午节栖凤湖会举办龙舟赛。

古丈毛尖很出名,芙蓉镇和凤凰都能见到不少卖古丈毛尖的茶叶店,春天来的话,不妨亲自去原产地逛逛。位于S229省道上的**小背篓茶庄**名气最大,可以看看茶叶的制作过程,不过这家没有自己的茶园,茶叶都是收购来的,且卖得贵,看看就算了,芙蓉镇发往古丈的班车会途经茶庄。另一家口碑不错的**英妹子茶厂**在梳头溪村,这里最有看头的是遍山的茶园。梳头溪村也特别清静,一路伴着一条溪水,最里头是村庄,中途就是茶厂。在古丈汽车站坐去双溪的车,10分钟不到的车程,在梳头溪的岔口下一直往里走就是。栖凤湖旁边的**天下武陵古丈茶产业园**规模也不小,可以顺道参观。

本书作者调研期间,了解到的包车最低价是200元,含红石林、坐龙峡、栖凤湖、茶厂,可以联系王师傅(☎139 7439 7209)。

费的餐馆。

天下第一螺大酒店
湘菜 ¥¥

(☎585 4666；景区外三角坪；人均70元；⏰10:00~21:00)田螺是芙蓉镇的另一个招牌，芙蓉镇每个餐馆都少不了这道菜。这家店名气很大，生意很好，旅游团来吃的不少。田螺（40元）自是主打，也有各种鱼、蚌、虾、河鲜和土鸡、腊肉等。不追求就餐环境的话，景区内外一些无名饭馆味道并不比这里差。

观景台茶餐厅
湘菜 ¥¥

(景区内跳岩旁石板街；人均60元；⏰11:00~22:00)桂花鱼的价格比符氏大酒店翻了3倍，土家火锅都在百元以上，不过它拥有欣赏瀑布第一级的绝佳位置，你只是借着吃的名义来此赏景。不要理会那些特色菜，简单炒个素菜或小荤30元即可。如果对吃饭无意，你还可以去看看瀑布旁边的**默咖啡 SILENCIO**是否开门营业，28元的套餐超值，紧挨着瀑布喝杯咖啡也非常惬意。

❶ 实用信息

景区入口处附近便有**农业银行**(⏰9:00~17:00)，主街上也有**邮局**(⏰8:00~17:00)，都有24小时自动柜员机。

❶ 到达和离开

芙蓉镇汽车站位于小镇北边，每天有班车发往吉首(25元；7:00~17:40每小时1班；1.5小时)、永顺(25元；6:30~17:20每小时1班；1.5小时)，还有多趟流水班车前往古丈(10元；7:00~17:00坐满就走；30分钟)。

❶ 当地交通

街上黄色面的便是这里的公交车(2元)，从客运站发往景区。也可以包这个车去远一点的景点。

小溪

在公路交通已经四通八达的今天，小溪像是被遗忘了，水路依然是它进出的主要交通。即便早有旅行者发现这里，它也被列入了国家级森林公园，到达的不易使其仍被藏得好好的。村子夹在鱼泉溪、小岔溪的山峡

小溪风景区

之间，周围是世界上少有的免遭第四纪冰川侵袭的原始次生林，河谷中生活着珍稀动物大鲵(娃娃鱼)。大多数村民依然住在吊脚楼里，吃着大灶台烧的柴火饭。虽然有几栋砖房，或披了吊脚楼外衣的砖房，不过尚不成气候，没有破坏村子的整体气质。

小溪有三条峡谷游览线路，都是以名贵植物——杉木王、黄心夜合和巴东木莲命名的。杉木王距离村子最近，巴东木莲和黄心夜合两条线路在前往码头的公路边，稍微有点远，最好让客栈老板帮你联系车，带你到游道的起点处。来小溪住两晚最合适。头天下午到，第二天早上去杉木王，中午回村吃午饭，下午早点出发，去黄心夜合和巴东木莲。第三天早晨坐船离开。

◉ 景点

三条峡谷线路都铺有鹅卵石或水泥游道，但青苔不少，下雨天非常湿滑，游览时不要太靠边。

杉木王
峡谷

(见126页地图)沿着村子唯一的大道往里走，就能到杉木王峡谷的入口。夏季的清晨最棒，轻雾弥漫，青山氤氲，一路沿着溪水而

行,还要跳过两段"梅花桩"。右手边会见到一座大山,壁岩上有巨大山洞,据说是当年的土匪窝子。

走一个小时左右,你会见到一座索桥,过桥便是环形游道的起点。左、右两条路相通,走哪边都行。如果从左边走,有一段要顺着多级瀑布往上爬,接近最高点的一段铁梯,本书作者调研期间有多处损毁,一定要小心脚下。从最高点下来后不久,便到了有着1500年树龄的"杉木王"。它的确够壮大,但可能没你想象的那般震撼,若不是有围栏和挂牌,在漫山的树林中很难看出它的特别来。整个行程走下来约3小时。

黄心夜合 峡谷

(见126页地图)三条游览路线里,黄心夜合的风景最美。从小溪村走到徒步起点要50分钟,出口蝙蝠峡离村子不远。从公路过鸳鸯桥后,向右走通往黄心夜合,向左走是通往田溶瀑布的峡谷。黄心夜合也是一种树,属木兰科,名字叫得如此美丽,是因为它的花白天开、夜晚合。这棵黄心夜合同样有1500年高龄了,看起来比另外两条游道的"主打"大树要壮观许多。

从鸳鸯桥向左,一路都是沿着溪水而行,这一片峡谷中的水量充沛,即使秋冬依然一片碧绿。半小时后开始上山,到山顶便是田溶瀑

土家族,56个民族大家庭中最后一席

尽管大多数人对湘西州的第一反应都是苗区,实际上,土家族才是湘西真正的大族,人口要比苗族多很多。但这么一个庞大的民族在过去很长岁月里并不被承认,它曾以"蛮"或"土人"的称呼出现在文献里,中华人民共和国成立后一度被误认为苗族,直到1957年才从苗族中分离出来,确认为单一民族,也成为56个民族中最年轻的成员。

土家族自称"毕兹卡"(土家语意为本地人),是一个有语言无文字的民族。由于土家族汉化程度很高,如今会说土家语的土家人已经很少。龙山县靛房镇的土老虎村很多上了年纪的人大多还会说土家话,这里的土家文化、风俗也保存得很好。

土家族服饰与苗族类似,但又有差别,同为蓝布衣,土家族的上衣有衣领,而苗族是没有的。不过,如今即使是土家老人,生活中也不穿传统服饰,大概只有通过演出或景区工作服才能让你见识一番。土家族与苗族的吊脚楼也是有区别的,苗族吊脚楼将楼梯藏在建筑内,而土家族吊脚楼在房屋外侧就能看到楼梯,小溪村里有很多这样的房子。转角楼更是土家族独有的建筑。

土家族村落的中心是摆手堂,其意义相当于侗族的鼓楼,是祭祀祖先的地方。在土家族的传统祭祀节日舍巴节上,主持祭祀的梯玛在摆手堂前唱起摆手歌,全村人围篝火一圈跳着摆手舞,摆手舞的动作简单,原理就一个"摆"字。同样,如今会跳摆手舞的也不多了。土家族还有着被誉为中国舞蹈及戏剧源头和活化石的茅古斯舞,表演者全为男性,身披茅草,动作原始粗犷,体现的是古老的生殖崇拜。

哭嫁是土家族姑娘出嫁前的传统习俗,哭的是父母养育之恩,哭不出来可不行,婆家会以此评判新媳妇贤惠与否。而接亲得赶在天亮前,有两种说法,一说因为以前湘西土匪猖獗,抢新娘的事常有发生;二是土司统治时期土司对其辖下所有女子保有初夜权,因此结婚当然不能大张旗鼓。如今土家女子出嫁时很少会哭嫁,结婚也不必走夜路。如果想了解土家族传统婚俗,就去找50岁以上的土家族老人聊聊。

在土家族诸多"没保住"的习俗中,唯有"过赶年"是例外。土家族过年比汉族提前一天,如果当年家里有老人去世,还会再提前一天。关于这个习俗的传说是,明嘉靖时朝廷征调土家兵将剿灭倭寇之乱,因时近年关,于是将士们决定提前一天与家人团聚过年,过完年再出发征战。此后,这一习俗便被保留了下来。过年期间也是你造访土家族村落的绝好时机,出门打工的年轻人都回到家乡,迎来一年中最热闹的时候,家家户户会打糍粑,遇到了可别忘了尝尝哦。

布，遗憾的是，枯水期瀑布不过是涓涓细流，景色还不如山下峡谷溪流。黄心夜合到田溶瀑布是这条游道的精华。余下的路程没了溪水，倒有一路的牛羊粪伴你而行，平整的步道也会被土路代替，中间还有一段很陡的土坡，除了考验你的徒步能力以外，意思不大。你大可以到田溶瀑布就原路返回，没必要从蝙蝠峡出。

如果步行前往徒步起点，在田溶瀑布原路返回，依然步行回小溪村，需要约3小时。

巴东木莲 峡谷

（见126页地图）三条游览路线中最短的一条，一小时足矣，但风景也最一般，如果时间不够，完全可以略去。巴东木莲是一种珍贵的濒危植物，小溪是巴东木莲分布最集中的地区。如果你对树木没有太大研究，倒是看不出它的特别来，它只是一棵树干通直、树形美观的木兰科大树罢了。

食宿

因交通不便，来小溪必须在村里至少住上一晚。村子不过百米多长，本书作者调研期间有4家规模、设施都过得去的客栈，都是砖房，或砖房外加层木板，刻意迎合了土家族传统建筑。停车坪旁边的**云溪酒店**（☎137 6214 7175；标间120元起；※※）和不在公路边的**印象小溪**（☎177 7434 9067；标间120元起；※※）条件不错，所有房间都很干净，提供24小时热水，被子相当厚实。旺季时在160元左右，淡季若是不要空调可以讲到80元。

吃饭可以在客栈按人头付费，跟老板搭伙解决。注意，土家族农村尤其嗜辣，如果不能吃辣一定要提前说明。村里有些饭馆早上经营米粉、面、馒头等，差不多要到8点才营业。

在林间漫步的路上，你可能会看到大石头下摆着一些木桶，它们是用来接野生蜂蜜的。春天放置，秋天取回，产量不多，但品质极好。旺季随处都有卖蜂蜜的，80元/斤。村民说蜂蜜最好的季节是冬天，春夏的甜度还不足。

到达和离开

芙蓉镇每天有一班船发往小溪码头（20元；13:00；3小时），凤滩水库每天也有一班船（5元；

步行游览 坐船走湘西

起点： 兴隆街
终点： 保靖
距离： 220公里
需时： 4天（不含沿途各站点游览时间）

沈从文当年回家的路线，是从沅江到酉水一路坐船。如今，一些线路已停航，一个个水库大坝抚平了当年的急流险滩，拉纤的水手也英雄无用武之地而退出江湖。但对旅行者来说，它依然是体验湘西风光、走近本地人的好选择。船是柴油木船，冬日里两排座椅中间会架起几个火盆供取暖用，赶集的日子除了满船的人，还有满船的背篓和货物。除了呆望夹岸风景，别忘了去船后有趣的厕所走走——江景的哦！

需要提醒的是，各相邻目的地之间的船次往往只有一班，且发船常常不准时，时间上需自行添加"左右"；随着公路交通的改善，班次仍可能会有减少或改变，每到一站务必先和当地居民确认班次，以免误了行程；有些船程很漫长，你可能会在最初置身青山绿水的惊喜后，渐觉无聊，如果时间有限，也可以只选其中一段。

第一天：❶兴隆街—❷五强溪—❸沅陵

按沈从文当年的行程看来，水路的起点应该是桃花源，可惜码头荒废，早就不再有船，离它较近的凌津滩也已停航。如此一来，兴隆街便成了最贴近沈从文所走路线的起点。**兴隆街**只是一个小镇，从常德前往的话还需在桃源转车（常德至桃源、桃源至兴隆街的车次都很频繁）。兴隆街至**五强溪**的船每天一班（25元；7:20；3小时）。因航线被五强溪大坝截断，上五强溪码头后，还得换乘另一个码头，才能坐船前往沅陵。

少折腾的办法是直接以五强溪为起点，常德汽车南站每天有6班车发往五强溪（34元；8:00、10:00、10:40、12:30、14:00、15:30；3小时），五强溪到沅陵分班船（40元；7:00；3小时）和快艇（60元；7:00~14:00约1小时1班；1.5小时）两

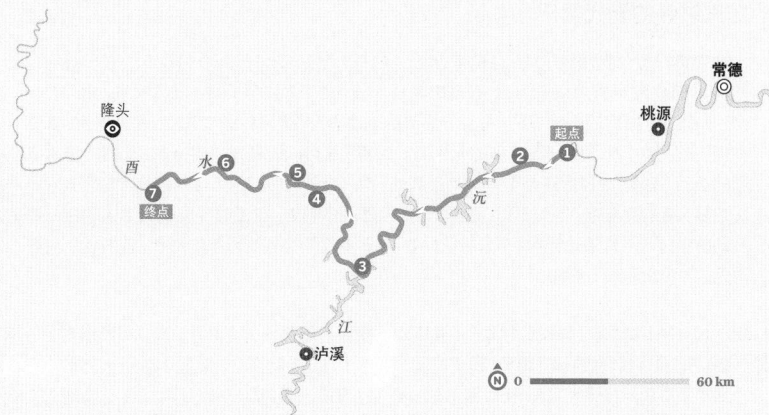

种,一早从常德出发的话,你赶得及当天到沅陵投宿,毕竟沅陵县的吃住条件比五强溪好得多。

这一段水路走的是沅江,水面开阔,当你看到白色的龙吟塔,就到沅陵了。逗留沅陵绝不会无聊,可以沿着江边的长堤从码头一直走到龙兴讲寺,或者信步走上武陵大桥,下到江边拍沅江的落日。时间充裕的话还可以去与县城一江之隔的凤凰山,看看张学良"幽居"的地方和他的《自感遗憾作》诗。

第二天:③沅陵—④凤滩水库—⑤小溪

沅江在沅陵分支出酉水,从此开始横穿湘西,水面变窄,水色更绿。沅陵与凤滩水库之间没有船,得坐车,车也是沿着酉水开,沿途一派陌上花开的田园美景。从沅陵汽车西站坐到凤滩水库的公交车(13元;1.5小时),到了凤滩水库再坐公交(3元)到凤滩码头。每天有一班船到小溪(5元;12:00;40分钟),有些船夫会向游客收取10元的船票。途中原本凶险的酉水现在一片祥和,唯一的变化就是春、秋两季河水涨落时,两岸青山会露出几米高的土山脚。

小溪夹在山峡之间,下船后会有接船班车送你进村。小溪风景不错,你不妨多待一天去三条峡谷走走(见126页)。

第三天:⑤小溪—⑥芙蓉镇

小溪每天只有一班船发往芙蓉镇(20元;7:00~7:30发船;3小时),若逢芙蓉镇赶场,班船可能会多发,但都在这个时间点。坐在船上看山水在黎明中逐渐显影的过程,或许是这趟水上之旅的高潮所在。两岸开始是延绵的丘陵,慢慢有了些岩壁,当看到一座铁路桥时,芙蓉镇就不远了。

第四天:⑥芙蓉镇—⑦保靖

芙蓉镇码头每天中午有船发往保靖(25元;12:30;3小时)。船驶离热闹的芙蓉镇码头往上游去,岩壁逐渐替代了青山。随即你可以瞪大眼睛寻找岩壁上的小石窟,这便是传说中的悬棺——有名的酉水崖壁墓葬。保靖是酉水流域过去的土司所在地,民国时期,湘西首府也一度移署于此。当年沈从文就是在这里做了陈渠珍的文书,抄公文之余,和伙伴到河边码头看船。

接下来,本还有段保靖去里耶的船程,不过,先有碗米坡水电站大坝将航线拦腰截断,后有更发达的公路系统跟上,令本地人不再选择坐船,船夫也不得不停航。保靖便成了这趟水上旅程的终点。

如果你打算反方向走这条路线,以下是各码头的船次:

保靖—芙蓉镇:7:40

芙蓉镇—小溪:13:00

小溪—凤滩:7:00~7:30

沅陵—五强溪:7:20、12:00,另外,7:00~14:00每小时有1班快艇

五强溪—兴隆街:8:00、12:30发船

> **不要错过**
> # 龙兴讲寺的元代男尸
>
> 哪怕只是匆匆路过沅陵,也别错过龙兴讲寺(门票50元;8:30~17:00)。位于寺院内的虎溪书院建于唐太宗年间,比岳麓书院还年长。讲寺顺山势而建,沉稳大气,无一钉一铆,从山门至最后的虎溪书院,每上一层都更加精彩。如果各种国宝文物、名人墨宝,都让你提不起兴趣,那么看一看完整的元代男尸如何?这可以说是龙兴讲寺层层递进、惊喜不断的最后"彩蛋"。展厅在整个寺院的最高处,面积小得可怜。1985年修建水库时发掘了一座古墓,墓主黄澄存,是死于1307年的元代代理辰州刺史。出土时还能像给活人输液一样在动脉中打入防腐液。全身大部分肌肤保存完好,甚至可以看到肌肉的形状,连发丝都清晰可见,只可惜面部已经塌陷。

12:00;40分钟)发过来。码头离小溪村还有15公里,随船到时会有接船的班车(10元;30分钟)。

出小溪的船同样一天只有一班,到王村、凤滩水库都是在7:00~7:30发船。班车在村里的停车场乘坐,发车时间不准,6:00~7:00皆有可能,由于船会等班车到了才发,所以不用担心赶不上船,只要不错过班车就行。小溪村里还有一班到长宜镇的班车(6:00~6:30;2小时),能到达新永顺火车站,那里每天中午(11:00~12:00)有一班去张家界的火车。

永顺

永顺从汉朝起就是湘西北的中心,以永顺为界,南方以苗族为主,北方则是土家族聚居区,自然这里成了两族通婚最多的地方。

永顺依山而建,城区规模不大,但已经相当城市化了,你常能在这座西南小县城遭遇北上广式的大堵车。离开县城只需要步行一段,便又能立马投入负离子的怀抱,呼吸顺畅,洗眼洗肺。离城更远一点,一座古代土司的王宫矗立在崇山峻岭间,叫人感叹古人选址的精妙。

◉ 景点

不二门　　　　　　　　　　森林公园

(见95页地图;免费)不二门最有名是它的温泉,但即便你对泡澡没兴趣,不二门也很有看头。顺着猛洞河朝城外方向走,钢筋丛林渐渐在身后隐去,一步步走入峡谷山川的怀抱,静静流淌的猛洞河绿得纯粹,两岸同样绿意盎然,一入深秋便层林尽染、大放光彩。

"不二门"名字的由来,有说是因猛洞河峡谷连绵高耸的石林中,有一座倾塌在另一座的上头,上倚下空,架起了这道天然的石门。也有说法是缘于"佛法不二",而当地人会戏称"因为没有第二个门了嘛"!其实也不无道理。峡谷东侧的山坡上,是一处怪石密集的石林,称为"八阵图",因为千石一面难以走出而得名,民间传闻是诸葛亮留下的。不过如今巨石阵中有铺好的小径,顺着走就不会迷路。

沿江小路走到尽头便是不二门温泉,你会看到很多本地人湿着头发从江边走来,本地人对温泉的理解便是洗澡。温泉分两种,一种在封闭的房间里(按房间大小25~80元不等),可一人独享一间来泡,条件都很简陋;另一种是江边的大池子,只有当地大老爷们才会在大庭广众下光着身子泡澡,如果你不介意赤身融入大自然,他们也不会拒绝你的加入。

不二门在城南,距新车站很近,从永顺大桥东南侧下到公路,一直朝南走就是,沿途会经过一个热气腾腾的山洞,早上有很多本地妇女在里面洗衣服,也足见永顺温泉资源的丰富。回程时你可以选择沿着江边小路走,细赏峡谷风光。

老司城　　　　　　　　　　　　遗址

(见95页地图;☎523 0110;门票158元;8:00~17:30)老司城是古溪州彭氏土司的故都,兴建于南宋绍兴五年(1135年),昌盛了近600年后,于清雍正年间"改土归流"而废。曾经"红灯万点人千叠,一片缠绵摆手歌"(彭施铎《溪州竹枝词》)的都城,慢慢衰败成一个小村,最后仅残留废墟。2015年7月,老司城被列入世界文化遗产名录,这也是湖南省首个世界文化遗产。

景区很大,包括遗址部分的生活区、衙署区、文教区、墓葬区、总教区、文昌阁、祖师殿和一座土家族村落。其中,祖师殿最远,走过去需要半小时,你也可以选择坐船前往(顺流68元/人次;逆流80元/人次),进入景区,一路走到灵溪河畔,便是接官渡码头,在此坐船。祖师殿码头据说夏天可以包木船沿河而下,一直到下游10来公里处的猛洞河漂流起点哈尼宫。

如果不坐船,那就绕过码头过桥,从对面的遗址区开始游览。为了还原老司城明代时的道路系统,景区内多为鹅卵石铺路,下雨天非常滑脚。老司城依山坡而建,如今仅剩基址,留意一下大西城门遗址附近的一片地面,以鹅卵石铺成了土家族织锦传统的菱形图案"八面来福"。2017年,考古人员又在这里发现了一套大型排水系统——由两道城墙组成的一条阶梯状排水沟,排水沟内部接出水口处,有很多圆形或方形的大石块,考古研究认为,这种设计是出于减缓洪水侵袭的考虑。

遗址之外,景区里还有一片土家族村落,均为悬山穿斗式木架结构,有些是吊脚楼。与人多数村寨景区一样,民居里也多是文化展示或餐馆。如果不打算走去祖师殿,可以从文昌阁旁过桥绕回来时的路。

永顺发往老司城的班车(8元;7:00、8:30、10:00、12:00、14:00、17:00;1小时)在老车站乘坐,返程末班车17:00。

🏃 活动

如果不二门那个又野又陋的温泉让你却步了,同在景区内的野溪温泉(☎218 7005;不二门景区内;门票158元;⏱9:00~23:00)会你乐意置身其中的。同样是纯天然温泉,这里条件好得多,有大大小小室内外泡池29个。露天泡池背靠峭壁,绿树环绕,环境很好。

🛏 食宿

新汽车站周围住宿很多,鑫诚快捷酒店(☎522 2996;新汽车站右侧;标单/双100元起;❄️📶)除了房间灯光有点暗,其他都不错,洗澡的热水非常舒服。如果你打算住在闹市区,就到老车站附近找,猛洞河大酒店(☎522 5503;灵溪镇府正街(溪州路交界口);标间180元起;❄️📶)是当地最好的酒店,房间确实称得上漂亮,不过Wi-Fi信号不好,尤其不"待见"苹果手机。

老车站周边是县城最热闹的区域,餐馆、银行、超市、面包房都有,入夜后烧烤摊烟火缭绕。赶车前,可以去新车站对面的谢记老粉馆(☎523 6177;新车站对面;粉6元起;⏱6:30~17:00;📶)来一碗粉。

ℹ️ 到达和离开

永顺汽车站被当地人称为"新车站",位于城南永顺大桥附近,有发往怀化(80元;9:00、13:40;4小时)、龙山(40元;7:00、17:30,约40分钟1班;2小时)等地的班车,并有多趟流水班车发往张家界(35元;2小时)、吉首(55元;2.5小时)。前往老司城的班车在老车站乘坐,1路公交车连接新、老车站。

龙山及周边

这里是湘西的西北角,相比南部热门的苗族旅游区,这一带显得默默无闻,山高水

不要错过

老司古城,万马归朝

从永顺去老司城的路上,会途经一个视角极佳的观景点。视线前方,群山连绵,山间云雾起伏,形态各异。群山的中心就是老司城,民间解读为"万马归朝"——向老司城朝拜之意。群山把老司城团团围绕,不仅形成了天然的屏障,还为土家百姓奉献了道道清溪。若在日出或日落时观看,此处风景绝对超越整个老司城甚至永顺之行。自驾或包车前往老司城的话,一定要停车观景。如果搭班车前往,记得坐右排座位,车程过半,接近山顶时,留意公路边的路牌和悬崖边长长的观景栈道,然后瞪大眼睛眺望一分钟的现实版山水画。

远,也鲜有旅行者踏足,但其实龙山的看点很丰富,高山上的天坑、石林、溶洞等会刷新你对地质奇观的认识。西水的一条小支流,从北到南穿过湘西腹地,从洗车河流成了捞车河,两岸既有被打造成大公园的古镇,也有依然低调质朴的古街区。考古意义上能与兵马俑平起平坐的秦简遗址更是文化气韵十足。

如果一路走来,你觉得土家族不如其他少数民族那么容易观摩到其特色,那么你就不应该错过龙山,来听听当地人怎么说,也许你会听到同一件事的不同声音,别太计较被谁忽悠了,毕竟土家族的历史文化对本族人来说甚至都有点遥远了。

龙山

龙山县城本身无景可看,唯一的噱头是它让湖南与湖北对接上了,两县名字也很有意思,湖南称龙(山),湖北号(来)凤。坐上一趟公交车就能送你跨省,不过对面也只是座平淡的小县城。龙山周围多山,乌龙山大峡谷的看点是溶洞,洛塔石林规模很大,但交通不便也令很多人打退堂鼓,更适合自驾前往。

◎ 景点

乌龙山大峡谷 溶洞

(见95页地图)这片峡谷最大的看点不是山也不是水,而是皮渡河两岸分布的数个溶洞。黄永玉曾用"龙山二千二百洞,洞洞奇瑰不可知"来形容这个区域。

在已知的溶洞之中,**飞虎洞**被称为"万洞之首"。当地人认为此洞能贯通湘、鄂、渝,多国探险队曾入洞进行穿越考察,最长的一次在洞内长达28天,但仍未找到洞的尽头。从公路边走上高高的石阶,便是飞虎洞的前厅,面积达3500平方米,高22米,也是土家族的洞中摆手堂。对旅行者来说,你的参观区域仅限于此,再往里便是黑咕隆咚完全没开发的原始洞穴,千万别壮着胆子进去逞能,洞内地下暗河、溶隙、支洞等非常丰富,险象环生,而且里面没有手机信号,出了事那真是叫天天不应。

飞虎洞对面的**鲶鱼洞**(☎6740046;门票40元;⊙9:00~17:00)可以游览,需要坐船进洞,里面也就是钟乳石等普通的岩溶景观,大约30分钟就可以参观完。另外,鲶鱼洞附近还有一个**风洞**,据说不论何时都吹着强劲的风。更远处还有一个**惹迷洞**(门票80元),同样为溶洞景观。

前往乌龙山大峡谷,可以从龙山坐前往桂糖的班车(10元;6:30~16:30,约1小时1班;1小时),三洞都在沿途公路边,回程末班车为16:30。

🛏 食宿

和大多数地方不一样,龙山客运站周围并没有很多宾馆、旅馆供你挑选。民族路中段是酒店集中区,大多为百元左右的小宾馆。**龙山大酒店**(☎2821888;民族路52号;标间188元;❋🌐)设施较新,房间配有单人沙发,

---

另辟蹊径

洛塔石林

洗车河沿岸的群山里有一片规模极大的石林,尚未开发完全,外界对其知之甚少。洛塔石林千姿百态,与云南石林不同,石壁并非光秃秃寸草不生,不但植被丰富,还有瀑布、岩溶等景观。放大脑洞,尽情发挥想象力,石林才会变得生动起来,你也才能从石头上看出海豹观天、孔雀开屏、五虎赶六羊、火箭等形象。

洛塔石林位于洛塔乡的楠竹村,龙山每天有两班直达楠竹村的班车(20元;7:00、11:00;2小时),下车后还得再步行30分钟到石林。因返程班车第一班在早上5:00~6:00发车,第二班在9:00~10:00发车,搭班车当日返回不现实。你可以在楠竹村的向大姐(☎18474318162)家投宿一晚,也可以找向大姐做向导带你深度游览石林。若从龙山包车前往石林,往返价格不低于300元。楠竹村里有个**华国锋纪念馆**,展馆钥匙就由向大姐保管,可顺便去参观一下。

吃的方面，龙山的特色是火锅(干锅)，按人数点锅，锅有大有小，一份以土鸡或腊肉等为主的干锅，配上好几碟赠送的小菜，不但荤素搭配，连凉菜、小吃也给你考虑周全了。张老水餐馆(☏137 8743 4655；长沙街65号；人均35元起；⊙10:00~20:00)在龙山有好几家分店，腊肉干锅非常受欢迎，干锅内有三种腊肉：猪肉、猪舌、猪胸，与洗车河的豆腐一起炖，赠送的各种配菜包括米豆腐、霉豆腐、炸玉米等。晚上想喝一杯的话，可以去本地民谣乐手开的酒吧Room(南正街62号；⊙19:00到次日1:00)，运气好的话能听到很棒的音乐。

❶ 到达和离开

龙山汽车站每天有发往里耶(40元；5:30~16:30，每15分钟1班；2小时)、洗车河镇(20元；7:00、9:00、11:00、14:00、15:00；2小时)的班车。客运站有往返于龙山与来凤县的公交(3元)，沿着民族路开行。

如果不去来凤县，仅在龙山县城内转悠的话，打车起步价5元就够了。

洗车河镇

别想多了，洗车河不是用来洗车的，"洗车"是土家语"席泽"的汉字记音，实为水草之意。昔日这里是湘、鄂、川、黔四省的物资集散地，因洗车河上行的溪流太小，船无法航行，这里就成为外来物资进入湘西北的终点。小镇的居民一半为土著(土家族)，一半为移民(汉族)，后者是改土归流后大量从江西迁徙而来的，他们在洗车河沿岸开起一家家商号，"易家的银子、陈家的谷子、罗家的锭子、刘家的顶子、胡家的牌子"，说的就是从江西迁来的几大姓氏，因此洗车河也有"无江西不成码头"的说法。

镇子以"H"形架在洗车河上，这中间一横便是风雨桥——凉亭桥。桥头有马头墙月洞门，桥面已经用水泥翻新，但不影响它依然是全镇热闹的农贸集市，蔬菜摊、猪肉铺、小吃摊等挤满整座廊桥，两边是观景美人靠。

除了贯穿全镇的主干道，镇上是清一色的青石板街。沿街不乏一些气派的深宅大院，都是过去那些望族留下的产业，不过都不对外开放。但它依然很有风味，沿街走走，看看石板路两边的老屋，皆是兀自生活的当地人，长条门帘内的理发店、裁缝铺将人一下带回了20世纪的旧时光中。桥西的坡子街最有特色，街如其名，既是街道也是山坡，青石条砌成的三百四十多级石阶两边便是一户户民居的大门，层层而上，高低错落。

随着水运退出历史舞台，无船停靠的码头大多已废弃。在桥东沿着洗车河向上游走，走到人烟渐稀，看到一座横跨小沟渠的单拱小石桥，便到了镇上最北的码头，不过码头已经不再使用，你只能对着小小的石拱桥怀古。村后的大山生态极佳，常见艳丽的鸟儿从头顶飞过。

🛏 食宿

镇上有3家宾馆，香溪宾馆(☏667 1188；河西街邮政局对面；标间100元；❉🛜)是其中比较好的一家。凉亭桥头的桥西面馆(凉亭桥东；粉6元)味道不错，粉粗如乌冬，肉丝分量很足，试试桌上的各种调味品，会让你的味觉更上一层楼。霉豆腐是洗车河的特产，一种裹满了辣椒面的腐乳，湘西山民每家必备的下饭菜，15~20元一罐，镇上到处有售。

❶ 到达和离开

洗车河镇没有像样的汽车站，长途车来往都停在主干道。龙山有发往洗车河镇的班车(7:00、9:00、11:00、14:00、15:00；20元；2小时)，另外，发往苗市的班车(5:30~15:00，每小时1班)也会途经洗车河镇和惹巴拉。从洗车河镇返回龙山的末班车14:00。

惹巴拉

惹巴拉位于洗车河下游的冲击台地上，同一条河，到了这里被称作"捞车河"，依然和车没什么关系，"捞车"在土家语里指太阳晒得多的地方。此处河床开阔，四周有青山环绕，夕阳西下时尤为动人。

走过一座新建的三岔风雨桥，便进了惹巴拉村。大概是占尽天时地利，这里是洗车河沿岸开发力度最大的村庄。摆手堂、冲天楼都是新建的，农家乐大有赶超土著民居的趋势。村里的土家族织锦技艺传习所倒是值得拜访，这是由本村的刘代娥女士所创立的织锦作坊，展出了织锦的器具、织锦作品等，有时也能现场观摩土家族妇女现场织锦，是你了解这项非物质文化遗产的好地方。

本书作者调研期间，村内还在大兴土木，房车营地、影视基地正在建设中，村庄虽美，但已失去了安静质朴。

如果你执着前来惹巴拉找原生态，可以从风雨桥的另一端走去约3公里外的**六合村**，村里的土家族木板房内，常见土家族妇女在织机前织锦。村子目前很安静，少有外人前来。不过，村内广场上也建起了摆手堂，本书作者调研期间了解到，六合村也已列入开发大计。

🛏 食宿

惹巴拉村子里农家乐不少，都能提供热水淋浴和干净的被子，房间里有电视机，但条件仍简陋，价格却堪比县城宾馆，风雨桥边的第一家**凉亭桥农家乐**（☎186 7430 3333；普间80元；✆）经营时间最长，价格也最便宜。村子里尚没有餐馆，你可以多加20元和农家乐主人一起用餐。入夜后的惹巴拉还是很安静的，没有任何娱乐活动，次日天未亮必有公鸡打鸣叫你起床。

ℹ️ 到达和离开

龙山发往苗市的班车（5:30~15:00每小时1班）会途经洗车河镇和惹巴拉，返程末班车14:00。如果打算从惹巴拉去里耶，最靠谱的一班车是早上6:30左右去路口等着，理论上9:30、14:00还各有一班从永顺发去里耶的过路车，但若是乘客太少，车极可能停发。

隆头

2003年，碗米坡电站的蓄水把"龙头"一样伸进酉水的古镇淹没在了水下，就此淹没了隆头古镇百年的水运历史。那次"水淹隆头"使镇子分成了两半：被淹区域的居民搬到了山上5公里外的喇叭口，重新建镇；没被大水吞没的居民区，依旧留守家园，生活在大大缩水后的隆头古镇。

沿着盘山公路从新镇而下，能清晰地看到从隆头古镇向上延伸出的一条上山石板路，码头边的酉水河风光也很清丽。当你下到隆头古镇里，才能看出村子的萧条没落，老街已很冷清，村里的风火墙残破，自从船停运后，码头上只有本地的捕鱼船，夏日停泊着几艘快艇能带你小范围兜个风。

永顺与里耶互发的班车会经过新的隆头镇，不过它距码头边的旧镇还有5公里，没有任何接驳车。村民都是自驾摩托，好在他们还比较乐意让你搭顺风车。

里耶

里耶的一夜成名，缘于2002年出土的36,000多枚秦代竹简，因其数量是之前中国考古发现秦简总数的10倍，故被认为是继西安兵马俑之后秦代考古的又一惊世大发现。同时，新石器时代文化层的发现，又证实这里

西兰卡普

苗族以苗绣闻名，土家族精于纺织。土家族传统织锦被称作"西兰卡普"，在土家语里意为打花铺盖，民间称"打花"。这门手艺可追溯至秦汉时期，宋朝土家族织锦还常作为贡品。西兰卡普是一种以棉线为经，彩色丝、棉、毛线为纬，用通经断纬的方法，反面挑织而成的花布。织锦的图案超过200多种，多为自然物象、几何图案，对称是土家织锦常采用的手法，用色对比分明，多以红、深蓝、黑为底色，搭配红、绿、蓝、紫色的花纹。

西兰卡普本是土家族姑娘的必备手艺，过去也是土家姑娘出嫁时的重要嫁妆。如今，年轻人都奔赴城里打工，这门传统手艺不再人人都拿得出手，如果你走在土家族村落里，看到正有土家女在老式木织机前"当户织"，一定要进去参观一下，亲手触摸这一丝一缕编织的绝妙作品。若想把西兰卡普带走，可得花上不少银子，一匹用一两个月手工织成的布，售价在三四千元。

曾是"人类童年时代"生活过的地方。这个在史籍上没有记载的小镇，一时间意义深远到了整个人类。

秦简自然成了里耶最大的亮点，甚至连镇上的路灯都做成了秦简状。挖掘出秦简的遗址公园是全镇中心，里耶古街区紧挨着遗址公园，两者都贴着酉水河。省道横穿里耶，也是镇上的主街，一直延伸到酉水大桥，过桥就是保靖的清水坪。本书作者调研期间，里耶至碗米坡的船已停运，想在此坐船游酉水，只能坐船（1元）去清水坪小过一把瘾了。

里耶的集市是远近几个小镇最大的，不过也别抱太高期望，你看不到穿民族服饰的土家族，街上挤挤挨挨的都是背着背篓买着最平常生活用品的人们。正月里舞龙舞狮和端午节酉水河赛龙舟，才是小镇最热闹最值得加入其中的时候。

◎ 景点

里耶秦简博物馆
博物馆

（☎282 0389；门票 免费，讲解 100元；⊙9:00~16:30，周一闭馆）在里耶镇以北1.5公里处，你能有幸一览那些被学者称为"怎么评价都不过分的无价之宝"。博物馆的外观是浓浓的秦汉风，内部布展很现代。除陈列了本地出土的一些青铜器、陶器、瓦当、玉块等，还还原了古城遗址内的驻兵营房、官署建筑。

上千枚秦简是最重要的展品，按官僚制度、户口、刑法、家庭、邮政等不同主题进行陈列，浏览小小的竹简上的文字相当于阅读一部秦史。三件镇馆之宝各自单独展出，很容易被找到。其中，"迁陵洞庭郡"改写了历来对秦代行政区划的认识；"迁陵以邮行洞庭"是中国已知最早的书信实物；而面对完整的"九九乘法表"，你也许会惊叹，2200年前的古人和我们小时候一样是在背口诀中学习算术的。在秦简中追问历史的同时，也别忘了关注一下秦简上的书法，历史虽远，文字书写却古今相似。

古城遗址公园
遗址

（门票60元；⊙9:00~16:30）你在博物馆内欣赏到的珍贵秦简便出土于此，这里原是一座学校，自2002年造成考古界轰动后，学校迁走，原址被保护了起来。三个考古遗址坑，包括36,000枚秦简出处的中华第一井，所出土的文物都陈列在博物馆中。公园内断断续续的城墙修建于战国中期，以黄土夯筑而成，如今的高度仅为原型的三分之一。公园内还有一具男性骨骸，据考证为秦代的人殉。

相对于60元的门票，这个公园显得有点鸡肋，如果你住在遗址公园旁的客栈，站在临街房间的窗前便对遗址公园一目了然。

里耶古街
街区

里耶在土家语里意为"开天辟地"，旧时此地客商络绎，曾被称为"小南京"。遗址公园南边，夹在长沙街与酉水河之间的里耶古街，融合了豪门大宅、平民小户、临街铺屋三种不同的建筑风格。虽然老房子已经不再门庭若市，但每逢农历一、四、七的边边场依然是周边最大的集市。一年中最热闹的时候是过年期间，出外打工的年轻人都返回小镇。据当地人形容，正月里古街上人头攒动，短短一条街从这头到那头都得走上十几分钟。

古街上，葛氏记、李同发商号、瞿家大院、红三军指挥部旧址、题虹第以及清幽的景丰巷等都各有特色，高高的风火墙穿插其间，非常好看。走到南端的土家族摆手堂便到了古街的尽头。作为一座古街，它干净整洁得让人吃惊。古街2017年夏天刚刚翻修过路面，不要介意青石板路是新还是旧，你若是知道里耶的发展方向正是凤凰，对一切新东西也就不足为奇了。

十里长堤
河堤

长堤是为了配合碗米坡水库工程，临河修起的防洪堤岸，实际没有十里，只有约3公里，适合你行走赏景的一段也就是与老街平行的一段。因为需要保护里耶镇，整条长堤的高度和镇子上的房子齐平，所以当你爬上堤岸时，见到的是全镇层层叠叠的黑瓦房顶！傍晚时分，夕阳、长堤、酉水、大桥、聚落，所有美好的元素都齐了！

八面山
山

从里耶镇上抬头北望，一列浮雕般巍峨的白石轮廓就是八面山，它与湘、鄂、渝三省市接壤，山顶几乎是平的。看着虽近，但沿着20公里的盘山公路开车上去却要近1个小时。

不要错过

贾市古街

凤凰太闹、里耶太新、芙蓉镇得买票才能看，湘西就找不到一座未经修饰的古街了吗？当然不是，来贾市看看吧。元末明初，江西吉安府的贾氏迁居于此，从而逐渐形成村落。古街始建于明末清初，至今完好保留了周家、黄家、蔡家、姚家等昔日大户人家的院落。从贾市主街转入古街，仿佛变换了一个时空，脚下是凌乱的石板路，接缝处的青苔肆意生长着，水管毫不雅观地暴露在地表之上，两边是齐刷刷的木板房或土砖房，你可以细细欣赏一下土家族的转角楼。贾市没有商业包装的痕迹，至今保留着旧时的模样，算不上漂亮，但原汁原味就够珍贵的了。

里耶每天只有2班车发往贾市（15元；7:00、11:00；50分钟），在邮局门口等，回程班车在第二天的6:00、8:30发出。如果遇上每逢农历三、八贾市的赶集日，中午之前很容易找到回程车。贾市的集市不大，但也很热闹，你也可以尝尝米豆腐、油粑粑、荷叶粑粑，甚至和当地人一起边烤火边吃上一顿腊肉火锅，本地人相当淳朴。

第一个景点是空中草原，实景不如名字那么美好。夏天本地人喜欢来这里露营、野餐（有农家乐供应烤全羊，约1200元），但各种人为的垃圾污染也相应而生。还有不少当地人牵着身姿并不矫健的马，要价50元，带你绕小山头一圈。

山上最出名的景点要数燕子洞。从公路边走进去约20分钟，从"土匪烧烤"农家乐旁边的小路下行一小段，就会看到悬崖陡壁的半山腰上，藏着大小四个天然岩洞，呈"一"字排开。仅有一条从岩壁中开凿的蜿蜒小路容一人通过，各个洞皆可连通。洞内漆黑一片，有不少以前土匪的战壕以及熬制火药的大坑，深处还有暗河。若决心探洞，必须备好足够电量的手电，千万别尝试一个人进洞，在里面出了事叫破喉咙也不会有人来救你！本地人同样不敢独闯，你可以找"土匪烧烤"的老板商量带你路。即使不入洞，站在燕子洞外的平台上，风光也独好，脚下是连绵不尽的群山，非常壮丽。

从燕子洞路口再往前2公里，左手有一条岔路是5公里可到登天堡，是相对平坦的八面山的最高峰，可以看到重庆大地。更值得一看的是自生桥，回到大路再往前300米，左手有一较宽的石板阶梯下行10分钟，走到没路时，抬头便见一座"天然石桥"，下面是深不见底的天坑，若逢春夏季，石顶还会淌落水柱，要是晴天就能见到彩虹了。

八面山的终点是天堂村，从此地再走约4公里到达被子岩，已属重庆地界，这里有一处泉水，每次都刚够舀一杯，所以也叫"杯子岩"。

打算将八面山彻底游览一遍的话，至少需要大半天时间。遗址公园门口的广场上，有中巴开往八面山（视下车远近15~20元；11:00；1小时），终点是天堂村，但当天再无回程的车，要等到第二天6:00~7:00才有车下山。山上有条件简陋的住宿，约100元。你也可以在路边尝试拦车，若有村民正好要开车下山，他们不介意捎上你。有时班车下午也会开下山，不过价格比上午贵5元。更建议包车去，当地人对路也熟，如果能找到会玩的，还能顺带当你的探洞导游。如果只到自生桥，往返200元，如果要去天堂村，至少300元。

🛏 食宿

古街里的里耶公馆（☎189 7440 8787；河街28号；标单/双 138/168元；❄🛜）设施较好，房间也很漂亮，最便宜的单间虽小但布置温馨，公馆正对着里耶码头。不在古街里的洞庭郡大酒店（☎661 3666；长沙街与天平丘交汇处；标间218元；❄🛜）是里耶最高级的酒店，新楼里的标间几乎挑不出毛病，房间古色古香，卫浴干湿分离，床品柔软，旧楼标间便宜50元，不过设施陈旧，有的房间有异味，且临街比较吵。

里耶流行吃羊肉、羊蹄火锅，位于后坪街上的大师傅餐馆（☎158 7435 5075；人均50元；🕐10:00~21:00）便有。老街中心的古城三脆馆（☎158 7430 6296；人均50元；🕐10:00~21:00）

的炒菜、火锅口碑也很好。中孚街北端靠近长沙街的**米豆腐**(米豆腐3元；☺7:00~15:00)远近闻名，学学当地人，再买上几块油粑粑(0.5元/个)蘸着吃更香。隔壁的**秘制牛骨粉**(人均8元起；☺6:00~16:00)味道也很好。晚上，遗址公园对面还会有成排的烧烤摊。包面是一种乍看像馄饨的面食，也是这里的特色，不妨尝一尝。

里耶的橘子已出口至国外，秋天来了别忘了尝尝。

❶ 实用信息

古街、新街都能找到**农业银行**(☺9:00~17:00)及24小时自动柜员机。邮局在遗址公园的广场对面。

❶ 到达和离开

位于长沙街上的汽车站，没有售票厅，直接上车买票即可。这里有发往吉首(49元；5:00~15:30，约40分钟1班；4小时)、龙山(40元；5:30~16:30共16班；2小时)、永顺(45元；8:00、13:00；3小时)的班车。

如果你打算下一站前往保靖，里耶没有班车，但可以去江对面的清水坪乘坐(30元；6:00~15:00，约每小时1班；2小时)。发车点不在清水坪客运站，坐上观光车告诉司机要去保靖，司机就会将你捎到。

❶ 当地交通

里耶镇上的公共交通是观光车，沿着长沙街运营，从秦简博物馆到清水坪的客运站，车费3元。

张家界

一直到今天，还有人会争议究竟是谁发现了张家界。其实无论是画家吴冠中，还是摄影师杨飞，说他们是"发现"张家界的人，就像是说西班牙的海员发现美洲一样荒唐。深藏于湘西的这片如梦如幻的石山林在地球上早已存在了数十万年，山林深处，千年来也不缺乏居民。只是它的位置，让它成为湖南最大的生态秘密，一旦被揭开盖头，就成功跻身于世界自然遗产之列。

张家界恰好在中国的东西交界处。它突兀而起，与其东边的湘江平原相比，始终笼罩

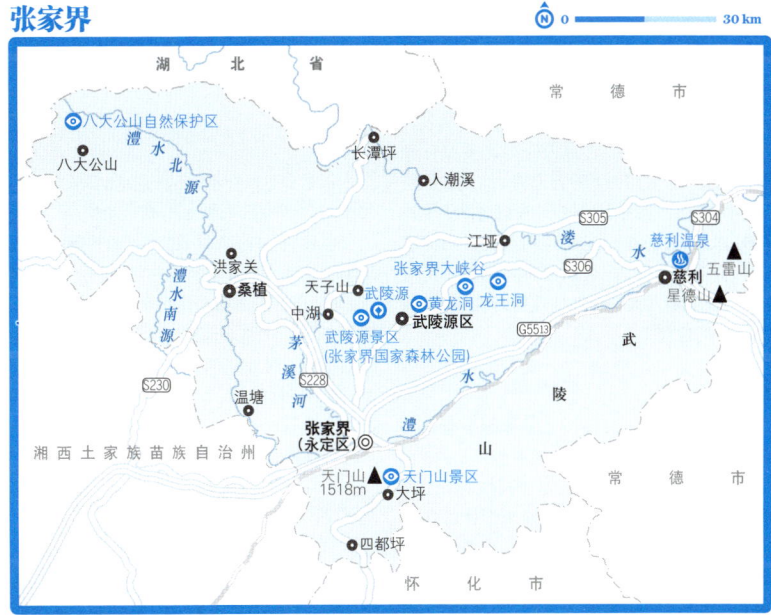

着神秘的云雾于直冲云霄的石笋之间，将繁荣的湘东与山川纵横的湘西隔离开来。无数人来到这里，寻找他们心目中最神奇的、应是只存于天上瑶池的石岩峰林。

在成功又有些喧嚣的营销和推广下，张家界甚至成了与九寨沟并列的、最被外国游客认可的中国自然奇景，尤其以亚洲游客为甚。踩在半空中令人心惊胆战的玻璃栈道上，你听到的惊呼，很大概率是韩语、泰语或者南洋腔调的华语发出来的，高山中栈道上韩国人的比例，甚至超越了北京的望京或是五道口。

曾经有一段时间，张家界因为保护区内楼堂馆所林立，受到了联合国教科文组织的严重黄牌警告。好在管理方知错就改，拆除了大部分建筑，让云中群山的风貌得到了很大程度上的恢复，日渐完善和成熟的旅游体系，让旅行者有野趣的路线可走，也可搭乘便捷的交通工具快速完成自己的旅程。只不过，难以避免破坏山体的"电梯"和缆车开发，以及对原居民的搬迁指令，一直是舆论热议的话题，尚未得出完美的解决方案。

对大多数来到张家界的旅行者来说，张家界的主要目的地是距离市区25公里的武陵源风景名胜区。武陵源风景名胜区包括张家界国家森林公园、张家界世界地质公园这些名头（覆盖区域基本重合），有天子山、袁家界、杨家界等诸多景区，当地人通称为"森林公园"。其次则是市区旁边的天门山景区（注意它和武陵源的天子山不同）。如果你能多匀出几天留给张家界，可以去探寻许多旅行者罕至的路线：天门山下的老道湾、仙人溪都是不错的选择。这里同样是户外爱好者的天堂，只要你愿意，你可以花超过四天的时间徒步森林公园的山道，还可以把时间花在从借母溪、七星山到八大公山那些茂密的森林、草甸和奇特的地貌上。

历史

张家界旧名"大庸"，名字来源于春秋时期的庸国。在彭氏土司实际统治湘西北的800多年，这里曾经建立过永定土司城。那时候知道张家界峰林的人，还只限于山林深处的居民。1979年，新华社记者杨飞等摄影师去那里拍了最早的一组照片，不仅广泛见于国内报刊，还上了1980年的美国《国家地理》；同年10月，画家吴冠中也去张家界深山里待了三天。在1980年，他意犹未尽地写了一篇《养在深闺人未识》发表在《湖南日报》上，盛赞群山之美，引来众多的画家和摄影师纷纷好奇前往，包括黄永玉。在这些名家的作品推动下，越来越多的人知道了张家界这个地质奇迹。湖南省也就顺水推舟，将常德市和湘西土家族苗族自治州各划一部分，成立了地级市——大庸。1994年，大庸改名为世界闻名的张家界市。

民族

虽然统计数据上，土家族占了张家界人口的65%，然而不论是城区大街上还是农村里都不会看到你所想象的民族风情，即使是乡村里的民族习俗，像是山歌和摆手舞，也正在随着老一代人的逝去而消失，也许只有在旅游景点的表演中才能见到了。

张家界市区（永定区）

即使你的目标是30公里外的武陵源景区（森林公园），张家界紧凑的市区也将会是绕不开的地方，更何况这里天门山的玻璃栈道早已经名声响亮。住在这个小城，你可以获得更实惠的住宿和饮食的选择，比起几乎是游客服务区的武陵源区，也更多了一点原居民的人间烟火气息。

方位

张家界市区在澧水边的一块小平地上，北岸的大庸府城周围是旧城区的中心。像每一个小县城一样，人群最集中、最热闹的地方是集贸市场，周围是繁华并且有些杂乱的老商业街。仅存的老街是在澧水沿岸一带，沿修缮一新的滨江路就能到达。澧水南岸的新城区则集中了对外交通设施，机场在南岸的西南方向6公里外，火车站、汽车站和天门山索道以及大量的旅馆则紧凑地集中在一起，面对着巍峨的天门山。

◉ 景点

一般人在这儿只会把时间留给天门山，如果你碰巧多出半天时间，不妨去老城区转悠一番。老城的核心**大庸府城**是你常见的假

怎样住宿比较省力

一般游客在张家界游玩至少两三天，主流的住宿地方就三个：张家界市区、武陵源城区、武陵源景区（森林公园）内。

如果你不介意每天总共2小时的班车来回时间，如果你的行程设计包括从天子山门票站入口进出，那么你可以选择一直住在市区，但最好是在汽车站附近以方便赶车。武陵源风景区最常用三个入口，"森林公园门票站""武陵源门票站""天子山门票站"，都能从张家界市区的汽车总站直达。这三个入口的方位和交通状况，请参阅148页武陵源景区地图，以及147页方框"如何安排你的武陵源景区（森林公园）行程"。

如果你不想坐那么多次班车，那么安排一天住在市区，中间则在武陵源城区住一两天，这里离武陵源门票站近在咫尺，方便游玩森林公园。至于森林公园景区里的住宿，对不起，虽然它们仍然事实上存在着，但你几乎已经不能从订房App上找到它们了，能不能住上，最好询问一下你预订的市区客栈。

我们推荐的青年旅舍和客栈，大部分都能提供行李寄送服务，譬如将行李直送进景区客栈，或是从武陵源直送火车站之类（需要订房前咨询清楚）。武陵源门票站和森林公园门票站有行李寄存处，不必为此考虑太多。当然，轻装来到张家界肯定能玩得更好。

还值得提醒的是，如果你是从长沙、常德和凤凰乘大巴过来，可以买直接到武陵源区的车票，也可考虑一直在武陵源住，坐中巴去市区游玩天门山。

当然，如果你只是想慵懒享受张家界地区的山水，不想匆忙赶路，不妨把眼光从这三个地方跳开，在武陵源景区（森林公园）的三个主入口外，已经出现了不少称得上寄情于山水间的精品客栈。

湘西地区

张家界市区（永定区）

古董商城，不过热热闹闹，算得上是当地人的生活场所。出大庸府城到解放路，右转几十米，人民广场对面有明代建筑**普光寺**（解放路70号；门票20元），不过基本只有门楼是古物，旁边的**武庙**门楼也算是城中难得的古迹。还有几处价格高昂的景点，多为旅游团队而准备。**田家老院子**（☎859 1098，永定区；www.zjjlyz.com；门票120元；⏰8:00~19:00）是一座规模很大、建筑精美且有特色的民居，本是土家人田氏的祖居，曾在这里拍过电视剧《血色湘西》，现在主要的旅游项目是提供各种民俗歌舞表演。可乘坐1、2、7、9路公交车直达。**土家风情园**（☎828 2222；南庄坪五子坡；门票120元；⏰7:00~19:00）则基本是新修的，依坡坡修建了号称世界最高的土家吊脚楼"九重天"，高48米。在城中可乘坐5路公交车到达。

天门山　　　　　　　　　　　　　　　　山

（☎836 9999；www.tianmenshan.com.cn；门票旺季3月至11月258元，12月至次年2月225元）游览完天门山之后，你或许不得不承认，这里固然有大自然的壮丽，而人工所刻意营造的险峻带来的冒险感受，也确实是这里的亮点。无论是乘索道还是玻璃栈道，都值得你提心吊胆地花大钱去享受。

天气晴好时，从张家界城区向南眺望，天门山就像一幅巨大无比的大门扇，横亘在天边。山体四周是陡峭的绝壁，山顶却是一块平地，**天门洞**如同一个扁月亮嵌在山间，据说是在三国吴永安六年（公元263年）时山体垮塌形成的。在城区西面的大庸桥头和飞机场是从城区远观天门洞的最好位置。

最主流的游玩方式是从火车站附近的索道站上山。**缆车**（平时7:30~16:30，冬季8:00~16:00）把你送到市区上空，跨越张家界火车站和农家田园，到了索道中站，陡然直升，人悬在半空，贴着悬崖直直爬升到海拔1500多米的山顶。单趟需要约27分钟，旅程不可谓不惊险。

坐到山顶的**索道上站**（末班平时17:40，冬季17:00）后，你就该顺着环山的山道——即所谓**鬼谷栈道**徒步绕山顶走一圈，总长约3.2公里。一般从右手边先走西线，一路惊险栈道，直到崭新的**天门山寺**。天门山和**樱桃湾**

张家界城区

之间有上到最山顶的索道线路,缆车(单程23元)是那种古老的敞开模式,但其实也可以走路上去。樱桃湾有小吃出售,休息之后,继续走东线栈道,神仙坐、俯视天门、玉壶峰、灵泉,一直到天门翻水。

春、夏、秋三季,你会从天门翻水乘坐山体里的电梯下到天门洞去。在冬天关闭天门洞的时候,只能继续穿过珙桐花园走回索道上站,乘缆车下去。

游玩山顶栈道要注意一个原则:沿着悬崖走,才能欣赏到绝佳的景致。春夏花开的时候,山顶内部的道路也是相当宜人的。边走边玩一圈基本费时2小时以上。而整个环线一共有两处玻璃栈道,每段不足百米,每次走玻璃栈道需要收费5元,同时也有其他免费的平行路线可以走完相同路段,只是玻璃栈道都是在外侧悬空处,更险更刺激。心脏病人不要尝试。

乘坐神奇的穿山电梯抵达天门洞,游览完天门洞后,可以继续下999级台阶到天门洞广场(也可以继续搭乘穿山电梯,这一段另外收费,32元),开始另一段惊险的旅行——所谓的通天大道,也就是天门山的盘

张家界城区

◎ 景点
1. 大庸府城 C2
2. 普光寺 D2
3. 土家风情园 A2
4. 武庙 D2

✈ 活动
5. 大本营户外用品商店 D2
6. 捷安特自行车店 D2
7. 茅岩河漂流 C1
8. 天门山索道 C4

🛏 住宿
9. 八戒国际青年旅舍 C2
10. 虫二客栈 C5
11. 大成山水国际酒店 B3
12. 地理学家青年旅舍 C5
13. 云溪禅意酒店 C4
14. 植觉艺术客舍 B5

⊗ 就餐
15. 北站打鼓皮 D4
16. 吃饭皇帝大 C2
17. 二姐凉面 C1
18. 胡师傅三下锅 B1
19. 乐口福 C2
20. 军哥肠子馆 C1
21. 李师傅脆肚 B1
22. 童胖子酱板鸭 C2
23. 小粥仙 C2
24. 庸城十八子 D2

❶ 实用信息
25. 工商银行 C2
26. 张家界市人民医院 C2
27. 邮局中心营业厅 B1
28. 中国银行 C3

❶ 交通
29. 荷花机场 A5
30. 火车站 D5
31. 神州行租车 D2
32. 张家界中心汽车站 C5

山公路，建成于2005年，于悬崖中盘旋而上，号称"99道弯"。乘坐环保车，在无数旋转中回到山下，注意途中要直视前方风景，以防止晕车（或者提前准备好晕车药）。有时候穿山电梯不开放，那么游览天门洞的方式则是乘坐索道下到索道中站，再转搭景区班车到天门洞。

在旅游旺季，等待索道上山的人实在过多，你也可以反其道而行，先坐车到天门洞，再乘电梯上山顶，然后坐缆车下来。这样可以有效减少旺季大排队的等待时间。

天门山管理公司一直以营销活动闻名，譬如邀请特技飞行师钻天门洞、杂技艺人走钢丝或者请蜘蛛人攀岩之类的活动，运气好的话也许能遇到一次这样的表演。如果想奢侈一把，还可以在索道下站找到直升机游玩天门山，包机半小时15,000元，可以搭乘4~6人。

索道下站就在火车站出站后700米处，可以乘4、10路车在天门山索道站下车。

张家界博物馆 博物馆

（☎215 1591；大庸路子午路路口；免费；周二至周日 9:00~16:30)崭新的张家界博物馆适合那些想要知其所以然的旅人。一楼地质厅详细讲述了张家界独特的砂岩地貌是如何形成的；二楼可以看到张家界的历史和人文；三楼则是城市规划展区。从火车站打车到这里10元以内。

✈ 活动

如果你只去过张家界那些摇钱树一样的旅游景区，那么就至少错过了它一半的美。在大山深处隐藏着许多独特的户外路线。旅行者可以走一些一两天的徒步或自行车路线，也有一些开发比较成熟的漂流可以体验。张家界独特的地貌，也让它成为探洞、滑翔伞之类极限运动的胜地，不过那不是一般旅行者能够尝试的，有机会围观一下即可。

徒步

张家界可算是户外徒步的天堂，从高难度的原始森林穿越到轻松的半天行走，徒步线路非常多，从张家界到沅陵的山水徒步借母溪就是其中最好的多日徒步之一。你可以去5A户外（www.5ahuwai.com）论坛找到这些徒步的详细路线，还可以直接报名由当地户外俱乐部和驴友组织的活动。在大本营户外用品商店（见140页地图；☎221 1282；人民广场9号）可以买到基本的装备，店里也有户外俱乐部。

漂流

张家界周边有一些针对团队客人的漂流，都是乘坐橡皮艇漂下20多公里的峡谷，风景还算过得去，一般是在5月至10月的夏天才开放。最有名的茅岩河漂流（每人163元）是乘橡皮艇沿着桑植到张家界市的澧水，从距市区约40公里的温塘镇出发，穿越清幽小峡谷，约1.5小时；系茅岩河九天洞旅游开发公司（☎822 2446；www.maoyanhe.cn；教场路89号）开发，在线预订可有折扣。

自行车

虽然张家界周围大都是崎岖的山路，但也有一些容易骑行、风景也不错的线路，特别是天门山周围，大多可以一日往返。在捷安特自行车店（见140页地图；☎829 8603；人民广场1号；8:00～20:00）可以押身份证租车，自行车基本为捷安特，根据新旧程度，每天租金分别是30元和50元，为保险起见最好租50元的。当然，出发前要全面检查车辆。市区和武陵源区都出现了共享单车，当然，你也只能在市区骑骑它们了。

🛏 住宿

即使你打算去武陵源的景区入口旁住宿，很可能还是会为了便利的交通和天门山景色而在市区住宿一晚。旺季最好预订房间，如果是法定假期，要提前一个月预订，价格涨两三倍也属于正常。平季和淡季大可看了房间再谈价。

最方便的住宿地还是汽车站、火车站附近。它们附近的无数小区已经变成了各色各样的民宿云集之地，样子差异不大，一般在非法定假期假日，标间的价格在100～200元。河北

另辟蹊径

免费观赏天门胜景

昂贵的天门山索道虽然是上山的唯一方式，却不是观赏天门山的唯一办法。仙人溪尚未被开发，沿着这条壮丽山脉下的溪流就能一路到后天门。

骑行是游览仙人溪最好的方式，基本的线路是张家界市区—龙潭ർ—仙人溪水库—犀牛潭—后天门岔路口，然后原路返回，往返40公里，游览时间4～6小时。

从市区出发，过观音大桥到澧水南岸，走迎宾路，过天门山索道站，顺官黎路前行，直行到张罗公路（去凤凰的公路），不要拐到天门路（去天门狐仙峡谷大剧场）。这是一段尘土较大的水泥马路，骑行大概30分钟后会经过连续的两座桥，仙人溪就从桥下流过，但这时不要急着左拐，还要再往前骑700米左右穿过镇子，在路左边能看到一家滕氏鹅馆。去仙人溪的路就在屋后。

接下来是一小段爬坡，遇到两个岔路口都要往左拐，5分钟后就可到达大坝，进入仙人溪水库幽深的峡谷。水库边沿石壁是一条一米多宽的小路，风光优美却狭窄，一定注意不能分神，如果观景就停下来，推车前行。

在山水间惬意骑行40分钟后，会遇见一段干涸的河道，不久之后，视线就会豁然开朗，天门山熠熠闪光的山顶开始出现在视野里，远处就是仙人溪村。路边有农舍，再往前，河岸边排列着几家农家乐，夏天都是来此消暑避暑的城里人。路边第一家农家乐为仙人溪农家大院（☎189 7444 1992），门前就是去犀牛潭或老道湾的公路。上坡后分岔，右边是去老道湾的公路，左边则去犀牛潭。去犀牛潭的路基本为砂石土路，骑行需要1小时左右，当你看到一条溪水化为三叠瀑布，从巨石上流入看不见的一处深潭，就是犀牛潭了，在夏天也有人经营农家乐。从犀牛潭继续往前骑5分钟，左手边就能看到后天门，和天门洞形状很像却鲜为人知。到此便可以原路返回了，如果时间充足，不妨在仙人溪的农家乐挑一家住下，通常的价格是100元/间。

岸稍远的子午路一带则集中了一批二、三星标准的连锁酒店，如果需要更多的隐私空间，可以在App上选择。

虽然森林公园里的居民和客栈已经被要求搬迁，但到你拿到这本书为止，应该还是可以通过城里的客栈和青年旅舍，联系到武陵源景区（森林公园）里的民宿和客栈，他们会提供行李运送服务，一般是30~50元一人，这样你就可以轻装进山了。

植觉艺术客舍 民宿 ¥

[📞155 7688 9977；黄金塔小区（近汽车站）；铺50元，标双158元，普双78元；❄️📶]在车站附近几十家民宿中，这家算得上清新怡人，一楼几乎是一间咖啡馆，二楼的房间舒适，背包客床位房有空调电视，性价比不错。

八戒国际青年旅舍 青年旅舍 ¥

[📞829 9577；大庸府城南侧4楼；铺40元，标双98元；📶]背包客里最有名和资深的一间旅店。房间由宾馆改建而成，除了个别大床标间外都没有独立卫生间，不过大部分房间外就有卫生间（兼洗澡间），开空调的话会加收10元。四楼屋顶有露天的休憩区，一边可以看到广场中央的大庸府城，另一边能看到天门山。店中有自绘的地图，每份5元。乘1、3、5、6、7路公共汽车在大庸府城下车。

地理学家青年旅舍 青年旅舍 ¥

[📞173 4269 3636；官黎路彭家铺小区（近汽车站）；铺40元，标双108元；❄️📶]2017年开业的这家青旅离火车站很近，床铺在青旅中称得上相当舒适，颇受外国背包客欢迎。一楼的安静小酒吧提供西式早餐和简餐。

虫二客栈 民宿 ¥

[📞825 0668；官黎坪居委会峡洞口一巷（近汽车站）；标双138元起；📶❄️]离火车站走路五分钟，土家特色装饰的房间紧凑却也很舒适，漂亮的书吧是亮点，停车方便。

云溪禅意酒店 民宿 ¥¥

[📞886 9777；官黎坪街道铂金公寓5楼（近天门山索道公司）；标单268元起；📶❄️]藏在公寓之中的这间小酒店有着出乎意料的明亮的中式设计，现代而又有中国韵味，不少房间能看到天门山，送的茶味道不错。

大成山水国际酒店 酒店 ¥¥¥

[📞888 9999；www.zjjdc.com；大庸路与机场路路口；标双308元起；📶🅿️❄️]号称国内客房数量最多的酒店，虽然设施有些年份了，但在同等级酒店中性价比仍是很高的。

🍴 餐饮

如果你不是湖南人，那么来到张家界，可能要和服务员打声招呼，请厨师少放一点盐，不然又咸又辣的本地风味可能会让你合不拢口。当然了，就此多吃些白饭、多喝些啤酒也没什么错。

最具张家界特色的美食是土家特色的各种干锅、火锅。要享受它们的话，首先确认能接受油腻、辛辣和动物内脏，一小锅分量基本需要两人以上分享，人均价格在40元以下。比如张家界的招牌美食——三下锅，是由腊肉、肥肠、牛肚等任挑三种、再自行添加蔬菜配料的火锅。另外，在张家界的许多饭店菜单里会有各种野味，不论是出于卫生安全还是环保意识都不应该尝试。

当地人常去的饭馆集中在三角坪、子午路一带，店面环境一般，口味火爆。如果想要环境好的饭店，可以往市中心附近寻访，在大庸府城内有几家。

想吃小吃的话，早餐可以选择各色粉面，**童胖子酱板鸭**（☎139 7442 9087；古庸路114号永定水利对面；半斤板鸭39元；⊙9:00~21:00）是当地著名的卤味。**庸城十八子**（☎888 0186；十字街回龙路与南正街交叉口新明珠旁边；⊙8:00~22:30）是广受欢迎的泡菜店，各色泡菜和鸡爪子是当地人的最爱，十几块钱一大堆，但身为外地人的你请小心辣度。夜宵不妨去南庄坪市场或者烈士陵园的坡上寻觅，麻辣小龙虾吃完了就着酱汁再加一碗粉，是本地的美味吃法。

至于喝东西，北正街关庙巷有本地青少年云集的一些奶茶为主的小店。大庸府城则有一些常见的啤酒酒吧。

胡师傅三下锅　　　　　　　　　火锅 ¥¥

（☎133 1744 3333；子午路三角坪；三下锅48元/锅 起；📶）算是张家界名气最大的三下锅店，虽然只是装修和卫生都非常普通的小店，生意却出奇的好。三下锅的分量扎实，口味地道。

李师傅脆肚　　　　　　　　　　火锅 ¥¥

（子午路496号；脆肚30元/锅；⊙11:00~20:00）主料是特有嚼劲的脆肚，加以木耳、玉兰片、番茄等各种配菜。跟三下锅一样，也是小火锅的形式，相比三下锅，口味要清淡些，适合大部分人的口味，而且在物价飞涨的今天仍然维持30元/锅的价格。

军哥肠子馆　　　　　　　　　　湘菜 ¥¥

（☎218 5838；子午路紫云小区；人均40元；11:00~20:00）另一家著名的吃三下锅的地方，其实，它的常德风味湘菜也做得不错。

小粥仙　　　　　　　　　　　家常菜 ¥¥

（☎218 7808；北正街；人均20元）有粥，有粉，有米饭，配合菜品，可简单地对付一顿。

北站打鼓皮　　　　　　　　　　湘菜 ¥¥

（☎153 6744 7166；大庸路鲤鱼中心北巷鸽子花国际酒店东；人均40元；⊙11:00~20:00）不吃猪肉又想吃当地风味干锅的可以选这家。所谓打鼓皮就是湘西风味的牛肉干锅，同样香辣送饭，人均40元可以干下几碗饭再加啤酒。

吃饭皇帝大　　　　　　　　土家风味 ¥¥

（☎211 9998；解放路151号中商广场五楼；人均50元；⊙11:00~22:00）厌倦了三下锅和"苍蝇馆子"，可以来这里。装修和服务都是长沙品牌店的水准，经典湘菜和本地风味的土家菜都有。

二姐凉面　　　　　　　　　　　　面食

（北正街文昌阁公交站旁；凉面4元；⊙7:00~15:00）煮熟的面条放凉后，拌入大蒜水、姜末、花椒、辣椒油、芝麻油、山胡椒油、花生米、香葱、海带丝等配料，适合夏天来一碗，爽口提神。店面就在公交站旁，好找。

乐口福　　　　　　　　　　　　湘菜 ¥¥

（☎612 7989；大庸府城北；人均50元；⊙白天）环境干净宽敞，特色菜是瓦罐菌汤、酱椒鱼头和香芋排骨，口味是典型的湘菜，上菜速度很快。

☆ 娱乐

如果你真是对歌舞表演有兴趣，可以去看山水实景演出、音乐剧——《天门狐仙》（☎823 0018；www.tianmenfox.com；票价238元；⊙3月至12月20:00），由谭盾担任音乐总监，时长1.5小时。自行前往的话，可坐公交5、9路。如果你住在武陵源区，还可去看《魅力湘西》（☎566 7777；票价228元；⊙20:00）。青年旅舍和网络上都能订到打折的门票，有车可接送。

🔒 购物

如果想买一些茶叶、竹笋之类的山货，可以去菜市场逛逛，市区和武陵源区也有很多土特产小店，价格不算太贵，还可以淘宝下单和包邮。

ℹ 实用信息

危险和麻烦

春节、国庆节等大假，人山人海，物价飞涨，最好避免前往。如果只能在这个时候去，一定要提前预订好住宿、机票、车票乃至门票，参团不失为一个省时、省力、省心的选择。

遇到各种拉客者的围追堵截，包括旅游团的、旅馆的、租车的，最好的办法是闷头不理直接走人，如果搭话可能会纠缠不清。

尽量别与当地人发生冲突,此地民风彪悍,凡事要问清价格,遇到敲诈勒索一定要记住敲诈人的主要特征,如相貌、姓名、车牌号、餐馆名字等,然后向当地有关部门投诉,还不行的话可直接向湖南省旅游局质监所(☎8880 5555)投诉。

银行和邮局

市区中心处处是银行,最多的是工商银行、农业银行和建设银行。**邮政中心营业厅**(☎821 1551;大桥北路)在澧水大桥北面,乘1、4、5路公共汽车在邮政大厦下车。城区内还有五六个邮局。

医药服务

张家界市人民医院(☎822 2270;古庸路天门街140号)是张家界最好的医院,但是医疗条件比起大城市来还是稍微差了一些,遇上重疾,建议你迅速去长沙诊治。乘2、6、7路公共汽车在人民医院下车。

❶ 到达和离开

进入张家界最快捷方便的方式是飞机。铁路目前只有缓慢的普铁,班次较少,并不占优势,高速公路的大巴都可能比火车快。

飞机

荷花机场(售票处823 8293; www.zjjhh.com)离城区非常近,只有6公里,机场很小,就一个县城火车站规模,两分钟就可以走出大厅打车。机场拥有往返北京、上海、深圳、广州、昆明、成都、杭州、南京、长沙、大连、沈阳、西宁、银川和衡阳的定期航班,还有飞往韩国釜山、金浦和中国香港地区的国际、港澳台航班。淡季时可能会减少西北和东北地区的航点。

长途汽车

张家界中心汽车站(☎830 5599)就在火车站旁,是张家界市区内唯一的汽车站,去往森林公园、武陵源区、慈利和江垭的班车集中在发车区的左手边,上车买票。右边去长沙、凤凰等地的一些长途车则是在车站买票,这些跨市车票也可以在你常用的那些旅行App中买到。

火车

火车站(当地人常称"官黎坪火车站",又称"新火车站、火车南站",因为曾有一个旧的火车北站存在)在观音大桥南面,白色钢架结构的站厅显得宽敞高大,在站台上就能看到天门山索道从头顶掠过。不过乘坐火车去外省主要大城市并不方便。通往北京、上海和广州等各大城市的列车每天各有三四趟,通往成都、重庆、西安、昆明的西行列车都没有,只有一趟到四川泸州的列车。

湖南省内的车次,每天早上开往长沙(软座86.5元;8:15;4小时25分)的软座车T8324是最具性价比的,会路经慈利和常德。另外去怀化只能乘火车,硬座37.5元,一天有七八趟,大多数需3~4小时。去吉首的车次更多,硬座17.5元,通常不到

张家界中心汽车站车次时刻表

到达站点	发车时间/班次	票价(元)	行程(小时)	备注
武陵源汽车站	6:30~20:00,约10分钟1班	12	0.7	2017~2018年修路绕行需要70分钟,上车购票
森林公园门票站	6:30~17:30,约10分钟1班	10	0.7	上车购票
天子山门票站	6:30~17:30,30~40分钟1班	15	1.5~2	中湖下车11元,可拼车或打车去杨家界门票站
江垭	8:00~17:00,5~6班	30	2.5	上车购票
长沙	7:30~19:00,半小时1班	97	4.5	
凤凰	9:00~17:20,约1小时1班	80	4	
吉首	7:40~17:20,共7班	50	2.5	
常德	8:00~17:00,约半小时1班	60	2	
衡阳	9:10、15:30	140	6	
重庆	10:45	220	9	
慈利	6:30~17:30,滚动发车	26	1.2	慈利西站停,上车购票

两个小时。

购票厅的网络取票机，兼顾着售票的功能，所以跟窗口一样排着长长的队伍。如果赶时间，请提前及早换票。

黔（江）张（家界）常（德）铁路已经于2019年投入运营，张吉怀高铁也于2021年底通车，到长沙换乘高铁是最方便的抵离方式，最快仅需不到3小时便可到达。

❶ 当地交通

抵离机场

4路公交车可以抵达机场（需步行100米左右），每趟航班抵达后也有机场大巴开往市区的张家界国际大酒店（10元），打车白天20元左右，晚上则需要30元左右，打表或是议价上车前一定要说好。从机场直接打车到武陵源区需要80~100元。

公交车

公交车票价为1元/2元（淡/旺季），不设找补。从火车站出站，前方就是开往市区的6路公交车始发站，其余4、5、9、10路也会从旁边经过，稍微走一下路即可到达。汽车站在火车站旁边，因此只要公交车站写明到达火车站，坐上就是。

出租车

出租车起步价5元，1.6公里后，每公里1.6元；10公里以后，每公里3.2元；22:00至次日7:00夜间，起步价6元，运行加收30%服务费。

租车

想在当地租车自驾，有**神州行租车**（见140页地图；📞888 8891；迎宾路341号）在畜牧局一楼的门面。

武陵源

虽然在所谓"中国门票最贵景区"中排到第三，但如果你真的在门票有效期内认真地赏尽这片奇诡的砂岩林，一定会觉得不虚此行，即使你可能厌烦什么"阿凡达"和种种"世外仙境"的炒作，一旦身临如天兵排阵的云雾石林中，还是会忍不住击节赞叹。

通常被称为"森林公园"的**武陵源景区**（📞661 2301；包含张家界世界地质公园及国家森林公园；www.zjjpark.com；平常门票245元+3

独一无二的砂岩峰林

张家界一个个耸立的"石山"，按地质的说法，是典型的"砂岩峰林"风貌。在划为世界地质公园的近400平方公里的地界内，拔地而起的石崖达3000多座，其中高度超过200米的有1000多座，其中最高的金鞭岩高达350米。石崖形态各异，说是天兵神将在人间毫不为过。

这种砂岩峰林地貌，是地壳运动缓慢的间歇性抬升，经受流水长期侵蚀切割的结果。当切割至一定深度时，就形成由无数挺拔峻峭的峰柱构成的峰林地貌——它们的历史其实不过几百万年，在地球上算得上年轻。而张家界地处稳定的陆地台块，以上下升降运动为主，褶皱运动不强烈，极少地震。这样稳固的地壳基础，是武陵源景区内几千座石英砂岩峰林千百万年都不崩塌的秘密。当然，石柱也有它的寿命，总有一天会倒掉消失，现在天子山一带的峰林就是已经衰老消失中的峰林，金鞭溪一带则是巨大的壮年石柱。

你会觉得张家界和喀斯特石林以及丹霞地貌有一点点神似，却又独具神采。全世界只有几处热带的"剑状喀斯特"地貌能够在"峰林"这个维度来比较，却都分布在类似马达加斯加、婆罗洲、巴拉望和巴布亚新几内亚之类的热带岛屿上。处于北亚热带的张家界砂岩峰林几乎称得上独一无二，在相对高差、柱体密度、柱体造型方面都具有独特的优势，所以成为外国人眼中中国地质奇观的代表，也就不奇怪了。

在水绕四门，设有**张家界世界地质博物馆**（📞551 8555；门票88元，优惠票50元；⏰8:00~17:00），用图文和电影展现了张家界地质形成的过程，还有不少动植物和矿物化石，有兴趣可以花一小时在这儿。想省钱的话，市区的**张家界博物馆**（见141页）也有详细的地质展览。

如何安排你的武陵源景区（森林公园）行程

　　大部分旅行者通常会安排2~3天给武陵源景区，不过极端情况下，你也许只有一天时间给森林公园，那么只能尽可能使用所有快捷抵达的交通工具。假设你住在武陵源，那么应该一大早就进园，搭乘景区班车到天子山乘缆车处。乘坐缆车上山，自东向西，欣赏高处天兵点将的奇景，然后搭车去袁家界，在悬空的栈道上欣赏网红"哈利路亚山"和它的姊妹们，乘坐电梯下山，花两个小时在风光迷人的金鞭溪漫步，走出森林公园门票站，乘坐中巴返回武陵源景区——也可以返回张家界市区。

　　可以看出，极简版的路线是武陵源景区入口—天子山—袁家界—金鞭溪—森林公园入口。换个方向就是森林公园入口—金鞭溪—袁家界—天子山—武陵源景区入口，将徒步安排在早上，可能会感觉更轻松一些。

　　两天、三天乃至四天的行程都可以用这个框架展开，时间越多，你越能去一些游客很少的景区。

　　喜欢徒步的旅人，如果安排两日行程，可以第一天选择从森林公园进入，漫步2小时后，从乱窜坡或者砂刀沟徒步上山，两者都需要耗时2小时左右。中午在袁家界就餐后，下午尽享袁家界和杨家界的风光，17:00前乘车去丁香榕住宿。第二天一早看日出时的天兵点将美景，轻松地游览神堂湾和天子山风光，如果还有体力，可以徒步下山到十里画廊，再从那儿乘交通车去武陵源景区门票站。体力不够的话，可以在天子山乘索道下山，从武陵源门票站出去；省些缆车的钱，也可以直接乘景区班车从天子山门票站出去。

　　不喜欢徒步的话，可以只选择金鞭溪漫步，到水绕四门坐环保车到百龙天梯，乘电梯上山，剩余玩法与前段一致。

　　一个更轻松的方案是，从天子山门票站进入山上的景区（注意，只有张家界市区有到天子山门票站的班车，耗时1.5~2小时），当天将天子山、杨家界和袁家界都逛逛，在丁香榕住下。第二天看了日出后，去天子山乘坐缆车下山（从风景而言，比电梯下山要划算很多），再乘坐景区班车到水绕四门，在金鞭溪逗逗猴子，轻松散步出去。唯一的不便是到天子山的班车不多，而且舟车劳顿，被盘山公路甩来甩去的滋味并不好受。

　　三天的行程将会更丰富，徒步爱好者能得到更多乐趣。假设三天你都住在武陵源市区，那么可以第一天乘车到十里画廊，漫步一小时抵达终点后，攀爬步道上山，这起码会耗去你两个小时。享受了山上的午餐和咖啡后，去点看台看看神堂湾的奇景，乘坐悠长的索道返回武陵源市区；第二天乘坐班车到百龙天梯，在山体中享受突然看见群山的兴奋，欣赏完袁家界迷人的景色后，吃过午饭再从砂刀沟徒步下山到金鞭溪，沿着溪流漫步回去；第三天乘坐班车到天子山门票入口，换乘班车到丁香榕，欣赏老屋场那些山上村庄的空中田园。中午从杨家界的步道下山，这是张家界最罕有游客的步道，步步惊心又神秘莫测。步道可以通达杨家界索道下站，从杨家界门票站出去，也可以通达金鞭溪，从森林公园门票站出去。全看你是否要继续徒步的意愿。

　　如果你是个疯狂的徒步发烧友，那么门票有效期的最后一天，就交给没啥人去的黄石寨和腰子寨（鹞子寨）吧，你可以从森林公园门票站进入，乘车去黄石寨，索道上山，走下来。中午进入鹞子寨，徒步的终点与金鞭溪深处会合，走到水绕四门，乘车从武陵源门票站出去。此时此刻，你的身体便已经被张家界的奇峰异林好好教训了一番。

　　在设计你的日程时，不要忘记武陵源门票站和森林公园门票站都可以寄存行李，这使得你免去了回旅店再奔赴车站的麻烦。无论如何，轻装出行会更方便你游览张家界。

武陵源景区

元保险,学生和老人优惠票160元,含景区交通车,12月1日至次年2月28日 门票165元+3元保险;⊙8:00~18:00,11月至次年2月提前至17:00闭园)占地非常广阔,门票的4日有效期差不多够你基本游览完大部分景点。意犹未尽的话,298元的年票相比而言称得上划算。

方位

几乎所有人在到来之前,都会被武陵源景区(森林公园)的复杂和庞大弄晕。杂乱无章的小路、多达五个景区入口[天子山、森林公园、武陵源(吴家峪)、杨家界(中湖)和梓木岗(水绕四门)]及密密麻麻的景点,让人不知道从哪儿玩起。

其实,打开地图,你只要把眼光投向地图中的水系,就能明白个大概。金鞭溪从西南边流过来,一直向东流,从武陵源的门票站流出去,成为武陵源城区的城市河流。在水系的起点,是森林公园门票站(锣鼓塔),而水系流出景区的终点,就是武陵源门票站了(吴家峪)。

这条水系的南边尽管也有高山,但峡谷

东边耸立着鹞子寨;山上自东向西的公路边则分布着天子山、老屋场、杨家界和袁家界等景点,如果从武陵源门票站进入,需要在溪流旁徒步上山,或是搭乘索道和电梯上山。

环绕景区,总共有五个景区入口,从最东边的武陵源门票站(吴家峪),到南边的梓木岗门票站,森林公园门票站(锣鼓塔),再到西边的杨家界门票站,北边的天子山门票站。你最常用的会是武陵源门票站和森林公园门票站,比较小的可能会用到天子山门票站,更小的可能用到杨家界门票站。

武陵源门票站负责开到山下各景点的班车,天子山门票站负责开到山上各个景点的班车,森林公园入口即是金鞭溪峡谷,只能徒步两小时进出。张家界市区的汽车站有滚动班车发往这三个门票站,武陵源本身就身靠门票站,还有到森林公园的滚动班车。

⊙ 景点

庞大的武陵源核心景区(森林公园),各片区(袁家界、乌龙寨、天子山等)景点之间距离较远,所幸公路上白天都有免费的环保公共汽车(平时8:00~19:00,冬季8:00~18:00),只要有座位的话都招手可停,旺季几分钟就会有一辆,淡季则可能要等十几分钟,注意说清楚下车地点以便司机停车。公路之外,如果不想走路,就得靠两条索道(天子山、杨家界)、一台电梯(百龙天梯)和一条小火车线路(十里画廊),往来于各个景点之间,票价都不便宜。

⊙ 山下景区

山下景区主要集中在森林公园入口处,随着金鞭溪向东流去,还有一个小峡谷被辟为"十里画廊"景区,在那里可以徒步上山。

金鞭溪 峡谷

从森林公园入口往前走5分钟,你便会到达氧吧广场,向左的公路有公共汽车开到黄石寨索道(单程65元,优惠票40元;双程118元,优惠票70元),左前方上山的石阶也通向黄石寨,右手是鹞子寨,向前便是金鞭溪峡谷了。

徒步金鞭溪,这是一段5.7公里长、顺着溪水的平坦石板路,古树参天,石壁和清水迷

值得一游
被人忽略的黄石寨和鹞子寨

可能是因为处在需要徒步进出的金鞭溪旁,同样具有张家界典型奇石风光的**黄石寨**和**鹞子寨**很难进入大众的张家界旅行规划中,但其实,**黄石寨**的山顶可以俯瞰袁家界、杨家界等方向的峰林,也是一处可以尽享张家界奇景的地方。步行上山单程需要2.5小时,在山顶走一圈还要2.5小时,坐索道单程则要52元。**鹞子寨**更"惨",更少有人问津,但是,可以和金鞭溪结合起来,做成一次4~6小时的山野徒步。如果你想"独享"张家界山色,不妨给它一个机会。

人,家庭游客则最喜欢这里的猴群,但小心不要逗弄它们们。约1小时后到岔路口,往左过石桥,前行便是**砂刀沟**。可以直上袁家界,由于没有明显标示,可询问路边商贩或景区管理人员。从此步行约2小时,可以到达山上已经荒废的袁家界中天国际青年旅舍,位置介于杨家界和袁家界之间,路边拦交通车便可抵达山上各大景区。另一个徒步上山口是**乱窜坡**,继续沿金鞭溪前行15分钟,左手边上山的步道即是,这里上到袁家界大概需要1.5小时,中间有食宿点可以吃饭。对爬山有畏惧感的人,不妨继续享受漂亮的金鞭溪,大约再走1小时就能抵达**水绕四门**,从这儿乘车10分钟就能抵达**百龙天梯**(单程72元,优惠票43元),这座高速电梯在山体中运营,快到山顶时忽然跃出山体,是游客喜爱的视频拍摄对象。到山上再坐公共汽车即可抵达所有山上景点。

十里画廊 峡谷

金鞭溪流经水绕四门便能见到公路,乘坐景区公交车,沿着如诗如画的溪畔公路向东走20分钟,即可到达"十里画廊"。下车后进入左手边的峡谷,可以选择乘坐小火车(单程38元,优惠票24元)或步行。峡谷大约长3公里,走路40~50分钟,比起金鞭溪来甚是宽阔,虽没有金鞭溪的奇诡秀丽,但更为壮阔。在路的终点,沿车边的步道上山,大约两小时抵达天子阁,这便是天子山景区了。

◎ 山上景区

山顶的公路,其实呈现的是一条半环线,顺时针旅行的话,从百龙天梯终点开始,经过袁家界、杨家界、三岔口(这里可以下山到天子山门票站,也可以进入丁香榕村和老屋场),然后抵达天子山。

袁家界 山

袁家界主要是一条悬崖边的游道,是张家界最经典的风景,但也是团队游客集中的地方,记住在旺季千万不要逆人流(从东往西)而行。首先看见的是整个峡谷中的峰林,也就是**后花园**,峡谷对面就是黄石寨,从那边看过来的峰林叫作**前花园**,沿着游道西行30分钟后,可以看到一根直立的乾坤柱,也就是所谓的阿凡达**哈利路亚山**了,再走20分钟到**天下第一桥**,这是一座天然石桥,从侧面看比走上去更有意思,再走10分钟便可到停车场。这里的景区大楼和当地村民都提供餐饮。如果想徒步下山,就乘坐去杨家界的环保车,告诉司机你要在砂刀沟下车,从那里沿步道下山到金鞭溪,大约需要1.5小时。

杨家界 山

从袁家界坐环保车到杨家界,游人的数

化石遍地的小路

在张家界一心看风景的同时,偶尔也可以注意脚下的石板,你会发现石头里镶嵌着一些像羚羊角一样的奇怪白色物体,小的铅笔大小,大的有一两米长。它们都是货真价实的化石,是乌贼的近亲,震旦角石(Sinoceras)的壳。这是一种在中国(古称"震旦")发现的角石,和地质学上的震旦纪没有关系。事实上不仅是张家界,在湘西北的几乎所有城市广场、河堤以及景区道路上都能找到它们的踪影,这些石材大多是附近开采的石灰岩,形成于约4亿年前的奥陶纪。里面还有少数化石尖端呈螺旋状,属于喇叭角石(Lituites)。但它们都不是珍贵的化石,不值得破坏道路去凿取,如果你实在喜欢收藏化石,可以去武陵源区河滩上冲积的废石料堆里找找看。

另辟蹊径
张家界游人最少的小路

毫无疑问,张家界是中国开发得最成熟的景区之一,索道、电梯、小火车、大巴、步道等各种设施都非常完善。观赏砂岩峰林似乎变得格外轻松,就连腿脚不便的老人,也可以搭乘电梯和索道欣赏云雾深处的美景。

有得必有失,太便利意味着人潮过多。但是,只要你有心,并且愿意走路的话,你完全可以在群峰深处,在古老的石峰和大树之间,找到独处的空间。

根据作者调研,还是杨家界前往空中走廊和一步登天,再下山经过砂刀沟到金鞭溪的路线人烟最为稀少,景色也最为丰富多变,只是路程也更长,单程至少3小时,体力和经验弱一点的人,花5小时也有可能。其次是从三所消防站经南天门上天子山的栈道,以及与金鞭溪平行的鹞子寨。两条从金鞭溪上袁家界的步道相对而言直上直下,趣味性稍逊,但也足够漂亮,而且1.5小时足矣。

想要更隐秘的路线,还有一条从老屋场"空中田园"下山到峡谷,再走到百龙天梯的步道。然而比起上述步道来说,这条步道的设施相对没有得到及时维护,雨季有蛇虫和滑石的危险。如果想要一探,一定要在丁香榕至老屋场一带的村民中找个可靠的向导。

注意,这些步道尽管在平时是安全的,但在雨季潮湿的时候就增加了危险程度。张家界的雨季在端午前后来临,一直到9月初。请避免在这段时间走登山步道。

量立刻下降了一个台阶。但实际上这里风光也绝不逊色。普通游客看完乌龙寨和天波府就走,你如果愿意花时间,可以看到更妙的一步登天和空中走廊。

这段步道比起袁家界有些难度,有些地方需要手脚并用,如果嫌背包太重,可以在小店里寄存。从停车场往后走,下山两分钟会看到岔路,向右到乌龙寨和天波府,向左则是到一步登天或是下山,直下是下山的捷径。

你应该先去看**乌龙寨**,沿着小路往上爬大约12分钟后会看到乌龙寨寨门,之后会遇到岔路,两条路会在前方会合,旅行者一般从右路上山,从左路下山,这样免得上下山的人挤在一条狭窄的路上。钻过一条狭窄的岩石缝后到了乌龙寨顶,再往前顺着铁楼梯爬上一块石头就是**天波府**,从上面俯视万山如波浪一样层层相拥。从另一条路返回岔路口,往右边水平的路上上下下约1小时,经过3个亭子之后到达**一步登天**,要沿着铁楼梯爬上一块巨石俯视峰林;再往前走5分钟会遇到一个岔路口,往下走是下山,直走10分钟则是**空中走廊**,这是一段在悬崖边的小路,虽然对于恐高的人来说是巨大的考验,但栏杆等设施完好,没有实际危险。

如果不下山,你必须要原路返回,从"一步登天"返程半小时后,你的右手边有条近路,是修整过的土路,15分钟后即回到乌龙寨路口。下山的话,大约1小时后会碰到一个岔路口,往右可以到达杨家界索道下站,往左翻一个坡后,便是砂刀沟和金鞭溪了。无论是下山或是往返,这条徒步可能会耗费你4个小时,所以一定要考虑好当晚离开和住宿的问题。

有些游客会选择杨家界索道下山,门票站外有私人车到中湖镇(2元/人;2公里),在中湖镇你可以搭班车回到张家界市区。

老屋场 山

从杨家界车站,你可以继续搭去天子山的公交车,告诉司机你要在丁香榕路口(也叫"三岔口")下车,从路口往右走7分钟就到了**丁香榕村**,这里拥有十多家旅馆和客栈,不少仍然在经营。狭窄的山中柏油路通往山崖尽头的**空中田园**(老屋场),可以看到石柱顶端有一处水田,和悬崖之间似断非断,还有几户人家在悬崖顶上,远处则是百龙天梯和一片被称作**神兵聚会**的峰林。这是景区内少有的保留野趣的景点,只能包小面的(约120元)过去,如果碰到顺路车,通常也愿意20元把你带过去,走路的话单程需1.5小时。在晴朗的天气,大观台是看日出的好地方,需要你住在丁香榕并且早起(日出时间夏季约5:00,冬季约7:00)去看。

丁香榕路口往上可以抵达天子山，往下可以抵达杨家界和天子山门票站。

天子山 山

从丁香榕路口（三盆路口）继续搭公交车，就抵达最后的终点天子山了。搭环保车到天子山，途中还有两个小景点**神堂湾**和**点将台**，都是从山上俯瞰峰林，风光秀丽，气势壮阔，可以告诉司机你要在这两个地方停留，他会在路口放下你，然后你可以走步道到观景台。从点将台到天子山停车场走路需要半个小时，之后沿着一排小卖摊走5分钟到**贺龙公园**，公园里有贺龙墓、天子阁和五六处俯瞰壮观峰林的观景台，可以用一小时走遍。

看完贺龙公园再沿台阶往上到另一个停车场，就能坐公共汽车到**天子山索道站**（单程67元，优惠票40元）直接下山，也可以从天子阁往下走，约8分钟到**月亮垭**，往左是从**南天门**下山，约需要1.5小时抵达三所消防站旁的公路，搭车很快就到武陵源门票站；直走则是**卧龙岭**，沿着石阶在峰林中游走，五上五下之后，大约两小时到达**十里画廊**，可以乘小火车（单程38元）到停车场坐公共汽车回武陵源入口，也可以走路回去。

当然，你还可以继续搭公交车下山到天子山门票站，记住下午五点以后就没有回张家界市区的公交车了，不过天子山门票站外如今也有了不少客栈。

◎ 其他景区

武陵源（张家界国家森林公园）景区之外，还有几个单独开发的景区，如果你时间足够，倒也不妨走走。

黄龙洞 溶洞

（武陵源区索溪峪镇河口村；门票100元，优惠票60元；⊙旺季7:00~17:30，淡季8:00~17:00）

在张家界景区里经常能看见黄龙洞的广告，洞里最值得一看的是号称"定海神针"的石笋，它的高度接近6层楼，却像蜂腰一样纤细，远看的确很像一根缝衣针，旅游公司曾为它投保1亿元彰显它的高贵。神针所在的大厅里还有其他几十根石笋，是整个洞里最华丽的景色，需要坐一小段船才能到达。洞内有洞，即**雪花洞**（门票15元），里面的钟乳石还没有受到外界污染，保持着洁白。

黄龙洞距离武陵源汽车站约7公里，从武陵源景区大门口（标志门）出来，就有1路公交车，可到黄龙洞景区的大门口，还要再走15分钟才能到达洞口。

宝峰湖 湖泊

（武陵源宝峰路尽头；门票96元，优惠票58元，含船费；⊙8:00~17:30）宝峰湖其实是一座水库，它的设计很奇特，利用峰林之间一个狭窄的岩缝，建了一座高达80米、宽度只有13米的水坝，把石柱淹没成为湖中心的一个小岛。游览的主要内容是在湖上坐船大概1小时，山上还有一条游览路线，和武陵源景区里的风景有些雷同；至于号称《西游记》场景的"宝峰飞瀑"，只是一个人工抽水的喷泉而已。

从武陵源景区大门口（标志门）乘2路公共汽车在终点站下车就到了。

🛏 住宿

武陵源景区的住宿问题远比张家界市区复杂得多。主要问题是在我们调研时，景区管理方仍然在大力促使山中的原居民搬迁出

又见玻璃栈道

自从天门山以玻璃栈道闻名以来，一些景区也打起了玻璃的主意。距离森林公园大约15公里的烂船峡风景区，被包装成为"**张家界大峡谷**"（门票138元）以后，也在景区内建起了号称是世界第一长的**玻璃桥**（门票118元；⊙8:00~17:00），桥面长375米，宽6米，桥面距谷底相对高度约300米，吸引了一些喜欢拍照的游客——然而景区并不允许你拍照。奇葩的是，由于投资者将门票销售给了30多家旅行社，你在网上搜到的预订网站，全非其经营者的官方网站。如果一定要去，我们的建议是：第一避开节假日，这样可以避免排队或是提前预订，能直接到现场买票；第二是尽量自驾或者包车过去。武陵源车站外有去张家界大峡谷景区的班车（20元；0.5小时），但班次稀少不稳定。

去慈利洗温泉

在张家界那些险要的山路中走上两三天，不妨考虑去附近的温泉泡一下解解乏。周边名气最大的是两小时车程的**江垭温泉度假村**（☏335 5888；汽车站外大转盘旁边；118元/人起），这里温泉依旧很好，但是客房已经老旧得像以前的招待所。一个居住更舒适、车程也更近的选择是慈利县城东边的**慈利万福温泉度假村**（☏333 3333；汽车站外大转盘旁边；120元/人起），温泉区池子非常多，环境不错，甚至还有"高空玻璃泡池"——继承了张家界景区对玻璃的热爱。武陵源去慈利的班车很多，80分钟即到，下车打车去城东的温泉度假村，第二天无论去常德还是长沙都非常方便。

去。虽然拉锯战仍在持续，在重重压力之下，神堂湾、袁家界、杨家界的客栈大部分已歇业。然而，丁香榕至老屋场一线，相当多的民宿和客栈仍然在营业，只是你很难通过订房网站和App找到它们，只能通过当地山下的客栈取得联系，或是直接上到景区内来找。

原居民与管理方的利益矛盾，有可能还要若干年才能解决。我们建议，即使你很想在山上住一夜，但还是要做好两手准备，即住在武陵源市区或张家界市区的预案。你可以请张家界或武陵源的客栈代为预订，也可以将行李寄存在山下的客栈，游玩到16:00前去丁香榕看看有没有合适的住宿，没有的话还来得及下山。山上仅存的客栈条件相差不大，标间都配备热水器，没有制热功能的空调（冬天只能用电热毯），独立卫生间，装修得如早年国营招待所。根据淡季、旺季的不同，价格60~200元都有可能。此外，根据一些旅行者的经验，实际上杨家界和袁家界一些没有搬迁的村户也可以投宿。

如果你没有在山中住宿的心思，问题就好办多了。武陵源门票站外的"武陵源城区"是你最主要的住宿选择地，这里从青年旅舍到乡村客栈，再到国际连锁五星级酒店应有尽有，和嘈杂热闹的张家界市区比起来，它有时候反而显得更为安静，就像是一个纯粹为游客建起来的"睡城"。除此之外，武陵源区各处山野，尤其是靠近森林公园门票站和杨家界门票站等地，也有一些客栈甚至精品旅舍，但选择这些地方居住就无法依赖公共交通了。一般来说，这些山野村镇上的旅店都会提供每天接送的服务。

每家旅馆都能寄存行李。此外，武陵源门票站和森林公园门票站都有寄存柜，但行李箱最好不要过于巨大，50升的背包是没有问题的。

1982初见客栈
青年旅舍 ¥

（☏555 5866；军邸路与驼峰路交叉路口；铺50元，标双198元起；🛜❄🅿）武陵源区最受欢迎的青年旅舍之一，距离门票站走路5分钟，青年旅舍该有的自助设施和公共空间一应俱全，与其他青旅相比空间称得上宽敞。

卡慕国际青年旅社
青年旅舍 ¥

[☏561 2300；未央路汽车站旁50米处（锦华酒店对面）；铺50元，标双138元起；🛜❄🅿]另一家广受欢迎的青年旅舍，靠近车站，距离门票站也就是十七八分钟的步行路程。Lott风格的设计更为年轻和风格化，每间房都有洗手间，Wi-Fi速度不错。

湘西之恋人文主题酒店
客栈 ¥¥¥

（☏595 9008；未央路汽车站旁；标双328元起；🛜❄🅿）中式装修湘西风格的房间，虽然看起来风格并不突出，但舒适宽敞。亮点是可以称得上无微不至的管家服务和旅游咨询，在这个价位的酒店是罕见的。汽车站旁的位置也很适合交通安排。

京武铂尔曼酒店
酒店 ¥¥¥

（☏888 8888；www.pullmanhotels.com；画卷路；标双598元起；🛜❄🅿）是武陵源区最早的国际五星级品牌酒店，房间保养不错，有宽敞的游泳池甚至网球场。去森林公园门票站的车会经过门口，走路到武陵源门票站大约要10分钟。

禾田居
精品酒店 ¥¥¥

[☏336 6666；www.harmonahotel.com；三官寺乡张地坪（黄龙洞景区往三官寺方向2公里）；标

双960元起；⓼❄Ⓟ]如果想寻找在武陵源山水中度假的感觉，那么禾田居是最好的选择之一。绿树环绕的环境中散布着露天泳池和一栋栋木质别墅，茶园和栈道让你感觉与外面的嘈杂隔绝。酒店餐厅提供讲究的湘西菜，也有班车每天接送住客去景区。

✘ 餐饮

景区内的就餐问题很简单，天子山和袁家界两大人潮集中地都有提供快餐的地方，其中天子山有麦当劳和号称中国最宽敞的麦咖啡，袁家界有肯德基。另外，袁家界和杨家界等原居民住地还留有一些当地人开的餐厅，价钱都差不多，都称得上昂贵，譬如一盘腊味要80元，但还好都有明码标价的菜单。一般的步道和景点处有不少小铺子，泡面、茶叶蛋、啤酒和水很容易买到，价格合理，和你在火车站买的价格差不多。如果你在景区内残余的那些客栈或民居里住宿，晚饭、早饭包餐是常见的做法，一般50元就够了。

武陵源小小的"市区"，则云集了很多为游客服务的餐厅。菜品、味道和价格都差不多，比张家界市区要贵一点。在这些大同小异的游客餐厅中，值得推荐的是**印象鲵宴**（☏599 9997；溪布街宝峰桥桥头；99元/人；⊙11:00~21:30），四层楼的餐厅环境优雅，除了点餐，号称99道菜的自助餐厅非常适合落单的旅行者，你能吃到三种娃娃鱼菜式，各种湘西菜、西餐、日餐和啤酒，味道都在水准之上，团购网站的价格非常实惠。与它隔马路对望的**乌龙山寨**（☏595 6666；天子路宝峰桥桥头；人均50元；⊙11:00至次日1:30）有不错的湘菜和本地菜，也是那种你可以放心的服务良好的连锁品牌。

印象鲵宴身后的"溪布街"是武陵源区的旅游步行街，有在其他景区常见的那些店铺。如果你想在河边喝点啤酒，这里大批酒吧倒是为你提供了选择。

❶ 实用信息

危险和麻烦

如果是在10年前，在张家界简单的游道上行走，真有掉下悬崖的危险，然而现在的步行游道，早就铺上了至少1.5米宽的青石板，但要避免雨天走那些基本没什么游客的上下山步道。常见的麻烦来自景区内的三大群猴子，它们是这里的"地头蛇"，千万不要招惹它们，最好也不要拿食物在手上，否则猴子一把抢去时也可能抓伤你的手。如果晕车的话，要提前做好相关防范，山路十八弯，需要极好的定力和适应能力，环保车中防吐的塑料袋使用率不低。

银行和邮局

在被世界遗产组织警告过后，景区内拆除了许多设施，比如高级酒店、银行和自动柜员机，要取钱的话只有去森林公园和武陵源售票处之外的银行；在水绕四门有邮局，卖明信片的小店也可以代寄。

上网

景区内没有网吧，但是Wi-Fi基本成了大大小小各家客栈的标配。整个景区4G和3G信号基本上都良好。

实用电话

旅游投诉（☏838 0193）
救援电话（☏561 0120）

武陵源区汽车站车次时刻表

到达站点	发车时间/班次	票价（元）	行程（小时）	备注
张家界汽车站	6:30~20:00，约10分钟1班	12	1.2	修路完毕后缩减至40分钟，上车购票
森林公园门票站	6:30~17:30，约25分钟1班	10	0.7	上车购票
江垭	8:00~15:00，4~5班	30	2.5	上车购票
长沙	8:20、15:20	97	4	
常德	8:20	60	2.5	
凤凰	8:30、14:30	77	4	
慈利	6:30~17:30，滚动发车	26	1.4	慈利西站停，上车购票

团队游

在武陵源景区内一般用不着导游或向导,如果有团体旅行的需要,可以联系**张家界中国旅行社**(📞555 5885;子午路26号),三日费用约为500元。导游会向你动情地讲解每座石峰象形的命名,对你的想象力是巨大的考验。

❶ 到达和离开

武陵源区汽车站在未央路和桂花路的交叉路口,目前已经联网,你可以在携程和去哪儿等App买到其跨市的车票。

❶ 当地交通

在森林公园景区内,搭乘景区班车是免费的,但尽量在固定乘降点上下车,以免旺季客满搭不到车。

武陵源市区内,乘1路公交车到景区大门口,3路公交车到黄龙洞,就餐居住一般步行即可解决,打车去市区火车站需要80~100元。

怀化及周边

在很多游客的眼里,怀化主要是去凤凰旅行的一个火车终点站,下了火车后,从这儿到凤凰的大巴只需要1.5小时。

其实,走出作为铁路枢纽的怀化市区进入山水间,你会发现这里溪流密布,河道纵横,古称"五溪"之地。"五溪"是泛指那些汇入沅江、最终归入洞庭的湘西各条支流水系。其中,潕水(又被写为"潕水""舞水")自西向东由贵州流来,流经芷江、怀化、荆坪和黔城,在黔城汇入沅江;巫水(也被称为"洪江""雄溪")自东南流向北,经过高椅古村,在洪江古商城汇入沅江。旧时代水路码头的光影痕迹,在这些古镇一些残留的街巷、窨子屋中还能寻到,飞虎队的抗战遗迹依然存留,这是"偏远"的怀化予人的意外之喜。

在怀化的南部,三省交界处的通道,则是一条天然的侗族群落"通道",它与广西三江、贵州黎平的侗族彼此相融无间,一条坪坦河将村村寨寨——芋头、黄土、坪坦、阳烂等串联起来,侗家乡土建筑鼓楼、风雨桥以及体量庞大的民居木楼一路沿河分布,随处可见。如赶得巧,碰上侗家的合拢宴,伴着侗家"耶——啰——耶"的歌声,你会被灌下大碗的"苦酒"——名不副实的它是甜的,却很容易就让你醉倒在悠悠风雨声中的竹楼里。

怀化

四条铁路,从民国的湘黔,到中华人民共和国的焦柳、渝怀,乃至21世纪纵横中国的沪昆高铁都交会于怀化,成就了这个并没有多少历史根基的城市,说是湖南版的郑州也不为过。虽然作为新兴城市缺乏历史人文景点,但怀化仍然是你探索那些保有民国风韵的沅江古镇很好的根据地,荆坪、黔城、洪江和芷江都有非常方便的公共交通可以当日往返,尤其荆坪、黔城、洪江和高椅刚好是一条线,可以花两天时间走一走。

住在怀化客运南站附近,你会比较方便地搭乘去荆坪、黔城、洪江、通道的公交和班车。不过怀化不大,出租车和公共汽车可以很方便地把你送到这些交通枢纽。

◉ 景点

荆坪村 古村

荆坪村离怀化城区有15公里,与新建的中方新区隔河相望。村里保留了一些明清时代的老房子、田园农舍。本地城里人周末或假期闲来无事,就会来村子里呼吸一下乡村的新鲜空气,顺便吃顿农家饭,打牌聊天。

从荆坪大桥上眺望荆坪村,村子在一小小河湾怀抱之中,沅江支流潕水(舞水)从其身旁绕过。全村有四百多户人家,全姓潘,村中最重要、最大的古建筑就是村头的**潘氏宗祠、五通庙、关圣殿**,三者连为一体。进入潘氏宗祠,可见到青石板铺地的大厅和天井,回头能见到戏台和戏楼。两边的戏楼可顺着简易的木梯登上去,两边墙壁上均有斑驳的壁画,壁画有些年头了,画中有古人对弈,也有凤鸟祥兽。走到宗祠的尽头,能见到神龛上摆满了牌位,其中有清代康乾时期的大人物潘仕权,此人曾做过乾隆的启蒙老师,是本村最"牛"之人。另外还有位"牛人",就是相传本村人的祖上——潘仁美,其实历史上另有其人。

村子不大,顺着石板路用一个小时基本能转完,各处景点门外都有木制标牌,牌上有

相关的景点介绍。景点**潘仕权故居**、**节孝坊**、**古井**都在村西头，彼此相隔不远。古井，据当地人说为唐代的旧物，花岗石井沿上的勒痕最深的有十厘米左右，浅的几厘米，深深浅浅几十条。1964年发掘的一个明朝浮雕祭祀品石鱼，在一个当地人家的院落里面，进去观赏要交费1元。

村中小道纵横，四通八达，适合信步闲逛。春天来此，能见到村边油菜田中大片金黄灿烂的油菜花。

村子作为当地人度假休闲之地，有着各种农家乐——农家饭店、农家旅馆，食宿都不成问题，餐厅集中在宗祠旁边，也有不少老太太摆摊卖些简单的粉面。村子另一头有一家宾馆**溯阳山庄**（☏283 0088，283 0087；过桥后北侧；标双100元起；🛜）可以住宿。

乘坐3、13、33路公交车（3元；0.5小时）都可以从怀化市区抵达荆坪。不过3路在荆坪桥路口停，需要右转步行10分钟左右，过桥即到。

🛏 食宿

火车站附近拥有无数的廉价旅馆和连锁快捷酒店，不过过于嘈杂，环境不太好。怀化体育中心一带才是相对干净和清静的住处，距离去附近景点的怀化汽车南站和怀化高铁站都更近，有特色的旅店可以说没有，在订房的时候尽量在网站和App中注意选择那些开业一两年的旅店，它们的卫生状况相对要好一些。

在作者调研期间，体育馆旁边的**半岛洲际酒店**（☏221 6666；锦溪南路体育中心对面；标双380元起；🛜 P）和**希悦酒店**（☏258 9999；天星东路奥都公馆2号楼，体育中心正对面；标双320元起；🛜 P）算是城中最好的选择，都是2016年、2017年开业的，后者的装修要文雅一些。如果选择在嘈杂的火车站附近住，**城市便捷酒店**（☏299 0888；鹤洲北路18号，火车站广场附近；标双188元起；🛜 P）是相对较好的选择。

就餐问题，怀化在湖南各地中显得特色不足，甚至不如其辖内县镇来得有特色。火车站广场边的通程大厦，有必胜客、黄记煌、重庆小天鹅等中西餐店。湖南特色的岳阳蒸菜、小炒也随处可见。粉面算是花样众多，不妨试试安江的碱面，特别是干挑（不放汤）的做法，类似油泼面、热干面。如果想吃夜宵，在铁北区有条街，沿街十几个门面全是当地人吃夜宵的店子，主要以烧烤、红酸汤（小火锅）为主，跟出租车司机说去铁北区宝家山吃烧烤红酸汤即可。

ℹ 到达和离开

飞机

怀化机场也就是位于芷江县的芷江机场，离怀化市城区有1小时的车程。有通往北京、上海、深圳、昆明、西安、海口、成都、重庆、三亚、天津、济南、南宁、福州和泉州的航班。

长途汽车

四通八达的高速公路使得怀化的长途汽车

怀化汽车站车次时刻表

到达站点	发车时间/班次	票价（元）	行程（小时）	发车站
黔城	6:30~18:00，约25分钟1班	12	1.2	南站
洪城	6:30~17:30，约30分钟1班	10	0.7	南站
高椅	13:40	35	3	南站
长沙	9:00、10:00、11:30	150	5	南站
衡阳	8:30~16:30，共6班	145	4.5	南站
通道	8:00~18:30，共14班	73	2.5	南站
凤凰	8:30~17:50，约70分钟1班	39	1.5	西站
芷江	6:20~18:00，约15分钟1班	12	1	西站
芷江机场	8:20~19:30，约1小时1班	15	1.2	西站
会同	6:50~18:20，约20分钟1班	39	1	东站

也有不错的通达性。根据目的地不同，长途汽车分别在西站、南站和东站发车。游客用得最多的是通往几个古镇和通道的**汽车南站**（☎236 2833；红星南路373号），其次是**汽车西站**（☎256 6785；怀芷路68号），还有很少有机会用到的**怀化汽车东站**（☎226 0414）。

火车

市中心的怀化站曾经是铁路旅行的一个重要枢纽，但是随着沪昆高铁的运行，它对旅客的主要意义只有北上去张家界（硬座37.5元；3.5~5小时；每天15趟）了。当然，如果你喜欢卧铺，那么沪昆铁路沿线的昆明、贵阳、杭州、上海和京广铁路上的北京、郑州、武汉以及成都、重庆都仍然有不少列车提供卧铺。

城市南部崭新的怀化南站是沪昆高铁的重要车站之一，在这里可以迅速地抵达长沙（152.5元；1.5小时）、衡阳（252元；2.5小时）、广州（467.5元；4.5小时）、昆明（369元；4小时）、重庆（295元；4小时）、上海（603元；7小时）、北京（801元；7小时）等京广、沪昆、渝贵高铁线路车站。从怀化南站能抵达的城市数量还在迅速扩展中。

❶ 当地交通

抵离机场

怀化西站门前的公交车站有开往芷江机场的班车（15元；8:20~19:30，约每小时1班；70分钟），你也可以乘大巴、火车或者动车前往芷江，再打车去机场，另一个选择是乘高铁动车去芷江（12分钟），再打车去机场（30元；20分钟）。

公交车

怀化的公交车服务在同级别的城市中还算可以，城区线路票价通常为2元，郊区线路分段收费。以怀化火车站为起点，你可以乘坐15路到汽车西站（也可以步行），乘坐12路到汽车南站和铁路怀化南站（高铁站），另外乘30路也能从市中心抵达高铁站。

出租车

在经过整治之后，怀化的出租车秩序好了不少。起步价为5元，2公里后跳表，半公里0.8元，夜间则为1.2元。

黔城

黔城，在沅江和潕水（舞水）冲积而成的河湾之中，曾是沅江边一个重要的集镇码头。沿沅江逆流而上是贵州清水江，沿潕水（舞水）可到达贵州镇远。如今，码头河滩已改建成现代的防波堤，不过古城还保持着原初的模样——明清时代的街巷、窨（yìn）子屋、祠堂、庙宇，当地人的生活仿佛也停留在数十年前，不紧不慢。千余年前的唐代，当地官员王昌龄在小镇送别朋友辛渐，由此留下了一首诗——《芙蓉楼送辛渐》。

◉ 景点

由于旅游开发，黔城被赋予了**黔阳古城**（门票70元；www.zgqygc.com）的名号。门票包括了芙蓉楼、钟鼓楼等"景点"，如果你只是逛逛古城则无须买票。从门票中心进入，找到进镇政府的道路（普明路）——公路右边一条斜上的小路。顺路口的小坡上去，路边有一棵参天古树，树前立有王昌龄的石像一尊。走过几步抬头就能见到**钟鼓楼**（见159页地图）了，此楼是原北宋普明寺的一部分。而普明寺的位置被镇政府占据，院里有一棵千年铁树和一口古井。

沿台阶向下是东正街，顺街往西前行，见岔路后往左走，便能见到**南正街**——小镇中保存最完好的老街。街长百米，青石板街面，临街老屋的屋檐一律卷棚式样，楼阁上是花格木窗。在南正街上有家私人博物馆——**张家老屋**（见159页地图；民俗博物馆；☎731 1242；南正街26号），屋子建于明末清初，一共三进，主人收集了当地民间的一些老物件。

顺着南正街前行，走到路的尽头，出了屋宇楼群，便能见到沅江与潕水的交汇。沿河边的大道前行经过一所学校——黔城三中，便能到**芙蓉楼**。芙蓉楼在古城尽头的江边，是清代嘉庆年间的建筑，楼前有清代嘉庆二十年邑令曾钰写的碑文《新修芙蓉楼碑记》——"有楼曰芙蓉，相传少伯送辛渐赋诗饯别其中，文采风流，照耀今古，楼在县境。"整个园子不大，十几分钟便可转遍。主楼后有芙蓉池、半月亭、耸翠楼、三角亭等，而玉壶亭掩映于梧桐绿荫下，道光年间一位状元在此篆刻的壶形锲石仍竖立于亭间，"一片冰心在玉壶"七字被巧妙地嵌合成一个"壶"字形。

出芙蓉楼的正门，是一座看似倾斜的

黔城镇

牌坊,有泥塑"王少伯送客图",展现了王昌龄送辛渐时的情景。牌坊的对面是一座小亭——送客亭,亭下是绕城而过的潕水。

游完芙蓉楼出来,在广场边便见到一红砂石拱门——中正门。穿过门洞前行是西正街,街上有几幢大宅院窨子屋,有些屋子已被开辟成某些当地收藏和手工艺品的展馆。出了这条街往左拐,便可到芙蓉楼后面的北正街。走在这条街上会路过文庙(见159页地图),残留着泮池台阶,空地则被今人辟为菜园,文庙右侧的大门有时是开着的。从此地到育婴巷,巷子里有节孝祠,此祠有众多的门牌,其中有一块就是"戴笠临时公馆",里间陈列着根雕等当地的手工艺品。从北正街一直向前走,便是河边码头。

黔城镇

◎ 景点
- **1** 芙蓉楼 C1
- **2** 文庙 C2
- **3** 张家老屋 B3
- **4** 钟鼓楼 D3

🛏 住宿
- **5** 丁字街客栈 C2

ⓘ 实用信息
- **6** 码头 C4
- **7** 邮局 C3
- **8** 游客中心 D3

ⓘ 交通
- **9** 公共汽车站 D2

🛏 食宿

古城里有三四间老宅改造的客栈，位置正中的**丁字街客栈**（☎731 0848；黔城镇上南正街；标间108元起；🌐❄）2016年装修，干净清爽。当然你也可以选择回怀化住宿。

古城里仍有一些当地人喜欢的小吃店，邮局旁边尤其不少，绿豆和糯米粉做的绿豆面是当地特色，圆的米豆腐被称为"百粒圆"，配料经常有酸萝卜丁、辣椒、姜、蒜、葱、香菜等，凉拌着吃。

ℹ 到达和离开

怀化客运西站到黔城有频繁的滚动班车（12元；6:30~17:45，每25分钟一趟；50分钟），到站后的**黔城汽车站**（☎766 1658；洪江市芙蓉东路与209国道路口）属于新城（即洪江市政府），可以继续转乘黔城1路公交车（2元），终点站即是黔阳古城。从黔城去洪江古商城，走出古城，沿古城路往北走200米到芙蓉西路路口，在那里等怀化去洪江的班车即可，一般6元（20分钟）。

ℹ 当地交通

古城到汽车站搭乘1路公交车（2元）即可，也可以打车（6元）。

洪江

早年的沅江流域，颇有不少被称为"小南京""小重庆"的小镇——沅陵、辰溪、保靖、里耶等，相较而言，洪江确实算是数一数二的大码头。巫水从南而来，在这里注入沅江，河面宽阔，港坞优良，是旧时从沪、汉下至滇、黔的必经之地，夸张一点可"扼西南之咽喉而控七省"。由此中南、西南的财富货品齐聚于此，行商、政客、军阀各类人物迎来送往，据康熙二十六年（公元1687年）王炯《滇行日记》记载，在明清鼎盛时期，此地已是"烟火万家，称为巨镇"。

水运败落几十年后，城中只留下一片明清时期的高宅大院，里面塞满了各式住户平常人家，家居陈设凌乱不堪。外人仅能从残存的外观框架猜想这些衙门钱庄、会馆商宅、青楼烟馆当年的模样，以及这里曾经有过的浮华光鲜的生活。"商城"之名，其实就是缅怀当时商贾云集的盛况。

注意，你可能被两个洪江困扰，现在的"洪江市"由当年的洪江市和黔江县合并。合并之后，黔城旁边的新城，成为新的"洪江市政府"所在地，但汽车站仍然名为"黔城汽车站"。老洪江则成为不伦不类的"洪江管理区"，指洪江古商城一带，这里的车站叫"洪江汽车站"。

◉ 景点

下了从怀化过来的班车，走出汽车站便是沅江路，也是旧时著名码头之一——**犁头嘴**。横过马路就是**洪江古商城**（☎763 2579；门票120元；⊙8:00~17:00），也是当地人称的"二街""三街"（"街"在当地发音为"该"）。门票站正对着车站出口，如果你只是想感受古城氛围而不打算进那些大院的话，其实从沅江路任何入口都可进入其中，从门票入口进，则会被景区值班人员要求购买门票。景区门票包括景区内各景点的导游解说，观看仿古表演，进各景点需在门票上打孔验票。

这片街巷也是洪江仅存的窨子屋群，有明清时期的窨子屋380多栋，屋宇之间由"七冲八巷九条街"串联贯通。洪江人一般将平整

争龙标

唐天宝七年（公元748年），王昌龄由江苏镇江谪贬至龙标，出任当地的龙标尉（相当于现在的公安局长或武装部长的官职），这是不争的事实。但龙标在哪里，湖南黔城与贵州隆里各执一词，争论不休。隆里现有龙标书院、状元桥及少白蓬等古物，《贵州通志》《黎平府志》《开泰县志》等记载龙标为今之贵州锦屏县隆里所。《开泰县志》记载："隆里之有龙标书院，创建自唐王昌龄公。"而黔城，最早的历史可追溯到汉代——公元前202年就置镡成县，而后各朝历史都有史料可考，如《旧唐书》中"龙标，武德七年置，属辰州。贞观八年，置巫州，为理所也"。而龙标的确切所在，现在还无定论。

洪江城区

稍直且长的街道称为"街",沿山沟而建窨子屋所形成的街道称为"冲",冲、街之间因地势所致形成的走道称为"巷"。窨子屋基本为典型的明清江南营造法式,青瓦灰墙,阁楼飞檐,墙壁四面由青砖砌的封火高墙合围,形成一个封闭的空间。中堂极为高敞,随意进一家,便是个天地。

古城内挂牌的景点众多,有的装饰一新对外开放,有的则大门紧闭,或者进去就是人家的住所居屋。走进古城街巷,容易迷失方位,所以要把握一个原则:见到大片的新式建筑,原路返回便是。

如果从沅江路的诚信大药房与中国人保财险之间的路口进去,可以直接到达古城中心位置——龙船冲,此地是当年钱庄、报社、机关所在地。在前行的第一个三岔口,能寻到旧时的税务机关——厘金局(见170页地图),从铁皮圆拱形大门进入,(下接170页)

洪江城区

◎ 景点
1 大兴禅寺 A2
2 妙音寺 A2
3 嵩云山 A2
4 雄溪公园 A3

✘ 就餐
5 菜根香 C3

ⓘ 实用信息
6 工商银行 C3
7 建设银行 C3
8 区公安局 B4
9 邮局 B4
10 中国银行 C3

张家界天门山（见139页）
门山四周是陡峭的绝壁，山顶却是一平地，天门洞如同一个扁月亮嵌在间。

2. 高椅岭丹霞（见240页）
如若从高空俯瞰，这一片丹霞地貌山水交错，蓝绿相间，如同一只巨大蜥蜴匍匐在碧水之上。

3. 莽山石坑崆（见235页）
石坑崆又叫湘粤峰或猛坑石，位置就在湘粤边界处，是广东第一高峰（1902米）。

彭棠 摄

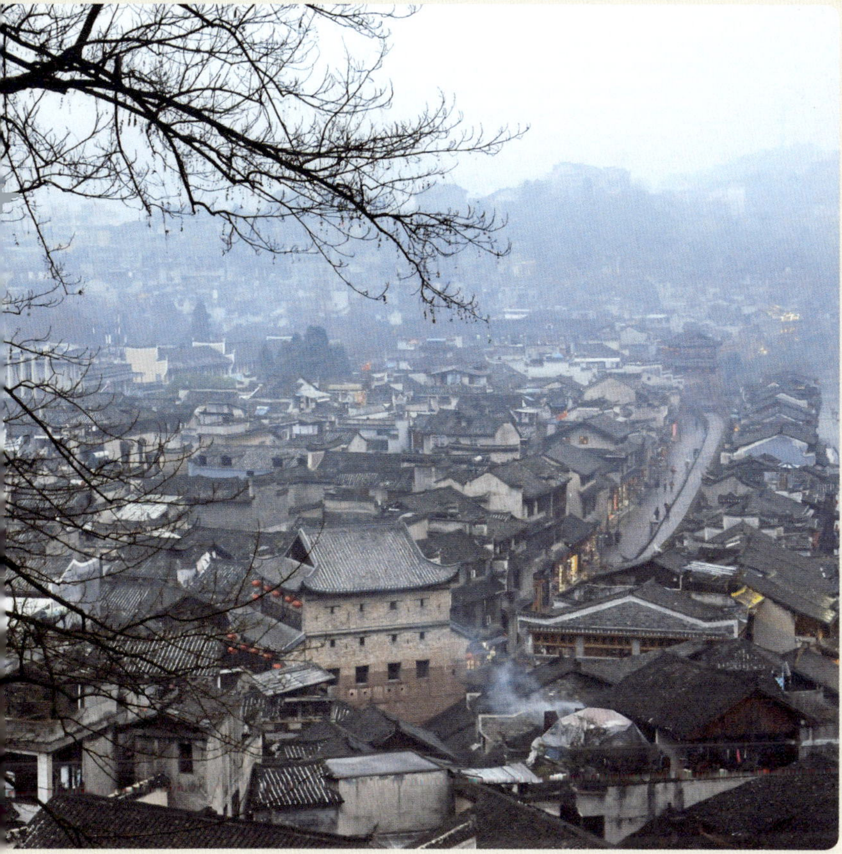

视觉中国提供

3

易晓春摄

1. 黔城老街巷（见158页）
黔城位于沅水与㵲水（舞水）的交汇处，是旧时的重要码头，如今还保留着明清时代的老街巷。

2. 凤凰古城（见96页）
凤凰古城背靠青山，绿水相依；石板街两边青瓦覆古屋，远眺错落有致；跳岩、风雨桥衔接起沱江两岸。

3. 坪坦侗寨（见176页）
坪坦侗寨是通道侗寨群落中的一座，木楼边的水塘种莲养鱼，同时兼顾防火的作用。

4. 上甘棠村步瀛桥（见230页）
上甘棠村南侧的北宋时期三拱桥与文昌阁，已成为江永旅游最上镜的古雅画面。

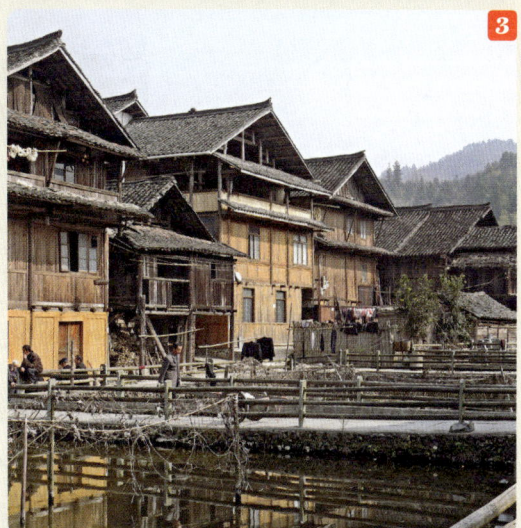

2

视觉中国 提供

3

视觉中国 提供

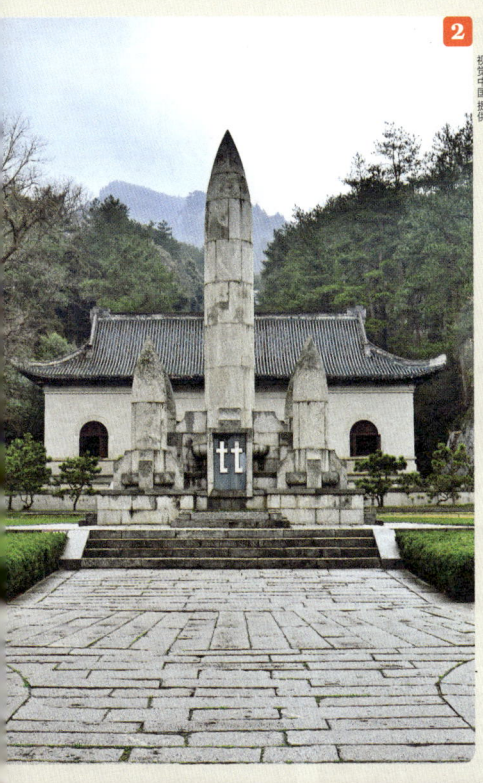

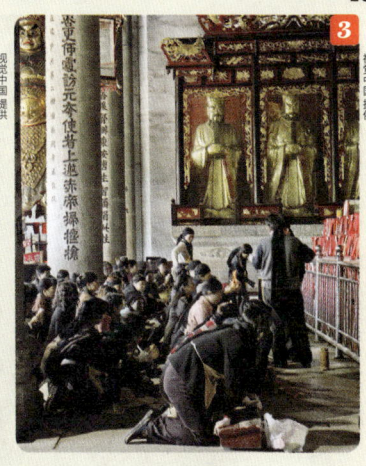

1. 永州柳子庙（见220页）
柳子庙坐落于永州潇水之西，面对愚溪，始建于北宋，是纪念柳宗元的祠堂。

2. 衡山南岳忠烈祠（见209页）
南岳忠烈祠是中国规模最大的抗战烈士纪念陵园，也是大陆唯一纪念抗日国军阵亡将士的官祠。

3. 衡山南岳大庙（见205页）
位于衡山脚下的南岳大庙佛道共殿，香火旺盛，每年吸引无数香客前来朝拜。

4. 里耶秦简（见135页）
2002年，里耶出土了36,000多枚秦代竹简，其数量是之前中国考古发现秦简总数的10倍。

4

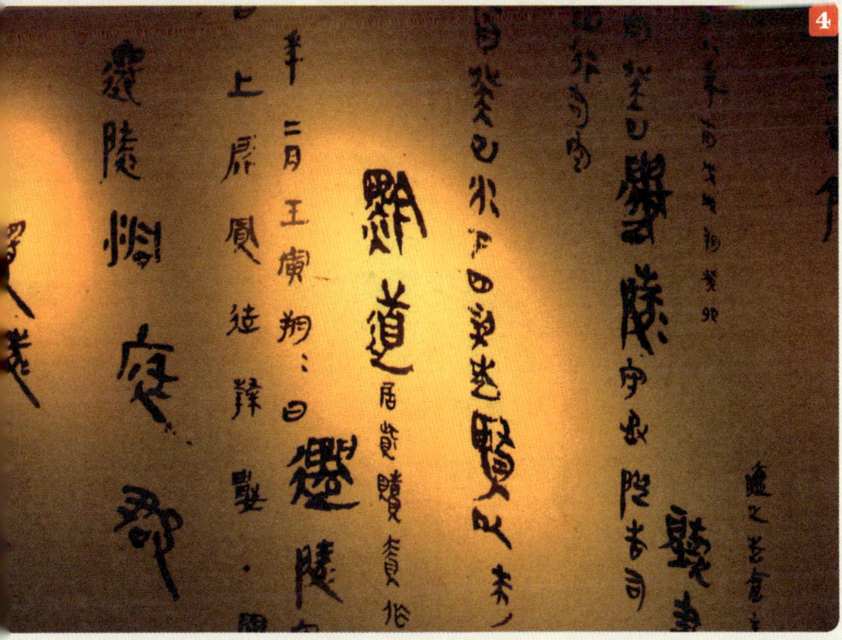

彭棠 摄

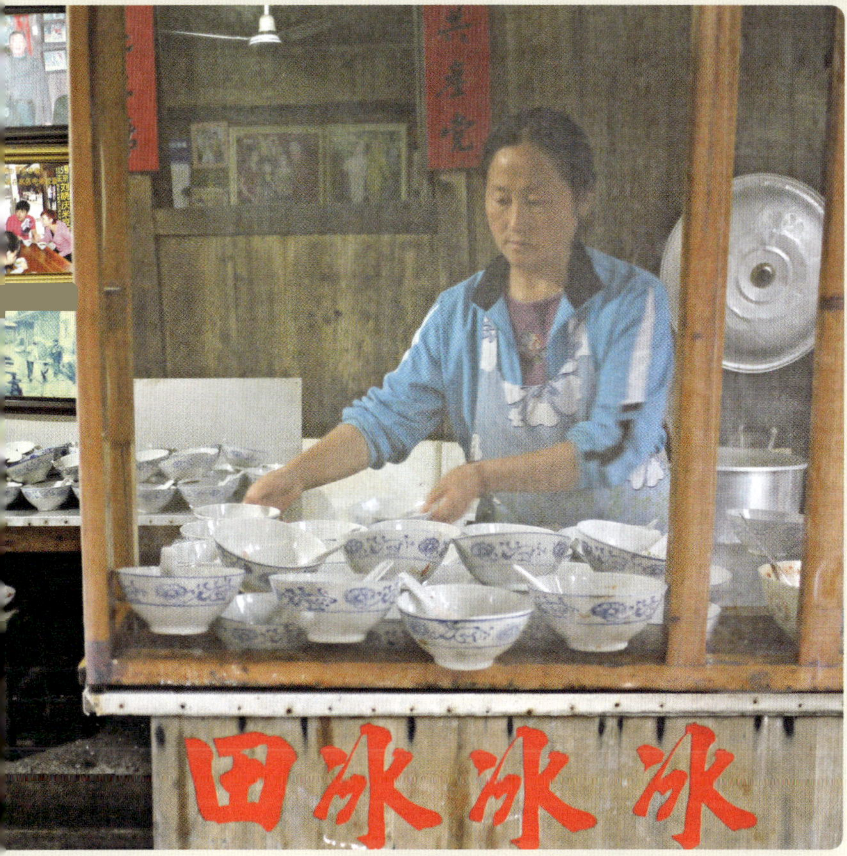

彭棠摄

1. **凤凰虹桥夜市（见105页）**
不管在哪座城镇，夜市都是短时间内尝遍湖南各种美食的最佳地点。

2. **芙蓉镇的米豆腐（见125页）**
米豆腐是湘西土家族聚居区常见的小吃，电影《芙蓉镇》里刘晓庆的米豆腐摊让这道小吃更加出名。

3. **浏阳蒸菜（见82页）**
浏阳蒸菜是浏阳的特色饮食，小盘菜自选，荤素种类丰富，味道好又实惠。

4. **辣椒铺子（见43页）**
辣成就了湖南美食。在湘菜里，辣椒绝对是可以独挑大梁的台柱子，平均每个湖南人一年可以吃掉十几公斤辣椒。

视觉中国提供

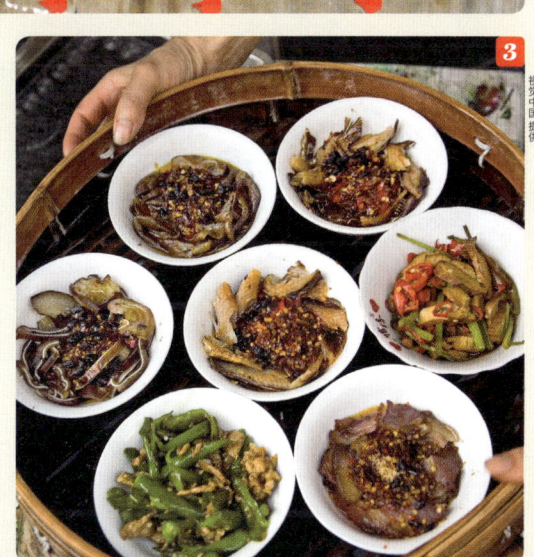

洪江古商城

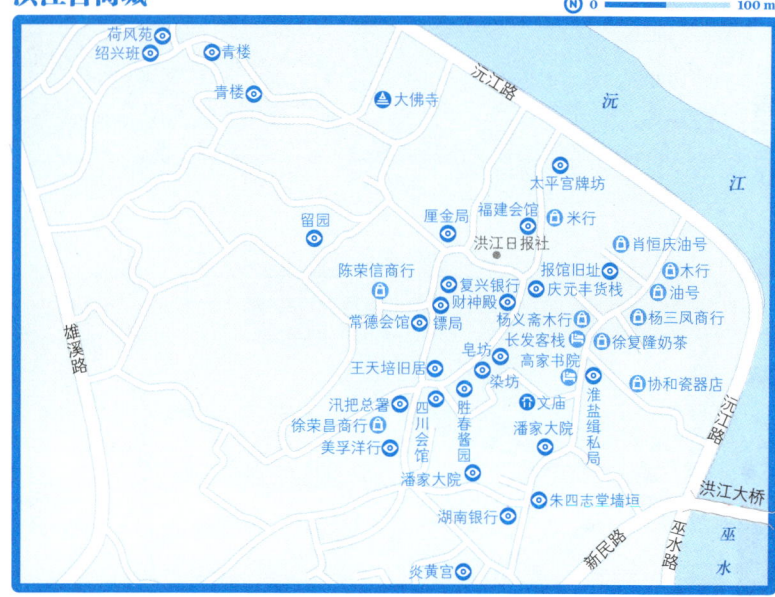

（上接161页）大门左侧有一长长的高柜台，柜台为当时原物，此局专负责征收鸦片税、花税。从此往左转可到留园（见170页地图），留园是城中的最大建筑体，曾是城中巨富刘歧山的宅第，有园、庭、阁、楼、池、书院，如今里面住满了住户，天气好时门口常摆有两三牌局。从留园绕行出来，寻到镖局，旅游团队来此时会有表演。从镖局对面的路口进去，不远处是青石板巷巷冲1号——陈荣信商行，走进此窨子屋内，会发现墙壁上有一处壁联——"吃亏是福"，相传为清代郑板桥所写。壁下有一镌刻着"鱼龙变化"的青石鱼缸。商行的大门通常紧闭着，如果有幸门开着，在里间能见到嵌有"曾、顺"字样的顶梁圆头木柱，这就是闻名的"斧记"，是老洪江"水客"的标志。

景区出口附近，靠近沅江有古镇里唯一的寺庙——大佛寺（见170页地图），佛寺门口挂着十大会馆公所的牌子，公所也在寺里办公，处理大小纷争。从此继续往西北走，沿途有青楼、荷风院、绍兴班几处景点，这里曾是城中的烟柳巷红灯区。走在巷子里，会发现某些窨子屋的正门旁，有若干不同于一般侧门

独家标识——斧记

在古洪江30多个行业中，最能代表洪江商业特色的除了油号，就是木行。洪江早在明清前就以木材坚美闻名，并"乘流东下达洞庭，接长江而济吴越"。老洪江的木行分"山客""水客"和"木牙"。从产地贩运来洪江出售者称"山客"，买方称"水客"，专为"山客"和"水客"搭桥撮合者称"木牙"。清代鼎盛时期，洪江的"山客"就有151户，"木牙"15户，"水客"200多户。洪江码头上遍地都是堆积的各个商行的木材。为了不混淆各行的货物，也为了不让小偷偷走木材，洪江经营木材生意的"水客"们便发明了"斧记"，即用铁器在木材上锉个属于本行的字作为区分的标志。有了"斧记"，再"贼"的小偷也不敢偷木材了，因为从镇远到汉口，大凡是"水客"，都知道不同"斧记"的主人是谁。在木材上凿"斧记"，也就逐渐演变成约定俗成的行规和独特的商标而传承了下来。

值得一游
最深处的高椅村

尽管在作者调研的时候,沅江支流,巫水旁边的高椅古村(☎872 6148;门票70元)正在大兴土木,重新修复一些老房子,但你仍然能在山水间闻到它古朴的味道。从村口大树下的观景台远眺,三面环山,一面临水,整个村落宛如一把太师椅端坐于大地中央。村中保存着一片明清古建筑群,白墙黑瓦的屋宇呈梅花状排列,道路如蛛网一般纵横交错。

村中只有一条主街,所有的买卖行当都集中在这条街上。街的前端有个竹子扎制的门楼。从此进入,直走,路边街角有木牌标志指引前行。村中古建筑基本为木质结构,四周封有高耸的马头墙,构成相对封闭的庭院,当地称为窨子屋。

走进村落深处,能发现不少古民居大门的横额上都书写着"关西门第""关西世家"等字样,只因此村落的杨姓先祖杨盛隆、杨盛榜,系东汉"清廉史"杨震第28代裔孙。杨震史称"关西夫子",子孙就常以"关西门第"自居,并以"清白家声""耕读传家"作为家训。稍微留意一下,就能在房屋的基座上寻到明清时代不同年月的铭砖,年代最久远的一块是明洪武十三年的。

村中心有两口小池塘,开凿于清嘉庆末年,从此向右走能到"关西门第",屋内的雕花木窗值得一看。从此往西北,还能寻到醉月楼,楼本是当地文人吟诗赏月之地,至清朝末年,这里改成了女子学馆。再深入一点,可见到当地学堂——清白堂,此堂专供本村学童就读,学馆前后出功名者154人,湖广学政曾赠予"百年树人"的匾额。

走出这片建筑群,回到门楼处,走左边的路,可以经过大塘。走累了,不妨在途中经过的"一甲"凉亭坐一坐。在过去的年代里,是不能有此享受的,因为亭规极严格:白天只准老年人纳凉聊天,禁止年富力强的人偷懒闲坐。

在这片屋区有村中的"高椅古村第一宅""防盗监听缸",均有大标牌指引。拥有此"防盗监听缸"的本是一大富人家,为了防盗,将一陶缸埋入地下,缸口与地面平行,深夜如有异常动静,便能从缸中听到。这户人家还有件稀奇的东西,便是大门上的那把奇形怪状的锁,其中妙处让主人向你述说吧,主人是一对憨厚老实的夫妇。

回到主街上,从信用社稍稍前行,能见到高椅民俗博物馆(☎872 6052;供销社二楼;门票10元)的牌子,博物馆为本村民间人士杨国大开办,展馆里摆满了从各村寨收上来的老物件,货色与城市古玩市场地摊上一致,竹根雕倒是出自他本人之手。

高椅村地处偏远,假如你乘公共交通而来,只能选择在这里住宿。村中有三四家农家客栈,乡里农家(☎138 7446 6887, 138 0745 7981;五通庙旁;铺40元,双人房80元;☎)虽然很简单,但已算是村中最好的住处了,房间设有电视、空调(如想使用,需另付费)。在入村的半山腰马路边有一家悦农山庄[☎136 3745 6684;高椅村村口;铺40元,标双100元(含空调)]更适合自驾者。吃饭普遍在客栈里包餐解决。

怀化每天有一班去高椅的班车(35元;13:40;3小时),这趟车大概15:00会在洪江车站上客。从高椅返程时间是8:00,一般游客只能选择上午搭乘去会同县城的班车(12元;11:00;1小时),在那儿再转车去怀化(80分钟)或者长沙。或者你也可以早上乘坐班车去会同县城(39元;滚动发车;1小时),然后搭乘会同去高椅的班车(12元;8:00、12:00、14:00;1小时),这样比去坐怀化直达车多了整个下午的游玩时间。

湘西地区

洪江

的小门,洪江人称之为"暗道",是为了进出青楼的官员、要人或富贾掩人耳目而设的。木栗冲也是如此,余家冲和木栗冲所在方位在清代称"康乐门",相邻的街道称"梨子园",这两条街在1949年之前一直是烟馆妓院的聚集地。据洪江老人说,民国以前妓院数目多达50多家,这50多家都是在衙门挂了号、要上花税的,至于暗娼暗妓就不可计数了,以致当时青楼女子们也有自己行业的工会。

从沅江路7天快捷酒店南侧的路口进入,

走上十几米就能见到城中雕刻最精美的石牌坊——太平宫牌坊（见170页地图），石坊上雕刻着"刘备跃马过檀溪""岳母刺字""八仙过海"等故事场景。太平宫曾是宝庆人的同乡会馆，建于清雍正五年（1727年），是洪江旧时十大会馆之一。

古镇之外，有时间的话也可探访嵩云山上的两座寺庙，顺邮局旁的上山公路，走1小时左右，可到达山腰的古寺——大兴禅寺（见161页地图；☎762 1983；门票2元/人），这里供奉据说是肉身菩萨的无意祖师真身，是当地信徒膜拜的地方。继续徒步1小时上山，还有一座新建的妙音寺（门票2元），可以眺望到洪江大片山川江流。

食宿

在我们调研期间，古镇内几乎没有像样的住宿。沿巫水路往南走则有几家宾馆，标间通常百元上下，条件普通。你可以考虑回怀化住宿，甚至黔城也比这里好不少。

不过洪江的米粉很好吃，街上有很多小吃店和小馆子，美味实惠的牛肉米粉和鸭肉粉到处都是，寻人多的店进去准没错，8块钱就可以吃到很美味的牛肉米粉。提供当地名菜洪江鸭的名店则是菜根香（见161页地图；☎762 2870, 157 1754 1820；人均80元；巫水路），炒鸭是得过奖的。

❶ 到达和离开

怀化客运西站到洪江频密地滚动发车（25元；6:30~17:30，每30分钟1班；70分钟），中间会经过黔城（6元；20分钟）。它们跟荆坪也是基本在同一条线上的，可以在荆坪路口下车，如果是自驾的话三地一天逛完也没问题。

洪江汽车站（☎766 1658；南岳路59号）每天有一班去高椅（12元；13:00）的班车，还有两直达长沙的班车（130元；8:10、11:10；约7小时）。

❶ 当地交通

步行即可，从古镇过巫水到汽车站要走七八分钟，摩的4元。

芷江

距离怀化仅仅十余分钟高铁车程的芷江，也曾是潕水（舞水）边热闹繁忙的商镇。不过，它进入历史书籍中，更多的还是因为它在第二次世界大战时是远东第二大军用机场所在地，抗战胜利后，国民政府与日本军方在此进行了洽降仪式，史称"芷江受降"。对抗战史情有独钟的人会想来这里缅怀先人，怡人的江边竹楼和风雨桥也值得你来走走。

◉ 景点

抗日胜利受降旧址
遗址

抗日胜利受降旧址（☎682 2937；芷江市320国道七里桥村机场北侧；免费；⊙8:00~17:30）就在机场附近，走怀化到芷江的G320国道能经过此地。现在园区免费对游人开放，用本人身份证换取门票即可。园区里有"血"字形的受降纪念牌坊，镶刻着当时军政要人的题词和《芷江受降坊记》铭文，这些要人包括蒋介石、李宗仁、何应钦等。过牌坊往左边走是，由受降堂、中国陆军总参谋部、何应钦办公室等组成的受降旧址建筑群。与受降旧址相对的是同一个景区的纪念抗战胜利展览馆，馆旁的空地上停了一些老式飞机、大炮的实物，供游人观赏。

飞虎队纪念馆
纪念馆

与机场一墙之隔则有飞虎队纪念馆（芷江飞机场旁；门票40元；⊙8:00~17:00），以图片及实物展览为主。馆外有几栋旧建筑，分别是中美空军指挥塔旧址、中美空军联队俱乐部旧址。

龙津风雨桥
桥

身为侗乡，城区中央的潕水（舞水）上有一座巨大的龙津风雨桥最为吸引眼球。它长达两百多米，被上海大世界吉尼斯总部授予"世界上最长的风雨桥"。7座各不相同的亭阁高耸于桥身之上，据说桥的总工程师竟是两个小学未毕业的当地农民，用传统手法——榫卯结构，不用一钉一铆建成了这座桥。

天后宫
寺庙

从龙津风雨桥的西边往北沿河堤前行七八分钟，左手边即是中国内陆地区最大的妈祖庙——天后宫（门票10元；⊙8:30~16:00）。它原是当地福建人的同乡会馆，建于清乾隆

芷江城区

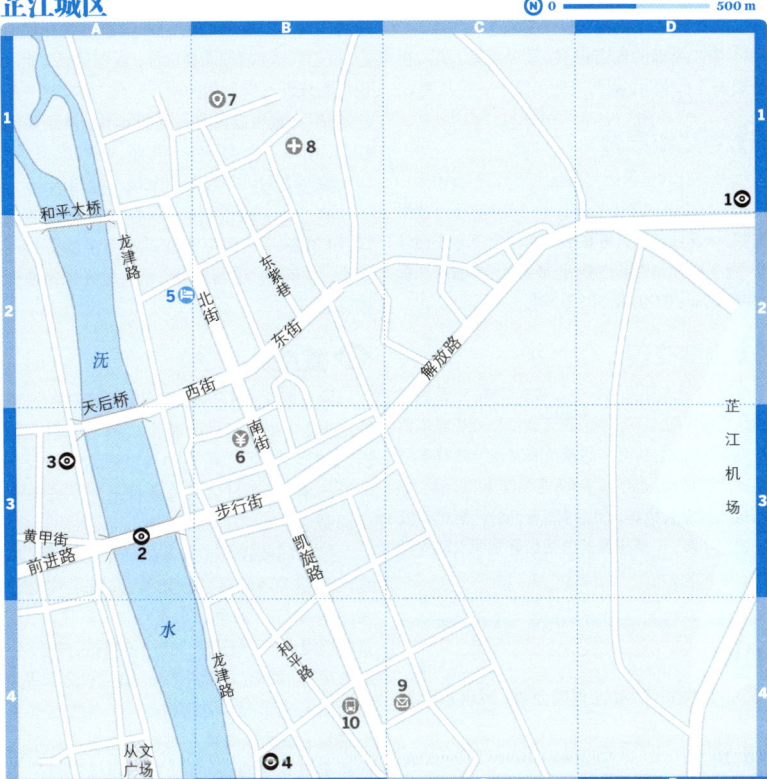

十三年（公元1748年），可见当时芷江商业之盛。宫门牌坊上的青石浮雕精美细致，宫里反而相对缺乏看点。

万和鼓楼　　　　　　　　　　　　　鼓楼

除了龙津风雨桥，潕水（舞水）东岸下游毗邻河畔的万和鼓楼（免费；龙津路万和广场；24小时开放）也非常庞大。鼓楼是侗家的标志性建筑，它是侗族人集中议事和娱乐的场所，而在芷江城里就仅仅是个休闲地标了。

食宿

龙津风雨桥旁边集中了几家凤凰式的木楼客栈，房间价格都在百元上下，卫浴、空调都有，好处是坐拥江景。也可以考虑芷江和平国际饭店（☎684 5199；北街32号；标双308元

芷江城区

◎ 景点
1 飞虎队纪念馆 D1
2 龙津风雨桥 A3
3 天后宫 A3
4 万和鼓楼 B4

🛏 食宿
5 芷江和平国际饭店 A2

ℹ 实用信息
6 工商银行 B3
7 公安局 B1
8 人民医院 B1
9 邮局 C4

ℹ 交通
10 汽车站 B4

起；🛜✳️🅿️），这是城中最好的住宿，当然你也可以选择回到怀化住宿。

芷江街面的粉店极多，随处可见，风雨桥旁边有不少餐厅，都有当地名菜——芷江鸭。

❶ 到达和离开

从怀化客运西站可乘坐大巴到芷江[10元；6:30~18:00，每8分钟1班；1~1.5小时(分快慢车)]，坐高铁甚至只需要12分钟。你也可以不回怀化，从芷江坐高铁前往贵州，或者坐汽车去凤凰都可以(40元；9:00、12:30；3小时)。

❶ 当地交通

芷江汽车站在市区中心㵲水东岸，走路到龙津风雨桥不过七八分钟。芷江高铁站则在城市西北约4公里处。从汽车站或县城其他地方打车到高铁站要15元，也可以搭乘8路公交车(2元)。从汽车站打车去机场10元足矣，唯一的问题是芷江出租车不多，不想搭摩的话最好多留点时间等候出租车。

通道

如果抛开行政区划的分隔，通道这个湖南最西南的侗乡与其广西和贵州邻居是完全融为一体的。从通道的芋头侗寨沿着坪坦河走到广西三江的程阳桥，细心观察的话，能发现他们彼此交流所用的语言完全一致。这一条"通道"，也可以说是一串风雨桥。从湖南到广西，溪流上大大小小十几座，各具形态，足以让旅行者对风雨桥有一个最全面的认识。

在今天，通道的6个保存较好的侗族村寨，正在携手广西三江和贵州黎平的邻居同胞们，准备将"中国侗寨"列入世界文化遗产候选名录。

⊙ 景点

除了晚上亮灯闪闪发光的几座新的风雨桥，以及一个旅行团队游会去的人工景点**独岩民俗风情园**外，嘈杂的县城双江镇没什么可看的地方，不过会是你条件最好的住宿和交通基地。

把时间放在那些真正的古老侗寨吧。出汽车站左手边的县乡公交车场，将是你前往县城南部各个侗寨的出发点，从北往南，沿着坪坦河走，河边是大大小小的侗族村寨，分别是芋头、黄土、横岭、坪坦、阳烂和高步等，每个寨必有鼓楼、风雨桥、侗族木楼这些乡土建筑。如果你对徒步一两个小时不是很介意甚至很享受的话，那么完全可以凭借公共交通加徒步来游览这些村庄，这些村庄都有些民宿可以投宿，喜欢哪里就在那里歇一晚上吧。

芋头寨 村落

(门票40元)从县城出发，到达进入芋头寨的路口有7公里的路程，从路口到芋头寨还有3公里多的路程，全为平整的水泥路面。

进入芋头寨，会经过一个新修的寨门，寨门到村中还有一段距离，路边是大片的农田，然后你会看见一个宽敞的坪场，旁边就是鼓楼。从鼓楼顺着水渠边的道路往前走，路边会经过一个不起眼的"萨岁坛"，也叫"萨妈坛"，祭拜的是侗族的女神——萨，萨在侗语中是太祖母的意思。再往前走，会见到一面大木牌，上面绘制着芋头古侗寨的示意图，不妨拍下留做导游图。

从此路分岔，一左一右，其实是一个环线中的进出口。顺右边的道路一直往前走，路

风雨桥、鼓楼和木楼

风雨桥之名来自郭沫若,但侗族人和当地汉人通常叫它"花桥""福桥"或"风水桥"。有溪便有桥,坪坦河上的这些风雨桥都被列入了全国重点文物保护单位。

风雨桥是由桥墩、桥身、桥廊和桥亭组合而成的。桥墩用大青石块垒砌而成,非常坚固;桥身多半用老杉木伸臂托梁的方法架设,以解决桥的跨度;桥廊上铺有木板,两边各有一条凳;桥亭则根据桥的长短而设,一般有三亭,长的有五亭。桥上通常有塔,塔上飞檐重叠,檐角面上绚丽多彩,侗乡风雨桥比起浙江、福建的,又在绘画和结构上更有民族风味。

有寨便有鼓楼,远古时侗族先民就已在巨杉下行歌坐夜的习俗。后来,侗族先民们便仿照杉树的形状建楼,形制越来越精美,繁复的大鼓楼,通常多达八角。顶层是伞形,楼座是宫殿式圆柱形,全木结构,不用一钉一铆,具有凉亭和宝塔的双重功能,是侗族建筑艺术的杰作。通常一寨一鼓楼,如果村里姓氏众多,也可能出现一姓一楼。

有家便有木楼,坪坦河流域的村寨还保留着百越民族"干阑"式结构,多为三层。底层原来喂养猪、牛等牲畜,现在改为堆放杂物之用。人居楼上,楼中基本都有走廊伸出,饰以栏杆,栏杆边备有固定式长凳供人休息。木楼二层有火塘,是做饭和待客的场所。做饭时柴火要由西方放进。因为传说西方是侗族发源的地方,火种是祖先从西方带来的。有的木楼高达五六层,如今也有一些改造成了客栈。

湘西地区 通道

边是鳞次栉比的木楼,这就是寨中寨——**牙上寨**。寨子依山势而建,一栋栋吊脚楼重檐迭次耸立而上,错落有致。沿路一直前行,路边有小道可上到寨子里,别急着上去,先看看旁边的乾隆古井。井为方形,井沿四面被青石板围定,一旁有块石碑,上面雕刻的"乾隆五十年"的字样依稀可见。水清澈见底,可用井旁的葫芦水瓢舀起饮用,不过肠胃不适者慎用。

返回途中,可见一顺坡左上的小道,这是进寨的道路,上坡途中,会通过一窄小孤零的木制寨门——**丁字门**。一直爬到坡顶,就到牙上寨了。顺路而下,能找到寨中的第一处鼓楼——**龙氏鼓楼**,相传为乾隆五十二年(公元1787年)所建。再往下行,能找到第二处鼓楼——**牙上鼓楼**,晚于龙氏鼓楼两年建造。此处鼓楼借山势而建,楼体半悬空中,由几根大木柱合力支撑,远远望去秀立挺拔。鼓楼中央是用当地铁岩围成的火塘,楼四周是可倚坐的美人靠。

由此可顺路下山,也可平行而前行,一直走到寨子的尽头。这里有108级台阶,全用青石板铺就,据说这青石板路为明朝万历年间修成,是寨中古驿道的一段。石板被打凿得方方正正,旁边还修有明沟暗渠,即使雨天也不会泥泞。

去芋头侗寨,没有直接到达的班车。可搭乘去往黄土、坪坦的班车,在"红香客运招呼站"下车,然后徒步前行约1小时。

皇都侗寨(黄土) 村落

从芋头到黄土(门票80元)有4公里的路程,你会看到一个特别完备的"旅游村寨"。除了能看到侗族传统建筑——风雨桥、鼓楼、干阑式木楼外,若遇见有团队游客到此,还能欣赏到侗族歌舞,尝到摆成"一"字长龙、小伙姑娘在旁唱着"耶——啰——耶"劝酒歌的拢宴。如果你进寨时间够准点,与团队一起到达,还能碰到早已准备好的侗家拦门酒,穿着民族服装的姑娘端起酒迎客,男人们则吹起芦笙,燃放震耳欲聋的铁炮,场面热闹。

虽然它改了一个更华丽的名字叫"皇都",但这里的村民对背包客和单独旅行者仍然非常友善,有时候因为没有表演,单独旅行者要个门票折扣是有可能的。

从寨门进来,就能见到横亘在河上的寨中最大看点——**普修桥**,桥始建于清乾隆年间。桥为四墩,墩上架连排杉木为梁。桥身上有三座桥亭,亭中设三个神殿,第一个为侗族始祖神祠,供奉姜良、姜妹,中间是关圣殿,最后则是文昌阁。

走过风雨桥,下台阶,进入的寨子是**新寨**,也就是所谓"皇都侗文化村",由头寨、尾寨、盘寨和新寨四个寨子组成。寨子有寨门，此门不用一颗铁钉，全是榫卯嵌合。从寨门进入寨中，这里被规划成一片家庭旅馆区，如你决定在此住下，可先放置好行李再出去游玩。

从风雨桥出来，顺着水泥马路往下走，有岔路，向左拐，就能见一大片侗族木楼群，这里便是头寨、尾寨、盘寨。头寨、尾寨寨前分别有一座鼓楼，呈歇山宝塔式。在寨子七转八绕，绕到黄土室内表演场地的屋后，会发现当地的一个祭拜场所——"萨岁坛"，坛是一间不足半人高的瓦屋，屋内端坐一位慈眉善目的老祖母塑像，足前放置一辆纺车。

在黄土寨中心的露天大坪旁，有一座湖南侗锦博物馆，在淡季基本都闭门谢客，一把大锁锁着。

黄土有不下十家客栈兼餐厅，餐厅价格公道，客房条件都差不多，标间通常120元左右，也有30元的床位。

通道汽车站旁边的乡村公交站可以乘车抵达黄土（3元；8:00~17:30，半小时1班；30分钟），也可乘去坪坦的班车，但是下车后得走1公里的路。

横岭
村落

你可以在通道县城搭乘去坪坦的车到黄土（5元）。从黄土过来的话，要先走路1公里到去坪坦的主道上，再搭车就是了，大约10多分钟的车程。从路边进村，首先经过的是横

> **值得一游**
> #### 人畜分道的风雨桥
> 从坪坦乘坐班车往高步方向，经过5分钟车程到两河口，道路在这里分岔为左、右两条，左边的是去中步、垄城（9公里）和坪阳乡的马田鼓楼（21公里），但是没有班车往这条路走。如果你是包车，可以花十分钟去中步村看一下，不用进村，在公路就能高高地俯视坡下中步村的全景，两座风雨桥，一座就在眼皮底下，另一座稍稍远了点，在画面的左上角。中步有一桥、二桥，其中二桥辟有人行道和牲畜道，是湖南唯一一座人畜分道的风雨桥。

岭风雨桥，然后到达鼓楼，鼓楼的轮廓并不是常见的正多边形，而是呈不规则状。鼓楼的对面是戏台，戏台旁有一栋老式木楼，至今仍然是当地学校的一间校舍。

出横岭不远，就可见到迴龙桥。廻龙桥始建于清乾隆二十六年（公元1761年），取"迂回龙脉，环抱村庄"之意。在坪坦河上的几座风雨桥中，要数此桥最长。桥墩为船形分水金刚墙石磴，在此基座上搭建伸臂式木拱架而成桥拱，而跨越旱地的桥拱则以成排的长杉圆木作枕，依次成梯级迭坐。两种拱架结构，结合在一桥之上，也是一大妙处。

坪坦
村落

从横岭乘车前行两公里即可到坪坦，下车左行然后右拐到镇上，走四五分钟，就可到坪坦河上的普济桥。普济桥与浙江泰顺廊桥多有神似，始建于清乾隆二十五年（1760年），单孔拱券，从桥的"围裙"下能见到成排的杉木，伸臂叠加而上。从桥进村，村中央有一大空坪，坪旁有鼓楼，走进村别有一番天地，几方池塘依次排列，池塘边是传统木楼。

去坪坦的班车（6元；8:00~17:30，1小时1班；1小时）也在通道汽车站旁的乡村公交站发车。虽然车上写着坪坦，终点其实是高步（7元），不管去高步还是回县城都要走到公路上拦车。

阳烂和高步
村落

从坪坦村去高步，过了两河口，很快就到阳烂村。村中有一带独立楼阁的鼓楼，鼓楼中常有老人围坐聊天，可从旁边的木梯上楼，到二楼眺望景色。沿着村边的小路顺小河前行十分钟，可到文星桥，上桥的台阶全为河中的卵石垒砌而成，桥身的杉木残缺，被若干块大石代替，成为木石结构的拱桥。此寨以善打饰著称，有一些首饰店。

继续往前经过走高团村时，不妨看看村外的永定桥，桥身也为杉木伸臂托梁方式架设。快到高步村时，则有画着精美彩绘的回福桥。彩绘多是当地的民间神话传说和民族英雄故事，并供有关帝。再过一座桥就到了通道县坪坦河流域最后的村庄——高步村，桥上常停有去通道的班车。高步村子不大，有几座鼓楼和风雨桥，转上一圈用不了半小时。

不要错过

从湖南徒步到广西

虽然没有班车,但是高步和广西三江的林溪村之间是有简易乡村车道的,越野车可以通行,徒步40分钟也能抵达。横穿过高步村,就是去林溪的道路,不放心的话可以问问村民。道路为窄小粗糙的砂石路。当你发现水泥路面时,脚下就是湖南与广西两省的分界线了。这里是个三岔口,左边去高秀村,也可去程阳风雨桥,不过需要翻一座大山,山路崎岖,路面情况也不佳。右边去林溪村,虽然也是翻山的道路,但坡度不大,相对平缓,途中需要翻过一座小山,总共不到半小时就可到林溪村。当然了,如果你就是不想走路,试试在高步村找个摩托车送你过去吧。

林溪村依然是个典型的拥有漂亮鼓楼和风雨桥的侗族村寨,你可以在这儿歇一晚,也可乘车去看最著名的程阳风雨桥。乘坐从林溪村到三江县城的班车(15元;7:00~17:30,半小时1班;80分钟),路上会经过冠洞侗寨和程阳风雨桥。百年历史的程阳风雨桥(门票60元)称得上是侗族木结构营造技艺的典范,也是目前保存最好、最大的风雨桥。它的缩微模型曾经作为广西的代表进入了上海世博会,成为广西馆中的展品。旁边的马鞍寨也可一逛,鼓楼前的场地里有民族歌舞。从这里到三江县城不仅有班车,还有很多面包车。

万佛山

(门票120元)万佛山是一处丹霞地貌景观,离县城有近20公里的路程。景区内铺有游览步道,上山时,岩壁上也有悬空栈道。悬空栈道的起点在神仙居,转过一面崖壁,就走上悬空栈道。栈道从这里起一直延伸到万佛寺遗址的崖壁下面。全程走下来基本需要半天的时间,注意带上足够的饮用水。

通道汽车站旁边的乡村公交站有到景区的班车(15元;8:20、9:40、11:00、15:30、70分钟)。从县城包车大约要200元。

食宿

为了旅行方便,你最好还是住在城东的汽车站旁边,这里也是通道住宿最集中也比较新的地方,一个标间80元就可以拿到。在作者调研期间,车站附近最好的选择是2017年开业的城市便捷酒店(☎855 2999;锦绣新城1栋(汽车站对面);标双158元起;@P),有免费的洗衣机和烘干机。

吃饭可以往市区走,独蓉桥的桥头有若干家饮食店,分别提供粉面、小吃、瓦罐煨汤等,想吃地道的侗家风味,从汽车站沿G209国道往北走200米(怀化、长沙方向),在晨龙168酒店旁边,有两家并排且都很受欢迎的本地风味菜馆,一是侗历元年(☎841 1777;◎11:30~22:00),二是撮一顿(☎862 9177;◎11:30~22:00),两家都能吃到腌鱼、腌肉这些正宗的侗族风味,人均都是五六十元。如果你无法接受生冷的食物,可以让他们煎烤加热处理。实际上很甜的"苦酒"也是不能错过的好选择,小心别因为酒很甜喝多了。当

通道汽车站车次时刻表

到达站点	发车时间/班次	票价(元)	行程(小时)	备注
怀化	7:30~17:30,共14班	63	2.5	过会同,可转高椅
三江	7:00~15:00,每小时1班	26	2	部分车次直达三江高铁站
桂林	7:20~16:50,共5班	60	3.5	
长沙	9:00、10:00	200	8	
黎平	7:30、13:40	40	2.5	仅周一、四、六
冠洞	7:10、10:30	22	2	坐"三江林"车
龙胜	8:10、11:10、12:40、13:45	30	1.5	
县溪	6:50~17:40,20分钟1班	10	1	即通道火车站

值得一游

乘坐绿皮火车去通道

在全中国高铁化的今天,怀化辖区内仍然有多趟"逢站必停"的绿皮"慢游"火车,平时分别往返于怀化与通道塘豹、新晃、梅江、澧县之间。这些绿皮火车行走于怀化各县(市、区),逢站必停,逢车必让,对照如今开行的高铁干线,速度堪比蜗牛。车厢内仅能提供座位和厕所,开水就别指望了,洗漱用水基本都无法保证。夏天,电扇若不转,只能开窗吹风,要不然就成"闷罐"了。冬天,车窗关上就成"冰箱"。

不过这样的列车,颇受沿线当地百姓的喜欢,票价也非常便宜,以7269/7270次列车为例,从怀化站到通道侗族自治县塘豹火车站,全程约160公里、21个站,全程票价仅11.5元。

一碰见赶集日,列车就成了沿线百姓老乡们的农副产品专列。如想体验地道市井,不妨乘坐一次绿皮火车。随着沿线小站的停靠,车厢内随处挤放着装满了时鲜水果蔬菜——梨、桃、柑橘等的小篮大筐,本乡人会互相问候,凑在一起聊天。如对这些时鲜瓜果有兴趣,可就地买来尝尝。其实即使不是赶集日,也有不少乡民早晨挑着当地土产搭车到城市,中午摆摊售卖,下午又随着本趟的返程列车回家,行程时间刚好衔接。

7269次7:24从怀化出发,9:43到会同,12:02到通道,7270次则于13:05从塘豹返程(13.25抵达通道),不妨试试。

然,你也可以在黄土和坪坦等村寨的民宿和餐厅吃到这些侗家风味,在当季还可以吃到竹笋和许多纯天然的山珍。

❶ 到达和离开

长途汽车

通道汽车站(✆862 2765;城东路209国道路口)在城东新区,因地处三省交界,发车的班次不少,往来怀化、三江、桂林这些高铁节点很方便。去黄土、坪坦、高步的乡镇公交在其西侧。

火车

通道火车站在老县城——县溪,离通道县城双江还有1小时的车程。火车站位于普速的焦柳铁路上,这也意味着途经它的不是货车就是怀旧的普速列车,有些甚至是即将消失的无空调绿皮车,大量长途列车取消了在这里停站,去大城市普遍要到怀化、靖州换乘。从效率讲,坐汽车去三江、桂林或怀化换乘高铁是更好的选择。

❶ 当地交通

城中有两三趟公交车,基本能到达城中各处,不过城区面积不大,不着急的情况下可以步行。出租车起步价为5元,不出城不会跳表。另外,在福乐多超市旁的城中心广场停有乡村面的,这些车经常跑周边乡镇,对路途熟悉,注意多和他们谈谈价格。

湘北地区

包括 ➡

岳阳	181
张谷英村	190
石牛寨	194
常德	194
桃花源	199
夷望溪	201
城头山	202
壶瓶山	202

最佳活动

- ➡ 夷望溪水上之旅（见201页）
- ➡ 步行游览岳阳老城（见184页）
- ➡ 东洞庭湖观鸟（见186页）
- ➡ 夜游穿紫河（见197页）
- ➡ 骑行南湖（见185页）

最佳就餐

- ➡ 网网有鱼（见187页）
- ➡ 壹德壹（见197页）
- ➡ 地婆卤味（见188页）
- ➡ 壹号大锅灶（见187页）
- ➡ 蓉九辣椒炒肉（见197页）

为何去

湘北的人文与风光大多因水而生。东洞庭湖的景观多彩而善变，湖畔的岳阳楼吞吐浩瀚湖波，通衢的水道承载着三湘四水的无限风物，村落街巷演绎着生动朴实的湖岸生活。汨罗江端午祭祀香火千年不断，粽子和龙舟赛从这里传遍五湖四海。从洞庭湖沿沅江西溯，遇见古居武陵人的城市常德。武陵山麓的峻美山林让陶渊明笔下的《桃花源记》恬静隐现，夷望溪的游船则带你走进现实中的世外桃源。而张谷英村的传世建筑、澧阳平原的史前遗址、壶瓶山稀有的动植物资源和冬季如约而至的十万候鸟，则是湘北大地更深的魅力呈现。

渔人日夜劳作的收获端上了百姓的餐桌。在湘菜的大背景下，湘北对食材的选择和烹饪手法更有独到之处。早上嗦碗常德米粉，中午品尝洞庭鱼、鸭，夜晚的主角就交给小龙虾和大闸蟹吧。无论何时到来，这里层出不穷的珍馐美馔都是你旅途劳顿最大的慰藉。

何时去

4月至6月 端午节期间的汨罗热闹非凡，大型祭拜仪式和竞渡盛会轮番上演；桃花源万亩桃树争相吐艳，壶瓶山自然保护区迎来了观鸟的最佳季节；大通湖小龙虾于清明节后率先上市，新一轮的"虾尾季"开启。

7月至8月 岳阳团湖的野生荷花开得正好，城市周边的青山绿水是躲避热浪的好去处，但别在周末与当地人扎堆。

9月至10月 天气转凉，是游览城市和户外运动的好季节；小龙虾退场，大闸蟹成为餐桌上的主角。

11月至次年3月 数十万羽候鸟来到东洞庭湖自然保护区越冬；春节期间，湖南特色的花鼓戏、巴陵戏和长乐故事会在岳阳汴河街庙会和汨罗长乐上演。

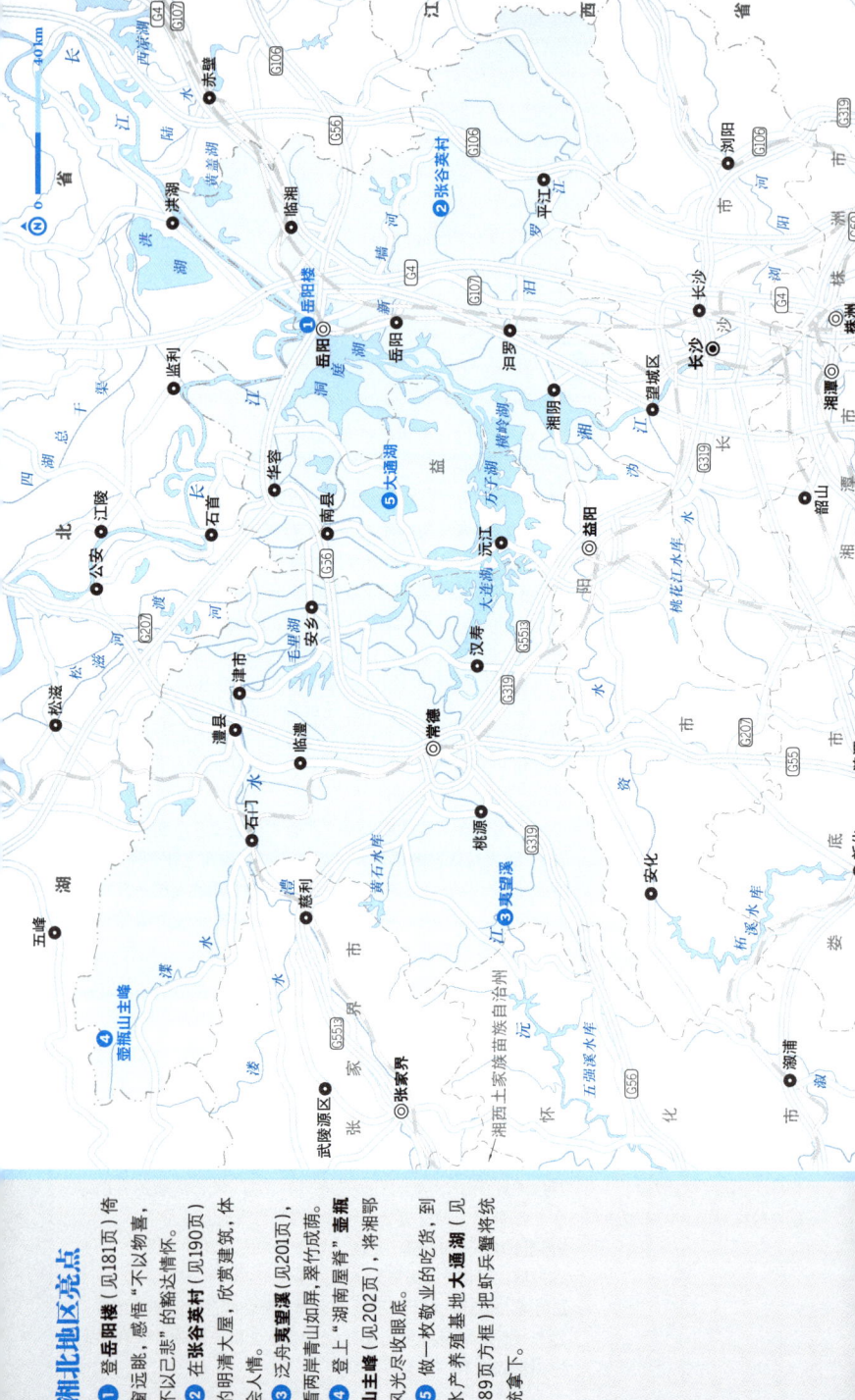

湘北地区亮点

❶ 登**岳阳楼**（见181页）凭窗远眺，感悟"不以物喜，不以己悲"的豁达情怀。

❷ 在**张谷英村**（见190页）的明清大屋，欣赏建筑，体会人情。

❸ 泛舟**夷望溪**（见201页），看两岸青山如屏，翠竹成荫。

❹ 登上"湖南屋脊"**壶瓶山主峰**（见202页），湘鄂风光尽收眼底。

❺ 做一枚敬业的吃货，到水产养殖基地**大通湖**（见189页方框）把虾兵蟹将统统拿下。

岳阳及周边

电话区号：0730

文人墨客留下多少诗文，自古以来让岳阳与洞庭无法分隔，潋滟磅礴的大湖让岳阳风光无限。岳阳周边则以人文景点为主——张谷英村的明清古建筑中延续着深远的传家之道，汨罗祭祀屈子的香火千年不熄。若是端午前来，还能一睹传统又隆重的龙舟盛会。

岳阳

这座湘北城市环抱着占洞庭湖总水面积一半的东洞庭湖，密集的湖泊与河网冲积形成平原湿地，营造出富庶的鱼米之乡，也是十万候鸟冬天的故乡。九水归一由岳阳汇入长江，在浩瀚洞庭那望不到头的深处，千万渔民逐水捕鱼，成就了古巴陵城延续至今的全鱼宴。而《岳阳楼记》中"先天下之忧而忧，后天下之乐而乐"的情怀则成为由洞庭弥漫至五湖四海的精神食粮。

大部分人只是顺道到岳阳停留一天，附庸风雅地登上岳阳楼，看一眼洞庭湖。其实稍微扩展一点，不仅能享受到新鲜火辣、不输长沙的饮食文化，还能耳闻目睹古往今来生动活泼的水边生活。

◎ 景点

岳阳楼 历史建筑

（826 9077；www.yueyanglou.com；洞庭北路；门票80元；5月至9月7:00～18:30，10月至次年4月7:30～18:00）洞庭天下水，岳阳天下楼。一座楼阁，何以绝冠天下？三国时期，东吴大将鲁肃在此修建阅兵楼，操练水兵。唐开元四年（716年）扩建，始有岳阳楼之称。诗仙、诗圣捷足先登，岳阳楼声名鹊起。宋庆历四年（1044年）春，并未到过岳阳楼的范仲淹，受谪守巴陵郡的友人滕子京之托为岳阳楼作记，一篇借着咏楼叹水直抒政治抱负的《岳阳楼记》，成为这座屡毁屡建的"地标建筑"千年不朽的广告。如今所见的岳阳楼是在清光绪六年（1880年）最后一个版本的基础上修缮的。

飞檐展翼的**岳阳楼**矗立于万顷洞庭之滨，整个建筑为纯木结构，无地基、无铁钉、无横梁，三层楼宇全靠榫卯连接。四根直径50厘米的楠木大柱直贯楼顶，繁复的层层斗拱分担着琉璃大宝顶的重量。如此一座"三无建筑"居然在2008年冰雪灾害中安然无恙。

书法是岳阳楼最大的含金量。匾额为毛泽东请郭沫若所题。楼阁的一层与二层各有一副《岳阳楼记》木雕屏，因其中有故事联结而同时展出（见本页方框），二层的真迹兼具楷书、行书、行楷、草书四种字体，值得逐字品味。三层雕屏为毛泽东手书杜甫《登岳阳楼》，与左侧的原文对比就会发现改动了诗中的一个字，无心还是有意，只有伟人自知了。倚窗远眺，眼前所见正如李白的对联："水天一色，风月无边。"无论你遇上的是"淫雨

🛈 背《岳阳楼记》，领免费门票

还记得初中语文课本中的《岳阳楼记》吗？国家法定节假日当天，只要到景区正门外的背记亭，在10分钟内用普通话背出《岳阳楼记》，就可免费参观景区。既把知识转化成了财富，又免去了排大队购票的时间。这是岳阳市长想出来的营销点子，于2013年春节期间首次试验后获得积极响应和一致好评，并延续了下来。

真假雕屏

清道光年间，一位知县想将张照的书法据为己有，请人伪造了一幅，也就是如今挂在一层的赝品。仔细辨认会发现"居庙堂之高"的"居"字那一撇被刻字匠故意刻得很细，以暗讽县官的居心不正。县官离任时将真品带走，不料船行至洞庭湖中，风浪大作，船翻人亡。雕屏沉入湖底，所幸枯水时被渔民打捞上来，并被有识之士出资购得。民国重修岳阳楼时，真迹得以重新悬挂，一层的雕屏虽为赝品，也已有百余年历史，故亦作为文物保留下来。"文化大革命"时期，真假两块雕屏因反面都刷白写上了毛泽东诗词，故幸免于难。

岳阳城区

霏霏,连月不开",还是"春和景明,波澜不惊",这都是最真实的洞庭湖。

围绕岳阳楼还有十余个大小景点,记得买票后在游客中心拿一张导览图,一目了然。进入景区,经过汇集了各朝代岳阳楼的微缩模型**五朝楼观**,右手边的一座徽派建筑**双公祠**内是滕子京和范仲淹二人生平展;接下来是两段**碑廊**,"迁客骚人,多会于此",自然留下不少诗词名篇。岳阳楼往北的**蜡像馆**、**小乔墓**、**吕仙祠**、**醉仙阁**都是后建的,商业气息扑面而来。

岳阳楼景区、岳阳楼公园、汴河街、南岳坡几个公交站都在景区附近,10、15、21、31路等多路公交车均可到达。

君山岛

岛屿

(☎820 3313;www.yyljsd.com;君山区;门票80元;⊙7:00~17:30)洞庭湖上的君山岛与东边岳阳楼遥遥相望,枯水期则与北边的陆地相连,成为半岛。景点集中在岛的南边,全程步行游览约有4公里,需2小时。景区环保车(20元,不限次数)只在湘妃祠和爱情园停

岳阳城区

◎ 重要景点
- 岳阳楼 A2
- 南湖广场 B4

◎ 景点
1. 南湖公园 D4
2. 南津古渡 A4
3. 三眼桥 D4
4. 圣安寺 A5
5. 岳阳博物馆 C4

🛏 住宿
6. 城市便捷酒店(岳阳步行街店) B2
7. 格兰云天大酒店 B2
8. 美美·素酒店 B4
9. 美美时尚酒店 C3
10. 南湖宾馆 B5
11. 万籁酒店 B2
12. 岳阳屋顶青年旅舍 B2

🍴 餐饮
13. 丑小鸭总店 C3
14. 地婆卤味 A2
15. 耿兄弟大排档 C2
16. 花田·驿 A5
17. 井水·巴陵 A2
18. 力力渔馆 A1
19. 彭厨 B2
20. 三毛烧烤总店 B2
21. 网网有鱼 B1
22. 壹号大锅灶(军分区店) B4

🛍 购物
23. 九哥酱板鸭总店 B3
24. 梅溪桥综合批发市场 A2
25. 岳阳茶博城 A5
26. 岳阳茶叶市场 A2

ℹ 交通
27. 岳阳洞庭汽车站 C1
28. 岳阳联运汽车站 C2
29. 南岳坡码头 A2
30. 岳阳五里牌客运站 C2
31. 岳阳站 C2
32. 岳阳中心汽车站 C2

靠。你最好把它当作一个散步的大公园,以免失望。

传说舜帝的两个妃子娥皇、女英来此殉夫,并葬于此。**湘妃祠**主殿供奉二妃,据史料推测建于秦代以前,称"江南第一祠";**二妃墓**后面有一片斑竹林,竹子上长满紫褐色斑点,传说为二妃的眼泪所化,也称"湘妃竹"。又据唐代李朝威《柳毅传》载:书生柳毅为救牧羊龙女,由桔井下到龙宫传书使龙女得救,后经周折终结良缘。这桔井就是君山上的**柳毅井**。景区抓住这两处爱情主题打造了一个**爱情园**,不过园中的送子观音殿、洞房还有爱情故事结盟纪念碑似乎有些不着边际。爱情园前的小水塘**同心湖**可划舫(50元起/半小时),**猴园**里则关了几只了无生气的猴子。还是到洞庭湖岸的环湖路散散步更舒心。

君山岛距市区15公里,火车站始发的15路旅游专线(4元;40分钟)可直达景区,返回末班17:50。5月至9月的丰水期,还可从南岳坡码头乘快艇(单程80元)上岛,君山岛码头返

黄茶代表——君山银针

《红楼梦》第四十一回:贾母不吃至为名贵的"六安瓜片",而喝"老君眉"就满意之极。这"老君眉"正是产自岳阳君山岛的君山银针——叶底肥厚匀亮,芽毫显露,如老君白眉一般。"金镶玉"是君山银针登峰造极之作,其成品茶芽头茁壮,长短大小均匀,内面呈黄绿色,外层金黄镶边,故得其名。

君山岛上的斑竹林旁就有一小片君山银针茶园,清明节前后50天有免费的采茶体验活动。购买君山银针可以到君山茶业的形象店**君山御茶园**,在君山岛、岳阳楼景区内和汴河街上都设有分店。这里的银针价格罐装88元/20克,散装98~168元/两。懂行的也可以到建设南路的**岳阳茶叶市场**(建设南路273号)或圣安寺东边的**岳阳茶博城**(湖滨大道16号)比价淘货。

步行游览
寻访岳阳老街

起点： 岳阳楼景区正门
终点： 梅溪桥综合批发市场
距离： 2公里
需时： 约1小时

从❶**岳阳楼景区正门**往南，300多米的仿古商业街❷**汴河街**聚集着多家鱼馆、小吃和旅游纪念品商店，中间的戏台晚上会放露天电影。尽头正对的❸**瞻岳门**是仿岳阳古城南门迎薰门所建，由华国锋更名并题字。穿过城门来到❹**巴陵广场**，16米高的"后羿斩巴蛇"主题雕塑，讲述着岳阳古地名"巴陵"的由来。广场南边是崭新的❺**鱼巷子**仿古商业区，楼房整齐划一。

穿过商业区来到洞庭南路历史文化街区，瞬间被❻**街河口**夹杂着鱼腥的潮气和嘈杂的买卖声包围，大大小小的摊位堆满了各种水产品，不妨跟鱼贩子打探一下行情，免得在餐馆被宰。右转来到洞庭湖边，岸边一排渔船连成的❼**鱼市**很是诱人，想上去逛逛还需忍忍河滩上的垃圾和刺鼻的腥臭味。船上卖的都是自家打的活鱼，价格比市场略贵。原路返回，右转穿过❽**油榨岭**来到洞庭南路，可见港务局、水运总公司、普济医院等许多民国时期的政府机构旧址，年久失修的楼体上挂着崭新的"身份牌"。一座八角七层、砖石结构的❾**慈氏塔**，据说是北宋时期洞庭先民为镇压水妖而建，塔身各层的佛龛和檐角上的小钟仰头可见。回到❿**基督教福音堂**的路口右转，宽不足3米、长约200米的⓫**乾明寺街**聚集着20多家专做虾尾的小店，龙虾季家家门庭若市，热闹至凌晨。最后来到⓬**梅溪桥综合批发市场**，在琳琅满目的小商品和食品店中慢慢选购吧。

回末班17:00。

南湖
湖泊

（免费；24小时）洞庭一隅的南湖位于市区以南。一条长约20公里的环湖步道以正北的**南湖广场**为起点，串起岸边20多个景点。你可以租自行车骑行（见本页方框）环湖，在广场西侧的**水上平台**租船（4人船，100元/小时），或从南西岸的**南津古渡**乘游船（☎891 2222；98元/人；日班10:00、15:00，夜班19:00、20:00固定发班，其他时间满4人开船；1小时）游湖。傍晚的环湖路是市民锻炼身体的场所，加入队伍来一场夜跑也不错。

从南湖广场沿环湖路往东约200米，**南湖渡口**有轮渡（5元；夏季南湖始发7:00，龙山末班18:00，冬季南湖始发8:00，龙山末班17:00；15分钟）至南岸的**龙山**（免费；24小时）。与君山相比，原生态的龙山更受当地人欢迎。这里以烧烤场和农家乐为主，用1小时登上龙山之巅，岳阳的半岛轮廓尽收眼底。

乘公交到南湖广场、南湖社区或楼区疾控中心等站可到北岸的南湖广场，南湖路口、南津古渡站可到南湖西岸乘船。

岳阳博物馆
博物馆

（☎298 9258；南湖龙舟路14号；免费；⏱9:00~17:00，周一闭馆）博物馆的展览陈列远远填不满它庞大的建筑空间。一层的**岳阳古代文明展**（免费讲解时间10:00、14:30）展示了岳阳地区自史前时期至宋朝的历史沿革和出土文物。博物馆两件重要展品都在其中：富有楚国文化的**"愠儿"铜盏**制作工艺精细繁复，唐墓出土的**青瓷舞女伎乐俑群**则生动还原了墓主的诗意生活。**岳阳民俗文化展**（免费讲解时间11:00、15:30）再现了当地家居、农耕、手工业、渔业的生产场景，还有巴陵戏等民间艺术展示。博物馆二层还有**根雕展**和**雷锋日记展**。

博物馆距离南湖广场500米，乘公交到南湖广场、南湖社区或楼区疾控中心等站下车均可。

圣安寺
寺庙

（☎838 6456；龟山；门票20元，每月初一、十五12:00前免票；⏱5月至9月7:00~17:30，10月至次年4月8:00~16:40）据柳宗元的《岳州圣安寺无姓和尚碑》记载，圣安寺由"无姓大师"始建于唐代，如今的建筑是1997年重修的。殿宇依山而建，拾阶而上，依次经过山门、天王殿、大雄宝殿、法堂、观音殿，到达山顶的**岳阳塔**（5元）。登塔可见一堤之隔的洞庭湖与南湖，以及远处岳阳城的天际线。仔细找找右侧南湖龙山和前面九个独立小岛（即龟山），拼成"一龙赶九龟"的画面。

寺庙在每年农历二月、六月和九月的十九日都举行大型法会，腊月二十三中午，斋堂供应的流水席年夜饭也对参观者开放。

圣安寺距市区约3公里，乘11、17、21路公交到南湖一号茶博城站下车。

团湖荷花公园
公园

（☎819 2108；君山区；门票50元；⏱8:00~17:30）每年6月至9月，5000多亩野生荷花在团湖尽情绽放。门票包含赏荷游船和采莲的

值得一游

骑行南湖

两条线路均以**南湖广场**为起点，向东、西两个方向游览北岸。其中西线从南湖广场至**圣安寺**（见185页），全长6公里。途中路过拥有巨大亲水平台的**天灯映月**、**九孔桥**和**南津古渡**，其间还有坐拥无敌湖景的**IF YOU COFFEE**和**花田·驿**（见188页）可供小憩。东线从南湖广场至**三眼桥**，全长5公里。主要看点是半岛上草木葱茏的**南湖公园**和始建于宋庆历年间的**三眼桥**，古桥两端的石岸为宋代建筑，桥身为清代建筑。东线树荫较多，夏季可在林间避暑。此外，南湖南岸分布有**木鱼山**、**龙山**等自然景观，如果时间和体力充裕，亦可骑行环湖。

岳阳市公共自行车在沿途南湖广场、南湖古渡、圣安寺、博物馆、南湖公园均设有站点，刷支付宝就能使用（3小时内免费）。若打算环湖，去湖东岸的湖南理工学院东南门（云梦中路）租山地车会更轻松。

费用，花30元还能坐在手摇的小船上穿梭于接天莲叶中，随手采下新鲜的莲蓬。也可登上观荷塔，或沿湖堤漫步赏荷。荷花公园及其周边是岳阳的小龙虾养殖区，荷花季恰好是龙虾上市的季节，可以顺便在沿途的餐馆大快朵颐。每年10月至次年5月，景区会因荷花凋谢而无人管理，国庆长假期间是否开放取决于当年荷花花期，最好提前致电景区，以免白跑一趟。

在火车站广场有直达团湖的班车（10元；6:00～18:00，20分钟1班；1小时），终点站距离公园还有3公里，可乘摩托车（10元）前往。

✿ 节日和活动

汴河街庙会　　　　　　　　　　节会

庙会于每年正月初一（或初四）至正月十五在汴河街举办，每天分上午（9:00～11:00）、下午（14:00～17:00）和晚上（19:00～21:30）三场，内容包括花鼓戏、巴陵戏、长乐故事会、歌舞表演、杂技、京剧、综艺等。观众还可参与到瞻岳门广场的拔河、滚铁环、踢毽子等民俗活动中。

洞庭湖国际观鸟节　　　　　　　节会

洞庭湖国际观鸟节（观鸟赛）的主场地位于东洞庭湖国家级自然保护区内，举办时间多为奇数年的12月，具体时间和参赛报名办法可从东洞庭湖国家级自然保护区官网（www.dongting.org）获悉。节会期间，采桑湖管理站正对面的观鸟长廊上，会挤满由高倍望远镜和超长焦镜头组成的"长枪短炮"。此外，东洞庭湖每年4月至9月也可看留鸟和夏季候鸟，但种类和数量远不及10月至次年3月的冬季候鸟丰富。观鸟最好自备望远镜，着装色彩切忌过于鲜艳。观鸟长廊周边也常有当地百姓出租观鸟设备。

采桑湖距岳阳市约40公里，可从岳阳联运汽车站乘到钱粮湖的班车（10元；6:40～18:00，30分钟1班；1小时），在采桑湖管理站下车。另一个观鸟地点丁字堤离市区较近，从火车站广场乘坐到团湖的车（见团湖荷花公园）在丁字堤路口下车，步行800米即到。

🛏 住宿

岳阳城市不算大，若打算在市内停留2～3天，建议你住在市中心康星百货周边，去火车站、岳阳楼、南湖和美食街都很方便，打车起步价即到。如果停留时间较短或计划到城市周边游览，还是住在火车站周边更合适。火车站与3个主要的汽车站距离都很近，这一带集中了各品牌的快捷连锁酒店，价格均在百元左右。其中城市便捷酒店（岳阳步行街店）

当 地 知 识

东洞庭湖，生态宝库

洞庭湖是我国第二大淡水湖，由西洞庭湖、南洞庭湖和东洞庭湖三个湖盆组成。位于长江中游荆江南侧、濒靠岳阳的东洞庭湖，因日照充足、雨量充沛、无霜期长等独特的自然条件，孕育了丰富的动植物资源，是我国首批加入《湿地公约》的六大国际重要湿地之一，也是东北亚湿地水禽重要的越冬地。截至2017年，保护区内共监测记录到鸟类345种，其中不乏东方白鹳、黑鹳、中华秋沙鸭等国家一级保护动物。每年9月至次年4月，十几万羽候鸟来此栖息、繁衍，执着的白鹤更是从北极圈不远万里而来。

东洞庭湖还游弋着上百种鱼类，包括国家一级保护动物中华鲟和白鲟。中国长江独有物种——江豚也在这里生活。国内第一个保护江豚的民间组织岳阳市江豚保护协会，自2012年成立起就昼夜巡逻，保护江豚并抢救其他珍稀物种，打击非法捕鱼。可以关注微信公众号（ID: jiangtunxiehui）了解东洞庭湖生态保护的新闻、活动，也可获取志愿者招募信息。

此外，1998年长江洪水时，从湖北石首天鹅洲麋鹿保护区冲垮的围栏中流落出来的数头麋鹿，已在洞庭湖湿地发展壮大到100多只，并以每年近10%的速度增加，阴差阳错地成为全国最大的没有人工干预的野生麋鹿种群。

(☎305 8888;巴陵中路93号;标单/双129元起;🛜❄)装修较好,设施较新,楼下有壹号大锅灶鱼馆,出行也方便。

美美·素酒店　　　　　　连锁酒店 ¥¥

(☎822 2777;南湖大道797号南湖大厦;标单228元起,含简易早餐;🛜❄)用极简的家具和素雅的净色营造出淡泊的风格,别出心裁的客房结构也给你带来新的入住体验。酒店对面就是南湖广场。在市中心还有同品牌的三家美美时尚酒店,其中火车站国大店(☎866 6333;南湖大道172号;标双118元起;🛜❄)距离火车站和汽车站都较近,装修走的小清新风。

万籁酒店　　　　　　　　　酒店 ¥¥

(☎888 8881;站前路与得胜北路路口;标双288元起;🛜❄Ⓟ)2017年底开业的酒店。客房位于高层,房间装饰典雅,设有遥控窗帘,洗手间干湿分离。双床房各两张1.8米大床,适合家庭入住。酒店步行到火车站和步行街都只需10分钟,地下停车场为驾车族解决了后顾之忧。

岳阳屋顶青年旅舍　　　　青年旅舍 ¥

(☎131 1740 1951;站前西路250号文盛大厦601室;铺50元起;🛜❄)这家距离火车站和汽车站约500米的青旅位于干居民楼的顶层,拥有超大的公共空间、厨房和一个带阳光房的露台,不过楼里没有电梯。多人间面积不大但还算舒适,分男、女间和混住间。但只有一个淋浴间,电热水器总是显得力不从心。

格兰云天大酒店　　　　　　酒店 ¥¥¥

[☎839 8888;东茅岭路29号;标单/双388元起(含双早);🛜❄Ⓟ]酒店位于岳阳闹市区。客房设在17~23层,不仅坐拥良好视野,设施条件也是拔尖的。服务人员耐心友好,早餐特别丰盛,还设有免费健身房。30平方米的客房内,淡雅的色调和舒适沙发让人心情放松。单人入住可选择面积稍小的精英房(298元)。

南湖宾馆　　　　　　　　　酒店 ¥¥¥

(☎884 1801;南湖邕园路36号;标单/双298~558元,含双早;🛜❄)幽静的天灯嘴半岛上,四栋独立小楼掩映在绿色植被之间,这里的环境无可挑剔,预算阔绰的旅行者可选择4号临风楼的房间。但酒店时常客满,最好提前预订。

🍴 餐饮

岳阳菜是湘菜三大流派之一,特点是芡大油厚、咸辣香软。作为洞庭湖上的水乡重镇,岳阳人不仅对水产品情有独钟,烹制手法更是花样百出。无鳞无细骨的回头鱼和肉质细嫩的水鸭都是洞庭特色,还有6月至8月盛产的小龙虾,9月至11月上市的大闸蟹、湖藕。不管何时到来,席卷大街小巷的应季水产都能让你在"独乐乐不如众乐乐"的氛围中大饱口福。

德胜南路是岳阳的美食聚集地,五里牌、万亩湖也有热闹的夜市。晚餐可别吃太饱,岳阳夜宵文化深厚,卤味和烧烤都不可不尝,小龙虾季就直奔乾明寺街吃虾尾吧。如果你喜欢浓重的姜辣口味,还可以去**耿兄弟大排档**(☎881 5888;建湘路425号;人均90元)品尝姜辣蛇和姜辣蟹。

★ 网网有鱼　　　　　　　　湖鲜 ¥¥¥

(☎888 9777;东风湖路428号;人均100元;⏱11:00~14:00,17:00~21:00)老板打鱼起家,数年的餐厅经营在口味挑剔的当地人中积累了不错的口碑。湖鲜品种的丰俭"听天由命",价格不算便宜,但至少能保证是湖中打捞的。如今这家店面于2018年初全新装修开业,就餐环境大有改善,只是位置有点偏。此外,不远处洞庭渔都门口的**力力渔馆**(☎818 9777;东风湖路78号;人均70元;⏱10:30~14:00,16:00~20:00)网上人气很高,菜式也很齐全。

丑小鸭总店　　　　　　　　火锅 ¥¥

(☎861 2013;花板桥路湘北人才市场对面;人均50元;⏱11:00~21:00)这里是在岳阳吃鸭子的首选,每桌必点鸭火锅(68元/份,2~4人份,配两种涮菜)。鸭子炖得软烂入味,不擅长吃辣的话就尽早把锅里的辣椒捞出来。另有用药材炖的滋补鸭(78元/只)和多种卤味、主食。店内装修简陋,服务也三心二意,看在美味的鸭子上,忍了吧。

壹号大锅灶(军分区店)　　湖鲜 ¥¥

(☎898 5777;德胜南路美食街101栋;人均

80元；⏰11:00~14:00, 16:30~21:00）正如其名，每张餐桌下自带一口柴火灶，煨着桌子中间的大锅。鱼火锅是主打，活鱼现点现杀按斤算，然后放到事先熬制好的高汤里炖。可以加青菜、菌菇等配菜，人多的话再加些羊肉凑成一个"鲜"。这里也有鱼头、鱼杂火锅和多种小炒。不过鱼和鱼头分量都在3斤以上，两个人吃会有点多。

地婆卤味 小吃 ¥

（☎885 5798；巴陵大桥西南建设南路；人均30元；⏰6:00~15:00, 17:30至次日2:00）餐馆主打卤菜已有20年，夜宵时段始终火爆。用中药材熬制的卤汁口味独特，招牌鸭下巴（8元/个）、卤鸭掌（2.5元/只）、卤猪蹄（30元/份）软嫩入味，清炒草菇、溜丝瓜等素菜同样好吃不贵。这两年还新增了早餐、烧烤和点心。夜宵时间很可能没有公交车了，放心，没有出租车司机不知道地婆的。

三毛烧烤总店 烧烤 ¥

（☎875 0001；炮台山路新胜巷内；人均40元；⏰16:00至次日2:00）炮台山路堪称烧烤一条街，越近午夜人气越旺，而三毛烧烤不分时日始终座无虚席。各种烤串按"手"卖（1手10串），较受欢迎的有牛筋（23元）、鸡肾（22元）、烤鱼（58元）等，还有岳阳烧烤最具特色的烤牛油和烤韭菜。烤牛油外焦里嫩，嚼劲十足；烤韭菜则会让你自己动手，当地人喜欢先将韭菜在铁板上烤得糊糊的，再将鸡蛋打入。冬季还会推出牛羊肉火锅应市。

彭厨 湘菜 ¥

（☎325 1777；站前西路巴陵尚品；人均40元；⏰11:00~14:00, 16:30~21:00）大众路线的湘菜馆中人气较旺的一家，在湖南多地都开有分店。彭氏吊锅鸭（69元）用青辣椒焖制而成，口感又鲜又辣；微辣的泡椒煮牛蛙（59元）里大块的牛蛙肉吃得省事又过瘾。18:00~19:00的就餐高峰期需要等位，但19:00过后很多菜就卖完了。

花田·驿 西餐 ¥¥¥

（☎834 5777；湖滨大道龟山入口处；人均100元；⏰正餐10:00~21:00, 21:00后只供应酒水）这家格调十足的西餐厅背倚龟山，面朝南湖，独占一片天地。十余种牛扒菜式99~528元不等，也有沙拉、意面、焗饭等配菜和主食。湖边的庭院更适合午后小酌，茗茶（45元/杯）、进口啤酒（25元起）、咖啡（32元起）、红酒、洋酒品种都很丰富。

🛍 购物

洞庭湖水产品、鸭制品和湘北特色酱菜都值得吃货们带回家慢慢品味。君山银针和岳州窑瓷器是送礼佳品，好茶配好器。

九哥酱板鸭总店 特产

（炮台山路新胜巷口）经营十余年，以独特的香辣美味被岳阳人奉为最好吃的酱板鸭。真空酱板鸭48元/只，鸭脖、鸭翅等都有散装，口碑最好的是被称为"鬼爪"的鸭爪。另有便于携带的真空大礼包和鸭罐头。

巴陵全鱼席

相传早在清朝，"全鱼筵"就是岳州最高官员的宴请标准；20世纪60年代，名厨张克亮大师整理出一套完整的菜式和技法；改革开放后，巴陵全鱼席在国内外屡获殊荣，甚至轰动了东南亚餐饮界。全鱼席绝非随便用鱼组成一桌菜品那么简单，主原料数十种鱼类全部产自洞庭湖，配料也都是取自湖区的菱、藕、荷叶等，加工刀法和烹调方法各有十余种之多，色彩讲究，口味丰富。

井水·巴陵（☎881 9999；保利西街1号；人均90元；⏰11:00~14:00, 17:00~20:00）成功将"御宴"大众化，是品尝岳阳全鱼席的首选。这家店紧邻巴陵广场，位置优越，装修宽敞大气。最小的全鱼席（666元，6~8人）含凉菜、点心共14盘，顶级的全鱼席（6666元，12~14人）共有20种菜式。全鱼席均需提前1~3天预订。人少不妨尝试一下特色菜式：分别用剁椒、豆豉、蒜茸为配料的三色蒸回头鱼（88元）、金黄酥脆的香煎翅白鱼（68元）和毛血旺的洞庭改良版——鱼血旺（48元）。

值得一游

大通湖美食之旅

大通湖原为洞庭湖的湖域之一,后因淤塞筑堤成为内湖,经过数十年的围湖造田,现已与南洞庭湖相距十余公里。大通湖并未开发旅游,而是湖南省最大的内陆养殖湖泊,尤以大闸蟹养殖著名。每年9月起,大通湖所在的河坝镇和湖南岸的S202省道,售卖和烹制大闸蟹的店铺一家接一家,清蒸蟹、口味蟹、姜辣蟹和卤蟹任君选择。

位于大通湖东岸的**锦大渔村**(☎0737-566 8688;益阳市大通湖区沙煲洲锦大生态养殖园;标双168元,别墅468元; ❀✿ℙ)有游艇游湖(小船218元/7人,大船388元/18人;20分钟)、鱼塘垂钓(租钓竿20元,鱼10元/斤起)、高尔夫球(100元一筐球,不限时)等娱乐项目,可在此小住,但最好避免周末前往。10月至12月,在亲水平台旁的**锦大大闸蟹养殖基地**(☎138 7371 4978)可以看到网箱中养殖的大闸蟹,从被捕捞、分拣、捆绑到打包装进快递箱的全过程,不妨直接到**锦大渔村餐厅**(☎0737-566 8866)尝尝鲜。每年清明节后至10月,大通湖小龙虾上市,此时气候宜人,湖中荷叶田田,亦可来此一游。

大通湖属益阳管辖,但从岳阳前往更方便。也可以把大通湖当作从岳阳到沅江、益阳的一个休息站。在岳阳联运汽车站乘去大通湖(河坝镇)的班车(35元;7:50、10:30、12:00、14:30、15:30;1.5小时),下车后打车到锦大渔村(10元)即可。河坝镇回岳阳的末班车在13:10,也有班车去往长沙(50元;7:35、13:00、14:00;3.5小时)、常德(50元;13:30;3小时)等地,去益阳(经沅江)的班车(30元;5:50~15:30,约1小时1班;1.5小时)最为频繁。

岳阳茶博城 茶叶市场

(湖滨大道1号;⏰8:00~17:00)2015年竣工的岳阳茶博城位于圣安寺旁,是湘北地区最大的茶叶市场,以出售岳阳出产的君山银针系列黄茶为主,也有少量益阳黑茶商铺。

梅溪桥综合批发市场 市场

(建设南路293号)散装副食品让人眼花缭乱,洞庭香辣鱼仔、洞庭银鱼等的价格几乎是超市的一半,商铺众多,还需货比三家。乘公交车到解放路或洞口站即到。

❶ 到达和离开

飞机

岳阳三荷机场已于2018年投入使用。从长沙机场抵离岳阳也很方便,可在**平安机票**(☎8610777;南湖大道118号)乘机场大巴(80元;6:30、8:30、12:00、14:00、17:00;2.5小时)直达长沙黄花国际机场。

长途汽车

岳阳共有5个汽车站,除洞庭汽车站外,其他4个汽车站与火车站距离都很近,相互步行可至。**巴陵汽车站**的班车均发往周边乡镇,对旅行者用处不大。

岳阳中心汽车站(☎824 5519;巴陵中路361号)俗称长途汽车站、岳阳汽车站。去往长沙的班车先到长沙汽车东站,再到火车站或汽车西站。去往平江、汨罗、益阳、邵阳、湘潭、株洲以及省外各市的长途车都从这里始发。

岳阳五里牌客运站(☎824 5522;巴陵中路325号)位于长途汽车站以西30米,前往张谷英村和湘阴在这里乘车。

岳阳联运汽车站(☎883 3223;站前路532号)位于火车站以东100米,有去往采桑湖和大通湖的班车。

岳阳洞庭汽车站(☎878 3322;洞庭大道171号)每天上午各有1班车到张家界(130元;8:30;4小时)和凤凰(160元;10:50;6小时),去往沅江和常德也在这里坐车。

火车

岳阳站(☎324 1122;站前路9号)是京广铁路上的站点,可直达沿线城市和全国各大城市。往返长沙几乎全天各时间段都有车,耗时1.5小时。火车站广场有多路公交车,10、15、22路直达岳阳楼景区。

岳阳东站(巴陵路东路终点)在市中心以东9公里处,有多次高铁列车通往北京、广州、上海、南宁、武汉等地。去往省内的衡阳、韶山、娄底、怀化等地性价比也很高。

湘北地区 岳阳

岳阳各汽车站主要车次时刻表

到达站点	发车时间/车次	票价(元)	行程(小时)	发车车站
长沙东站	8:20~16:20，约1小时1班	50	1.5	中心汽车站
平江	7:30~17:30，约1小时1班	43	2.5	中心汽车站
汨罗	7:00~17:40，约20分钟1班	25	1.5	中心汽车站
张谷英村	6:00~17:00，20分钟1班	20	2	五里牌客运站
湘阴	6:30~17:20，20分钟1班	35	2	五里牌客运站
采桑湖	6:40~18:00，30分钟1班	10	1	联运汽车站
大通湖	7:50、10:30、12:00、14:30、15:30	35	1.5	联运汽车站
沅江	7:30、8:40、12:30、13:40	58	3	洞庭汽车站
常德	7:50~16:30，约1小时1班	76	2	洞庭汽车站

❶ 当地交通

公交车

岳阳公交车线路四通八达，大部分自动投币1~2元。从火车站经岳阳楼至君山岛的15路(全程4元，分段计价)有人工售票。55路(2元)从岳阳东站始发，经岳阳站至岳阳楼。

出租车

出租车打表运营。起步价6元，2公里后2元/公里；22:00至次日5:00起步价7元，2.4元/公里。

自行车

岳阳市公共自行车(☏888 1116)在市区共有210个站点，在主要景点和商圈非常密集。可用支付宝的"城市公共自行车"服务解锁和查询站点地图。收费标准：3小时内，免费；3~4小时，1元；4小时以上，每小时2元。

张谷英村

(☏728 1188；岳阳县张谷英镇；门票50元，讲解免费；⏱7:00~18:00)祖籍江西的张谷英原是明朝一官吏。在江西做官时，他携友三人西行至此，选了各有人丁兴旺、四季发财、禄位高升之势的三块风水宝地，人丁兴旺的一块归张谷英所有。如今居住的两千多张姓村民都是张谷英的二十几代传人，加上散居村外的后人已经过万。

206个天井连接起1700多间房屋，登高俯瞰，只见一片连绵的"井"字屋脊，这就是从明清走来的张谷英村。屋顶的四方天井对应院中的四方水槽，轻松解决了当时建筑中的采光和排水难题。房屋屋顶有截断火源的设计，村庄几百年来没起过大火。隐藏在屋脊下的六十多条巷道四通八达，行走之上晴不曝日、雨不湿鞋，危急时刻还能当作逃生通道。相较了许多商业化的古村镇，张谷英村不仅是一座古建筑群，也是中国宗族发展和传统家庭观念的生动缩影。当你走进张家人古老而鲜活的生活，请多一些尊重和友好。

◉ 景点

一条东进西出的游览环线，串起了张谷英村的建筑群，游览约需1.5小时。你可以跟着沿途不太明确的路标自己探索，但在售票处请一位免费导游能让你少走不少弯路。

当大门　　　　　　　　　　　历史建筑

如同一面打开的扇子，这片大屋以正中的当大门为轴，向左、右两侧发散开来。广场两侧的拴马桩和门口两尊石鼓都象征着家世雄厚，门口的"耕读继世，孝友传家"八个字道出家训。穿过烟火塘和几个及膝的门槛，最里面的祖先堂是祭祀张谷英的地方。往左经过门梁雕有八匹骏马的八骏堂和私塾所在的青云楼，沿台阶走上古村环抱的龙形山，能俯视屋屋相连的气势。下山途中的岔路往右走一段，张谷英小学门前视野更广阔。山下纺绩堂，六扇屏风组成的"勤有功，谦受益"，亦是张家家训之一。

畔溪长廊　　　　　　　　　　历史建筑

绕出大屋便豁然开朗，渭溪河边的畔溪长廊，曾是连通岳阳和平江(见192页)的石板驿道。右侧巷子里的议事厅原是家族开会的场所，现以棋牌室的形式延续着家族聚会的功能。渭溪河中一座龙涎井，将"河水不犯井水"完美演绎，至今仍是当地人的饮用水源。

王家塅　　　　　　　　　　　　　　历史建筑

　　龙形山侧的王家塅比当大门更加阔气，房屋布局呈"丰"字结构。据说鼎盛时期五代同堂，妯娌们做好饭就敲锣招呼，堂屋里摆上十几桌，上百人一起吃饭。最里面的堂屋供奉着张谷英的画像，摆放着纺织机和织布机（参观拍照免费，体验3元），也有腊肉和药酒等售卖。

民俗展览馆　　　　　　　　　　　　　展览馆

　　民俗展览馆位于景区最北端，按年俗、岁俗、婚俗、家族、丧葬、耕读六个部分展现村落的文化渊源，进门处展示了张家的家训族戒。从展览馆出来右转可至上新屋古屋群。参观结束后沿渭溪河出景区。

🛏 食宿

　　张谷英镇上有一些小宾馆，但同样的价格更建议你住在村里。村民打造的家庭客栈集中在伴溪走廊西头至王家塅之间，多为新建的独栋小楼，设独立卫浴、24小时热水和Wi-Fi。标间多在100元左右，"十一"等旺季价格会上涨50%。这些客栈都提供餐饮，人少可与老板商量搭伙（约20元/人）。规模较大的同乐客栈（☎728 0582；绣楼巷子内；标单/双80/100元；📶❄）因定位"摄影之家"，老板常接待摄影团体，可为你提供摄影建议。河对岸的小土仙客馆（☎135 7475 7208；标单/双80/100元；📶❄）条件相对较好，老板也很实在。如果想住真正的老屋，可以试试位于八骏堂内的青云楼客栈（☎139 7401 9100；标双100元；📶❄）。

　　村里有许多油豆腐作坊，据称当地水好，加之茶油制作，油豆腐成了特产（8～10元/斤）。饭店集中在当大门附近，价格也大致相同（炒油豆腐18元，小炒肉30元），这里常会遇到拉客的婆婆。摆在堂屋的餐桌往往置于往来游客的众目睽睽之下，请慎重选择。

ℹ 到达和离开

　　长沙汽车东站每天有1班去往张谷英的班车（50元；13:50；2.5小时），返程为第二天7:00。如果错过了可以到叫作"十二公里"的地方中转。岳阳五里牌客运站去张谷英村的班车（20元；5:50~17:40，20分钟1班；2小时）很频繁。下车后前行左转进入宾馆、饭店集中的谷英街道，步行5分钟即是张谷英村的牌坊和售票处。返回岳阳的班车时间为5:20~17:20。如果班车挂牌荣家湾（岳阳县），司机会在岳阳县直接把你送上回岳阳市的班车（无须再次购票）。

汨罗

　　公元前278年的农历五月初五，自楚国大夫屈原抱石跃入汨罗江中，纪念屈子的香火已延续两千多年。汨罗平时游客寥寥，但每逢端午，人们都会从四面八方涌到江边玉笥山的屈子祠祭拜先贤。

　　屈子祠（☎538 0023；汨罗市屈子祠镇；免费；⊙8:00~17:00，周一闭馆）是中国现存唯一一座纪念屈原的古建筑，始建于汉代，如今所见的是乾隆十九年（1754年）移建于此的。祠内四棵百年古树的浓荫里，映着巨幅屈原画像。正殿的神龛供奉着"故楚三闾大夫屈原之神位"牌位。两侧的厢房则为屈原纪念馆，介绍了屈原生平、诗歌成就及影响，还展示了汨罗高泉山出土的战国时期兵器文物。屈子祠外一侧的小山坡上有座独醒亭，走上去可眺望汨罗江及对岸的湿地公园。另一侧的屈原碑林是一处清雅幽静的园林。位于正中的离骚阁有《离骚》碑刻，四周的天问坛、九歌台、九章馆、招魂堂以廊亭相连，廊中展出的三百余块屈原诗词碑刻均为书法名家墨迹。如今，在玉笥山周边复建的屈子书院与屈子祠作为核心景区，以"屈子文化园"的名字开门迎客。除了屈子祠核心景区，还有端午文化体验区、端午文化产业区、端午文化民俗区、屈原墓保护区、汨罗江湿地保护区等游览片区。

✨ 节日和活动

端午节　　　　　　　　　　　　　　　节会

　　端午节（农历五月初五）在汨罗的隆重程度与春节相当，龙舟竞渡、吃粽子、插艾草、唱老戏等传统习俗仍在延续。节日期间市内有摄影大赛、花鼓戏、歌舞展演等文艺活动。端午朝庙也是汨罗独有的习俗，百姓请出龙舟龙头到当地祠、庙祭祀，保佑比赛顺利平安、旗开得胜。

汨罗江国际龙舟节 _{节会}

持续一周左右的龙舟节于端午节期间举办，包括传统龙舟巡演和民间龙舟竞技等项目。主会场设在沿江大道上的汨罗江国际龙舟竞渡中心，只是中心观礼台不对外售票，你只能和大部分当地人一样到江边观战，或提前到场外碰碰运气。

🛏️ 食宿

汨罗的住宿以百元左右的小宾馆为主，性价比不高，市中心的建设中路食宿选择相对多些。条件较好的拉斐皇庭酒店（☎552 9999；高泉路与建设中路路口；标双198元；❄🛜）位于商业中心，出行方便。端午期间，汨罗酒店房价翻番且一房难求，务必提前预订。

我们调研时，屈子祠景区外的屈子祠镇只有一两家小型快餐店和一些超市。待园区建设整体完工后，景区有望提供就餐和住宿。

ℹ️ 到达和离开

汨罗位于长沙和岳阳中间，从这两处往来汨罗的高铁（20分钟）、普通列车（1小时）和班车都很频繁。其中普通列车性价比最高，且汨罗火车站离中心汽车站只有100米，方便换乘。从汨罗东站（高铁站）可乘18路公交车（6:00~21:00）到归义广场，再换乘4路到中心汽车站。从高铁站打车到汽车站约30元。从岳阳汽车站乘班车（25元；7:00~17:40，约20分钟1班；1.5小时）可直达汨罗中心汽车站。

汨罗中心汽车站（☎517 1233；站前路128号）有往来长沙、岳阳、湘潭、常德等地的班车。从这里乘去往周家垅或屈子祠镇的班车（8元；9:10、10:30、14:50、16:10；30分钟）到渡口转盘处下车，接着沿左边的步道步行约10分钟就到屈子祠。班车返程路过渡口的末班时间为13:30，需与司机确认，务必提前等待。从汨罗中心汽车站打车到屈子祠单程50元，往返80元。搭返程出租车回市区10元/人。

平江及周边

电话区号：0730

平江位于湘、鄂、赣三省交界处，汨罗江自东向西贯穿，连云山和幕阜山一南一北拱卫。阳春三月，长寿镇2.2万亩油菜花金黄耀眼；盛夏季节，其间的森林公园、地质公园、漂流水道是清凉沁心的消暑胜地。值得平江人骄傲的，是这片热土走出的将帅群体，当然还有湖南人津津乐道的平江五香豆干。

杜甫墓祠、纯婆小镇和石牛寨在一条线上，可串起来游览。

平江

平江县城没什么特色景点，来此多为交通中转。如果你对革命史感兴趣，不妨花1小时到平江起义纪念馆（☎666 3858；平江县东兴大道；门票免费；⏰9:00~16:30，周一闭馆）了解平江的荣光。1928年7月，彭德怀在天岳书院里打响了平江起义的第一枪，后又创建工农红军第五军，开辟了湘鄂赣革命根据地。如今这座清代书院作为起义旧址，复原了起义时的指挥部和部队营房等。平江起义史料陈列馆详细介绍了起义的发展脉络，彭德怀同

演出来的故事会

每年春节前至元宵节期间，汨罗长乐镇特有的"故事会"总会掀起人气热浪。长乐故事会由祭祀与上元闹花灯的习俗演变而来，原为楚国民俗，盛于明清，并在20世纪80年代达到顶峰。它是集民间杂技、表演、彩绘、历史和时代精神为一体的民间行为艺术。故事内容多以历代忠孝节义的典故和民间传说为主，由木器、电焊、油漆等工匠们"扎"出三四米高的道具和造型。上了妆的孩子们攀爬其上，或飞天，或练武，在支点上摆出各种亮相姿势，大人们则举着旌旗敲锣打鼓列队开道。就这样故事接故事，在主街上排开数百米。可从汨罗汽车站乘班车到长乐镇（10元）。此外，岳阳的汴河街庙会（见186页）也有长乐故事会表演。

志光辉业绩馆则记录了这位开国元帅的戎马一生。纪念馆距离天岳汽车站约1公里,从汽车站步行或打车(5元)都很方便。

🛏 食宿

建议你住在河东的天岳汽车站附近。距离汽车站约500米的**7天酒店**(☎677 6777;天岳大道与车站路路口;标双138元起;❄❄️ⓅⓅ)房间设施非常"标准",附近大小餐厅都不少。尽量选择高层的房间,楼下的KTV在午夜前会有点吵。

ℹ 到达和离开

乘坐长途汽车是往来平江的唯一途径。从长沙汽车东站到平江(44元;7:00~18:00,30分钟1班;2小时)比从岳阳汽车站出发(43元;7:30~17:30,约1小时1班;2.5小时)更便捷。**平江天岳汽车站**(东兴大道1号)返回岳阳和长沙的末班车都在17:30。

县城内坐出租车5元。

杜甫墓祠

(☎666 9638;平江县小田村;门票30元;⏰8:00~18:00)公元769年,杜甫为避战乱而辗转于耒阳、长沙、岳阳之间。因重疾复发,他溯汨罗江至昌江县(今平江)投友求医,后于770年不幸病逝,葬于小田村天井湖。子孙为他修建墓祠,留人守墓,并在当地繁衍生息。这座始建于唐朝的杜甫墓祠,曾在清光绪九年(1883年)大规模修缮,如今的建筑是2004年原貌复原的。

进入门厅往左,位于门廊中段的**官厅**是接待祭拜宾客的场所。门廊廊柱下的覆盆式莲花柱础为唐朝构件,厅中的家具、壁画和书法都是清朝时期保留下来的。官厅两旁的房间分别展出了杜甫墓祠数百年的变迁和杜甫的生平。祭祀杜甫的**杜文贞公祠**位于门廊尽头,供有杜甫巨型铜像的飨堂是祭祀的主要场所,墓冢则在飨堂后面的院落中,墓碑上"唐左拾遗工部员外郎杜文贞公之墓"的字迹已经非常模糊。

ℹ 到达和离开

在天岳客运站乘发往长寿、献冲、安定、石牛寨等地的班车,在杜甫墓祠路口下车(5元),然后沿标志步行约3公里即到。打车从平江到杜甫墓祠单程80元。

纯溪小镇

(☎660 1999;平江县加义镇连云村;门票68元;⏰7:00~16:00)纯溪小镇并非一个村镇,而是连云山山腰上一条草木葱茏、流水潺潺的峡谷。用溪边的石块修整而成的步道十分贴近原生态的峡谷景观,但在潮湿且没有围栏的石道上行走还需注意安全。步道沿着山涧溯溪而上,半小时后,平缓的道路逐渐变陡。路程过半进入**探险区**,狭窄且陡峭的步道随山势扶摇直上,攀爬辛苦,但可探峭壁、瀑布与深潭。由于探险区内为单行道,进入后必须从山顶的出口出,若不打算前往,可原路返回景区入口。从探险区的出口可沿公路继续上行3公里到连云山的顶峰**连云绝顶**,也可以往下步行30分钟,或乘坐面包车拼车(10元/人)返回景区入口。全程游览约需2.5小时。每年5月至10月,距离纯溪小镇约5公里处的**连云山峡谷漂流**(☎400 0073 177;218元/人;⏰周一至周五13:30,周六至周日12:30统一开漂)有双人自助漂流,全长198米的河道穿行于林荫竹海之间,可漂1.5小时。

🛏 食宿

景区入口和出口周边有许多农家乐提供住宿和餐饮,标间价格100~150元,夏季周末和法定假期价格会上浮50%左右,需要提前预订。景区停车场不远处的**清凉农家乐**(☎158 4284 8084;大床房158元起;❄❄️ⓅⓅ)房间大、设施新,是其中条件最好的一家。

ℹ 到达和离开

在平江天岳客运站乘发往长寿的班车(10元;5:40~18:20,约15分钟1班;40分钟),或在长沙东站乘发往长寿(7:00~16:00,约1小时1班)、虹桥(8:00、13:40)的班车在献冲纯溪小镇路口下车(35元;2小时),接着乘摩托车上山(20元;9公里)。由于景区出口比入口还远2公里,若计划致电摩托司机来接,最好在上山前确定返程费用(20~25元)。平江至石牛寨景区的班车开出约1小时后会路过纯溪小镇路口,若计划继续前往石

石牛寨

（☎400 0073 177；平江县石牛寨镇；门票118元；◐8:00~17:00）这座国家地质公园最大的亮点，是可观400平方公里丹霞群山的观景栈道，以及横跨在两座主峰之间的玻璃桥。景区推出多种套票，与下列不同收费项目捆绑销售，你可以只购买门票，除飞拉达外，其他门票都可以在山上单独购买。

1.2公里的登山石道直达大茅寨山顶的玻璃桥，若追求刺激可挑战一下路上的**飞拉达**（120元/人；恶劣天气不开放），在充分的安全措施保护和教练带领下，沿铁把手、缆索和踏脚垫在悬崖上攀爬行走。不想体验的话建议你乘**大茅寨缆车**（50元/人）上山。走上长300米、高180米的透明玻璃桥**好汉桥**（20元/人）找好角度拍出惊险照片，再稳住脚步，从四周的尖叫声中突出重围，过到对面的美人峰。美人峰上的**仙人海**可泛舟（竹筏20元/人），隘门海旁有**高山地下峡谷漂流**（130元/人；20分钟；淡季不开放），但性价比都很低。不如寻着指示牌的方向，沿石壁上的悬空栈道直奔**十里绝壁**，将百里丹霞全数收入眼底。美人峰上还有十多处景点，但看点不大，你可以从十里绝壁前面的**石佛寺索道**（50元/人；淡季不开放）下山，或走环线回到仙人海大坝步行下山。景区门外，一座**地质博物馆**介绍了湖南丹霞地貌的演化和石牛寨丹霞的类型、特征和代表景点。全程步行游览需要4~5小时。

🛏 食宿

景区周边提供食宿的农家乐很多，距景区门口约300米，全玻璃外墙的**望牛山庄**（☎135 7400 8626；大床房100元起；✽🛜Ⓟ）装修讲究，房间卫生和隔音都非常好，炒菜性价比也较高。喜欢标准化酒店可选择景区大门旁50米处、2017年开业的**格林豪泰快捷酒店**（☎698 8998；大床房140元起；✽🛜Ⓟ）。

ℹ 到达和离开

平江天岳客运站每天有4趟班车直达石牛寨景区（30元；8:00、10:30、13:30、15:00；2小时），返程时间为6:30、9:00、13:30和15:00。长沙东站去往虹桥的班车（50元；8:00、13:40；3.5小时）可直达景区。

常德及周边

电话区号：0736

常德水伴沅澧，山依武陵，鱼米之乡，富庶之地，旅游资源也十分多样。桃花源让《桃花源记》的情景朴实再现，城头山将6300年前的故事娓娓道来，沅江上的游船带你驶入夷望溪的秀美风光，登上海拔2098米的壶瓶山巅，湘鄂风光一眼尽览。除了壶瓶山需要2~3天时间，其他各处均可从常德当天往返。

常德

常德城在战国时期因战而修筑，千百年间曾无数次被战火摧毁。1943年遭遇"常德会战"的再次毁灭后，浴火重生的常德如今已是湘西北的中心城市和重要的交通枢纽，城市面貌日新月异，近年来更是打造了几个全新的街区和观光点。不妨在市区停留一天，看看沅江边记录常德风物的诗墙，寻访和"常德会战"有关的纪念地，再到常德河街看看常德新景，或者在法国梧桐树掩映下的街道随便走走，走进一家米粉店，享受当地人从容安适的生活。

⦿ 景点

市区景点主要集中在两个区域。博物馆、诗墙公园、水星楼和烈士公墓集中在市中心，全程步行不超过2公里。柳叶湖、常德河街和德国风情街则集中在市区东北部约5公里，是常德新打造的旅游休闲区。

常德会战阵亡将士公墓 公墓

（青年路与建设路路口东南角；免费）公墓始建于1945年。新中国成立初期，牌坊和纪念碑上的文字曾用水泥覆盖，后于1981年进行了全面修复。公墓建筑呈轴线布局，正门为一座三门纪念牌坊，青天白日徽章下是蒋中正题写的"天地正气"。园内松柏苍翠、绿树成荫，一座9米高的纪念碑立于正中，碑身正面的"陆

常德城区

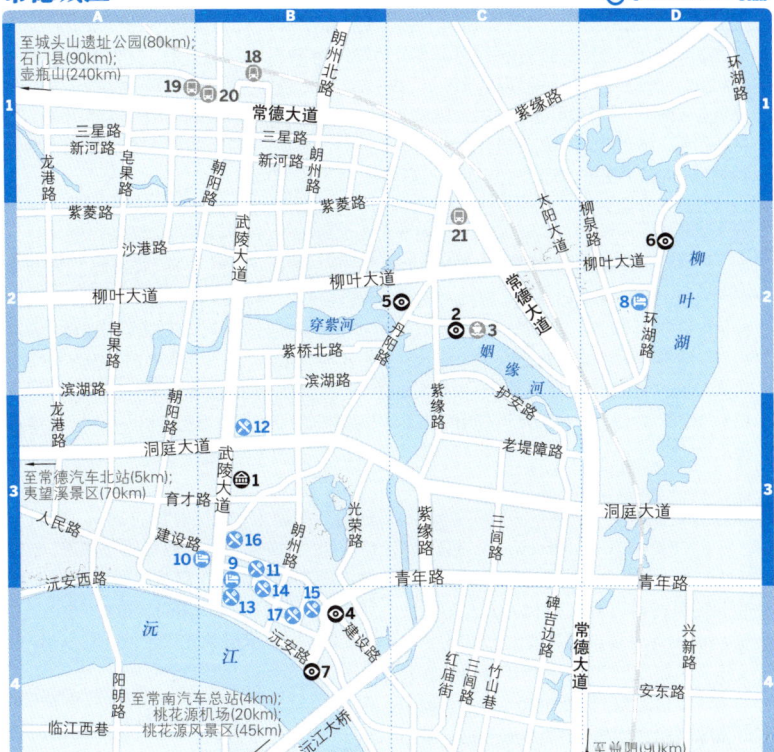

常德城区

◎ 景点
1 常德博物馆 B3
2 常德河街 C2
3 常德河街游船码头 C2
4 常德会战阵亡将士公墓 B4
5 德国风情街 C2
6 柳叶湖 D2
7 常德诗墙 B4

🛏 住宿
8 共和酒店 D2
9 丽枫酒店(步行街店) B3
10 汤臣万豪酒店 B3

🍴 就餐
11 黄金台猪脚(总店) B3
12 乔哥芙蓉炒码粉 B3
13 蓉九辣椒炒肉 B4
14 闻湘月 B4
15 小小吧干腌粉 B4
16 壹德壹(锦都店) B3
17 中华豆皮店 B4

ⓘ 交通
18 常德火车站 B1
19 常德汽车总站 A1
20 短途客运站 B1
21 柳叶湖汽车站 C2

军第七十四军常德会战阵亡将士纪念塔"为时任国民党七十四军军长王耀武所题。后面是士兵士官墓和将校墓。清明节前后,这里有大规模的祭祀活动。

乘公交车13、30、31路在文化宫站下车,下车就能见到牌坊。

常德会战的记忆

1943年冬,为切断抗战大后方重庆的补给线,日军对常德这座"粮仓"发动进攻。守城部队国军七十四军五十七师,以八千将士对决围城的四万精锐日军,经过16天的坚守血战,几乎全军殉国。弹尽粮绝的最后关头,师长余程万率180人突围。6天后,余程万猛虎反扑,带领援军一举收复常德城。五十七师由此赢得"虎贲"誉称。会战后的常德城一片焦土,仅剩下五座完整的房屋,脚下的每一块青石板都布满血迹和遗体。

如今的常德城仍记忆着这段悲壮的历史。烈士公墓往南,水星楼南边小巷的尽头保留了一小段战时的常德城墙。湖南文理学院西校区内的白马湖南侧、大西门外的九重天花园北侧各有一处碉堡。常德西郊的河洑山(现为河洑国家森林公园,免费)还保存了7座暗堡,在上山路旁,循着暗堡上方巨大的石质掩体便能找到。顺着山势蜿蜒的深约半米的战壕也依稀可见。虎贲之师英勇不屈的形象,更树起了民族精神的丰碑,著名国际记者爱泼斯坦说:"亲眼见过许多中国战局,其踯躅状况亦不足与此相比。"虎贲之师留下的剪报、行军日记、地图、笔记和照片,也成为作家张恨水文学作品《虎贲万岁》的真实素材。2009年,由两位常德商人筹资5000万元拍摄的电影《喋血孤城》,让这段铁血历史和民族精神延续传承。

常德博物馆   博物馆

(☎722 4091;www.hncdbwg.cn;武陵大道南段282号;免费)博物馆以展示常德的历史文物和民风民俗为主,其中《中日常德会战展览》和《日军常德细菌战展览》,用实物和图文重现了那段历史。博物馆于2014年底开始实施改扩建工程,拟于2020年重新开放。届时展陈面积会增加,功能和服务也会得到提升。

可乘19、33、38、48路在市博物馆站下车。

常德诗墙   公园

(沅安路沿江带;免费)沅江北岸近4公里长的防洪墙上,荟萃了自先秦以来1530首与常德相关的诗篇和名家诗词的书法碑刻,作为"世界最长的诗书画刻艺术墙"被列入吉尼斯世界纪录。渔父阁、武陵阁、春申阁和排云阁四座仿古楼阁,自东向西立于诗墙之间,既是公园出入口,也是防洪闸口。建议你从武陵阁入,排云阁出,水星楼和烈士公园就在排云阁北边不远处。

乘1、6、14、H11路公交车在步行街站或排云阁站下车皆可。

柳叶湖   湖

位于城区东北的柳叶湖是一处大型休闲公园。三座小岛坐落于湖中,全长39.2公里的环湖路上,分布着仿古建筑、餐饮和游乐园,同时也是专业的马拉松赛道。丰富的游湖交通,集中在湖西的柳叶湖游客服务中心(☎787 9000;柳叶大道与环湖路路口北100米)。双层观光巴士可环湖一周,电瓶车、小火车则有3段路线可选(均为10元/人)。若是夏季前来,可乘3号线或快艇(30元)到湖东岸的欢乐水世界(☎787 0000;成人130元,1.2~1.5米儿童100元,1.2米以下儿童免票;◷10:00~18:00,暑期延长至22:00)尽情戏水。

若只想看看湖,可以租自行车(2人车30元/小时,4人车50元/小时)往北骑行,看看司马楼。但更实惠的还是用支付宝解锁常德公用自行车,按自己的节奏玩。水上游览则有电动船、画舫和快艇等(50元起),不同线路耗时30~60分钟不等。还可登湖仙岛(35元),看看岛上的龙灵寺和柳毅亭。

从武陵阁乘38路可直达柳叶湖游客集散中心,51路连接游客中心和欢乐水世界。

常德河街   街区

常德河街原指沅江岸边旧名为"麻阳街、大河街、小河街"的三条老街,曾是老常德河运码头周边繁华兴盛的商业区。1921年沈从文在大河街住了5个月,并在《常德》一文中对麻阳街描述道:"那里一面是城墙,一面是临河而起的陋矮逼窄的小屋。"2016年,长

1.5公里的新常德河街在穿紫河边重建，用三段分别复原了全木建筑——一面靠城墙、一面为临河吊脚楼的麻阳街，单体建筑略大、砖木建筑的小河街，还有以四合院和窨子屋为主、砖混结构的大河街。宽阔的石板路两旁摆着记录老常德人生活的铜塑，临街的小吃摊、手工艺品店、茶楼、酒吧和客栈相连，红灯笼和各色旗旌充满了浓浓的商业气息。

沿常德河街往西700米，还有一条德国风情街(柳叶大道与丹阳路路口东)，因借鉴德国汉诺威市的经验治理穿紫河，并与其结为友好城市而建。清一色的德式建筑里入驻了一些德国餐厅和"德货"商铺，力求展现正宗德国文化。

乘穿紫河游船看常德河街和德国风情街，不失为一种更好的方式，拍出"假装在德国"的照片或许能在朋友圈以假乱真。

🚶 活动

穿紫河游船(📞788 8678)在常德河街下南门码头与白马湖公园码头间运行，并同时对开。约8公里的水道两岸，从仿古建筑、欧式小镇到高楼大厦，让人有时空错乱的穿越感。横跨穿紫河九座桥梁的桥洞中有主题各异的绘画。180°的透明舷窗观景游船白天（50元；10:30、15:00；30分钟）可观景，夜晚则可在船上欣赏沿岸的**梦回穿紫河**大型灯光风情实景秀(188元；17:00、19:30、20:20、20:50；1小时)，歌舞、戏剧、花车、器乐和场景表演配以灯光和喷泉，用8个主题展示常德民俗文化。如遇雨雪表演暂停，票价减100元（88元；时间同上；30分钟）可观夜景。需要注意的是，常德有两处"下南门码头"，另一处是位于沅江边诗墙公园内的渡轮码头，不要走错。

此外，水道沿岸修有平整的游步道，也可步行、骑公共自行车或乘电瓶车（10元）游览。

🛏 住宿

常德住宿均价偏高，百元上下的好宾馆并不多见，连设施老旧的连锁快捷酒店也要近150元。建议你选择住在武陵大道靠近武陵阁一带的城市中心，常德博物馆、步行街、诗墙公园、壹德壹等都步行可至，还有多路公交车通往火车站和各汽车站，出行方便。

丽枫酒店(步行街店) 酒店 ¥¥

(📞715 7888；武陵大道102号；标单/双246/296元起；❄🛜)铂涛集团旗下的高端连锁酒店，2017年底开业，房间设施新且智能化——窗帘自动开关，房间自带蓝牙环绕立体声音箱，甚至一打开淋浴音乐就会自动响起。酒店服务耐心到位，晚上还有水果赠送。

汤臣万豪酒店 酒店 ¥¥

(📞769 9999；武陵大道103号；标双268元，含双早；❄🛜🅿)相比市内其他星级酒店，房间有更多的设计元素和细节的考虑。卫浴间色调淡雅，干湿分离。加上体贴的服务，可为同等房价区间中的首选。提供早餐的云顶餐厅位于23层，可俯瞰整个市区。

共和酒店 酒店 ¥¥¥

(📞713 8888；环湖路东段88号；标双378元起，含双早；❄🛜🅿)位于柳叶湖畔的共和酒店更富度假氛围。湖景房露台约270°观湖，几座湖心岛尽收眼底。酒店服务到位，早餐丰盛，晚上到常德河街吃小吃看夜景也很方便。由于距离市中心约6公里，更适合自驾的旅行者。

🍴 就餐

闻名全省的常德米粉是常德饮食的代表作品。大众的湘菜馆子随处可见，夜市烧烤、大排档则集中在三闾路、高山街和文理学院周边。

★ 壹德壹(锦都店) 小吃 ¥

(📞726 1777；武陵大道166号；人均20元；⏰6:30至次日2:00)如果在常德只有吃一顿饭的时间，那就留给壹德壹吧。这家老字号米粉店，粉、面种类多得让人眼花缭乱。汤粉7元起，胃口大的可以要"双码"（双份的肉；15元起）。招牌的牛肉炖粉——大块的牛肉、蔬菜和米粉放在火锅里一起煮，十分入味，小份（48元/锅）足够2~3个人吃。这里还经营多种炒菜和小吃，从早餐到夜宵都能满足你。

蓉九辣椒炒肉 湘菜 ¥

(📞722 5888；武陵大道58号；人均40元；⏰11:00~14:30, 17:00~20:30)看似简单的辣椒

炒肉，据说是湘菜中最能体现厨师水平的菜品之一，这家店敢用它做招牌，自然经得住考验。辣椒炒肉（23元）里猪肉肥瘦适宜，和青椒一起炒得软烂入味，端上桌后用慢火煨着，口感确实与众不同。其他菜式也都家常、实惠，小炒牛肉末（32元）、蓉九酱汁鸭（38元/半只）都很受欢迎。

黄金台猪脚（总店） 湘菜 ¥

（☎723 8338；建设路1155号黄金台美食城；人均40元；⏰9:00~21:00）20世纪60年代一个沿街叫卖的挑担，如今已在常德、长沙开了7家分店。最有名的郑记猪手（12元/半只）口感爽脆，不爱吃辣者记得提前打招呼；臭豆腐（5元）和老瓜炖藕（18元）也是招牌。如果不想忍受店里冷淡的服务，就到外卖窗口打包猪手带走吧。

闻湘月 快餐 ¥

（☎255 7877；和平街248号；人均20元；⏰5:30~23:30）在哪儿吃饭既有特色又很实惠？七成的出租车司机向我们推荐了这家常德本地品牌的连锁快餐厅。除了多样的米粉（6元起），还有汤圆冲蛋、野山椒凉面、炒年糕等，可以试试这里的豆皮（10元）——与鸡蛋、面粉一起烙出的豆皮裹着加入了牛肉、青椒或菌菇的熟糯米，再放入油锅里煎到金黄，口感和味道都无法挑剔。高山街21号还有一家专做豆皮的**中华豆皮店**，生意也不错。

❶ 到达和离开

飞机

桃花源机场 位于市区以南16公里。航班不多，奇数日有飞往北京、广州和深圳的航班，飞往上海、昆明、海口、南宁和天津的航班每周3~5班。

长途汽车

　　常德共有5个汽车站。去往长沙、张家界、凤凰等地的班车在常德汽车总站和常南汽车总站均可乘坐。

常德汽车总站 位于火车站往西100米处，有发往长沙、张家界、凤凰等地的班车。它旁边的**短途客运站**专营发往常德北部石门、津市、澧县、临澧的班车，发车频率均为10~20分钟1班。

常南汽车总站（☎782 0888；鼎城区金霞路768号）又叫"常德南站"，位于市中心以南5公里的沅江南岸。除了长沙、张家界、凤凰的班车，发往常德南部的桃源、汉寿以及省内大部分市、县的长途车都在此乘坐。

常德汽车北站（☎722 2771；武陵区竹叶路与桃花源路路口）每天有2班车直达张家界武陵源（66元；12:50、13:40；3小时），也有频繁的班车发往桃源，比从常南汽车总站发出的班车更为频繁。

柳叶湖汽车站（武陵区紫缘路1168号）位于市中心东北5公里，去往岳阳（76元；7:40~16:30，约1小时1班；2小时）在这里乘车。

火车

常德火车站（常德大道与武陵大道交会处）位于

常德米粉"嗦"一碗

　　没到常德之前，你大概就听说过"常德米粉"的大名了，常德米粉的馆子不仅遍布湖南各地，连北上广都能寻见其踪影。据清朝同治《武陵县志》记载，1874年，云南临安回民马如龙奉旨调湖南提督驻守常德，同时也带来了云南过桥米线制作技艺。常德人渐渐养成了吃米粉的习惯，品种也从单一的汤粉发展出了炖粉、炒粉、干腌粉、炒码粉、煲仔粉等多个品种。而在湖南称作"码"的"浇头"，是米粉的灵魂伴侣——以牛肉、牛杂、猪脚为口味浓郁的红汤，肉丝和三鲜则为鲜香清淡的白汤。端了碗米粉，再加些酸豆角、榨菜和辣椒拌着吃才老道。20世纪40年代初，常德津市"刘聋子"做的牛肉米粉风靡当地，牛肉粉因此成了常德米粉的代表之作。"常德米粉制作技艺"也被列入省级非物质文化遗产代表性项目名录。

　　每天清早，一碗热气腾腾的米粉是大多数常德人的选择，除了老字号的壹德壹（见197页）和闻湘月（见198页），以炒码粉见长的**乔哥芙蓉炒码粉**（☎771 5949；武陵大道和洞庭大道路口东北角；人均15元；⏰24小时）和干拌粉为主的**小小吧干腌粉**（烈士街55号；人均9元；⏰6:30~24:00）都值得一试。

常德各汽车站主要车次时刻表

到达站点	发车时间/车次	票价(元)	行程(小时)	始发车站
长沙西站	7:30~18:15,20分钟1班	66	2	常德汽车总站
	7:30~17:00,30分钟1班	63	2	常南汽车总站
张家界	9:00~17:15,夏季9班,冬季6班	65	2	常德汽车总站
	8:10~14:30,约1.5小时1班	65	2	常南汽车总站
武陵源	12:50、13:40	66	3	常德汽车北站
凤凰	9:40、10:20、14:55	108	4	常德汽车总站
	10:30、11:05、15:25	91	4	常南汽车总站
桃源	5:30~17:20,15分钟1班	13	1.5	常南汽车总站
	6:30~18:00,15分钟1班	13	1	常德汽车北站
桃花源景区	6:30~17:20,40分钟1班	12	1	常南汽车总站
岳阳	7:40~16:30,约1小时1班	76	2	柳叶湖汽车站

长沙开往怀化的铁路沿线,乘普通列车可前往北京、上海、广州、南昌、成都、西安等地。常德也是长(沙)石(门北)铁路上的站点之一,每天有近十对动车组往返于长沙、宁乡、益阳、汉寿、醴陵和石门县北。动车价格比普通列车贵不少,但胜在车厢舒适,正点率高。

我们调研时,位于常德火车站北广场的常德高铁站正在建设中,未来将有厦渝高铁和呼南高铁在此交会。

❶当地交通

抵离机场

去往机场,可在航班起飞前2.5小时于**民航售票处**(📞266 7777;武陵大道446号民航宾馆)乘机场大巴(免费;30分钟)。从机场到市区按航班降落时间发车,10元/人。民航售票处也有班车可去往长沙黄花机场(95元;6:30、8:00、10:00、13:00、15:00;3.5小时)。

公交车和出租车

常德公共汽车上车投币2元。出租车起价5元,2公里后每公里2元。

自行车

常德市公共自行车在市区共有156个站点,在主要景点和商圈非常密集。可用支付宝的"城市公共自行车"服务解锁和查询站点地图,收费标准:0.5元/30分钟,20元封顶。

船

沅江上有渡轮(2元;7:00~22:00,20分钟1班)往返于江北的**下南门码头**(诗墙公园内)和南岸的**外滩公园码头**。

桃花源

(📞400 985 6677;微信公众号zhongguo taohuayuan;桃花源镇;门票180元,3天有效;⏰3月至10月8:30~17:30,11月至次年2月9:00~17:00)从唐宋开始,文人们就把这片幽僻的小山谷当作《桃花源记》中的原型地,先后修建了一些庭院。景区自2011年开始施工改造,于2017年8月全新开放。且不论它与你心中的"桃花源"差距几何,只要你漫步其中,就会感到气象一新,心旷神怡。

◉景点

景区面积大,看点多,建议你在游客中心取一份地图,花一天半的时间来游览。第1天

> ### ❶ 常德景点"一卡通"
>
> 由湖南省旅游局发行的**亲亲常德旅游卡**(198元/年)涵盖常德地区12个大型景区,包括桃花源景区(180元)、壶瓶山(80元)、城头山(75元)等。除常德欢乐水世界和穿紫河游船有次数限制外,其他景区可在1年内不限次数免门票。指定酒店和餐厅可享受消费折扣。可关注微信公众号qqcdlyk查询合作商户和购买。

值 得 一 游

"白鹭王国"花岩溪

由五溪水库和周边密林辟成的花岩溪森林公园(749 0890；门票20元)，是当地人周末休闲的场所，内有步道、船舶和农家乐。每年3月，成群结队的白鹭从南方来到这里安家、繁衍，就落户在景区内的荒冲一带，南北毗邻的五溪湖和龙凤湖则是它们觅食的场所。观鹭期在3月至9月，其中3月至4月的繁殖季节效果最佳——成千上万的白鹭把树林装点得一片雪白。你可以在观鹭台上看到这一盛景，不过最好带个望远镜。若打算与白鹭为伴在山中小住，观鹭台附近的白鹭山庄(749 0590；标间120元)就不错，可提前致电让老板来接。村子周边一两公里之内还有些小寺庙和古宅，可以抽空寻访。

在常南汽车总站有直达花岩溪的班车(17元；7:00~17:30，约1小时1班；1.5小时)，返回常德末班车为17:00。若从桃花源前往，可乘到常德的班车在花岩溪路口下车，然后等去花岩溪的过路车。

湘北地区 桃花源

游览秦谷和桃花山，晚上游秦溪看演出；第2天游览桃源山、博物馆和五柳湖后返回。如果只有1天时间，可以游览秦谷后，桃源山和桃花山二选一。游客中心有两条免费的摆渡车路线，分别前往两山一湖和秦谷。两山一湖和秦谷景区内均有观光车(20元/人，两区通用，不限次数乘坐)可代步。

秦谷　　园林

秦谷是桃花源的核心景区，诚意十足地重现了《桃花源记》里"土地平旷，屋舍俨然，有良田美池桑竹之属。阡陌交通，鸡犬相闻"的景象。景区中的点点农舍虽为餐厅、作坊、商店、游乐场地，但朴实的外观与周围的环境和谐地融为一体。在寰楼和打谷场，每天分别有4～6场农耕舞和祭祀表演。游览秦谷只需闲庭信步，慢慢探索便得其乐。穿着农装的工作人员会耐心地为你答疑解惑。

两山一湖　　山

包括桃花山、桃源山和五柳湖，每一处小景点都有工作人员提供免费讲解。

从秦谷出口右转，湖边一片桃花林就是桃花山的入口。桃花山上林木遮天，溪水潺潺，适合休闲、避暑，步行往返需1小时。进山不远处的方竹亭是一座八角形玻璃瓦顶的明代建筑，山上还有桃花观、遇仙桥等亭台楼阁。山顶高举阁的视野并不开阔，想登高望远的话去桃源山更为合适。

湖对岸的桃源山山势较为平缓，可乘电瓶车上山，步行下山。从山顶的水府阁俯瞰沅江中月牙形的白鳞洲，是古潇湘八景之"渔村夕照"。下山走状元桥、桃川书院一线回到湖边，左侧一片红墙金瓦的建筑群桃川万寿宫是道教烧香祈福的场所，往右有桃源工艺术博物馆，展示了桃源工的木雕、石雕和刺绣等作品。

狭长的五柳湖位于两山之间，可乘摇橹船(30元/人)，在船小妹的歌声中游湖。

秦溪　　河

秦溪是流经景区的沅江支流，河上设有4座码头，可乘游船(50元/人；冬春枯水季节停航)游览。在桃花盛开的3月至4月，从游客中心乘开往两山一湖的摆渡车至秦溪游船中心，乘船约30分钟到唐诗桥码头进入秦谷，便可体验《桃花源记》中渔人缘溪经桃花林至水源尽头找到桃花源洞口的情节。秦溪晚上还有大型实景演出(见201页"娱乐")。

万亩桃园　　公园

位于景区以北3公里的桃仙岭。园中汇集了世界百余个桃树品种，其中三株直径一米的古桃树已有百岁高龄。3月至4月桃花节期间可从游客中心乘摆渡车前往，若自驾游览也可单独购买30元门票赏花。其他季节只能自驾，但看点不大。

🛏 食宿

景区内的8家酒店设施豪华，由景区统一管理(707 7777；标双388元起，含双早；❄🛜)，并在游客中心统一办理入住和行李托运，关注官方微信公众号即可获取各酒店价格和简介。淡季时或有入住酒店免费玩的优惠活动，可提前致电咨询。秦谷出口的秦街是小吃一条街，价格合理，可简单解决午餐。

景区外的住宿主要集中在武陵路、桃花源大道、五柳小镇和桃花源古镇。后两者分别位于景区南门外和游客中心旁边，不仅集食宿、购物、娱乐为一体，还坐拥码头和摆渡车站，出行方便。其中信宿（☏155 8111 8192；桃花源镇古玩字画街；标双138元起；❈☎）距离古镇入口较近，性价比较高。

☆ 娱乐

大型溪流漫游演出桃花源记（298元/人；7:30，11月至次年2月停演；1.5小时）在秦溪4.6公里的河岸上，以18个唯美的自然场景和生动的演绎，还原了《桃花源记》的故事内容。观众从五柳码头登船，溯秦溪而上，展开一场桃花源的发现之旅。演出性价比较高。

❶ 到达和离开

常南汽车总站有直达桃花源景区的班车（12元；6:30~17:20，40分钟1班；70分钟）；从桃源县前往，可乘牯牛山、芦花、沙坪、茶庵铺方向的班车（6元；40分钟），在景区路口下车后步行500米即到游客中心。返回常德的末班车为16:40，去桃源要17:00前回到路口等过路车。

夷望溪

（☏673 0888；桃源县兴隆街乡；船票98元/人；固定发船时间11:00、14:00，600元包船可随走）这是一段乘船上溯沅江的旅程，全程约需3小时。在宽阔的沅江行驶20分钟后，游船停靠在一座高150米的小山水心寨旁，沿着陡峭的阶梯登上山顶的水心庵，庙堂后的观景台可尽收沅江风光。接着转入沅江的支流夷望溪，两岸时而群山耸立，时而翠竹簇拥，与农田、村舍和古桥绘成一幅幅田园山水画。泊在岸边的竹筏、电动小艇是农户们主要的出行工具，同行时不妨与他们挥手打个招呼。船行的终点是大樟树村，可看看村中一棵500多岁的古樟树，在茶园间的小路上散散步。村中有几家农家乐提供餐饮和住宿，若要就餐，需提前跟开船的师傅商量好返回时间。返程行至水心寨，随着行船方向的转变，沅江从群山之中逐渐显现的画面最令人心动。夷望溪两岸四季常青，野杜鹃竞相开放、漫山新绿、苍翠欲滴的4月至5月是最美的季节。

兴隆街可提供食宿的地方主要集中在渡口路口以西，除非计划第二天乘客船（25元；7:20；3小时）去往五强溪镇（见128页"坐船走湘西"），否则没必要在此留宿。

❶ 到达和离开

从常德北站或常南汽车总站乘班车到桃源（见198页常德"到达和离开"），再换乘桃源到兴隆街的班车（13元；6:20~16:20，30分钟1班；80分钟），下车后乘渡轮到对岸（2元）后在渡口路口

壶瓶山国家级自然保护区

地处云贵高原向东部低山丘陵过渡地带的壶瓶山国家级自然保护区，保护着华南虎等濒危动物物种与其栖息地，保护着珙桐等珍稀植物物种及群落为主的森林，也保护着数千种野生动植物，被国际专家学者誉为"弥足珍贵的物种基因库"。我们调研时遇到了保护区的工作人员，他为旅行者提供了一些信息和建议。

旅行者在保护区里能看到野生动物吗？

每年4月至6月是观鸟的最佳季节，只要善于观察聆听就会收获颇丰。7月至8月两栖动物和爬行动物活动比较频繁，冬季兽类活动较多，但旅行者很难看到。山间安装有远红外摄像机，多次记录到黑熊、毛冠鹿、中华鬣羚、红腹锦鸡、野猪等，但华南虎已有20多年没有发现了。

有什么需要提醒旅行者注意的？

壶瓶山是一个自然保护区而非景区，修建游道是为了保护旅行者的安全，而非开发旅游。这里没有专门的工作人员，哨所的护林员只负责森林防火和野外巡护。所以希望旅行者能爱护森林，保护环境，更不要捕捉或伤害野生动物，在山顶露营是禁止的。尽量不要在农家乐吃野生河鱼和野味，那是一种破坏自然的消费。

左转,步行100米就是夷望溪售票处和码头。兴隆街返回桃源的末班车为16:20,桃源返回常德的末班车为18:30。

城头山

(📞336 3358;门票75元;⊙8:30~16:00)这是中国目前发现年代最早、保存最完整的史前聚落城池遗址。6300年以前,生活在澧阳平原的先民在城头山一带耕种、繁衍、筑城,古城曾经兴盛一时,后在4500年前渐渐荒废,城池的地基和人们生产、生活的遗迹也被凝固在泥土中。

城头山古城遗址博物馆分3个阶段,介绍了古城从萌芽、繁盛到衰落的过程,并通过出土文物以及田埂、水渠、祭坛、墓地、城墙、护城河等建筑遗迹,揭示了古城先民的农耕生活秩序、氏族社会活动和军事防御手段。城头山古城遗址公园把古城现存的建筑遗迹一一配上解说牌,遗迹的原貌和功能一目了然。其中稻田祭坛遗迹和城墙遗迹上还建起了原址保护展示馆,参观时有详细的语音介绍。

❶ 到达和离开

在常德汽车总站旁边的短途客运站乘发往澧县的班车(30.5元;6:30~18:00,15分钟1班;70分钟),下车后前行至路口右转,到澧县汽车北站乘发往方石坪、金罗或甘溪方向的班车(6元;20分钟),在城头山遗址公园门口下车。

壶瓶山

壶瓶山位于湖南版图的最北端,4万亩原始森林间蕴藏着丰富的野生动植物资源,是国家级自然保护区。这里山清水秀,却山高水远。如果你不辞辛苦远道而来,可以花一两天登顶位于湘鄂交界的主峰,再走走原始森林中的深山峡谷。更多养在深闺的瀑布、溶洞,只有当地人知晓。

壶瓶山主峰   山

(壶瓶山镇大洞坪村;免费)海拔2098.7米的壶瓶山主峰是湖南第二高峰,也是壶瓶山国家级自然保护区的核心地区。一条新修的游道直通山顶,瀑布溪流、奇花异木和鸟语虫鸣一路相伴。4月万物复苏,百鸟倾巢;11月初红叶如炽,秋色斑斓。由于山顶风大气温低,建议你带上防风保暖的衣物、水和零食。

登山之路全长5公里,海拔会升高1000米,往返需要5~6小时。入口在正对起点山庄的右侧。前半段山路时急时缓,瀑布接二连三。半山腰的哨所是路程的中点,最好在此补充点能量,接下来的路段将是无休止爬升的陡峭台阶。途中路过湖南省与湖北省的界碑,此处视野开阔,山下就是湖北恩施的五峰县了。界碑旁有一条狭窄的岔路可下到五峰的甘沟村,但杂草丛生,不建议行走。继续爬40分钟的台阶,直至山顶一座露天的木质平台凌

不 要 错 过

澧县古迹

距离城头山遗址公园东南约12公里的车溪乡,矗立着一座建于清道光年间的节孝牌坊**余家牌坊**。据《澧州志》记载,牌坊的主人乃余继泰之妻罗氏,24岁丈夫亡故,长子早逝,次子官任五品时,呈请朝廷为母建节孝牌坊,以感母亲养育之恩。牌坊为六柱三间九楼,中间刻有"圣旨"二字,所有的柱、梁、坊皆为龙、凤、人物等图案的镂空雕刻,6根石柱下方雕有四狮、四象、四麒麟,工艺十分精湛。牌坊位于澧县到城头山的路上,乘班车在余家牌坊路口下车后,还需步行约5公里。最好自驾前往。

位于澧县县城的**澧州文庙(澧县博物馆)**(古城西路;免费;⊙8:30~16:00)是清道光年间所建。大成殿与崇圣祠前的丹陛石均为清朝遗存,文庙内的东、西厢房有澧县文物和革命史的展览。文庙外的**澧县古城墙**是一座保护较为完好的明清砖石结构城墙。出文庙后,可左转走200米到兰江公园登上城墙,墙外的兰江便是澧州古城的护城河了。从澧县汽车站打车到文庙5元。

另辟蹊径
勇敢者的选择

如果你喜欢追求刺激,走过各种悬在空中的"玻璃桥"仍未过瘾,不妨来挑战一下距壶瓶山镇13公里的剩头吊桥(壶瓶山镇剩头村;免费)。这座长116米的吊桥横跨在两山之间近200米高的峡谷上,两侧的崖壁直如刀削。虽是一座普通的人行吊桥,但悬崖在桥板间若隐若现的惊险、桥体越来越大的摆动幅度,都比玻璃桥有过之而无不及。蹲下爬过去可不是个好办法,将悬崖看得更真切不说,木板还会硌得手脚发疼。腿软了还是尽快返回吧。从壶瓶山镇坐三轮车"麻木"单程50元可到。

空台。这里有壶瓶主峰的石碑和几把座椅,放眼可见湘鄂两省起伏的山峦和其间片片村庄农田,但不到20分钟,你就会被狂风吹得急于返回。

需要提醒的是,联通的手机在还未到登山起点大洞坪村就已信号全无,直到山上的界碑才能收到湖北的信号,最好有持电信、移动手机的同伴同行。若遇紧急情况,可向哨所的护林员求助。

大洞坪村提供食宿的农家乐不少,位于登山入口处的起点山庄(☎151 7367 5950;标双100元起)和壶瓶山庄(☎139 7566 4555;标双100元起)条件都不错。上山路上也有一些农家乐,但条件不如山下。半山腰的太白草堂(☎135 4978 1548;标双80元起)条件一般,但距离山顶最近,方便一早冲顶看日出。

壶瓶山风景区　　　　　　　　　　峡谷

(☎777 3888;门票80元;◎8:30~17:00)景区内目前已开发的象鼻子沟,是原始亚热带森林掩映下的喀斯特峡谷,也是炎炎夏日中避暑、洗肺、戏水的好去处。2公里的游览步道沿峡谷爬升,经过多处瀑布、清潭、怪石景观,途中的壶瓶飞瀑是"新潇湘八景"之一,但并不壮观。行至尽头的大岭瀑后原路返回。全程游览约需两小时。距景区7公里的神景寨有几处农家乐可提供食宿。

象鼻子沟距离壶瓶山镇约20公里,只能自驾或包车前往。可在壶瓶山汽车站附近找车,往返需要200元。

🛏 食宿

穿城而过的S303省道就是壶瓶山镇的主路,食宿交通一应俱全。街上有许多新开的小宾馆,标间价格多在80~100元,条件大同小异。其中距离汽车站50米的壶瓶山宾馆(☎542 2888;标双/单100/150元)的标间是两张1.5米的大床,热水和空调都不错。酒店旁边口口香早餐的牛肉米粉(8元)也是一绝。

ℹ 到达和离开

去壶瓶山路途漫长。常德汽车总站每天有2班发往东山峰的班车(50元;8:00、14:30),会经过壶瓶山镇(6小时)。长沙西站有2班车(112元;10:50、21:40;8小时)直达壶瓶山。也可从常德汽车总站旁的短途汽车站坐班车(27元;6:30~18:30,15分钟1班;2.5小时)到石门汽车东站,或从长沙、益阳等地坐动车到石门北站。石门北站就在汽车东站旁边,到站后需乘1路公交车(1.5元;50分钟)或打车(20元;20分钟)到石门汽车西站(楚江汽车站),在这里坐去壶瓶山镇(泥市)的班车(30元;5:30、6:40、9:30、10:10、14:10、15:40;3小时)。此外,去往南坪、南镇的班车(8:30、9:00、11:00、13:50、16:30、17:30)也路过壶瓶山镇。壶瓶山返回长沙的班车在5:30和7:00,返回常德的班车在6:50,返回石门的车很多,末班车是19:00。

去往大洞坪村的盘山路崎岖且狭窄,对自驾是很大的考验。可在壶瓶山镇乘发往三合的班车(20元;11:30;2.5小时),大洞坪村距离三合镇还有约6公里的爬升山路,建议你提前跟客栈老板打好招呼,让老板骑摩托车下山来接。三合返回壶瓶山镇的班车时间为6:20。包车从壶瓶山镇到大洞坪村单程300元。

湘南地区

包括 ➡

南岳衡山	205
衡阳	216
永州	220
江永	226
郴州	231
汝城	234
莽山	235
小东江	238

最佳餐饮
➡ 玉泉菜馆（见219页）
➡ 宁远血鸭酒家（见223页）
➡ 罗记鱼粉（见233页）
➡ 福缘素菜堂（见215页）

最佳住宿
➡ 甲壳虫酒店（见223页）
➡ 延年山庄（见214页）
➡ 东方摩泰酒店（见233页）
➡ 茶王谷生态酒店（见237页）

为何去

湘南就像是湖南的大家闺秀，沉稳平淡的湘江潇水，沿途却是知书达理的深沉底蕴。若非带着古人荡一叶扁舟的心态，只是单纯乘高铁来去匆匆，可能会觉得好山好水好无聊。但当你暂借禅房宿两宵，一步一脚登衡山，七十二峰的云雾青松不自觉地就带上诗意。手捧柳宗元的《永州八记》，沿愚溪西行，潇湘汇流的永州不只是新旧八景那么简单。追溯耒水源头，一座半世纪的大坝，切割出雾漫小东江和广阔东江湖的山水画。走入藏身山峦中的古村，周氏、叶氏、朱氏等宗族在此繁衍百年至千年，他们的故事至今记录在雕梁画栋的祠堂中。

当然，如果你热爱美食，这里也不会让人失望。两大湘菜系之一的衡阳菜香辣酸，永州古老米香和独到的鸡鸭做法，以及郴州的红汤鱼粉，都能极大地挑逗挑剔的舌尖。

何时去

2月至4月 最好避开除夕衡山抢头香的人潮，不少人会到周边山林踏春，4月莽山将举办杜鹃花节。

5月至9月 到莽山和小东江避暑、漂流、拍摄"雾漫小东江"，此时也是湘南旅游旺季。

10月至11月 江永和江华的瑶族正准备庆祝盘王节，衡山古银杏已转黄。

12月至次年2月 郴州的冰橙正熟，一场降温雨为衡山带来晶莹的雾凇，也可选择漫步潇水、湘江两岸，说不定还能窥见江天暮雪的美景。

衡山及周边

电话区号:0734

苍翠的衡山是这片区域的重中之重,每年都吸引众多香客来此请香,山脚下的南岳镇因此发展出美味的素斋。不少人还会选择落宿寺院,聆听师父充满哲理的言语。相比之下,衡山之南的衡阳反而有些落寞。潇湘八景"雁落平沙"的景致,以及曾国藩在此创建湘军的历史,仿佛在民国抗战时惨烈的衡阳保卫战中消失殆尽。如今,衡阳市内正将古老景色修复为一座座宜人的公园,衡阳菜更是不容错过的湘系美味。有时间不妨乘坐高铁,到此爬五岳、享美食、听古语。

南岳衡山

作为五岳之一,衡山的出镜率并不高,究其原因,可能是它的宗教底蕴远高于山林风光。衡山"南岳"之名始封于上古时期,曾是君王巡狩祭祀的地方。汉武帝以后因地处边远而被褫夺封号,但道教和佛教先后在此扎根发芽,并逐渐成为南中国的宗教中心。到了隋朝,衡山终于恢复南岳地位,且因对应"福如东海,寿比南山"中的南山,又被尊为五岳中的寿岳。直至今日,尤其是每年的夏季和春季,香客依旧络绎不绝来此祈寿祈福。不过,香火秀岳也别有一番魅力。夏日青松绿柏,云雾缭绕;冬日雾凇云海,仿若人间仙境。自古吸引了历代不少文人墨客在此挥毫。今天,尽管交通便利,从长沙乘坐高铁至衡山仅需29分钟,从广州来也只要2小时,南岳却一直未形成庞大的旅游产业链,旅游淡季期间相对清幽。当你闻着香火,徒步穿越青柏松林,登祝融峰看日出、观云海,听木鱼声响入斋堂食斋饭,或许也能品悟出独属南岳的韵味。

方位

衡山位于衡阳市南岳区,而山脚下的南岳镇则集中了各式住宿、餐饮和敬香铺。有趣的是,衡阳还有个衡山县,在行政改革上衡山和衡山县总是分分合合,很难搞清楚。

南岳镇内两横一竖的道路是本地人和旅行者的生活圈。镇中祝融路的南端连接衡山路,交会处有个地标"牌坊",但如今本地人可能更会以牌坊下的"德克士"来指路,从此向西不远即为南岳长途汽车站;路北接金沙路,可以南岳大庙北门为参照点,往北是步行上山的东线入口康家垅,往南为纵横交错的古街步行区,往西500米是游客服务中心,往东500米是万寿广场,再向东4公里为水帘洞。

◉ 景点

虽说衡山有72座山峰,但说到爬衡山、去南岳烧香祈福一般是指 南岳衡山风景区 [☎567 3377; www.nanyue.net.cn;旺季/淡季门票120/80元(不含保险),可在App/微信公众号"乐游南岳"上预订;24小时]。门票包含山上所有景点,缆车和观光车需单独购票(见209页方框)。尽管主要登山路线有三条,但景点和寺院多集中在南天门至南台寺的东线。著名的祝融殿位于祝融峰顶(海拔1300米),你可以选择三种方式上山:步行(见211页方框)、乘车和骑行。而山下的南岳大庙、水帘洞和万寿大鼎是单独景点,需另外售票,但还是有其他免费的寺院(如大善禅寺)可进入。出发前建议你在游客服务中心领取一张免费的 旅游指南(含地图),注意门票均有旺季(5月1日至10月31日)和淡季(11月1日至次年4月30日)之分。

◉ 山下

南岳大庙 寺庙

[北街;旺季/淡季门票60/40元(不含保险);夏7:00~18:00,冬7:30~17:30]南岳大庙初建于唐朝,从宋朝开始按帝王宫殿式不断扩建,历经六次大火和十六次大修,如今所见建筑体为清光绪八年(公元1882年)按照北京故宫的样式重建的,因而有"江南小故宫"之称。作为五岳中规模最大、最完整的宫殿式庙宇,光中轴线主体建筑就分九进,从南门棂星门入,七进才到主殿圣帝殿,内供奉岳神,殿内外的72根大柱则象征着衡山的72峰。出了圣公圣母殿,你可以沿着内墙再参观东、西两侧的小殿,西为佛教的八个寺院,东为道教的八个宫观。即便主轴上香客如织,小殿所在依旧是柏树清幽。有意思的是,东、西厢房每一根柱子上都有"某某敬捐"的篆(下接209页)

湘南地区亮点

❶ 用脚丈量**南岳衡山**（见205页），赏福严寺千年古银杏，观视融峰日出。

❷ 跟随柳宗元的笔墨漫步**永州古城**（见224页），在咫尺山林中寻找古意。

❸ 去**江永**（见226页）形似桂林山水的田野间，探访神秘的女书与古村落，寻找潇湘古道的千年石桥。

❹ 在**衡阳和郴州**（见231页）"嗦"一碗鱼粉，比较两地鱼粉的不同。

❺ 到**汝城**（见234页）寻找藏身在山水古村中的祠堂，再去旁边的热水镇泡泡温泉。

❻ 不要错过**小东江**（见238页）的清晨或日落，定格一幅雾漫江上的国画景色。

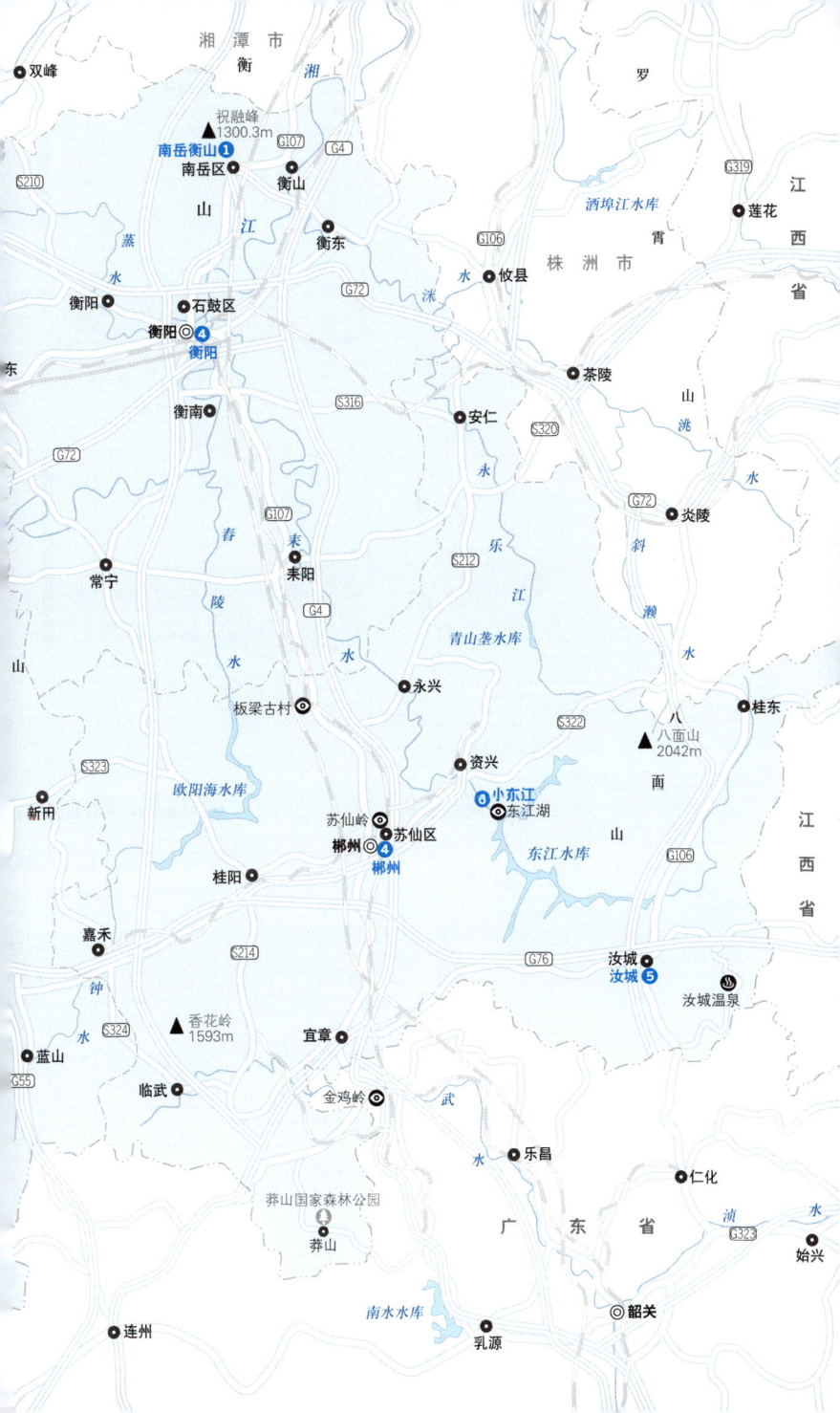

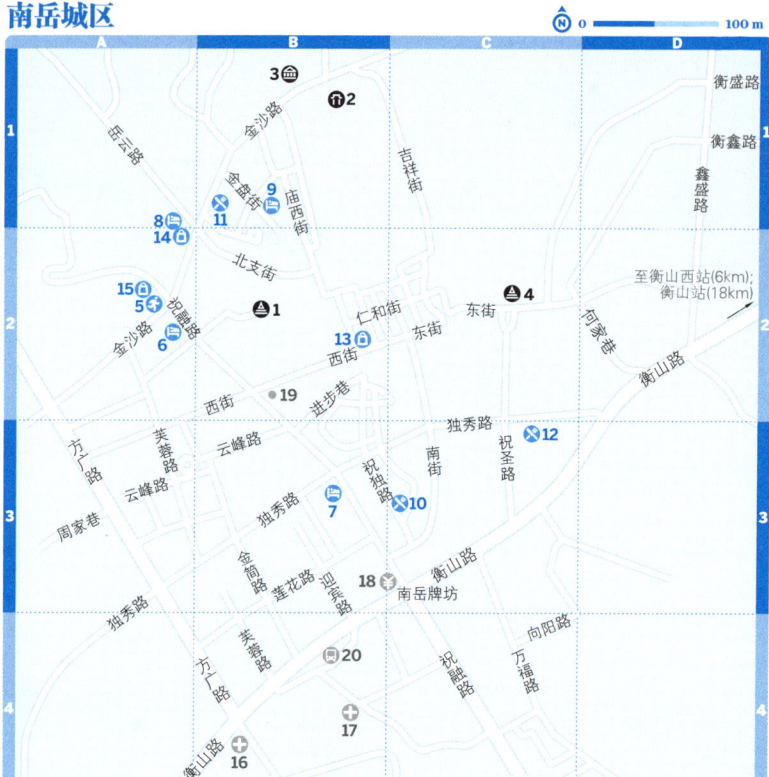

南岳城区

◎ 景点
1 大善寺...B2
2 南岳大庙...B1
3 南岳衡山博物馆.................................B1
4 祝圣寺...C2

✪ 活动
5 喜德盛自行车专卖店.........................A2

🛏 住宿
6 翰廷酒店...A2
7 君雅洲际酒店.....................................B3
8 OP海贼王国际青年旅舍...................A1
9 十八号翼栈...B1

✪ 就餐
大善寺...（见2）
10 福缘素菜堂...C3
11 好食捷...B1
12 知味小厨...C3

🛍 购物
13 衡山品画馆...B2
14 三星楼...A2
15 新华书店...A2

ℹ 实用信息
16 南华大学附属第三医院.....................B4
17 南岳人民医院.....................................B4
游客服务中心...............................（见3）
18 中国工商银行.....................................B3

ℹ 交通
19 火车票代售点.....................................B2
20 南岳长途汽车站.................................B4

（上接205页）刻，好似一个个植入式广告。

南岳大庙佛道共殿，因此无处不在讲究两者势力的对称与平衡。一般的参观顺序是南门进、北门出，但实际上从北门进入的游客相对较多。可乘坐1、2、3路公交车于"大庙北门"下车。

祝圣寺　　　　　　　　　　　　　　　　寺庙

（东街67号；门票5元）走到这座地处偏僻的寺庙，你首先会为泥塑彩绘的古老山门所震撼。作为始建于唐代的名寺，祝圣寺在康熙年间曾被改建成一座宏大而华丽的行宫，但因康熙帝南巡未果，后又改回寺院。主殿大雄宝殿还有赵朴初题写的"说法堂""方丈室"和"天王殿"三块金字匾额，原本最有特色的五百罗汉像陈列于罗汉堂，可惜"文化大革命"期间大半被毁。如有机缘，不妨与寺中的师父聊聊天，听听他们充满禅意的分享。这里也提供住宿（✆566 2260；标双150元，含斋饭）。

从南岳大庙南门出来到东街，向东步行10分钟便可到祝圣寺。

大善寺　　　　　　　　　　　　　　　　寺庙

（祝融路426号；免费）若非有心寻找，很容易错过位于镇中闹市区的大善禅寺。少了如大庙的鼎盛香火，反而留了片清静供比丘尼修行。每日提供斋饭（见215页）。

乘坐1路公交车在"西街口"下车，向北步行300米转入小巷中就到。

水帘洞　　　　　　　　　　　　　　　　洞穴

（南岳城区东4公里处；门票30元）南岳的水帘洞是一个由岩石、潭水、小瀑布组成的小景点，尽头为一个水库，往返需1小时左右。

可在南岳大庙北门乘班车（6元；7:00~18:00，坐满发车；20分钟）直达。

南岳衡山博物馆　　　　　　　　　　　　博物馆

（游客服务中心二楼；免费；⊙夏季9:00~12:00、14:30~17:30，冬季9:00~12:00、14:00~17:00）仅有三个小展厅，以图文的形式让你快速了解衡山的自然生态和人文历史，还有一些衡山特有的植物标本可看。

👁 山上

南岳忠烈祠　　　　　　　　　　　　　　宗祠

（⊙夏季8:00~18:00，冬季8:00~17:30）作为上山路上的第一个重要景点，南岳忠烈祠却常常被游客忽略。它建成于1943年，是中国规模最大的抗战烈士纪念陵园，且是大陆唯一纪念抗日国军阵亡将士的官祠。

忠烈祠由祠宇和墓葬两大部分组成，祠依墓建，墓依祠立。当你穿过厚实的三孔花岗岩牌坊，会发现祠内宫殿式建筑碧瓦红棂，飞檐翘角，依山而建，设计与南京中山陵极为相似。走过弹头形状的**七七纪念碑**就到**纪念堂**，其两侧次厅已辟为《南岳与抗战》陈列展。穿堂而过后，两道276级平行纵列石阶梯肃穆壮观，顶处就是**享堂**。享堂的牌匾上，"忠烈祠"三个字由蒋介石亲笔题写，

ℹ 观光车和缆车

乘坐观光车和缆车是最便捷的游览方式，可以让你快速到达兴趣点，缩短至少2/3的路程。在**游客服务中心**（✆567 3377；金沙路）购买门票和（观光）车索（道）联票（全程78元，单程44元；7:00~17:30，下山末班 南天门17:30，半山亭18:00），然后到三楼乘车点，按照自己规划的路线到点上下车和换乘。主要停靠点有3处：游客服务中心（入口）、半山亭和南天门，其中在半山亭可换乘前往南台寺的观光车或缆车，上行车会经过民俗文化城，可在此转乘藏经殿专线，另外在南天门可转往广济寺专线，但两条支线班次较少，最好询问现场工作人员。观光车路线基本上覆盖了整个景区所有说得出名字的景点，并设有停靠点可上下车。你也可以在半山亭和南天门购买车索联票。

法定节假日和当地节日会延长缆车的运行时间，方便看日出的游客。你也可以选择观光车与步行结合的方式，自由安排路线。从半山亭至南天门乘坐缆车，虽然会比乘观光车占用更多的排队时间，但当你于这条建于1995年的老索道上凌空穿行时，会有种腾云驾雾的感觉。南天门至祝融峰顶这段路只能步行或坐轿（180元/人）。

南岳衡山景区

"烈"字中间少一点,意为"烈士少一点,胜利快一点"。这里每天有志愿者免费讲解(8:00~17:30,散客6人成行),有时间的话不妨抽出半个小时,来此听听抗日正面战场上牺牲的将士们的故事,脱帽致个敬吧。忠烈祠距景区大门(康家垅)2.5公里,步行半小时可到。也可乘观光车在"南岳忠烈祠"下车,记得提醒司机。

磨镜台   遗址

唐代时期,南禅七祖怀让在此磨砖作镜向和尚马祖道一传道,是以此地为佛教禅宗"临济"和"沩仰"两大宗派的发祥地,如今依旧保有一些唐代遗址。马祖道一弘法的马祖庵(传法院)里有沙语禅源,可观看以南岳衡山各宗教景点、"磨砖作镜"等禅宗故事为题材的"沙画",需提前向游客中心询问。对面是最胜轮塔(怀让墓),墓上布满

了青苔,有石碑刻着"最胜轮塔"四个字。如果喜欢徒步,墓地东侧不远有条步道通往藏经殿。

乘观光车在磨镜台下车即可抵达。

蒋宋官邸   故居

蒋宋官邸又称"何氏官邸",藏在马祖庵旁写着"磨镜台"三字小门后的密林处。这栋小别墅为原国民政府湖南省主席何键所建,当年国民政府军事委员会一度迁到南岳,蒋介石曾在这里召开了三次军事会议。现在屋里一楼的陈设已还原为当年开会的模样,椅子后面的沙发是原件。而他所用的衣柜里,还藏着一个通向防空洞的小门。二楼辟为展厅,用图文形式介绍了那段抗日岁月。这里提供免费讲解。游人不得擅自拍照。

福严寺   寺庙

福严寺由南朝慧思大师创建,距今已有

步行游览
南岳衡山

起点: 胜利坊
终点: 祝融峰
距离: 8.6公里
需时: 2天
最高海拔: 1300米
难度等级: 初级

康家垅（东线）、白龙（中线）、西岭（西线）为步行登山的三个起点，后山另有一条曾国藩古道可以登顶。根据便利性，我们推荐你走东线。山中步道有时会和景区公路交会，虽然绕一点路，却可以让你尽量避开道窄车快的马路。

第一天从游客服务中心向东300米到**胜利坊**，不远就是**康家垅**入口处。沿着**梵音古道**穿梭在幽潭密布、流泉飞瀑的梵音谷，于**华严湖**（距入口0.7公里）转入车道。往前不远是**神州祖庙**，这间新庙没有标注在游客中心地图上，曾出现借教敛财、上香刷卡的现象，需谨防受骗。5分钟后道路左侧可见步道入口，从这里向上爬1.5公里就是**南岳忠烈祠**，有另一条步道穿越狭谷，3公里后直达对面山腰的麻姑仙境。出忠烈祠的享堂后门返回马路，200米后有个**延寿亭**，周边聚集许多农家乐。再往前约300米转入道路右侧的步道，看到巨石当道就进入**穿岩诗林**（长1.6公里）范围了。穿行在大大小小的岩石间，其上还有历代名人镌刻。注意有些石缝特别狭窄，得猫着腰、侧过身才能通过。步道尽头是**半山亭**以及一排明码标价的小吃摊。这里是登山的中点，至此已步行5公里，可以在附近农家乐吃个午饭。

半山亭是个三岔口，北至南天门，西到南台寺。第一天的下午先向西走，半小时后到**麻姑仙境**，往前5分钟是宋美龄曾游过泳的**灵芝泉**，约400米后为**磨镜台**。继续往山中走400米可见岔道，转入县道X041，不远处右转到小路，尽头就是**福严寺**，从岔口到古寺约10分钟路程。之后返回县道，继续往山下走600米就到**金刚舍利塔**，塔后有条小路直接从后门进入**南台寺**。之后原路返回半山亭，当晚住在这里或延寿亭。

第二天向北至南天门，全程4.5公里。1公里后经过**财富山庄**，再走600米是不甚起眼的**邺侯书院**，之后相继路过**铁佛寺**、**五岳殿**和**湘南寺**，这些清净的小寺庙相隔不过几百米，都是不错的歇脚处。最后抵达**南天门**，从这里继续向北（上山）步行，小下坡经过**祖师殿**和**景区车索交通售票处**，开始一路上坡。过南天门牌坊，不远处就是**狮子岩**，继续上山到**高台古寺**，寺庙后方有条步道直达**上封寺**。继续向前，不远处是看日出的**望日台**，再走几步路就到**祝融峰**。

徒步爱好者也可选择僻静的中线（白龙入口，距市区约5公里）和西线（西岭入口，距市区约10公里）徒步上山，或从西岭前往方广寺，这样可以避开人群。

1400多年。与之同龄的,还有四棵古银杏树,分别种于寺前的红墙小门外和寺内小院,枝繁叶茂,深秋一片金黄,据说当年受了慧思和尚的戒。

除了支线观光车,也可乘坐发往南天门的车在福严寺下车,再步行5分钟就到。

南台寺 寺庙

建于南朝,较福严寺早几年,是海印禅师所创建的六朝古刹,更被日本佛教曹洞宗视为祖庭,光绪年间还曾送来日本印藏经一部。每天15:50左右大殿有晚课诵经,即便不参加,到殿前广场眺望南岳城区也有一番意境。

从福严寺向山下步行十几分钟就能抵达。途中会路过金刚舍利塔,这座九层建筑在山下便能遥遥望见,塔第九层安放着两颗佛舍利,但游客不能登塔。从这里顺着台阶下行也能抵达南台寺。

藏经殿 寺庙

1400年前由慧思大师所建,原名"小般若禅林",后朱元璋赐大藏经一部,易名"藏经殿"。殿外有摇钱树、连理枝、同根生三株奇树。藏经殿就在南天门向西的岔路上,步行约3.5公里。也可在民俗文化城转乘专线直达。

另辟蹊径
曾国藩古道

南岳后山有条始建于唐末宋初的"朝圣古道",因青石板路为清同治年间由曾国藩兄弟出资修缮,又称为曾国藩古道。古道长约7公里,起点在衡山县龙凤乡红旗小学,穿过树林和矮小灌木,蜿蜒于山棱之上。终点是衡山的会仙桥,离峰顶的祝融殿非常近。这里除了香客,较少游人选择这条线路,沿途坡度不大,虽没岔道但也没标识,出发前最好问问山脚的农家乐。可从衡山县两路口汽车站坐发往杉木桥的中巴(13元;6:30~17:00;30分钟),于"洄水湾"下车步行到红旗小学,或从南岳包车(100元)前往。别把这条路线当作逃票线路,这里会有一个铁门售票。

广济寺 寺庙

寺院建于明朝神宗万历二十五年(公元1597年),附近有龙凤溪、禹王城等景点。坐落在祝融峰与紫盖峰之间的峡谷,广济寺周边经常云雾缭绕,因此也是南岳云雾茶最主要的产区。可在山上的烟霞山庄(见215页)或山下的三星楼(见215页)买到。这里是个清修的好地方。

从南天门往东4公里,步行可到,或转乘广济寺专线直达。

方广寺 寺庙

作为南岳四绝之一的"幽",许多前往方广寺的人最大的感受就是"远"。这座位于八座形似莲花瓣山峰之间的古寺,建于南朝梁天监二年(公元503年),正殿中原有宋徽宗写的"天下名山"四字金匾,朱熹、张栻还曾在此留下许多诗篇。每至深秋,枫叶火红,古韵深深。由于不在衡山风景区门票的范畴,需包车(约200元)前往,也可从山脚(约20公里)或半山亭沿乡村公路(县道X037、乡道Y050)步行抵达,单程需4~5小时。

祝融峰 山峰

祝融峰是所有衡山来客最重要的目的地。作为南岳七十二峰的最高峰(海拔1300米),峰顶有祝融殿、望月坛、飞来石等景点。祝融殿供的是祝融火神(南岳圣帝),很多人上山就是为了拜它。当然,如果你仅爱自然风光,这里天气晴朗时能望见南岳诸峰,据说还能望到湘江的五弯五曲。遇上日出、云海和雪景也别有风味。

从南天门步行到祝融峰顶约40分钟。

✱节日

南岳的节日基本都与宗教祭祀有关。每年农历七月至九月,全国各地香客会比较集中地来南岳敬香以祭祀圣帝(火神祝融)。此外,每逢弥勒佛生日、观音菩萨成道日等还有几个比较重大的香期:农历正月初一、正月十五、二月十九、四月二十八、六月十九、八月十五、九月十九。南岳大庙周边有不少香铺,购买前最好先问清价格以及套装所含香的种类和数量。

烧香攻略

每年有许多香客来到衡山烧香,不过香不能随便烧,像旅行一样也需要有攻略,最好请教一下卖香的大姐或寺里的高僧。一般的香客通常会告诉你这些常识:

去哪里拜?顺序如何?

先拜"龙头"南岳大庙,再拜"龙尾"祝融殿,中间还有一系列小庙。如果不是特讲究的香客,就不必那么仔细了,只去山顶老庙祝融殿吧,据说这里最为灵验。

怎么买香?

一整套香的内容可不少:香包、蜡烛、纸钱、三炷高香。香包是南岳敬香所特有的,黄色或红色的纸包,里面装着碎檀香木。你需要买八个香包,再分别配一些蜡烛和纸钱,分别送给八个菩萨。每个香包上都标有菩萨的名称,你要填写姓名、籍贯、祈求保佑的事项,好让菩萨查收。而每个菩萨分管的事情各有不同,写的时候最好详细地请教卖香的老板。

怎么烧香?

庙前一般都有两个香炉,左边是给已故的人,右边是给活着的人,所以基本上许愿都在右边的香炉。烧香时,先在香炉前拜三拜,许下愿望后,把配好的纸烛全部放到香炉里,唯独高香要留着,扛在肩膀上(男左女右),去殿里拜完佛后再扛出来,放入殿旁边的香炉中。

另外,请文明敬香。可以把烧香当作一个仪式,或一项独特的体验,不必太过执着。

抢头香 民俗

每年除夕至大年初一,尤其是初一早上,南岳大庙会涌入十多万人来抢新年第一炷香,也就是"抢头香",以祈求圣帝保佑万事如意。2014年起,南岳大庙因安全原因停办除夕的"幸运香火法会",并将开放时间改为除夕23:00至正月初一17:30,且收门票。最新消息可关注"乐游南岳"微信公众号。

南岳庙会 民俗

每年农历五月十七日为天符大帝诞辰。在此前后半月会举行各种祀神及娱乐活动,以示庆祝,名曰"庙会"。

圣帝神诞 民俗

农历八月初一为圣帝神诞,是7月至9月香期的最高峰。随处可见身着黑衣黑裤、胸前挂着红兜肚、头上扎着黑布红绳、手拎大包香袋的香客。

朝寿佛 民俗

每年农历二月初八,各地善男信女到南岳为寿佛庆寿,同时祈福求寿。

活动

骑行

衡山每年9月至11月都会举办自行车比赛,较具规模的是**南岳衡山自行车登顶赛**和**环湘自行车赛**。此外,你也可以加入衡阳当地的骑游活动,周末有不少网友自发组织登顶,从康家垅沿公路骑行上山(约1.5小时)。南岳镇中**喜德盛自行车专卖店**(☏137 8643 3108;金沙路108号,新华书店隔壁)可以提供越野自行车的维修。

住宿

衡山住宿主要分布在山下的南岳镇和山上景区内。镇上住宿集中于金沙路至祝融路周边及古街内,标间价格200元上下,旺季涨幅不大。山腰上宾馆和农家乐集中在延寿亭和半山亭周边,各种档次的住宿都有,通常可以接送上下山。若要看日出,最好住在祝融峰附近,但山顶住宿条件一般,旺季房价还会翻一倍。衡山部分寺院提供长期住宿,可以到寺内询问。

南岳镇(山下)

OP海贼王国际青年旅舍 青年旅舍 ¥

(☏567 8567;微信OPYouthHostel;岳云3号;铺45元,标双138元;⊚※)衡山脚下老牌的青旅,胜在西距衡山主入口500米的地理位置。重新装修后窗明几净,莲蓬头浴室洗澡

❶ 到衡山露营

衡山没有硬性规定的露营地点，不过大部分人会选择在祝融峰的望日台和观景山庄上方的观日平台搭帐篷，两地不收场地费。如果没带装备，南岳镇和景区路上可以轻易找到租借点。若走康家垅线，穿胜利门后可见一排户外专营店，提供单人（30元/天）和双人（35元/天）帐篷，含睡袋和防潮垫，店家也可将装备送至祝融峰（60元起）。祝融峰的观景山庄（☏138 7567 3099；祝融峰高台古寺上行300米；标双300元；☎）亦提供帐篷（60元/天起，含睡袋和防潮垫）和大衣（60元）的租售。上山宿营较冷，扎营点最好选择平整风小的地点。

更是享受，到处都是热血动漫元素。一楼为公共区域，可看电影可就餐，盖浇饭味道不错。在这里，你还能方便地结伴夜爬衡山。

翰廷酒店　　　　　　　　　　　酒店 ¥¥

（☏569 9399；祝融路263号，楚星学校旁；标单/双258元，含早餐；☎✱Ⓟ）衡山脚下难得有电梯的酒店，附免费停车场。每一层的Wi-Fi信号都不错，旺季房价会上调50%左右。

十八号翼栈　　　　　　　　　　客栈 ¥¥

（☏569 9898，189 7344 8818；金盆街18号；标单/双/三人 128/138/178元；☎✱）可能是客栈集中的古街区中最让人惊喜的住宿地。由本地人经营，与周边几经转手的主题客栈相比，这里的房间装修简单明亮且维护良好。可以提供实用的进香和旅游咨询。

君雅洲际酒店　　　　　　　　　酒店 ¥¥¥

（☏567 8888；祝融路173号；标单/双478元，含早餐；☎✱Ⓟ）南岳镇上新开的高级酒店，山景房可远观山上舍利塔。房间均朝向酒店庭院，远离主路烦嚣。接待公司会议团队较多，最好提早预订。

🏠 山腰附近

★ 延年山庄　　　　　　　　　　农家乐 ¥¥

（☏180 0747 3107；延寿亭附近；标双150元，精标双350元，含早餐；☎✱）选择他们家的精装标间吧！坐式马桶、强劲的空调和全木装修，你会明白这里为何是山上最有品位的农家乐。

山里人家　　　　　　　　　　　农家乐 ¥¥

（☏137 8773 1811；从半山亭往麻姑仙境方向走5分钟；标双128元起；☎✱）一楼是餐厅，客房位于二楼和三楼。房内还算整洁明亮，就是空调不太给力。老板娘做的农家菜味道也不错。

财富山庄　　　　　　　　　　　酒店 ¥¥¥

（☏566 2628，566 3138；www.nycfsz.com；距半山亭1公里；双898元起；@✱☎）衡山上最好的住宿，并配有总统套房和豪华标间——这里可真的住过国家领导人。距离祝融峰（约7公里）较远，看日出需要提前至少两个小时步行上山，有车可免费接送至半山亭。

🏠 祝融峰附近

晨曦山庄　　　　　　　　　　　招待所 ¥¥¥

（☏566 3015；祝融峰上封寺东侧；标双398元起；☎）一楼的房型比较基础，二楼和三楼标间较贵（加100元）但带空调。朝东的屋子能看到日出，就是前台有些爱搭不理。

望日台下宾馆　　　　　　　　　招待所 ¥¥¥

（☏566 3188，130 5505 5353；祝融峰望日台下100米；标单/双398元；☎）宽敞的房间，设施稍微让人眼前一亮，也提供双人或四人的帐篷（100元）。

上封寺　　　　　　　　　　　　寺庙 ¥¥

（☏566 3009；祝融峰上封寺内；铺50元，标双300元）上封寺的住宿对外开放，只能电话预订。房间比较潮湿，入住均含斋饭。

🍴 就餐

到衡山，一定不能错过这里的素食。餐饮主要集中在南岳镇牌坊东侧的华升娱乐城内和主路上，若想找简单小食如饭团、手抓饼、炒面等，可以到岳云中学南侧的岳云路上。景区内除了沿途的农家小馆，就是半山亭和高台古寺通往上封寺石板路上的小吃摊，爬山前最好备足水和零食。

知味小厨
湘菜 ¥

(☏133 8734 2089；独秀东路55号；人均30元；◎5:30~22:00)本地食客常光顾的家常小炒店，腊肉和水煮鱼最受欢迎。老板娘非常热情，独行客可以定制盖浇饭(15元)。

福缘素菜堂
素食 ¥¥

(☏566 6619；祝融路288号华升娱乐城内41~43号；人均50元；◎9:00~20:00；✐)他们家的素菜在本地口碑不错，每天中午(11:30~13:00)和晚上(17:30~19:00)还有自助餐(10元)。

好食捷
快餐

(☏567 8956；金沙路191号；人均15元；◎7:30~21:00)常见的中式快餐店，特色是香辣排骨饭(21元)，分量不大，味道还行，但因靠近游客中心，总是人满为患。

★大善寺
素食 ¥

(祝融路426号；10~15元；◎11:00；✐)大善寺可以最直观感受南岳吃斋饭的仪式感，但能不能吃到要看缘分，最好提前半小时到。每日提供的菜式是指定的，豆腐、菜花、茄子之类的，比较清淡。饭前饭后有一些斋堂的仪式，要谨记食不语，勿浪费。餐费随喜，一般人会给10~15元。

🛍 购物

衡山随处可见香铺，但请记得货比三家，问清价格，免得扯皮。很多宾馆和餐馆也能买到香。另外大庙附近还有不少特产店，售卖腐乳、剁椒酱和云雾茶以及书法字画。

衡山日出TIPS

要看日出，建议你在5:00前到达祝融峰，衡山日出的时间为夏季5:30~6:00，冬季6:50~7:20。南天门或南天门以上位置都可观日出，最佳位置是望日台和晨曦山庄观日平台。若从半山亭出发，要半夜两三点开始爬山，黄金周时也可宿山下，半夜乘坐缆车上山。法定节假日和当地节日会延长交通车、缆车的运行时间，以方便看日出的游客。另外，观日落最佳地点在祝融峰和半仙桥。

三星楼(见208页地图；☏566 2283；金沙路92号)产地直销，可买到上好的云雾茶。景区内的**烟霞山庄**(☏566 1936；铁佛寺西北50米)也有售卖。

新华书店(金沙路和祝融路十字街)可以买到关于衡山的书籍和地图。

衡山品画馆(☏187 7344 7378；西街32号)出售国画、书法和笔墨纸砚，老板是南岳区书法协会主席。

ℹ 实用信息

旅游信息

三层楼的**游客服务中心**(☏567 3377；金沙路96号)功能全面，门口有巨幅衡山全景图。一楼有邮政服务(7:30~17:00)、洗手间、饮水台和咨询区，二楼提供售票和导游服务(☏566 1508；一日游300元，二日游500~600元)，三楼为观光车候车厅。游客服务中心旁边有停车场(20元/天)。

实用电话

南岳衡山旅游投诉(☏566 3315)

医疗服务

南岳汽车站附近有两家医院，西侧**南华大学附属第三医院**(☏567 5184；衡山路377号)为三级甲等医院，南侧的**南岳人民医院**(☏567 1360；衡山路295号)为一级甲等医院。

银行

游客服务中心设有农业银行和建设银行自动柜员机，祝融路牌坊西侧有工商银行网点。

ℹ 到达和离开

长途汽车

南岳长途汽车站(☏566 2463；衡山路287号)有发往衡阳(20元；6:30~18:30，每30分钟1班；走高速，1小时)、娄底(57元；7:30、13:20，2小时)、沅江(83元；8:40；3小时)、长沙南站(47元；7:00~16:20，约1小时1班；2小时)、株洲(39元；7:40~17:30，每小时1班；2小时)、耒阳(43元；15:20；1.5小时)等地的长途汽车。

切记，从衡阳坐班车到南岳衡山一定要买到"南岳"的车票，而不是到衡山县(见205页)。

火车

武广高铁在南岳镇以东6.5公里处修建了高铁站**衡山西**，每日都有数十趟列车通往长沙、武汉、广州等地，非常方便。北京、郑州、深圳和桂林每天也有一两班高铁到衡山西。出站可乘公交车（普通/空调5/6元；20分钟）到南岳衡山牌坊站，乘出租车约30元。

衡山火车站 位于南岳镇以东19公里，也有公交车直达南岳衡山风景区（5元；7:00~17:30，每10分钟1班），乘出租车约60元。

火车票代售点（☎5682222；西街和祝融路交叉口东南角；8:00~20:00）。

出租车

从南岳衡山可拼车（30元/人；1小时）往返衡阳，走国道。若从衡阳出发可在晶珠广场对面坐车。

自驾

南岳高速公路直通景区，走京港澳高速的车辆可在大源渡互通上南岳高速。除环保车和本地车辆外，衡山景区内不能自驾。大部分宾馆并无停车场，幸好南岳镇内停车点还算多，万寿广场、岳云（大善寺）、祝融南路、西环路、北环路均有停车场，旅游高峰期也会开放一些空间（如鑫盛小区广场）为临时停车场。

❶ 当地交通

让人惊喜的是，南岳镇内公交车（夏季7:00~19:00，冬季7:00~18:00）均可免费乘坐。1、2路均经过衡山牌坊和游客中心，3路连接长途汽车站和大庙北门（康家垅入口），这3线公交车都会经过万寿广场。摩托车随处可见，但考验砍价功夫，且要谨防黑心司机带你去陌生景点。出租车5元起，每公里1.8元。

衡阳

像中国大多数平庸的地级市一样，衡阳也拥有迷你机场、老旧大楼和拥堵街道。北上长沙、南下两广，四通八达的交通位置，反倒使得无数游人与之擦肩而过。实际上，衡阳不缺旅客为之驻足的理由。尤其对于从衡山归来的人，这里堪称放松一日的绝佳休憩点。最棒的是，景点基本都免费。

方位

湘江自北向南穿城而过，西岸是主城区。衡阳人因此称江西为这边河，江东叫那边河，可看景点也基本分布在湘江西岸。莲湖广场是主城区的中心点，解放路则是横贯东西的主干道，其他的道路以它划分南北。南华大学位于主城偏西，红湘路聚集不少热门餐厅。中心汽车站位于南华大学西北角附近，而火车站和高铁站都在江东。

👁 景点

岳屏公园   公园

（免费；www.hyypgy.com；⏱24小时）小丘因与南岳遥遥相峙，似其屏风而得名"岳屏"。如今已成为本地人喝茶、打牌和溜达的园林公园。山下的云水湖边是**衡阳市书画院**（免费；⏱8:30~12:00，14:30~17:30，周一闭馆），仅有一间小展厅，可以观摩当地名家的美术作品。这里正在被打造为中国抗战文化

当地知识

潇湘八景

中国很多地方都喜欢自谓"某某八景"，但最早的八景出自潇湘。"潇湘"以湖南为基本范围，骚人墨客以湖南的地方经验为基础，创生了潇湘主题的文学与文化；"八景"原是道家用语，在北宋才被解释为八种景观。潇湘八景原指洞庭湖以南潇水、湘江的八处风景，根据这八景所创作出的大量山水画、文学作品，被演绎、传播至整个东亚地区。历代文人墨客创作了大量"八景画"和"八景诗"，被认为是汉学文化共享，甚至是东亚的写照。

潇湘八景并未有各景的确切位置，后人凭猜测拟定了八处，其中三处位于湘南：永州萍岛（见221页）、衡阳回雁峰（见218页）、衡山县清凉寺。另外古代潇水、湘水汇流之处古时谓之潇湘，即如今的永州，也有学者认为潇湘八景就起源于永州。"雁落、帆归、晴岚、暮雪、秋月、夜雨、晚钟、夕照"已成为人们对古意中国的经典印象，也将会是你湘南之行的人文起点。

衡阳城区

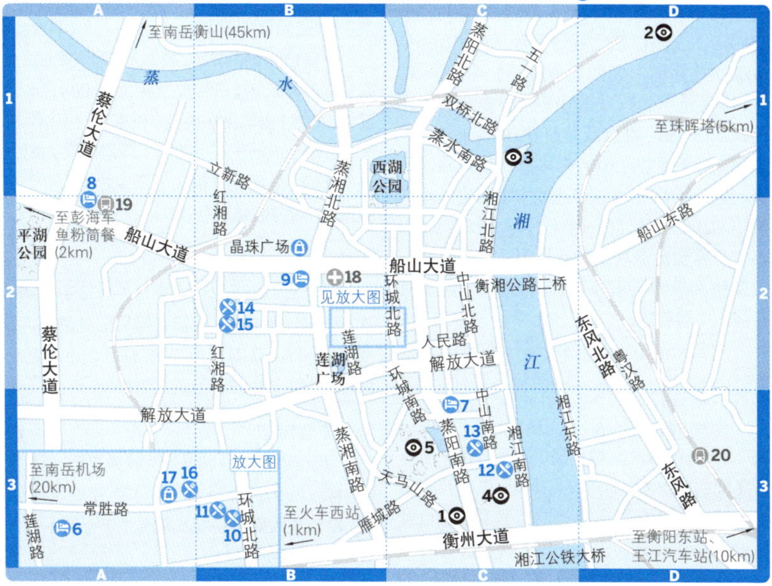

衡阳城区

◎ 景点
- 1 接龙塔 C3
- 2 来雁塔 D1
- 3 石鼓书院 C1
- 4 雁峰公园 C3
- 5 岳屏公园 C3

🛏 住宿
- 6 教育酒店 A3
- 7 金色家族酒店 C3
- 8 速8酒店 A2
- 9 星新太空舱青年客栈 B2

🍴 就餐
- 10 贺氏筒子骨鲜粉 B3
- 11 红鼻子卤粉 B3
- 12 老湘食 C3
- 13 玉泉菜馆 C3
- 14 张大姐酸萝卜 B2
- 15 张记卤粉店 B2
- 16 紫竹林 A3

🛍 购物
- 17 仙都辣酱鸭 A3

ℹ 实用信息
- 18 南华大学附属第一医院 B2

🚍 交通
- 19 中心汽车站 A2
- 20 衡阳站 D3

主题公园,我们调研时还是一派工地景象。但山丘上的**衡阳抗战纪念堂**(免费;◎8:30~11:30,15:00~17:30)依旧幽静,门前矗立着一座"衡阳抗战纪念城"的碑刻,为1947年蒋介石亲笔所书,"文化大革命"时被毁,后重建。西侧山脚下正在修建新的博物馆,完工日未定。公园西南角还有一个略带年头的**衡阳动物园**(门票20元),门票在网上可团购。

公园有好几个入口,西门距纪念碑近,可乘131、159路公交车在岳屏公园下车,也可乘102、130、133路在岳屏公园东门下车。

石鼓书院

遗址

(📞834 7663;石鼓区青草桥旁;门票20元;◎5月至10月8:00~18:00,11月至次年4月

8:00~17:30）书院位于蒸、湘、耒水汇合处，在唐代是先有合江亭后结庐，宋景佑年间经朝廷赐额"石鼓书院"，遂与长沙岳麓书院（见60页）等并称宋朝四大书院，位列之首，韩愈、柳宗元、朱熹、王船山等也曾在此赋诗作记，讲经布道。可惜原建筑在1944年被日军炸毁，如今所见为2007年按清代建筑格局重建。虽无古意，但站在悬崖峭壁上的合江亭，眺望湘江宽阔的江面、江上的码头和船舶，仍不失为感受衡阳八景之石鼓山的绝佳位置。青草桥和朱陵洞就在石鼓书院旁，朱陵洞也在战火中被损毁。

乘公交车102、105路可到石鼓书院。

雁城三塔 塔

来雁塔、珠晖塔、接龙塔合称"雁城三塔"，在衡阳可说家喻户晓。来雁塔建于明万历年间，古时既为船运导航之用，也有长相厮守的寓意。从石鼓广场就能远远望到，也可从青草桥往北徒步过去。与之隔河相对的是建于清光绪年间的珠晖塔，有"锁闭漏财"的风水考究。五层六棱的接龙塔就在雁峰公园（☎846 6924；雁峰路；免费；⏰6:30~24:00）附近，位置也与护佑回雁峰的风水有关，可惜淹没在城市楼群中，非常不起眼。三塔均已在衡阳保卫战中被毁，如今所见均为后代重修。

🛏 住宿

考虑到交通和餐饮的便利性，建议你住在中心区域和南华大学附近。许多连锁酒店由老楼改建，稍显陈旧。若是自驾住一晚，蔡伦大道以西的蒸湘区是规划已趋完善的新区，距潭衡高速也不远。

星新太空舱青年客栈 青年旅舍 ¥

（☎139 7544 6920；船山大道和蒸湘北路交汇处富安大厦18楼1803室，同仁堂旁巷内；铺50元起；⏰❄）由居民房改建，只有一间卫浴。男各1间4人房，还有一间放了两层的双人舱，还算干净。酷酷的老板知道不少旅游资讯，会提醒客人安静，以免扰民。

教育酒店 酒店 ¥¥

（☎259 9188；石鼓区常胜中路33号；标单/双168元起；❄⏰Ｐ）重新装修后的老酒店，房间宽敞明亮，正对着市二中，怕吵的可以选南侧房间。停车场位于附近的青少年宫。

金色家族酒店 酒店 ¥¥

（☎828 8888；雁峰区先峰路37号，近爱民巷；标双286元起；❄@⏰Ｐ）新开的精装酒店，设施让人眼睛一亮。离沿江步行街不远，晚上可观湘江夜景。

速8酒店 快捷酒店 ¥¥

（☎265 5888；船山大道88号，中心汽车旁；标单/双149/189元；❄⏰Ｐ）难得装修新颖的连锁酒店。若想一早就从衡阳坐车去衡山，这里可以作为一个选择。

🍴 餐饮

作为湘菜两大中心地之一，衡阳菜以辣味为主，尤重酸辣、咸香、清香、浓鲜，即便是吃辣的老饕可能也会被当地口味惊艳到。当然，这里的粉也是不容错过的美味。南华大

当地知识

为何衡阳古建筑看起来都那么新？

1944年夏，中国军队与日军在衡阳进行了一场长达40多天的城市争夺战，史称"衡阳保卫战"。双方伤亡难以数计，沟渠据点纵横，战况非常惨烈，衡阳古城自然不能幸免。石鼓书院毁于炮弹，雁城三塔的石砖散落一地。可以说，如今的衡阳是在一片废墟上重建起来的。

随着城市发展，古迹有以重建，但战争期间的防御工程却逐渐消失在各项建设中。著名的"方先觉壕"只能在岳屏广场西北角找到一点痕迹，"虎形巢阵地"变为青化山，背靠十六中西北角。保存最好的当数岳屏山阵地，也就是"衡阳抗战纪念城"，以及为免落入日军之手而炸毁、又于1947年重建并运营至今的火车西站。如果你想更深入地了解衡阳保卫战的历史，可以看看纪录片《孤城落日——衡阳血战全记录》。

不要错过

早餐吃什么粉？

湖南人爱吃粉，衡阳人也不例外。本地人喜欢的卤粉与桂林卤粉同宗不同工，卤水用数十种民间中草药精制而成。食客将卤汁与牛肉、圆粉拌和，再搭上一碟酸豆角、榨菜和腌萝卜，就能开启完美的一天。**张记卤粉店**（☏138 7568 2200；红湘路近常胜路口；凉拌粉4元，卤牛肉粉7元；◐8:30~20:00）、**红鼻子卤粉**（☏860 9558；环城北路西湖饭店奥特莱斯广场对面巷口；人均11元；◐24小时）和**紫竹林**（☏825 0809；常胜路68号，西湖饭店斜对面；人均15元；◐24小时）的粉在本地都颇有口碑，后两者在市内还有几家分店。另外，衡阳也流行吃鱼粉，**彭海军鱼粉简餐**（☏158 7473 6537；白云路10号；人均20元；◐6:00至次日2:00）名气响亮，与红汤的郴州栖凤渡鱼粉（见233页）不同，这里是米白的汤，但加了小米椒照样辣。招牌鱼杂粉每日限量，只在清晨和11:00左右提供。衡阳人夜宵也喜欢吃粉，**贺氏筒子骨鲜粉**（☏821 9996；蒸阳北路都司街小学旁；人均15元；◐24小时）汤底由大骨熬制，配上一根大骨啃着，爽哉。

学附近的红湘路集中了许多小吃、餐馆和饮品店，西湖饭店附近的常胜路和中山南路步行街也可找到不少餐厅。记得问问当地人，他们都有各自青睐的菜单。

玉泉菜馆　　　　　　　　　　湘菜 ¥

（☏245 5777；中山南路后街11号，基督教对面小巷内；人均30元；◐10:30~14:30，16:00~20:30）酒香不怕巷子深，这家传统湘菜馆每至饭点总得排队。口感略带咸味的雾汤是衡阳老味道，招牌大盆鱼和拆骨肉也颇受食客欢迎。店员相当热情，有什么不明白的就直接问吧。

老湘食　　　　　　　　　　　湘菜 ¥¥

（☏896 6335；雁峰区雁城路5号，中心医院对面；人均50元；◐9:00~14:00，16:00~21:00）本土衡阳菜，店面窗明几净，比先锋路的老店环境更好。招牌凉拌猪尾巴又香又辣又有嚼劲，很受本地人喜爱。用餐高峰会排队。

张大姐酸萝卜　　　　　　　　　　小吃

（☏158 7470 7329；红湘路近常胜路口；腌菜18元/斤；◐8:00~20:00）南华大学周边不少居民都喜欢来这里选一点腌菜，再给老板现场调味，据说是来自湘西的酸辣风味。店面很小，但光欣赏门口稀奇古怪的瓶瓶罐罐就很有意思。

🛍 购物

大街上常见辣酱鸭店铺，也是不少衡阳人喜欢的家乡味。**仙都辣酱鸭**（☏833 4235；常胜和环城北路的交叉路口；◐9:00~24:00）有多家连锁，价格比同行稍高，但辣中回香，味道确实不错。

ℹ 实用信息

危险和麻烦

衡阳市不少十字路口未设红绿灯，过马路需小心。

医疗服务

南华大学附属第一医院（☏827 9008；石鼓区船山大道船山路69号）市内的三甲医院。

ℹ 到达和离开

飞机

衡阳**南岳机场**（☏869 6111；衡南县云集镇，距市区20公里）每天都有一班航班飞往北京、上海、昆明和张家界，另外还有通往西安、厦门、重庆等城市的航线。

长途汽车

衡阳有4个长途汽车站，旅行者一般会到**中心汽车站**（☏885 6338；www.hyhqjt.com；船山大道）坐车，另外高铁站旁有个**王江汽车站**（☏885 8555），有直达邵阳、隆回等地的城际班车。

火车

衡阳共有五个火车站，旅行者常用的是衡阳站和衡阳东站（高铁站）。**衡阳站**（☏252 2222；湖北路1号）为京广铁路及湘桂铁路的枢纽车站，车次繁多。**衡阳东站**通高铁和动车，有通往长沙、北京、广州、武汉、永州、郴州、深圳、桂林、虎门、

中心汽车站车次时刻表

到达站点	发车时间/班次	票价(元)	行程(小时)	备注
南岳衡山	7:00~18:20,每30分钟1班	22	1	高速
娄底	8:30~16:30,共6趟	78	1.5	高速
双峰	9:40、12:40、13:30、16:20	55	2	去曾国藩故里
长沙	7:50~20:50,每小时1班	63	2	长沙汽车南站,高速
郴州	7:30、8:40、12:15、13:00~17:00,每小时1班	50	3	国道
邵阳	6:40~18:00,每小时1班	63	2	
怀化	9:20、10:30、16:00	139	4.5	高速
桂林	18:00	140	4	卧铺
张家界	9:30	144	6.5	经常德
吉首	9:25、15:20	160	5	经怀化

韶关、岳阳、清远等地的高铁列车。因高铁站距离市区较远,如果从长沙至衡阳,乘坐高铁反而比普通列车花费时间多。

❶ 当地交通

抵离机场
在南岳机场西侧可乘坐167、168路公交车到衡阳市区(3元;6:00~19:00,20分钟1辆;30分钟),打车约60元,拼车20元/人。

公交
市内公交线路密集,基本可以到达衡阳市的任何一处,票价1~2元。137路将中心汽车站、衡阳火车站和衡阳东站这三个车站连接。从衡阳东站至市区需要1小时。衡阳的火车站和车站较多,上车前最好还是问一问,以免坐错。

出租车
出租车起步价6元,每公里2元,22:00至次日6:00起步价为7元,每公里2.4元。从市中心打车至中心汽车站10元以内,至衡阳站15元,至衡阳东站30~50元。

永州及周边

电话区号:0746

这是一片诗意风光和摩崖石刻共存的地方。永州市至今步调缓慢,愚溪和潇湘江水沿岸犹可窥见古老八景的韵味,血鸭和东安鸡是这里的美食名片。距离市区1小时车程的祁阳,江畔石壁上刻着历代名人和书法家的诗文,从唐代流传至今。即便对书法兴趣不大,看着密密麻麻的摩崖石刻群,光线游移其上,你会感到时间仿佛触手可及。

永州

千年前,柳宗元左迁永州司马,在潇湘交汇的山水间留下中国最古老的游记《永州八记》。如今,老城已成为城市规划的一区。白天,沿着潇水看尽两岸的山、塔、寺、桥、亭,瞻仰摩崖上遒劲有力的书法崖刻。待日落至东山顶上,自远而至的苍然暮色,伴随华灯初上的城市景致,说不定也能找到独属自己的现代八景。当然,不爱小山小水也没事。餐馆飘出的古老米香,桌上摆的血鸭和东安鸡,永州凭着滋味也能虏获不少食客的心。

方位

潇水自南向北于萍岛与湘江汇流,江之南侧为永州零陵区,也是老城和景点所在位置。以北约20公里为新城冷水滩区,湘江穿城而过。两区之间由永州大道相连,除了位于大道中间的零陵机场,各有自己的市中心、汽车站和火车站。需要注意的是,永州通常是指新城冷水滩区。因此永州火车站在冷水滩区的西北角,零陵站位于零陵区正西面。永州汽车北站在冷水滩东侧,零陵汽车站位于零陵区最热闹的芝山路上。

⊙ 景点

柳子庙
展览馆
(☏638 5865;柳子街中部;门票25元;

8:00~18:00)柳子庙始建于北宋仁宗年间，是纪念柳宗元的祠堂，如今所见建筑多为光绪年间重修。青石铺就的柳子街因庙得名，沿着愚溪延伸，曾是湘桂通衢的官道。

即便站在高耸的墙外，也能望到青瓦戏楼。但要探究其风采，还是得钻过小小验票门后回头望才能看清。三层重檐歇山顶下的"山水绿"三字出自诗歌《渔翁》，其顶上有龙、凤、鳌鱼以及八仙的雕像，但事实上刻有九人，中间一位是太上老君。继续向内上台阶，左、右两侧各有两个展厅，通过图文形式介绍柳宗元的生平和作品。再通过一小段阶梯进入中堂，里面有尊柳宗元的塑像。其身后的碑廊有几面怀素和严嵩的字迹碑刻，以及纪念苏东坡的"荔子碑"，喜好书法的千万别错过。

乘13和31路公交车在柳宗元文化旅游区下车，沿古街向西步行250米即到。

东山　　　　　　　　　　　　　　山

西临潇水的东山，宽敞的百步登山道直通山顶，武庙（关帝庙）和高山寺（法华寺）则依傍其南、北两侧。武庙始建于明洪武年间，曾是衡阳、邵阳、郴州等州府共同奉祭的高等级武庙，现在建仅存清同治年间重修的正殿和抱厦。正殿前有青石龙凤柱四根，浮雕雌雄蟠龙，腾空欲出，非常有气势。另外，抱厦前的青石浮雕五龙丹墀也值得一看。高山寺始建于唐代，曾是柳宗元被贬谪永州任司马期间（805～815年）居住的处所。他在此写下《永州法华寺新作西亭记》等文章，后因山寺晚钟而成为"零陵八景"之一。可惜，寺院古建除大雄宝殿外，均已在"文化大革命"中被毁。我们调研时，两寺庙因作为主题公园景区的一部分，正在闭门整修。重新开放时间尚未确定。

东山公园有许多入口，距离两寺庙最近的是西门，可乘坐1路和1、2、3路外环在零陵区电信局下车。

永州博物馆　　　　　　　　　　博物馆

（633 0043；南津南路414号；免费；夏季8:00~12:00，15:00~18:00，冬季8:00~12:00，14:30~17:30，周一闭馆）博物馆有两层楼，文物不多，基本以图文和模型做展览。一楼主要有三个展厅，女书展、瑶族民俗展和玉蟾岩远古文化。二楼只有一个国宝展厅，以9个小主题介绍了永州古村、庙宇、塔桥、出土文物等研究，对于想多了解永州看点的游人不失为捷径。

乘1、11、33路公交车在区交通局下车，马路对面就是。

萍岛　　　　　　　　　　　　　古迹

（零陵城北4公里；8:00~18:00）萍岛位于城区北面，是潇水和湘江交汇处的一座沙洲。传说小岛能随江水涨落之奇，因而有永州八景的"萍洲春涨"之名。岛上草木葱茏，金秋桂花飘香。若适逢落雨，你还有机会看到潇湘八景之"潇湘夜雨"的朦胧浪漫。此外，

当地知识

永州十年

如果你看过《晚笑堂竹庄画传》中的柳宗元像，定会以为这是一个欢乐的、不拘礼法的道家人物，跟诗人形象联系不起来。年少成名的柳宗元，在倾注了政治理想的永贞革新失败后，被贬为永州司马，那时的永州真是偏远得不得了的地方，加之司马是一个闲官，也没有居所，只能暂居在龙兴寺，十分落魄。在这期间，柳宗元转而倾注于内心、自然和文字，在哲学、政治、历史、文学等方面进行钻研，并游历永州山水，结交当地士子和闲人，创作了开山水游记之风的《永州八记》，写世风时事的《捕蛇者说》，寓言《三戒》（临江之麋、永某氏之鼠、黔之驴），以及《江雪》《渔翁》和《溪居》等千古诗句。《柳河东全集》的540多篇诗文中有317篇创作于永州。

柳宗元对永州的影响是颠覆性的，让这个偏僻的湘南小城如今广为人知。你到处可见与柳宗元有关的事物，就连永州的摩的都不叫摩的，而叫**慢慢游**，大概是源自柳宗元《永州八记》里的"施施而行，漫漫而游"吧！

零陵城区

地图要素（按位置）：

- 至永州零陵机场(12km)；永州汽车北站(18km)；甲壳虫酒店(20km)；冷水滩区(25km)；浯溪碑林(45km)
- 日升路
- G322
- 西瓜坪森林公园
- 绿影路
- 湘江
- 黄盖路
- 南津北路
- 江雪路
- 宗元路
- 萍洲中路
- 萍洲东路
- 湘口馆西路
- 湘口馆东路
- 阳明大道
- 芝山北路
- 神仙岭路
- 荔枝路
- 乌沙洲路
- 桃陵路
- 狮子岭森林公园
- 回龙塔路
- 黄古山中路
- 黄古山东路
- 萍阳北路
- 潇水
- 鹫角塘路
- 零陵体育馆
- 至零陵站(2km)
- G207
- 潇水西路
- 窑婆井路
- 南津中路
- 红太阳购物广场
- 萝卜街
- 新街
- 潇水中路
- 潇水东路
- 愚溪
- 萍洲南路
- 解放路
- 中山南路
- 怀素公园
- 百万庄路
- 东山
- 西山公园
- 羊角山路
- 古城路
- 南津南路
- 乌沙洲路
- 阳明大道
- G322
- 湖南科技学院
- 杨梓塘路
- 朝阳岩公园
- G207
- 南津渡大桥
- 至宁远(111km)；江永(133km)

侧栏： 湘南地区　永州

湖南四大书院之一的**萍洲书院**（门票50元）也坐落岛上，只是古建大部分已被拆除，并已改建为私人会所，仅保留长长的清代甬道。

可在朝阳门和霞客渡乘船（往返25元/人；9:45；2小时），沿途会先后看到思柳桥、回龙塔和萍洲大桥，淡季散客需要包船。其中，明代嘉靖年间的**回龙塔**位于河水东岸的路桥公司分公司大院里，可登塔俯视潇水。也可乘坐13路公交车直接在回龙塔下车。

香零山
古迹

（零陵城北4公里；免费）如果觉得前往萍岛太麻烦，可以来香零山试试。虽说是山，但实为江中一块巨石，其上托有一座清代同治年间修建的观音阁。江岸上就能望到，枯水期下游处还会有浮桥，这里是八景之一的"香零烟雨"。

乘21路公交车到终点十一中，沿着马路对面的小巷走到潇水边，也可乘木船（10元）摆渡上岛。

文庙
古迹

（免费；李家塘2号，五中旁）永州文庙始建于宋朝，历经六次迁址，直到清乾隆年间才

零陵城区

◎ 景点
- 1 朝阳岩 B5
- 2 高山寺 B4
- 3 回龙塔 B2
- 4 柳子庙 B4
- 5 萍岛 A1
- 6 文庙 B4
- 7 武庙 B4
- 8 香零山 D4
- 9 永州博物馆 C4

● 住宿
- 10 金太阳酒店 B3
- 11 怀素大酒店 C4

◎ 就餐
- 12 猴子东安鸡 C3
- 13 宁远血鸭酒家 C4

❶ 交通
- 14 零陵汽车站 B3
- 15 太平门码头 B4
- 16 霞客渡 B4
- 17 杨梓塘渡口 B4
- 18 旺达零陵长途客运站 B3

到当前位置。大成殿前是五龙浮雕的丹墀，正门左、右各有一白一青，上刻蟠龙和飞凤，殿内还有一块汉白玉神案。因建筑的木雕和石雕依旧精致，这里成了不少新人拍婚纱照的取景地。

乘1、9、15、29路公交车至东门巷下车，步行至永州五中，中学旁有个小坡，尽头是永州市零陵区文物管理局，文庙就在里面。放心，大门是敞开的。

朝阳岩　　　　　　　　　　　公园

（朝阳公园内；门票10元）作为永州八景之一，这座潇水旁的石崖上有许多碑刻，主要集中在一个溶洞周围。洞口外面"朝阳岩"三字为宋嘉祐五年（1060年）张子谅书，另有米芾所题"秀岩"。洞内左右壁还刻着元次山和柳宗元的诗。我们调研时，朝阳岩因处于保护阶段，仅对研究人士开放。

乘坐13路和31路公交车在终点科技学院站下车，直接走入朝阳公园，尽头就是朝阳岩。

▭ 住宿

零陵区的市中心在河东，芝山路是最热闹的地方，可以找到许多快捷酒店，就是环境有些老旧，而且多是商住混用。相比之下，冷水滩区的住宿环境新颖不少。

★ 甲壳虫酒店　　　　　　精品酒店 ¥¥

（☎812 3123；冷水滩区长丰大道18号；标双179元起，精品房229元，均含早餐；☎❄ ℗）想不到在永州能找到如此有特色的主题酒店。大厅内泊着一辆甲壳虫汽车作展示，客房走廊播放着甲壳虫乐队的音乐，甚至还有老汽车模型。房间插座多，且各角度都没有灯光。若入住精品房，还有蓝牙音箱。只是酒店不靠近冷水滩区中心，比较适合自驾旅行者。

金太阳酒店　　　　　　　　　酒店 ¥¥

（☎288 8886；零陵区芝山路15号；标单/双159元；☎❄ ℗）可能是零陵汽车站周边性价比和安全性最好的酒店。虽商住混用，但除二楼咖啡厅外全栋都是酒店客房。经过重新装修，楼道终于明亮。房间还算干净且都有窗户，缺点就是网速不太好。

怀素大酒店　　　　　　　　　酒店 ¥¥

（☎677 7377；零陵区潇水中路168号；标单/双138/128元；☎❄ ℗）怀素公园对面的老宾馆，电梯和廊道的破败程度仿佛走入鬼片，但神奇的是房间明亮且宽敞干净，夜里还能隐约听见高山寺的钟声。酒店大门就有公交站，交通便利。

✕ 餐饮

永州的特色菜是香辣重口的血鸭和酸辣爽口的东安鸡，在城区的酒楼和普通家常菜馆基本都能吃到。此外，有一种说法认为这里是人类最早栽培水稻的地方，不妨品尝一下，看看这里的稻谷有何不同。

宁远血鸭酒家　　　　　　　　湘菜 ¥

（☎151 1167 0950；零陵区南津中路5号；人均50元；⏰10:30~20:30）虽叫酒家，但其实是个家庭经营的小餐馆。鸭血加上醋、辣椒和鸭肉翻炒，成品呈糊状，但香味四溢。回头客很多。

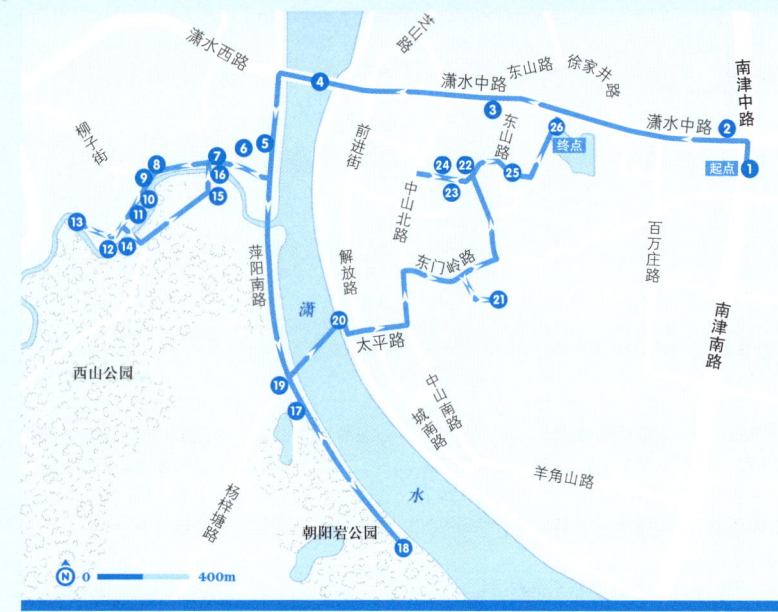

步行游览
永州古城

起点: 永州博物馆
终点: 怀素公园
距离: 10公里
需时: 1天

上午从参观 ❶ **永州博物馆**(见221页)开始,对本地人文有个初步了解后,到潇水中路上的 ❷ **红太阳大酒店**乘坐13路公交车,经过20世纪80年代重建的 ❸ **零陵楼**和 ❹ **零陵东风大桥**,于 ❺ **柳宗元文化旅游区**下车。如果大桥南侧的浮桥修好,也可提前在市四人民医院下车,下至潇水边走"霞客渡"(1元)至对岸。然后沿 ❻ **柳子街**步行向西,欣赏沿途明、清、民国时期的商铺。不久就能见到 ❼ **柳子庙**高大的围墙。

沿柳子街继续向西,古街在 ❽ **钴鉧潭石碑**结束,你将走入柳宗元笔下的愚溪三记(《钴鉧潭记》《钴鉧潭西小丘记》《至小丘西小石潭记》)。炸掉了水坝,对河道进行了清淤,河岸两侧也铺就了步道。❾ **愚溪**终于恢复了一些当年的神采。沿溪北岸往西折向西南走90米是 ❿ **钴鉧潭**真正所在位置,继续往西25步,就到 ⓫ **西小丘**,再往西120步,为 ⓬ **小石潭**所在地。听见瀑布声,向前不远即可见清代石砌建筑 ⓭ **节孝亭**,这里曾是西出永州的重要驿亭,供行人饮茶歇脚。从这里返回 ⓮ **小石潭老碑记处**,下至愚溪可见数块巨石供人跨溪到对岸。一路向东抵 ⓯ **游客中心**,里面可为水壶加水。跨 ⓰ **柳子桥**回柳子街,再乘13或31路到科技学院终点站进 ⓱ **朝阳公园**参观 ⓲ **朝阳岩**。

此时应该午时已过,出公园大门往北50米可见 ⓳ **杨梓塘渡口**,乘船到对岸 ⓴ **太平门码头**。然后沿江边道路往南拐入太平路,经过一片老住宅区抵达热闹的中山南路口就是太平门公交站,这附近也有不少商家,可买小食充饥。沿主路向北至东门岭路右拐,往永州五中方向就到 ㉑ **文庙**,返回小路过幼儿园继续向东,上小坡左手可见一小区大门,经过一排员工宿舍,沿东山后坡乡村公路绕过烟囱就到了 ㉒ **武庙**和 ㉓ **高山寺**的后门,两建筑之间是 ㉔ **百步登山道**,其底部就是东山的西门。顺着东山路往北过精神病院旧址,院内有个五角亭是 ㉕ **怀素千字文碑**所在。沿着亭旁石阶下山穿过一片菜园就能到 ㉖ **怀素公园**,园内种了一些芭蕉树,据说是怀素少年时在芭蕉叶上练字的地方。

猴子东安鸡

湘菜 ¥

（芝山路和徐家井路口向内50米；48元/只；⊙8:00~18:30）虽说芦洪市东安鸡最正宗，但这家只能外带、在菜场附近的专营店本地口碑极佳。找不到的话就问问周边乡亲，他们都知道。

❶ 到达和离开

飞机

零陵机场（☎833 3111）位于零陵和冷水滩两区之间，有飞往长沙、北京、昆明、上海的航班，隔日1班。

长途汽车

零陵汽车站（☎622 4866；芝山路的北侧）就位于零陵区的市中心，有发往省内主要城市和广西、广东等地的班车。其东南侧还有私人运营的**旺达零陵长途客运站**，主营省际和县际的车次，但班次较少。

永州汽车站（汽车北站）（☎837 1758）位于冷水滩区中心东南6公里处，大部分的长途汽车都可以在这里乘坐。

两个汽车站都已开通网络售票。

火车

零陵站 在零陵区市中心以西约4公里处，但对旅行者并不实用，每天只有北京—南宁、武昌—湛江和南宁—济南等4趟普通列车经过。反倒是位于冷水滩区的**永州站**高铁和普通列车班次非常多。北京、上海、济南、西安等往来南宁的高铁会经过永州，到长沙（经衡阳）和桂林都只要1.5个小时。另外永州到深圳福田也只要4个小时。

❶ 当地交通

抵离机场

出了零陵机场就能看到发往零陵区（末班18:00）和冷水滩区（会等最后一班飞机降落）的免费机场大巴，乘出租车到两区的价格都在60~80元，网约车便宜很多，只需20元左右。

渡轮

朝阳公园北侧的**杨梓塘渡口**和**太平门码头**之间有渡轮（2元；7:00~18:00，有乘客就开）。

公交和出租车

两区的市内公交车都是1元，零陵区的13路公交车（科技学院至一中）基本上是旅游专线，你可以坐这趟车到达城市的各个景点。冷水滩区出租车4元起，零陵区"慢慢游"（三轮摩）5元起，但存在不打表市内统一10元的现象。

冷水滩区至零陵区有多辆区间公交车，其中888路（票价4元；8:00~23:30）往返于永州火车站和零陵的金水湾停车场，途中经过永州汽车站和机场。2018年1月永州BRT也进入试用期，往返永州火车站和零陵区的市交通局（永州博物馆）。

浯溪碑林

浯溪碑林（☎327 0328；门票30元；祁阳县

零陵汽车站时刻表

到达站点	发车时间/班次	票价(元)	行程(小时)	备注
桂林	6:40、7:20、8:40、10:00、12:00、13:30、15:00	50	4	走国道，建议坐高铁
衡阳	7:40~17:30，约1小时1班	57	2	走高速
祁阳	6:30~17:30，半小时1班	15	1.5	前往浯溪碑林
道县	11:30、12:20、14:00	35	2	可中转至江永
江华	7:40、9:30、12:00、13:30、14:30	45	3	经道县
宁远	6:50~16:00，约1小时1班	38	2.5	可中转至郴州
郴州	8:10、14:30	82	4	经宁远
江永	8:10、10:20、14:00	50	3~4	经道县
湘潭	8:40	100	4	高速
娄底	9:20、13:30	85	4	高速
怀化	9:10、14:10	120	4.5	高速

浯溪公园,湘江大桥南端;⊙夏季8:00~18:00,冬季8:30~17:30)如果你喜欢书法,千万别错过湘江岸上这片保了唐代至民国历代名人诗词、书画、赋、记和题名的摩崖石刻。

766年,唐朝诗人元结荡舟前往道州(今道县)任刺史时,因爱上祁阳景致,遂安家于溪畔,命名"浯溪"。后书法家颜真卿途经浯溪,元结就请颜真卿将其作品《大唐中兴颂》用楷体书写后,刻在岩壁上。这片高2.84米、宽3.5米的"摩崖三绝"是颜真卿晚年的代表作,字体方正平稳,最能传达出原笔迹的面貌和神气,因此黄庭坚、米芾、李清照、董其昌等人都曾慕名而来。石壁上,颜氏之作的左侧为黄庭坚的《崇宁三年三月风雨中来泊浯溪》,据说他在此徘徊三日后,才写下这段带有浓厚政治色彩的议论诗,更成为其书法的珍品。《题浯溪摩崖诗》为米芾少有的楷书作品,主要是评论元结的《大唐中兴颂》,位于"三绝"右下角。可惜的是,最能称之为精品的石刻如今被罩在一片脏兮兮的玻璃内,很难看清。

❶ 到达和离开

可在永州零陵区的零陵汽车站乘坐前往祁阳的班车(15元;6:30~17:30,半小时1班;1.5小时),我们调研时祁阳正在修路,不再经过浯溪公园大门,可到终点祁阳汽车站下车后转乘公交1、7路(1元;6:20~18:30)。冷水滩区的永州汽车站没有发往祁阳的班车,要到南华大酒店正面柳禾塘巷中的无名乡镇汽车站乘坐(12元;6:00~17:50,半小时1班;1小时)。长沙南站也有到祁阳站的高铁(约1.5小时),出站乘公交4路(1元;6:10~18:30)也能到浯溪碑林。

江永及周边

电话区号:0746

从诗意的永州往南,行至一片喀斯特低山丘陵地带就到江永了。这里水稻成片,其间不仅有宗族建立的千年湘南古村,传承着以在女性中流传的神秘女书,更是瑶族人百年寻觅的根源。难得的是,江永整体旅游开发力度小,古镇的一砖一瓦和小桥流水依旧原汁原味,只待有缘人到访。

长途旅行者经常从这里去桂林,如果你觉得湖南还没看够,可以前往同属永州的江华,那里也有很多瑶寨和古村。如果你想从江永去郴州,宁远是必经之地,也可以顺道一游九嶷山和宁远文庙(见231页)。

语言

如果仔细听当地人说话,你会发现江永是个"双语区"。江永的土话生长于多山的乡镇间,互不相通,所以本地人通常以西南官话交流,类似桂柳方言,山上的瑶族使用的则是瑶语。与此同时,江永土话还衍生出女书话,作为一种表音语言流行于上江圩。据说当时女子认为"上江圩话太土气,城关话比上江圩话好听",所以她们的吟诵和写作都使用或模仿城关土话。

教你几句土话的发音:纳屋(回家)、松可镇(三块钱)、阿拉(那个)、瓦沟(喂狗)、么虚(不吸)。当地人开玩笑说,你可以问人家:"也罢么逮?"(吃饭了吗?)也可以问:"瓦沟么逮?"(喂狗没有?)

江永

江永是一座很普通的县城,游人到此更多是为了寻访女书,缅怀昔日。女书,这种为女性专用的文字曾隐秘地流行于上江圩。如今,城区的店铺大都挂有女书文的招牌。县城里建有知青广场、知青路用以纪念曾经的那段历史。城中交通方便,大部分人会从这里继续前往阳朔和桂林,或南下岭南。曾经的潇贺古道,至今仍在发挥作用。

🛏 住宿

大部分人会选择住在江永,然后到周边的女书园和古村游玩。

女书大酒店 酒店 ¥¥

(☎572 8666;五一桥北知青广场;标单/双198元起,含早餐;❄@☎ℙ)江永县城最好的酒店,设施稍显老旧但很干净,商务房比标准间贵几十元,但房间会宽敞许多。

屋里头连锁酒店 快捷酒店 ¥¥

(☎572 7779;商业步行街3号;标单/双128/110元;❄@☎)看齐国内其他知名快捷酒店,房内整洁,设备新颖,就是卫浴间张挂的裸女照让人有些尴尬。标双房间均朝马路，标单朝内院。

云梦商务宾馆 宾馆 ¥

（☎595 1777；老汽车站对面；标单/双 80/100元；❉☎）宾馆新装修，且难得的是独栋经营。房内装饰壁纸墙面和木地板，厕所是蹲式的。一楼大门口就是恭城班车的中途停靠点。

✖ 就餐

县城拿得出手的餐厅比较少，**小三元**（☎572 7333；永明中路97号；人均40元；11:00~21:00)算是人气比较旺的，这里的芋头汤和江永鱼味道都不错，还有透明厨房可欣赏掌勺厨师的英姿。此外，普尾村所在的上江圩镇还能吃到女书河鱼（刀鳅）。

🔒 购物

江永特产香柚、香芋、香姜、香米、香菇，合称"五香"。如果秋季来此，满街都在卖柚子，每年11月底还会举办柚子节。

ⓘ 到达和离开

长途汽车

江永有两个汽车站。**老汽车站**就在云梦商务宾馆正对的马路边上，这里只有江永—粗石江的班车（10元；6:30~18:00，15分钟1班；30分钟），会途经上甘棠村。汽车总站也不太远，步行20分钟便到。

汽车总站 有发往恭城（25元；7:20~16:20，30分钟1班；2.5小时)、郴州（80元；7:30；4小时)、道县（18元；6:00~17:00，30分钟1班；45分钟)、宁远（32元；9:00、13:30；2小时)、江华（17元；6:00~16:30，30分钟1班；1.5小时)、永州零陵区（50元；8:00、8:40、11:40、14:00；3.5小时）方向的班车。

火车

江永火车站 位于县城东北18公里处，每日只有几趟列车，其中从北京、上海发往南宁的列车也会经过长沙和衡阳。到永州2.5~3.5小时，到零陵1.5~2小时。汽车总站出站口对面有火车票代售点。

ⓘ 当地交通

公交1、2路（1元）都经过老汽车站、汽车总站，1路可到水利局。汽车总站还有发往火车站的公交车（5元；6:00~19:00，1小时1班；30分钟）。

县城内打车起步价5元，晚上10元，至火车站25元，至千家峒大泊水瀑布60元。

女书园

（☎587 8333；上江圩镇浦尾村；票价40元；◷夏季8:00~17:30，冬季8:30~17:00）浦尾村因位于潇水下游而得名，是个四面环水的绿洲，有时也被称作"普美岛"（谐音）。作为女书的发源地，这里在近代出过3位自然传人，也因此被开发为女书园景区。

穿过女书园售票大门，跨过吊桥，就到浦尾村了。村口有一座**女书博物馆**，也是园区内唯一会验票的地方。馆内分三个展厅，由讲解员用说、唱的方式从"发现""语言特点"和"传人"几个主题介绍女书。最好玩的是博物馆入口处旁的**女书学堂**，会有老师现场授课。整个行程下来大约需要1.5小时，讲解员和老师都是女书的继承者。离开博物馆步入村内，还能看到**胡氏宗祠**（过去上课的地方）、**老县长故居**、**女红（工）一条街**等景点，不过很少开放，只能看看建筑外部。

如果不喜欢粉刷一新的浦尾村景区，你

ⓘ 从江永到桂林

从江永到桂林每天有3趟车往返，途经阳朔、恭城、粗石江、桃川、上甘棠等地，直达阳朔和桂林。发车地点分别位于江永老站的十字路口（55元；7:00；4.5小时）和江永总站（55元；13:30），返程为桂林总站到江永（55元；7:40、13:30、15:40）。更自由的方式是将恭城作为一个中转点，如果你从桂林启程，到阳朔（1.5小时）玩上几日后，你可以在加油站随叫拦到从桂林至恭城的车（15元；1小时），再从恭城汽车站转车去江永（25元；7:00~18:00，半小时1班；2.5小时），如果你在上甘棠古村（15元）路口下车，游完后，在省道上你可以拦到至江永的车，车次非常多。

可以去同为女书故乡的桐口村、河渊村、夏湾村、荆田村看一看，也能满足你对老村子的期望。桐口村距浦尾村最近，步行约半小时，村口有一个体现凤鸟崇拜的鸣凤阁，而夏湾村和荆田村可以拍到古村与河水的全景。若对语言更感兴趣，河渊村能访问到曾上过学却又帮人秘密写女书的"半个女书自然传人"。

❶ 到达和离开

欲前往普尾村，江永往来永州（见227页）以及发往江华、郴州等方向的班车（见227页），会经过女书文化园石碑前的主路，下车步行5分钟就能到售票大门。此外，这里离江永火车站很近，下火车出站步行约20分钟，或从江永汽车总站坐"火车站"公交车（5元；6:00~19:00，1小时1班；30分钟），于女书园售票大门下车。

千家峒

何处是瑶族祖居地"千家峒"？这个问题一直徘徊在瑶族人的心中。直到20世纪80年代，根据地貌、地名、宋元古窑址和元代防御工事，江永县大远瑶族乡被认定为千家峒故地，从此更名为"千家峒乡"。不过地名虽落户江永，专家所划的千家峒区域内其实还包含了道县和广西灌阳。三地均有如世外桃源般的景色，就看旅行者想去哪一个了。

从江永城区出发，经过顶铸十二节白牛角和长鼓的**千家峒纪念碑**，就正式进入瑶族故里了。纪念碑附近是千年前的古战场所在，至今保留着**穿岩**和**古城址**。虽然外观就是普通石灰岩，不过爬至山顶眺望周边高山和喀斯特小丘陵，陈铺其间的荷塘、稻田和村落，

当地知识
女书的消失和传承

没有人能说清楚女书起源于何时，因为人死书焚，这些写在纸、书、扇、巾上的文字留存下来的极少。女书不是用来记录历史的，而是从写作和阅读中得到慰藉。在女人被禁识字的年代，她们用这种柔软的文字，把男人不能知道的秘密情感写成诗歌，绣在衣裙上，在田间村头一起阅读、传唱；写成书信在同村的姐妹之间悄悄传递。

女书是瑶、汉共用的，主要在江永的四个镇流通，因其专为妇女所用，学术界便将其称为"女书"。女书是以江永土话为基础的表音文字，共有600~700个字，光"江"的发音就能对应十几个汉字。书写风格为右高左低，呈斜长菱形，民间叫它长脚蚊字或蚂蚁字。左弧、右弧、左斜、右斜、点、竖共六笔画，没有汉字中的横、钩。过去的人们用棍子笔、小毛笔、锅灰等工具，书写在纸页、书本、扇面、布帕上，有时会配上吉祥的图画或刺绣。

女书记载的内容可分为记事、女歌、礼仪、书信、祈祷文和自传六类，以及文字装饰的各类物品。既有《中日战争纪实歌》记录本地重大事件，也有述说生活家常、疾苦悲愁的《女书之歌》《寡妇歌》《亲娘哭女断心肠》等悲歌。江永女子间有结拜姐妹的习俗，先递送结交书建立友谊，从此保持通信致问候，结婚后书写表达祝贺和惜别的三朝书，晚年还会将生平写下来。许多女子习惯去花山庙祭拜花山姑婆，礼拜后将写有求子求福的巾帕纸页烧掉。女书的形式多以四言、五言、七言为主，每一句都能吟唱，故又被称作"凄美的独唱文学"。

女书是中国特有的女性文学、女性书写与女性创作的文字，在封建思想"女子无才便是德"的年代，体现出难能可贵的反抗精神。女书被认为是一种封闭的文字，老传少、女传女、口口相传，在汉字为官方正统的年代能够保留下来，实属不易。在抢救性保护女书之前，这些日记作品多随陪葬品烧掉，所以流传下来的很少。在女书保护过程中起到重要作用的高银仙、义年华等七姐妹都已去世，你可以在博物馆的照片上看到这些头戴凉帽的老人。2004年，随着女书的最后一个自然传人阳焕宜逝世，从此女书成为语言学的化石。但现在政府又培养了七位新传人，加之王颖的电影《雪花秘扇》、谭盾的音乐史诗《女书》等代言，让已近消失的女书以另一种形式"存活"了下来。

景致还是不错的。过了古龙坝村是盘王广场，上面有"瑶族始祖盘王"的雕像，每年的盘王节就在此举办。沿着公路往山上走2公里就到了大泊水瀑布（门票40元；7:00~18:00），景区很简陋，七级瀑布也乏善可陈，走半小时就能看到最大的瀑布。继续往北，还有龙潭瀑布和天女散花瀑布，只是都没怎么开发。进入道县境内，如果喜欢碑刻，可以到月岩国家森林公园逛逛，传说是周敦颐坐而思道的地方。此外，夏季会有不少人到韭菜岭徒步，"湖南K2"的名声不容小觑，路野且陡，一定要与熟悉此地地势的人结伴。

🛈 到达和离开

江永至千家峒的面包车停在水利局门口（5元；8:00~17:00，坐满发车；20分钟），只能到古龙坝村，去瀑布还得包车（25元），人多也可以加钱让面包车司机专送。江永县城内坐1路车可到水利局。

上甘棠村

一条谢河，一条沐河，从西汉直至隋朝，让一座谢沐县城在两河相汇处发展起来。到了唐朝，周氏族人来此扎根，依据《诗经》将此地命名为"上甘棠村"。千年来，不仅血脉相承，村名和村的位置更是从未变过。如今的上甘棠村，成排马头墙依河而建，红砖黛瓦与清溪相辉映，非常典雅。若仔细观察周边地形，会发现村子呈南北走向，两头各有一座山，西临谢河，再往西行还有一座龟山。藏风聚气的风水格局，或许也能说明为何此地能留下忠孝廉洁等劝喻、感怀的石刻，以及半月形村中那一栋栋石木精雕的楼房。

👁 景点

上甘棠村现在分新村和老村。老村才是你的目的地。你可以从北门入，沿着主干道向南步行。与主干道垂直的7条次干道以单门楼为界，向后山延伸，周氏十族人就是依此聚居的。各族均有一个码头，供取水之用。这里纵深的布局非常严谨，各户以天井组合形成单元，青石板路通向全村各处。当你走在两百余栋的湘南明清建筑之间时，记得抬头观察彩绘泥塑、雕花门窗和雀替、砖雕及门庐装饰。

潇贺古道

迷路也不怕，村里的老人和小孩都很乐意为你指明方向。

寿隆桥   古迹

村子东北侧300米，一座湖南目前发现最早的宋代古石桥已横跨沐河十年。作为潇贺古道的过桥之一，寿隆桥以模仿木器榫卯结构的方式铺设而成，完全没有使用任何黏合剂。桥面狭窄，过人需侧身。虽然桥下石柱有些歪斜，但实际上依旧坚固。

单门楼   历史建筑

说是楼，其实就是门。村内过去有9座单门楼，现仅存4座，自北向南分别是一单门楼、四单门楼、五单门楼和九单门楼，两座建于明朝，两座建于清朝。每一个门楼都有精美的梁枋雕花，门内还布置青石雕花抱鼓石以及供老人歇息的长条椅。门是族人的交通口，门后广场则是聚集的公共空间。如果找不准，从五单门进入能见到一条一线天般的长巷，仅容两人勉强通过，因此戏称为挤女巷。再往里走就能见到谢沐县的县衙遗址，不过现在只剩瓦砾堆而已。继续向后（东）走，有座菜园小山可爬上去，从那里能俯视全村景色。

五单门楼旁的商业街有家石顺号，可以

另辟蹊径

户外徒步潇贺古道

起点: 上甘棠村
终点: 兰溪乡（黄村）
距离: 约7.5公里
需时: 4~5小时
难度等级: 初级

在上甘棠村的村头村尾都能见到驿道的痕迹，有的用整齐的鹅卵石铺砌，有的则是石板。这就是**潇贺古道**，从永州的潇水（今道州）通往广西的贺州，据说是秦代时兴建的，作为控制南岭以南的交通要道，马王堆汉墓出土的地图上也有这条道路。沿着这条古道可以从上甘棠村徒步到**黄村**（兰溪乡），这是一座瑶人的古村——**勾兰瑶寨**。

从上甘棠**步瀛桥**沿着碎石公路步行，经过石砌的**寿萱亭**，约30分钟就能看到石砌的古道。现存的古道断断续续，被几条公路横穿而过，但还是比较容易辨认，步行到黄村大约3小时，途中会遇到几条岔路，顺着较为明显的那条路走就对了，最后会见到一座古桥，当地人称之为**高桥**，高桥前面有一条公路，可沿公路走，也可走山路翻过小隐坳到达黄村，要翻过3座小山，一座山口上还留有道光年间的石碑。

黄村比上甘棠更加古朴和僻静，你可以走遍上村、下村和大径村，去寻访散落在各处的盘王庙、风雨桥、城寨、祠堂、碑刻和古树，也可以在村里的水源旁闲坐，看古井中的小鱼和落叶游戏。三个古村布局呈三角形，各村相距不到1公里，不远处还有一个狮形水库，库区三面环山，峰翠水漱。潇贺古道在黄村分路，往东南通往福溪古村，徒步2小时；往西南通往秀水古村，徒步4小时，都在广西富川境内，有心的话可以深入探寻。黄村没有旅馆，只能借宿村民家。江永老汽车站有到兰溪乡的班车（7元；7:20），下午返回。也可以到省道路口搭过路车。

买到《千年文化古村上甘棠》（18元），非常适合边逛边看。店主周先生是一位博学健谈的人，可向他请教当地的史存逸事。

上甘棠博物馆 博物馆

（☎572 2505；免费；⏰9:00~16:30，周一闭馆）博物馆靠近村子南门，位于周氏祠堂隔壁。里面主要以图文形式介绍上甘棠村的历史、建筑、伦理概念等，还有全村的地理模型以及村规民约等石碑。偶尔会有志愿者提供讲解。

步瀛桥 古迹

看到这座位于村子南头的三拱桥，你的嘴巴一定会成"O"形。作为江永旅游的标志，步瀛桥始建于北宋1126年，明清均有修复。据说刚建成时就塌掉了一侧，如今更是塌了一半，但依旧屹立不倒。再加上承载"步瀛"之名，人们对其赋予了美好的愿望，相信子孙过桥能功成名就，甚至传说石桥每掉落一块石，村里就出一个大官。于是顺理成章，过了桥就是**文昌阁**。这座独栋楼阁始建于明万历年间，但事实上，这里曾经建筑成群。

如今，步瀛桥被藤蔓所覆盖，文昌阁半遮在拱门之后，桥下谢河流淌，不时还会有水牛走过。如此古雅的画面，难怪这两个古建筑的上镜率总是特别高。

月陂亭 古迹

位于步瀛桥东南侧，在将军山下方。过去这里建有亭子，可惜早已毁掉，也因此石壁上所题的碑刻又被称为**月陂亭记**。顺着潇贺古道钻入近百米长的石崖内，壁上留存有许多摩崖石刻，多为周氏家谱。最容易找到的是文天祥手书的"忠孝廉节"，据说岳麓书院里的"忠孝廉节"四个字就是从上甘棠临摹去的。还有一片清光绪年间的"先贤嘉言事亲"，里面所述村规道德仍旧值得今人借鉴。

住宿

上甘棠在江永县城西南25公里处，交通

方便，一般不用在村里住宿，连博物馆的讲解员都住在县城。如果想体验住在村子里的感觉，可以选择甘棠水乡园（☎189 7578 3960；九单门楼旁；标单/双118元；❉❂），也是古村唯一的农家乐。

❶ 到达和离开

到达上甘棠村非常简单，在江永老汽车站（见227页）坐到粗石江的车，或者在江永汽车总站（见227页）乘坐去往恭城、桂林的车，到上甘棠村路口下车（6元），再徒步2公里进村，或随便搭一辆农用车，一般不会收钱。

郴州及周边

电话区号：0735

在这个被不少人念错名字的地方，郴州以其独特的风景、人文和美食在湘南占下一席。南岭山脉与罗霄山脉交错于此，形成莽山密林，不远处的热水镇则冒着氤氲水汽。将迷雾拨开，与温泉之乡毗邻的是被誉为"古祠堂之乡"的汝城，精美绝伦的祖庙散落于各村中。旅途结束后到市区搭乘高铁前，别忘记尝尝城中的鱼粉。红汤白粉配葱花蛋的组合，让人大快朵颐。

郴州的气候随其多样的地形而变幻无穷，出了名的忽冷忽热，特别是秋冬之交，可能

不要错过

宁远文庙

不论是从永州还是从江永出发去郴州，都会经过宁远。宁远文庙（☎732 6618；文庙路78号；门票25元；⏰8:00~17:30）位于市中心，始建于北宋年间，是国内目前保存完整、始建时间最早的六座文庙之一。明、清两代历次重修，修建于同治到光绪年间的高大建筑，侥幸躲过了"文化大革命"的劫难，保存了不少精美绝伦的石雕。最具特色的当属大成殿的20根高浮雕镂孔龙凤石柱，据说龙头的高度低于凤头是暗喻慈禧当政的年代。此外，西侧的厢房还有九嶷山出土文物展览，并以图文介绍宁远县内古迹和遗址。从宁远汽车站往西北步行900米可到，打车5元。

前一天还穿着羽绒服，后一天就可以穿短袖，出发前最好查一下天气。

郴州

郴州市是典型的消费城市，没有什么拿得出手的景点，美食才是值得在此停留的理由。北湖区比较繁华，步行街和餐饮集中。郴江以东是苏仙区，小山公园比较多。北湖区偏南的五岭广场则是城市新中心。

⦿ 景点

苏仙岭　　　　　　　　　　　　　山

（☎288 8002；苏仙北路6号；白天门票47元，夏季6:30~19:00，冬季7:00~19:00；早晚门票5元，夏季19:00至次日6:30，冬季19:00至次日7:00；24小时）郴州有好几个仙岭，苏仙岭、王仙岭、留仙岭等，以位于市中心的苏仙岭名气最大。据说这里是苏耽成仙之处，虽然仙气不再，但松柏围绕的登山小道还是吸引不少本地人来此健身。从正门（售票处）进入，往上走5分钟就是最有名的"三绝碑"，刻有秦观的《踏莎行·郴州旅舍》，以及苏轼题的跋、米芾的书法。大约1个小时到达山顶的苏仙观，当年张学良曾被幽禁于此。也可乘坐观光车（40元）前往。山顶新修了一条500米长的景观廊桥（票价30元），能眺望郴州市容。20、27、55路多趟公交到苏仙岭站，下车直接走进苏仙岭广场就能看到景区正门。

板梁古村　　　　　　　　　　　古村

（☎570 0777；票价50元；永兴县高亭乡，悦来温泉边）板梁古村位于郴州市区西北40公里处，因地处金陵古道终点而富甲一方。村子已开发为景区，门票含导游讲解。360多栋明清时期的古建筑中，有祠亭阁、旧私塾、古商街、古钱庄等。门票网购有优惠。在郴州汽车总站乘坐班车到马田（票价12元；6:30~19:00，8分钟1班；1小时），这里有转乘去板梁的摩的（8元）或面的（5元）。

🏃 活动

温泉

郴州可谓温泉之乡，本地人通常会去市郊龙女温泉（☎282 3518，282 3538；工业北道

郴州城区

郴州城区

◉ 景点
1 苏仙岭 C1

🛏 住宿
2 东方摩泰酒店 B2
3 府上轻居 B3
4 有间客栈 C2
5 裕后国际青年旅舍 C2

🍴 就餐
6 高子烧鸡公 B2
7 老邓鱼粉 C1

8 罗记鱼粉 B3
9 杨婆鱼粉 B2

🛍 购物
10 舜华临武鸭 C2

ℹ 交通
11 城际大巴客运站 D3
12 郴州火车站 C1
13 郴州汽车总站 A2
14 天龙汽车站 A4

铜坑湖仙池潭；门票110元）。入住景区的温泉宾馆含双人门票，比较实惠。可乘公交2、807路到龙女温泉下车。另外，莽山脚下也有**莽山森林温泉**（见236页）。但如果你是专为温泉而来，那还是去汝城的热水镇吧。那里的**汝城温泉**（☎750 3333；www.czfqsz.com；汝城县热水镇温泉福泉山庄内；门票198元）不仅水温高（最高达98℃），水质不错，环境也干净。同样，入住**福泉山庄**（☎750 1111；汝城县热水镇热水大桥附近；标单/双 960元起；❄🛜Ⓟ）送温泉票，

比较实惠。镇上的热水河整日氤氲，还有各种形状的泉眼水坑。但如果想体验温泉煮鸡蛋，只能花钱进**汝城温泉文化园**（25元）。

🛏 住宿

住宿可以选择在人民东路和罗家井附近，都算比较中心的位置。不过郴州的宾馆大都是在旧大楼内重新装修的，普遍给人老旧之感。若要赶高铁，不妨选择天龙汽车站附近的宾馆。新区五岭广场距离天龙汽车站和高铁西站也不远，酒店也会比较高档。

裕后国际青年旅舍　　　　　　　青年旅舍 ¥¥

（☎288 1616；苏仙区裕后街沁芳阁S102；铺50元，标单148元；❄✇）虽说是国际青旅，但环境有些差强人意，最大的优势在于位置。位于南塔公园脚下，市中心一处闹中取静的仿古街内，周边餐饮非常便利。

有间客栈　　　　　　　　　　　酒店 ¥

（☎222 8111；人民东路16号，人民电影院旁；标单/双118元起；❄✇P）从位置就能看出这是间老客栈，但整体维护不错。房间比较小，但设施齐全。卫浴干湿分离，就是莲蓬头不能拿下来。出门有公交站，到最热闹的步行街都是让人很愉悦的步行距离。

府上轻居　　　　　　　　　　酒店 ¥¥

（☎212 0888；北湖区燕泉南路10号中天大厦；标单/双148元；@❄✇P）2017年新开的酒店，就在燕泉广场附近。打出"东方生活美学"旗号，走廊和房间装潢雅致。房内提供茶道器皿，飘香瓶还散发着淡淡清香。最贴心的，当属房内插座设计，连沙发脚下都有。7楼提供免费洗衣服务。唯一让人挑剔的，就是酒店位于公共大厦内。

东方摩泰酒店　　　　　　　　精品酒店 ¥¥

（☎222 2888；文化路4号；标单/双218元起；❄✇P）从大楼外观看，真的很难相信里面的客房装修如此新颖。设计如一间小巧的工作室，还有个舒适的写字台。需注意的是，前台设在小巷中。

🍴 餐饮

郴州市的美食，除了大街上随处可见的栖凤渡鱼粉、坛子肉和烧鸡公也相当出名，市区的东江三文鱼味道不差比产地还便宜。春燕的馄饨、一中的米饺、三完小的臭豆腐则是本地人童年记忆中的味道。只是餐馆比较分散，资深吃货只能按图索骥，也可直接问当地人最近的美食在哪里。

高子烧鸡公　　　　　　　　　湘菜 ¥¥

（☎755 5898；五里堆路和燕泉路交叉口；人均55元；◷9:00至次日2:30）位于五里堆路烧鸡公一条街上，也是当地人比较推荐的老字号。一份鸡肉起码4斤半，比较适合多人聚餐。味香且非常辣，店员通常会提醒一声的。

🛍 购物

如果想买点郴州特产临武鸭，可以到**舜华临武鸭**（☎216 3196；罗家井步步高商场西侧；◷8:00~21:30），既有新鲜鸭腿（19.9元/盒）也有散装的各式口味，可以试吃后再购买。

ℹ 到达和离开

除了长途汽车和火车，还可以拼出租车到郴

不要错过

栖凤渡鱼粉

虽然许多地方都有鱼粉，但在郴州栖凤渡，人们把或宽或细的干切粉丢入由鲢鱼、草鱼等熬煮的鲜鱼汤后，会再浇上一勺辣油和茶油，便是鲜红热辣的栖凤渡鱼粉。食客通常会再加个葱花蛋或油条，一边嗦鱼粉一边"嚼"汤汁。这种鱼粉在郴州市备受欢迎，**杨婆鱼粉**（☎222 5822；北湖区骆仙路8-11号；鱼粉6元；◷24小时）名气大店面小，鱼粉窗口自行端取。**罗记鱼粉**（☎769 5621；北湖区南湖路郴江花园A栋108号；鱼粉8元；◷24小时）店大明亮，服务员照号码牌送鱼粉。**老邓鱼粉**（☎139 7354 0646；北湖区火车站达康美食城1043号，邮政储蓄银行对面；鱼粉6元；◷7:00~19:00）是火车站附近的老店，铺面比较陈旧。此外还有大树下、佳兴等品牌，市内有几家分店。

州下面的各县市。拼车一般在五岭广场，到资兴、莽山也可以在这里拼车。

飞机

郴州机场 已于2021年投入使用。

长途汽车

郴州现在有两个主要的汽车站，都离市区较远。对旅行者最方便的是**天龙汽车站**（☎2476633；万华大道），位于市区西南4公里处，主营发往县内和湘南地区各县市的班车，门口公交站有发往小东江的201城际公交车（6元；6:30~20:00，每15分钟1班；1.5小时）。从宁远等方向开往天龙站的汽车通常会先在高铁西站停靠。位于市区西北4公里的**郴州汽车总站**（☎219 9969；www.czqczz.com；同心路高壁村）长途车较多，至郴州各市县、湖南各主要城市、省外都有直达班车。从火车站乘坐52路公交车即到。

城际大巴客运站（苏仙区王仙岭街道锁石路口）位于市区东南5公里，可乘坐501路前往高椅岭丹霞（见240页）。

火车

京广铁路、武广高铁都穿过郴州，这里是横贯南北的要道。**郴州火车站**（☎222 7473；北湖区解放路）每日有发往全国各地百余趟列车，就位于市中心。郴州西站（北湖区增湖路）是高铁站，位于市区西南11公里，有发往长沙（1小时）、广州（1.5小时）、深圳、武汉、西安、北京、郑州、太原、岳阳等地的高铁列车。从市区去高铁站可乘坐55、62路公交车，坐出租车约35元。

❶ 当地交通

公交

郴州的公交车很多，但许多会绕道很远，上车前最好数一数站数。票价都是1元，2017年郴州公交出品"郴州公交行"App，查路线、看站点都挺实用。

出租车

出租车起步6元，市内基本上不会超过20元，拼车的现象不少。

汝城

如果你喜欢古建筑，千万别错过距离郴州1.5小时车程的汝城。作为"中国古祠堂之乡"，全县共有710多座祠堂。它们多位于村落的中心，一代代同姓子孙筑屋其旁。荷花池塘和高耸门楼是最常见的格局，祠堂内用石碑、对联和牌坊等记录着宗族旧事。每逢红白喜事、集会和祭祀，族人都会在祠堂内外或上香或设宴。祠堂平日多锁门，即便遇到大门敞开，旅行者入祠前最好征得许可。汝城还不乏民间的山歌小调、歌舞，国家非物质文化遗产"香火龙"也诞生于此。在郴州周边，类似汝城祠堂这样的古建筑还很多，如临武县石门村、桂阳县上阳村等被开发得少，不妨提前多做一些功课。县城内的祠堂主要集中在文塔周边，县城外主要集中在西边的外沙村和北侧的广安所、金山村等村庄，距离县城基本都在10公里以内。

如果时间紧，可把精力放在县城内的祠

天龙汽车站班次时刻表

到达站点	发车时间/班次	票价（元）	行程（小时）	备注
永州（零陵）	8:30、14:50	72	4.5	走国道，经麻江
江永	13:20	78	4	经道县
宁远	7:45~18:45，15分钟1班	46	1.5	
江华	6:50、8:25、13:50、14:05	71	4	
道县	6:50~17:45，15分钟1班	59	3	可中转至江永
汝城	6:00~18:30，约30分钟1班	40	1	
热水	8:50、15:20	55	1.5	
莽山	6:30、9:30、12:30、14:20、15:20	35	3.5	经宜章、老坪石
赣州	7:50、10:30、13:20、15:50	122	6.5	经上犹

堂。从文塔出发，沿着中大街往南约350米可见路标，左转不远就是建于明代的**绣衣坊**。四柱三门的牌坊身后为**范氏家庙**，拥有引人注目的重檐多彩歇山顶和七跳如意斗拱鸿门楼。再往东走可见**中丞公祠**，与牌坊同为明朝廷为旌表监察御史范辂而建。然后回到中大街，继续向南约200米就能看到**朱氏宗祠**，也建于明朝，面朝津江水，拥有与范氏家庙相似的门楼，堂内挂着朱德写的"世界一家"匾额。我们调研时，该区域正以建设"理学古镇"为名改造旧城，连同祠堂和周边红色景点打造为观光区。

县城外的祠堂主要分布在S324省道沿线的村庄中，基本保持一村一祠的格局，不论自驾抑或搭乘公共交通工具皆很方便。自西向东，外沙村的**太保第**也是朱氏祠堂，为纪念明代太子太保朱英而改名。少了略感浮夸的门楼，门前一汪绿池，反而为儒学八德增添一抹田园气息。广安所的**李氏宗祠**在省道就能望见，比较特别的是其**八角楼**，牌坊下"文武世家"述说着李家军旅起源、后代出进士的故事。最后，县城外祠堂之旅在金山村达到高潮。作为三姓之村，这里拥有**李氏家庙**、**卢氏家庙**和**叶氏家庙**。前两者重修痕迹较重，唯叶氏家庙尚存不少原件，尤其是堂门楼上一根有500年历史的三层镂雕龙梁，让人叹为观止。特设的"守庙人"也非常健谈，从他口中可以了解不少宗族逸事。每至夏季金山村莲花盛开，不少人来此拍照、骑行（村内租车5元/小时）。

自驾的话，半天就能走完汝城县城内外的祠堂。乘公共交通需在县城住上一晚，**朝阳宾馆**（☎822 2221；城关镇省道S324，汝城客运总站附近；标单/双128/148元；❄✱🅿️）和**七天阳光酒店**（☎852 0777；卢阳大道，龙腾御景华庭公交站附近；标单/双168元；❄✱🅿️）都是旧城周边比较好的住宿选择。

ⓘ 到达和当地交通

汽车北站**汝城客运总站**（☎822 2122；云头路2号）位于县城中心，每天都有不少发往郴州（45元；7:00~18:00,1小时1班;3小时）和韶关（45元；6:20~17:00,1小时1班;3小时）的班车。如果去热水镇，要到汽车东站**嘉年华车站**乘公交车（10元；7:00~17:40,约1小时1班;1.5小时）。发往县城内的1路公交车在东站始发，会经过汽车北站。

S开头的公交车往返县城和周边乡村，始发站多在汽车东站。S9路开往永丰，经过广安所和金山村路口。S7路始发站在汽车北站公交站，开往外沙村。

莽山

（☎399 1182；www.chinaczms.com；宜章县；门票4月1日至11月30日101元，12月1日至次年3月31日77元；⏱7:00~17:00）莽山地处湖广交界，因林海莽莽而得名，主峰石坑崆（海拔1902米）为广东第一高峰。湖南这边叫莽山国家森林公园，广东境内叫南岭国家森林公园，分开售票。莽山山高，气候多变，山路急弯多。常常山腰雨水大雾，山顶却艳阳高照。这里四季分明，春天高山杜鹃花渐开，夏季避暑漂流，秋季漫山红叶，冬天甚至还有冰雪。具体可看官网新闻。

公园内实行一票制，分四个景区：猴王寨、将军寨（鬼子寨）、天台山和湘粤峰（猛坑石）。各景点相隔距离颇远，需购买环保车票（52元）或自驾车（68元/辆）。环保车旺季约10多分钟1班，淡季按团队时间发车，所以自助游客最好与现场调度员（☎399 1333）沟通。由于石坑崆被划为军事管制区，观火车不到，只能自驾前往。理论上两天可以游完，一般上午去天台山，下午去将军寨，晚上再泡森林温泉，第二天上午去离景区大门最近的自然博物馆和猴王寨。如果只打算去一个景点，天台山就足够了。

⊙ 景点

猴王寨
峡谷

这是距离景区大门最近的景点，仅500米。入口处有一个**莽山自然博物馆**（⏱8:30~17:30），可以一睹莽山烙铁头蛇的风采。这种蛇只生长在郴州莽山境内，因蛇头酷似三角形的烙铁而得名，如今被世界自然保护联盟列入红色名录中的"濒危"级别。穿过博物馆，过了桥就是**猴王寨**。过去这里有莽山短尾猴出没，现在你只能在入口旁的笼子里看到它们了。沿着水泥栈道，一路瀑布、青潭、红色巨岩，大约20分钟就到尽头**九叠瀑布**，需原路返回。

莽山景区

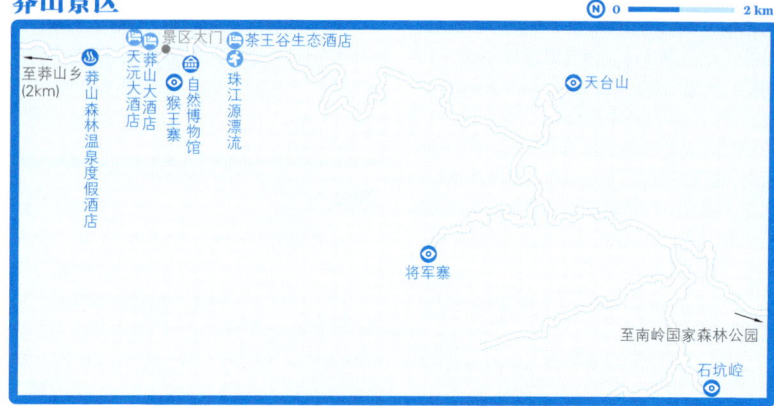

天台山
山

天台山以石峰林立和日出云海最为出名，沿途景点以一条长2.7公里的步道串联而成。从停车场出发，建议你往**万寿塔**（左侧）方向上山，逆时针游玩。塔附近有个三岔口，继续向前到**小天台**，这里是欣赏石峰和云雾的最佳位置。之后回到万寿塔左转上山到**中南第一险**（海拔1704米），俯视脚下连绵群山。返程约100米有个通往**东天门**的岔道可一直下到**金鞭神柱**，这段路较陡且不少石阶渗水，要小心防滑。从这里就可以下山回到停车场了。全程约需2小时，从公园大门至天台山车程约40分钟。若要观赏日出，由于周边没有住宿点，得提前一天进入扎营。

将军寨
峡谷

又名"鬼子寨"，入口就在**森林宾馆**对面，旅行团通常是上午游玩天台山，中午在此用餐。将军寨也有一个环形游道，建议你从左侧的路进入，一路小溪和巨石相伴，四周都是原始森林。大约1小时后会见到一个人形的石峰拔地而起，它就是**将军石**。此后一段下山路至谷底看一溜小瀑布，继续往山上爬到山顶**自然门**，感受风吹雾散的奇妙景致。然后顺着路下坡进入树根缠绕的土路**生态游道**就能返回入口处。木栈道部分地段会有些湿滑，要留意脚下。整个环线走下来要2~3小时，从大门至将军寨车程约40分钟。

石坑崆
山

亦称"湘粤峰"或"猛坑石"，是广东第一高峰（海拔1902米）。如今峰顶为军事管制区，所以要看日出只能住在往下2公里的民宿（☎134 1651 4878；标双120元）。老板会告诉你赏景的时间和地点。从大门自驾至此约1个小时，途中会经过2.5公里砂石路，不过进入广东省境内后就全是水泥路。从广东阳山的南岭国家森林公园也能进来，但需要再购买莽山国家森林公园的门票。

✈ 活动

珠江源漂流
漂流

（☎399 1222；票价198元；每年5月至10月）这个人工打造的漂流项目全程1.5小时，售票处和终点在公园大门，起点还需上行5公里。漂流最大落差有136米，惊险刺激，要戴好头盔注意安全。

莽山森林温泉
温泉

（☎378 8888；莽山森林温泉度假酒店内；票价178元；9:00~24:00）边泡温泉，边享受森林的清新空气，入住酒店（见237页）可免费享受。

🛏 食宿

莽山的住宿价格季节性变化较大，旺季（4月至10月）通常翻一倍。还有不少人会从广东来此过周末，因此周末房源也比较紧张。入住景区大门附近酒店和民宿最方便，如售票处前职工宿舍改建的家庭住宿。我们调研时瑶溪谷温泉度假村正在修建，完工时间未定。景区内沿途也有一些家庭住宿和森林宾馆,山中虽规定不许露营,但也未严格执行,另有私人经营的露营点。如果自驾,也可以住在3公里外的莽山镇,那里住宿和餐饮选择更多。注意山上温差大,记得准备保暖衣物。

景区餐饮价格偏高,不少民宿也兼营菜馆,主要做农家菜。当地特色菜有野菌子炖土鸡、烟熏肉、蕨根糍粑和蕨菜等,口味是湘菜、粤菜结合。

天沅大酒店　　　　　　　　　酒店 ¥¥

(399 6666;距莽山森林公园售票处约500米;标单/双 194/178元; P)客房新装修,宽敞明亮,空调强劲。但房间内基本没有Wi-Fi信号,只有大堂才有。浴室的淋浴出水量小。

莽山大酒店　　　　　　　　　酒店 ¥¥

(399 9998;天沅大酒店东侧;标单/双 220/128元,吊脚楼木屋 990元; P)曾是莽山最好的酒店,但现在已非常老旧。房间宽敞,有空调但基本感受不到。房内Wi-Fi信号很好。

★茶王谷生态酒店　　　　　　酒店 ¥¥

(399 1779;距公园售票处约4公里;标双 280元; P)景区内最让人惊喜的酒店。崭新窗敞的房间非常明亮,有中央空调,Wi-Fi信号也强。酒店后方是茶园,也自销莽山茶。这里兼营餐馆,野菌子炖土鸡火锅的味道不错。入住客人可免费接送至景区大门。

莽山森林温泉度假酒店　　　　酒店 ¥¥¥

(399 6666;www.mangshan-hotspring.com;距莽山森林公园售票处约1公里;标双 1280元; P)五星级的度假酒店,住宿环境自然不必说。因兼营温泉,在大厅你会看见穿着浴袍和泳衣的住客进进出出。如果两人同行,通过网上预订能获得"住宿+温泉+景区门票"的优惠套餐,非常划算。这里有森林公园唯一的宜章农商银行自动柜员机,银联卡可取款。

🛍 购物

莽山特产以山珍为主,有百合、蜂蜜、姬松茸、清水鱼、茶叶、野菌、苦笋、花粉等,最出名的是莽山高山云雾茶,以天台山的品质最好,大约200元一斤。莽山镇和景区门口有不少土特产店。注意,如果有人向你兜售各种野生动物,甚至是受保护的动物,请不要购买、食用。

ℹ 实用信息

危险和麻烦

园区内有些地方信号不佳,独自旅行的话,建议你走常规路线,以防迷路后无法与外界联系。

莽山的门票只能现金购买,所以要准备足够的钞票。景区附近只有莽山森林温泉度假酒店内有一台自动柜员机,除此之外就只有镇上的农信社可以取钱了。

虽然野生动物已难以见到,但这里还生存着一种濒危的剧毒物种——莽山烙铁头蛇,遇到它千万别招惹。如果想了解更多关于莽山烙铁头蛇的信息,可以访问"莽山蛇博士"的博客:blog.sina.com.cn/chenyuanhui135,这里面也有关于莽山国家森林公园的各种最新动态。

ℹ 到达和离开

长途汽车

郴州天龙汽车站每日有发往莽山的班车(见234页),终点就在莽山售票处前的广场。这里每日也有发往郴州的班车(35元,6:30、7:00、7:30、8:00、9:00、12:00、13:00、14:30;3.5小时),但14:30的班次不一定每天有,最好事先问司机。另外,景区内天台山每日也有发往宜章的班车,并经过景区大门(12:40、14:40)。从宜章再转往郴州也很便利。所有的班车都会经过老坪石的三岔口,这里可以到坪石火车站乘火车去往广州。

火车

坐火车到莽山也很方便。广东境内的**坪石火车站**每日有将近20趟列车途经。从广州到坪石约4小时,会经过大瑶山隧道,这是中国最长的双线电气化隧道。到达坪石火车站后,出站左转有至老坪石的绿色公交车(2元),你可以在老坪石的三岔口(S248省道和G107国道的交会处)下车等郴州或宜章的过路车(18元)到莽山。但从这里上车可能只有"站位"。

自驾

到莽山跟团和自驾的游客居多,自驾一般是从宜凤高速的黄沙出口下,走S215省道到莽山。

小东江

1958年，流经资兴市东南角的耒水，也是湘江最长的支流，其上游开始兴建大坝，至1992年竣工。从此东江河被拦腰截断，形成了两组截然不同的图景：上游广阔无垠的东江湖和下游蜿蜒曲折的"止水"小东江。风光如此自然，很难想象竟然是人工的。每年4月至10月的清晨和傍晚，小东江水汽蒸腾、云雾缭绕，渔人乘舟撒网，随手一拍就成一幅中国山水画，也吸引越来越多的人来此拍摄（见238页方框）。

东江湖景区包含小东江和东江湖两个主要景点，其中小东江旅行线路可分为东、西两岸。游西岸需在景区大门的**东江湖游客中心**（☎335 6623, 335 6643; www.dongjianghu.com; 资兴市东江街道迎宾路转X203县道旁; 线路1套票旺季85元、淡季80元，线路2套票旺季152元、淡季147元，东江漂流套票旺季338元、淡季不开放，豪华环岛游套票旺季220元、淡季200元; ◉8:00~18:00）购买门票，门票包含观光车票（夏票7:30~18:00，返程末班18:30；冬票9:00~15:30，返程末班17:30），观光车往返大门和旅游码头之间，约30分钟1班。建议你索要一份免费的东江湖导游图，上面有非常详细的景点、班车和门票信息。东岸目前是免费的**自行车道**，终点位于大坝底下。

◉ 景点

小东江西岸 _{河流}

严格来说，小东江的景区范围就是X023县道其中一段12公里的路段，终止于大坝附近的旅游码头。顺着县道向前还能到清江镇等地方，但若非本地牌照，通常不许进入。从大门沿公路溯河而上，先后经过1~4号桥和观景台。观景台之间由靠近江面的栈道连接，这里也是拍摄雾漫小东江的取景处，清晨和日落都会有工作人员在此验票。双曲薄壳拱坝的**东江大坝**（不能上坝）一直在视野左前方，进入大坝隧道前你会看到右侧山上的**猴古山瀑布**，这是两条相隔100多米的瀑布。再往前是终点——东江湖旅游码头停车场，**龙景峡谷**就在**大坝游客中心**旁边，全程2.5公里，龙景瀑布从这里泻入东江湖。乘坐景区观光车和大坝班车（见240页）可在沿途景点上下车。

东江湖 _{湖泊}

从小东江跨过大坝，眼前一片湖光山色，就到了东江湖。湖面上游船和本地船浮光跃金，一派悠闲。**兜率岛**是东江湖中最大的岛，凭门票才可登岛，从旅游码头坐船大概要30分钟。岛上**兜率溶洞**有一个高36米的石柱。此外还有**葫芦岛**（又称"桃花岛"），1000多亩的桃花树临湖绽放，每年3月至4月的桃花节都会吸引不少摄影爱好者来此。岛上也有一些简单的农家乐。如果是自驾，也可以到湖泊北side的**白廊码头**，从这里能乘船（20元，20分钟）到**凤凰岛**（☎769 3563; 门票100元; ◉8:00~19:00），岛上已开发为动物主题度假区，能近距离接触羊驼、猕猴、火鸡等动物，还可以烧烤、登顶观赏日落。靠近码头时会进入一段**环湖公路**，旁有靠近湖岸的步道可欣赏湖景，每至秋季季节，沿途还会有不少果农售卖自己种的夏橙、枇杷、桃子等。从资兴出发到码头车程约40分钟。

ⓘ 雾漫小东江

每年东江湖都会吸引全国各地的摄影爱好者、摄影家协会成员拿着长枪短炮拍摄"雾漫小东江"。小东江每逢日出、日落，由于温差形成的水汽在湖面蒸腾，弥漫于青山翠谷之中，形成了特有的雾霭景观，宛若一条玉带在峡谷中漂浮。江上有4座桥，分别称作1号桥、2号桥、3号桥和4号桥，设了几个观景台。2~3号桥之间有个仙来居农家乐，对面的观景台是最热门的拍摄点，清晨这里聚集了许多人集体拍摄，建议你早起抢好摄影点。不过你要是淡季来，整个摄影台就都是你的了。每年4月至10月都有机会看到雾漫小东江，不过最佳观景时间是7月至9月的清晨6:30~8:00和傍晚17:30~19:30，能不能看到靠运气，但小雨过后起雾机会大。以前景区会雇渔夫撒网，但我们调研时，景区为保护水质取消了相关表演，今后可能会在保护环境的前提下恢复，去之前最好致电景区询问。

免费 小东江东岸 河流

这条长10公里的自行车道，以900米长的[龙头沟隧道]为起点，沿途会经过一座吊桥、[镰刀弯隧道]和一个长200米的60度上坡，终点就在1958年修建的[镰刀弯大桥]，从这里能近距离欣赏雄伟的大坝。需要注意的是，隧道内部光线昏暗，最好骑慢一点。东岸车道沿途树丛较高，只有少部分地方能看到小东江，且路面高于水面不少，无法近拍江水。骑行来回时间约1小时，据说以后可能收取门票。

活动

漂流

每年6月底至8月开放[东江漂流]。全长28公里，5~10人/船，大约需要2个小时。起点位于浙水村，终点在燕子排，最大落差为75米，还是比较刺激的。每天漂流时间是固定的，8:00和13:30两场，但如果平日客流量少，可能会调整为一场，散客最好事先电话咨询景区游客中心。黄草镇会安排班车（6:30、12:00；45分钟）送至起漂点。早上的漂流需要在镇上住一晚，住宿自理。景区线路3套餐包括漂流和旅游码头往返黄草镇的船票。

游船

如果想乘船游玩广阔的东江湖，可以在[旅游码头]搭乘。有发往兜率岛（32元/往返；8:30~16:00，坐满发船；单程20分钟）和黄草镇（90元/往返；4月底至10月底，10:30、16:30；单程1.5小时）的游船。也有兜率岛环岛游的班船（120元/往返；平日10:30、14:30，旺季和周末8:30~15:30，30分钟/班；2.5小时）。距离旅游码头不远的[农村水路客运班线码头]（☎188 7351 2901）就在大坝班车（见240页）停车点下方，有发往黄草镇（19元/单程；9:00、10:30、12:00、13:30、15:00；1.5小时）、桃花岛（15元/单程；11:30、12:00、13:30、15:30，坐满发船；1小时）和兜率岛（15元/单程；旺季不对游客开放，8:00~16:00，坐满发船；30分钟）的船班，也可以包船（1200元起，38人座；1小时）绕湖转一圈。

以前，小东江东岸的观景点附近可以看到渔夫撒网的船只，有时还能以比较便宜的价格乘船游玩小东江，但在我们调研时，景区已经取消了相关表演，暂时无法看到这些渔船。

骑行

小东江东岸入口处有一排自行车租赁摊位。[夏氏租车行]（☎155 7568 5799；淑女车10元/小时，山地车15元/小时；◷9:00至天黑以前）是比较大的一家。不过这里租车较贵，如果住在资兴民宿，不妨问问主人可否提供租车，通常会比较便宜。

住宿

小东江的住宿主要集中在游客中心附近和金康广场周边，但如果想拍摄清晨的"雾漫小东江"，建议你在西岸沿线的农家乐住上一晚，可以议价。

叶氏休闲农庄 民宿 ¥

（☎131 3515 9366、130 1735 9686；3号桥桥头；铺80元，标双120元；☏）这里距离雾漫小东江很近，老板也很热情，是个不错的落脚点。一楼为标间，二楼均为多人间（7人）。房间都带独立卫生间，卫生尚可，二楼阳台能望见小东江。老板很乐意邀请散客共餐，餐费20元。

景泉农家乐 民宿 ¥¥

（☎335 9097、189 7550 0366；4号桥桥头；标双150元；❄☏）颇具规模的农家乐，装修不错。电子锁的房间都配有空调、瓷砖浴室加吊灯。房间不大，但比较舒适。

尊越主题酒店 酒店 ¥¥

（☎330 9888；资兴市东江街道罗围金康广场；标单/双158元；❄☏P）2017年新装修，三层楼的酒店每间房都有不同主题，明亮宽敞，服务热情。酒店交通方便，楼下就是罗围公交车站，有地上和地下停车场。

就餐

东江湖三文鱼是本地首选名菜。因湖水水质极佳，这里建有中国最大的游水三文鱼养殖基地，还开辟了风味各异的三文鱼宴，不过曾有报道说餐厅拿鳟鱼假冒。找餐厅，最好到东江大道上的金康广场附近，那里餐饮比较集中。最出名的当属[游水三文鱼美食城]（罗围汽车站西行300米；人均100元；◷9:30~20:30）。东江湖景区内的旅游码头有一些小餐馆，但不推荐。每年秋季的清江镇冰橙非常值得一试。

鸿庆食味居
湘菜 ¥

（☎335 2303；东豪宾馆旁巷内；人均27元；◷11:30~14:30，17:30~21:00）难得找到价格如此实在的餐厅。小小的餐馆主做家常菜，但也应潮流有大坝活水鱼、三文鱼等菜式，味道都不错。如果对环境要求不高，这里不失为好选择。

湖山壹色主题餐厅
湘菜 ¥¥

（☎333 2999；郴州大道金康广场A3栋2楼，农业银行旁；人均40元；◷9:30~14:00，16:00~21:00）马路上就能看到这家招牌，他们家的客人主要以本地人为主。菜式不多，但味道不错，装修也比较新颖。

❶ 到达和离开

长途汽车

从郴州到小东江很方便。在天龙汽车站乘坐至资兴新区汽车总站的201城际公交（6元；6:30~20:00，15分钟1班），到罗围路口（金康广场附近）下车后，再坐1、2路公交车至景区大门。这辆公交车的起始站位于高铁站对面的万华汽车站。

从郴州天龙汽车站每天有发至东江大坝的班车（15元；7:30~14:00，约1小时1班；1小时），资兴也有发往东江大坝的班车（5元；7:15~14:20，10~20分钟1班；30分钟），均会经过游客中心。你也可以从罗围走几步到东江大道的公交站，如明珠公交站（城市快捷酒店马路对面），招手上车即可。

自驾

从郴州可以沿着S322省道（郴州大道）向东北行驶约40公里，沿途红绿灯不多，全程约1个小时。由于东江湖景区不允许外地牌照的车辆进入，所以只能停在东江湖游客中心的停车场（10元/天）。

❶ 当地交通

东江主街上有许多公交车，其中1、2、4、5路都可在东江湖景区下车（车票1元）。

也可以包车。以金康广场为起点，包车到小东江2号观景台单程约40元，乘摩的约25元。到大坝单程约60元。

高椅岭丹霞

（苏仙区桥口镇西部，近飞天山；免费）小东江西北28公里处，S215省道西侧，有一片被本地人当作后花园的丹霞地貌。若从高空往下看，会发现一座庞多边形的方山，浑圆平顶。青葱树丛顺着山势生长，平铺在山腰和山顶，山间还有湛蓝的水洼点缀，形成好看的赭绿蓝相配。岩脚陡坡辟有多条石径，或直奔山顶或穿过树丛。最高的两座山顶有本地人搭建的小食摊位，并养了几只山羊。每逢天气佳的周末，不少本地人会到此爬山，在平坦的山巅形成一排如蚂蚁般的人流。

从郴州搭乘公交车抵达这里最方便。始发于银都车站（城际大巴客运站）的501路（10元；7:00~18:30，半小时1班；1小时）会先后经过高椅岭、杨冲和石板冲三站，返程末班车在18:30。建议你在石板冲下车，穿过几家农家乐进入一条窄窄的山道，从这里你就能看到丹霞了。步行约900米能看到一个矮小的丹霞平台，这里集中了不少广告牌。沿着平台上的石径到另一侧树丛密布的山体，走入林中小道约20分钟就到第一个山顶。道路在此分岔，左边（北侧）长长的山巅步道可至高椅岭村，这边也有比较好看的水洼。或者往前继续直走下山，过大型停车场和热闹的农家乐餐厅，就转回到杨冲公交站附近了。

自驾的话，建议你停在石板冲的小型停车场 免费，因为进至高椅岭村的山路很难错车。从小东江前往只能包车，来回约220元。

湘中地区

包括 ➡

益阳	242
安化	246
梅山龙宫	249
紫鹊界梯田	250
邵阳	251
曾国藩故里	252
崀山	253

最佳自然风光

- ➡ 紫鹊界梯田（见250页）
- ➡ 崀山丹霞（见253页）
- ➡ 大熊山雾凇（见249页）
- ➡ 南洞庭湖（见245页）

最佳人文景观

- ➡ 洞市茶马古道（见247页）
- ➡ 浪石古村（见255页）
- ➡ 黑茶博物馆（见245页）
- ➡ 曾国藩故里（见252页）
- ➡ 益阳老街（见243页）

为何去

位于湖南中部的益阳、娄底和邵阳并不被旅行者青睐，或许只因是前往湘西的必经之路才稍作停留。但若驻足慢赏，也会被这里美得不动声色的风光所打动。湖南最大的雪峰山脉覆盖湘中，森林、峡谷、瀑布、溶洞和梯田遍布其间。凝聚先人智慧的紫鹊界梯田随山势起伏，四季风光变换；良好的自然环境和气候条件孕育了安化黑茶，茶马古道的遗存散落山野；冬天的大熊山也能呈现北国晶莹的冰雪世界；湘桂交界处的崀山丹霞亦可媲美中原太行的壮丽雄浑。

你甚至不用专门策划线路，蜿蜒的资江就是天然的向导。从南洞庭湖边的益阳去安化，两岸高山逶迤、云雾缭绕，进入安化地界后便是茶山稻田与青砖木屋。可以乘船走一段水路到新化，公路则连接了茶马古道所在的洞市和雪峰山下的梅山龙宫，别错过新化的紫鹊界梯田。接着经邵阳至新宁，一览崀山雄奇后，可继续溯资江入广西，也可东入永州，开启你的湘南之旅。

何时去

3月至5月 万绿丛中，油菜花、桃花、高山杜鹃依次盛开，灌满水的梯田是摄友的最爱，但阴雨绵绵的天气并不适合出行。

6月至8月 湖南的夏季酷暑难当，但湘中的山区凉爽宜人，此时江河水量丰富，山间有瀑布，也可漂流。若遇连日暴雨，还需留意洪涝灾害。

9月至10月 秋高气爽。南洞庭湖万顷芦花在湖面摇曳生姿，紫鹊界梯田禾稻漫山金黄，处处都是丰收景象。

11月至次年2月 崀山脐橙成熟，赏景还能吃脐橙、看节目，或许还有门票优惠；大熊山的雾凇、崀山和紫鹊界梯田的雪景各有千秋，提前留意天气预报便可遇又可求；湖南的冬天阴冷潮湿，要风度更要温度。

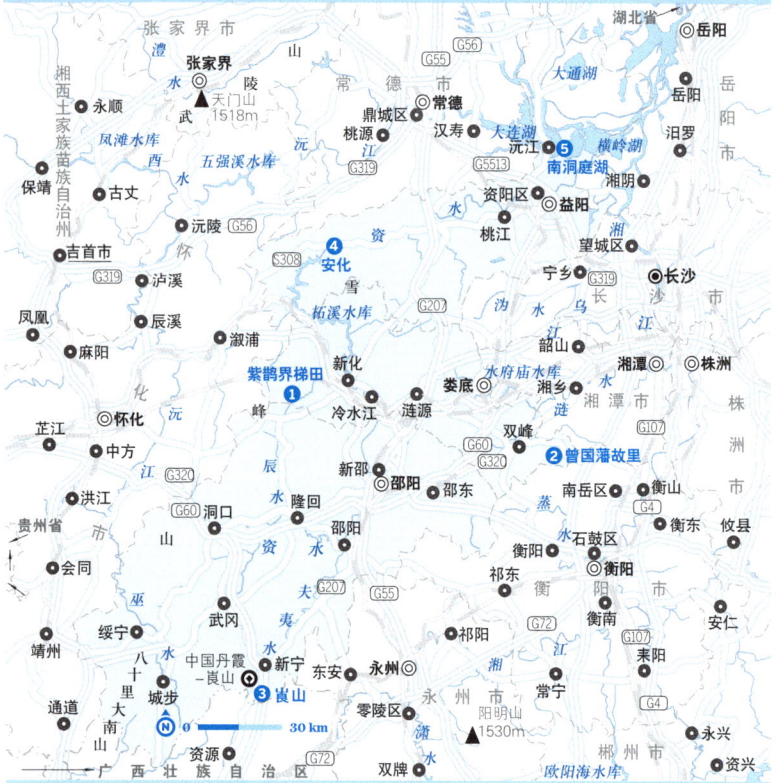

湘中地区亮点

❶ 用相机或画笔,定格**紫鹊界梯田**(见250页)最完美的色彩与曲线。

❷ 访**曾国藩故里**(见252页),探寻晚清重臣的生活环境、学识才华和齐家治国的渊源。

❸ 到世界自然遗产**崀山**(见253页),饱览奇峰林立的百里丹霞。

❹ 到"中国黑茶之乡"**安化**(见246页),寻访山水间的茶马古道遗存。

❺ 船行**南洞庭湖**(见245页),在纵横交错的芦苇迷宫中看"柳暗花明又一村"。

益阳及周边

电话区号:0737

从长沙出发去张家界和湘西,益阳是必经却极有可能错过的地区。"背靠雪峰观湖浩,半成山色半成湖",益阳东部洞庭湖的冲积平原河汊纵横,沃野千里;西部则层峦叠嶂,万水萦回,造就了安化这座"中国黑茶之乡"。

益阳

益阳曾因资水上的大码头而声名鹊起,有了"银城"之称,又因水路运输的没落而归于平静。市区虽没有什么景点值得你专程前来,但若在中转时停留一天也不会令你失望而归。市区以北20公里的沅江市则濒临沅水,那里的南洞庭湖河汊纵横,洲岛密布,可以乘船游湖。

◎ 景点

市区的景点都集中在资水以南的赫山区。资江一桥南岸,在金龙公园山顶的栖霞寺可一览市区风光,山下还有白鹿寺、福缘寺和裴公亭。北岸的老城有一些老街巷可以寻访。

益阳市博物馆
博物馆

(☎680 1029;www.yiyangmuseum.com;康复南路38号;免费;⊕9:00~12:00,13:30~16:30,6月至9月14:00~17:00,周一闭馆)益阳博物馆规模并不大。三层的**益阳历史文物展**展示了益阳从史前至宋、元的历史脉络和出土文物,对明、清时期益阳地区繁盛的黑茶贸易和茶马古道做了简要介绍。其中比较珍贵的展品是**北宋定窑紫釉唾盂**,据说紫釉的制作工艺非常繁复,保存完整的成品在国内也属罕见。谷纹圆璧附有对称透雕凤型神兽造型的**战国双凤古纹玉璧**是博物馆馆徽的原型。博物馆二层的**国际正义人何凤山博士生命签证展览**,讲述了益阳籍的中国驻奥地利前总领事何凤山,于1938年向所有申请中国签证的犹太人发放签证,挽救了大批犹太难民生命的故事。展览包括他救助的生还者的采访视频、书信和旧护照、旧签证原件,其事迹非常感人。

博物馆南边数百米处是一座体育公园式的4A风景区**奥林匹克公园**,可以顺便游览。乘9、29、39路在市委市政府站下车即到博物馆。

周立波故居
故居

(☎670 0778;谢林港镇清溪村;免费;⊕9:00~17:00,周一闭馆)这座群山环抱、坐北朝南的土木结构小屋始建于乾隆年间(1788年),2007年大规模维修复原了其主体的28间房屋。内设的**故居复原陈列展**展示了中国现代作家、编译家周立波在20世纪50年代回乡创作《山乡巨变》时的生活场景和当时的生活、生产用具,**周立波生平事迹展**回顾了周立波一生的文学创作历程和文学作品。故居所在的清溪村景色怡人,不妨在村中小路随意走走,这里的菜地果园、百亩荷塘和随处可见的擂茶馆、烧烤园,是当地人采摘、赏花、休闲的去处,周末人气非常火爆。还可以到**山乡巨变展览馆**了解清溪村这座周立波笔下的"社会主义新农村"蜕变历程。

乘6路或37路在周立波故居站下车后,沿指示牌步行约1公里即到。路上有**千米果蔬长廊**可避暑遮阴。

🛏 食宿

建议你选择市中心"城南王府井"附近,就餐选择丰富,出行方便。位于裴公亭以西100米的**汉庭快捷酒店**(☎650 9966;赫山区滨江路1022号;标单120元起;❄@📶P)大床房足直面资江的江景房,楼下就是江边步道,可散步和夜跑。靠近火车站的**紫金山大酒店**(☎369 9999;赫山区金山南路86号;标双218元起,含双早餐;❄@📶P)标间面积很大,硬件设

不 要 错 过

寻访益阳老街

益阳的**大码头**一带曾是资水边的物资集散重地,也是老城最热闹的地方。我们调研时,这片街区因拆迁已人去楼空,只有资江西路两侧的房屋还保留着外墙,包括几处挂着"益阳市不可移动文物"牌子的老商号旧址和三条晚清古巷。老街巷将以何种方式延续尚未可知,不妨尽早来一探究竟。

三条古巷的巷口都在资江西路上,但十分隐蔽。可先找到显眼的**魏公庙**,往回退几步是**魏公庙巷**,而继续往前不远就是**玉陵坡巷**和**灯笼馆巷**。三条古巷均宽约1米,长不足百米,墙与墙之间筑有拱券,以防墙体倾斜。墙上的青苔、扎根砖缝间的小树、高低不平的石板路和斑驳的墙面记录着往昔光阴,犹如望不到头的时空隧道。在魏公庙对面,资江步道入口的**永清офнdu渡口**也是一处古迹,能看到对岸的工厂和停泊在江边的货船。

可乘7路至终点站消防队站下车,或1、3、18路在大码头站下车,再步行到资江西路即到。

益阳城区

益阳城区

◉ 景点
1 奥林匹克公园 B3
2 白鹿寺 A2
3 会龙公园 A2
4 益阳老街（魏公庙）........................... A2
5 益阳市博物馆 B3
6 周立波故居 A3

🛏 住宿
7 汉庭快捷酒店 B2

8 紫金山大酒店 B3

🛍 购物
9 益阳茶叶市场 C2

ℹ 交通
10 朝阳汽车站（汽车南站）................... B4
11 赫山汽车站（汽车东站）................... D3
12 益阳火车站 B4
13 资阳汽车站（汽车北站）................... A1

施也较好。

  益阳的饮食文化不算发达，就餐还是随遇而安吧，也可以到饭馆较集中的栖霞路（湖南工艺美院正门）和建筑路慢慢探寻。擂茶虽是益阳第一饮品，但最正宗的要在桃江和安化才能喝到。

🛍 购物

益阳茶业市场（www.yiyangtea.com；赫山区十洲路）是选购黑茶的好去处。数十个茶号商铺中，白沙溪的黑茶品种最为全面，湘益的各种茯砖茶是招牌，怡清源的主打产品是野尖和荷香茯茶。这几家安化黑茶的知名品牌均在天猫开了旗舰店,不妨先在网上看好品类,再到市场比价购买。市场主路上还有个**黑茶博物馆**(免费;⊙8:30~12:30,13:30~17:30),除了了解黑茶文化,还能看到用茶砖砌成的长城和华表。如果计划自驾前往安化,也可以在沿途的茶厂门市购买,那里的黑茶品种更全。乘3、30路在益阳茶叶市场站下车即到。

❶ 到达和离开

长途汽车

益阳有3个主要的汽车站,但发车方向没有明确的划分。去往邵阳(87元)、娄底(48元)、韶山(32元)在东站和南站都可乘坐,而去岳阳(60元)、衡阳(83元)、长沙西站(40元)在3个站都能上车。

资阳汽车站(汽车北站)(资阳区桥北马良路8号)位于资江以北,有发往沅江(10元;7:00~19:00,10分钟1班;30分钟)、常德(38元;8:10~17:00,约1小时1班;1.5小时)、张家界(77元;8:40、13:40;3.5小时)、凤凰(110元;8:30、14:50;5小时)等西北方向的班车,也有班车直达长沙高铁南站(40元;6:40~17:00,40分钟1班;1.5小时)。

朝阳汽车站(汽车南站)(迎宾西路453号,火车站以东200米),有班车前往安化(38元;7:20~17:00,约1小时1班;2.5小时)、新化(70元;15:30;4小时)。

赫山汽车站(汽车东站)(桃花仑东路1025号)除了省内主要城市的班车,也有到武汉、桂林等地的省际班车。

火车

益阳火车站(迎宾西路45号)有发往全国主要城市的客运列车。乘普通列车去张家界(43.5元;4小时)、长沙(15.5元;1.5小时)、常德(16.5元;1小时)、娄底(8.5元;2小时)、新化(15.5元;4.5小时)等地性价比很高。益阳也是长石铁路上的一站,去往长沙、常德、石门的动车与普通列车耗时相当,价格贵了差不多一倍,但列车环境舒适,准点率高。

❶ 当地交通

市区的公交大部分1.5元,少数1元,记得多备"5角"的零钱。6路途经汽车南站、火车站到汽车北站;11、20路从火车站到汽车东站。

出租车起步价5元(含2公里),之后每公里1.8元。

另辟蹊径

船行南洞庭湖

南洞庭湖介于河与湖之间,水浸皆湖,水落为洲,2.4万公顷芦苇荡与星罗棋布的洲、岛构成了一座大自然的迷宫。沅江市就位于南洞庭的中心,你可以乘船在迷宫一样的河道与洲垸间漫游,春天赏茂盛的杨树和迁徙的鸟群,秋日观萧瑟的芦苇与归巢的鱼鹰。

南洞庭湖湿地旅游码头(☎270 9231、130 8737 2998;石矶湖大堤安澜阁)主要为团队游服务,不同船型750元(可乘12人)至2680元(可乘60人)不等,4条游览线路耗时1~4小时,可提前致电了解。这里也有一条**散客快线**(80元/人,6人起;随时发船;1小时),从**安澜阁**出发,经**凌云塔**、**芦苇荡**返航,凌云塔是湖中一座始建于乾隆年间(1793年)的七层八面的石塔,登塔可眺望开阔的湖面和万顷芦苇。

还有一个更原生态的选择,坐当地人的"公交船"穿梭在南洞庭湖一隅——东南湖芦苇交错的水道中,中途会在数个村庄停靠。在当地俗称"船码头"的**长江客运站**(港口路)坐**客船**(10元;10:30、13:50;1.5小时)或**快艇**(俗称"漂漂")(沅江站☎135 7470 3087;20元;8:00~17:00,共5~6班;30分钟)到共华。两种船航线相同,但客船是沿线百姓进城赶集的交通工具,船舱和甲板往往都堆满货物,中途停站较多。共华返回沅江的末班快艇是16:10,如果在中途站点上船,需要提前致电**共华码头**(☎189 7538 2851)让船来接。但更建议你从离共华码头不远的汽车站坐班车回沅江(15元;7:00~17:00,30分钟1班;1小时)。

从益阳汽车北站坐沅益快线小巴(10元;7:00~19:00,10分钟1班;30分钟),在百合汽车站下车后打车前往码头。沅江出租车起步价3.5元,到旅游码头15~20元,到船码头10元左右。

安化

依山傍水的自然环境和温和的气候条件，让湖南名茶尽在安化，"茶市斯为盛，人烟两岸稠"，安化也成了丝绸之路上远近闻名的茶乡。从益阳西入安化地界的第一个镇小淹镇到东边的马路乡，一路古村、茶山相伴；往南去洞市则有许多茶马古道的遗存。柘溪的群山将资水围成了巨大的湖面，百姓依水而居，船运依然发达。不妨给安化多留点时间，游山玩水，乡间寻古，休闲品茗。

◉ 景点

中国黑茶博物馆 博物馆

（安化县黄沙坪；免费；◉9:00~17:00，周一闭馆）坐落于资水南岸的中国黑茶博物馆飞檐斗拱，气势恢宏，是安化的地标建筑。一层**神韵安化**展示了安化的历史名人和山水风光，并列出了安化茶马古道遗存的茶亭、廊桥和古道位置，有兴趣的话可寻迹探访。二层**黑茶飘香**展馆介绍了安化黑茶起源于先秦，闻名于唐宋，鼎盛于明清并承续至今的历程，还包括黑茶制作的工具和工艺流程。三层**岁月留痕**介绍安化的人文风俗。四层则是产品展示厅，厅外的平台可观资水与老城风光。博物馆所在的黄沙坪曾是安化的老茶市，鼎盛时期聚集了茶号52家，商铺、会馆百余家。穿过博物馆后面一片崭新的仿古建筑，可见一片充满生活气息的古旧街区，其中还保留了一两家黑茶作坊。

从益阳到安化的班车进城前会路过博物馆，在县城可坐3路公交车在黑茶博物馆站下车。

柘溪水库 水库

一道长330米，高约百米的雄伟大坝，将资水在群山之间围成高峡平湖。但库区风光又岂止大坝观景台能够囊括。柘溪水库在地图上形似蟠龙，45座大小岛屿分布其中。虽然没开发旅游，但可乘柘溪至平口的客船（30元；7:00、8:20、9:40、12:00、13:30、15:30两边码头对开；2小时40分钟）欣赏两岸山水。这条航线是库区周边居民往来东坪和平口的主要交通方式。

柘溪两岸满是农田和果树，秋季橘子成熟时金果满枝。但船行不久就定格在青山绿水和零星村舍的场景了，偶有白鹭的身影让画面生动起来。漂浮在水上的渔屋除了养鱼，还可钓鱼和食宿，价格为120~150元/晚（包吃住），夏季许多周边居民来此垂钓、休闲。

终点站平口位于水库东南的资江边，是

安化黑茶与茶马古道

安化崇山峻岭，流水淙淙，山崖水畔，茶树不种自生。安化的黑茶早在唐、五代时便有记载：渠江薄片，其色如铁，芳香反常。因黑茶味浓，更适宜加入奶酪，符合西北少数民族的饮食特性。明清时，黑茶作为官茶，成为茶马古道上输出西北边疆的主要茶品。"黑茶一何美，羌马一何殊"，以茶易马的茶马互市时代开启后，晋、陕、徽茶商在资江两岸增设茶厂、茶市，安化的茶业达到鼎盛时期。为运输方便，干燥后的茶叶要用脚踩成卷，在道光年间有了圆饼状的小包装，称作"百两茶"；同治年间，又有了用棕与竹篾捆成一两米高的圆柱形，称为"千两茶"；民国时才有了用机器压制的砖茶。因为黑茶是发酵茶，所以储存的年代越久味道越醇厚。2008年，安化千两茶制作技艺和茯砖茶制作技艺被列为国家级非物质文化遗产名录。在益阳和安化的茶叶市场，大部分商铺依然经营这几种传统包装的黑茶。

古时入安化有两条路径：马帮与船运，俗称"船舱马背"。马帮从新化、洞市、江南、唐家观至安化；船运则溯资水由益阳至安化。如今你尚能通过船运进入安化，而马帮在高城只以"马帮游"的形式存在了。由于茶叶种植地域的扩展和茶马治边政策的松动，清末废除私茶禁运，官营茶马交易风光不再。之后现代交通工具出现，安化失去茶马古道运输优势，而变成了单纯的生产地和加工地，所幸安化黑茶仍在丝绸之路上长盛不衰，茶乡的名气也越来越大。茶马古道的遗存散落在安化各处，比较容易看到的除了保存较为完好的**洞市老街**和**永锡桥**（见247页方框）外，从**东坪**到**龙泉洞**（马路镇）的公路两旁也有好几处古廊桥。

值得一游

洞市老街

洞市曾经是通往新化、邵阳（原宝庆）、溆浦的茶马古道重镇。据说以前的湖南地图上可以没有"安化""东坪"，但一定会有"洞市"。兴盛时期的洞市商贾云集，绵延几里的青石板街巷商号林立，麻溪河的竹排蜿蜒数里。如今洞市乡中心仍保存着一条老街，长约500米的老街沿山势爬升，两旁是小青瓦、悬山木穿斗式结构的老屋。街口的贺氏宗祠是洞市及附近贺姓居民于光绪年间修建的家族祠堂，不定期开放。你可以在老街上找到手工制作千两茶的茶铺，也有小茯砖茶等出售。此外，洞市往北约3公里的永锡桥，是安化规模最大、保存最为完好的清代木构风雨廊桥，廊桥距离主路很近，从安化过来可顺路游览。

距洞市约10公里的高城，还有一处茶马古道风景区（☎422 7666；www.cmgd.net.cn；江南镇高城村；⊙8:00~17:00），里面的关山峡谷（68元）可徒步栈道看峡谷景色，马帮部落的"马帮游"（140元起）则可获得骑马走古道的体验，夏季还有川江峡漂流（198元）。景区内的许多场景都是人工打造的，若为看"南方最后一支马帮"而来，就只能自己上马演绎了。

在安化汽车站乘东坪至洞市的班车（13元；6:40~17:00，上午30分钟1班，下午约1小时1班；80分钟），下车后沿主路前行约500米，过老街客栈后左转就是洞市老街入口。若打算继续前往高城，9:40、13:00、16:40可在主路等过路车（5元；30分钟）。

安化火车站所在地。每逢赶集日（农历尾数一、六），大小船只载着各家的土货从各村向平口汇集，形成热闹的集市。若不赶火车或逛集市，无须到达平口，水库风光看1小时就审美疲劳了。你可以在中途较大的村落或找一处渔屋下船，等平口发过来的船返回。更保险的办法是跟舵手打好招呼，在两船相遇的时候（通常在新码头站附近），直接跳上返程的船。

在汽车西站乘坐东坪到柘溪的班车（5元；6:30~18:00，30分钟1班；30分钟），终点站就在客运码头，返回东坪的末班车在最后一班客船靠岸后发出，时间在18:00~18:15。

龙泉洞　　　　　　　　　　　　　溶洞

（☎777 5556；马路镇；门票70元；⊙8:00~17:00）虽然规模和名气都不如新化的梅山龙宫（见249页），但龙泉洞并未经过大手笔的开发，更原始也更自然，多了几分探险的意境。因洞内比较狭窄，步道陡峭，腿脚不灵便者需谨慎。

上千只蝙蝠在洞口不远处打盹，通过时需迅速。洞内由石笋、石柱、石幔、石钟乳等景观构成的48处景点精致而密集。绝世鹅管数千根鹅管石十分罕见，崖壁上密密麻麻的石葡萄，让嗦螺一条街形如其名，看过洞内落差40米的龙泉飞瀑，就下到河边的码头，坐船游览500米暗河的水上景点后从水道出洞。游览由讲解员带领，每30分钟统一入场一次，全程约为80分钟。

在汽车西站乘东坪到马路的班车（10元；7:00~18:00，约40分钟1班；1小时），下车后左转讨桥再右转，沿路标步行约1公里就到龙泉洞景区。若自驾前来，可从龙泉洞继续上山，欣赏云台山上连绵起伏的茶园。

🍴 食宿

住在解放路的大码头周边出行最方便，其中白云大豪茶马驿馆（☎788 8600；解放路步行街；标/双 100/148元）突出安化的茶文化主题，房间以茶号命名，并配有免费的茶具套装和黑茶，内部装修也是古色古香。

大码头一带晚上有热闹的夜市，若想吃炒菜、火锅，江北的罗马广场选择比较丰富。擂茶是安化的一大特色，在上好的茶叶中加入一定比例的花生、芝麻、大豆、米花等配料，在擂钵中加少许水细细研碎磨成泥状，饮用时用开水冲泡便香气四溢。大码头、沿江路、云天桥一带的擂茶馆比较密集，不同配方的擂茶10元/碗起，当地人喜欢点几个凉菜就着喝。云天商业广场楼下的马迹塘云轩擂茶馆（迎春路5号）和大码头酒店楼下的马迹塘

另辟蹊径
从安化到新化

安化和它的邻县新化处处是景,山水、人文兼具,从安化到新化的两条线路也都不寂寞。加上新化南站的高铁可便捷地去往省内和国内各地,即便只为交通中转也能边走边玩。

一是坐班车。从安化到新化的路上依次路过洞市老街、大熊山和梅山龙宫。其中安化到洞市、梅山龙宫到新化这两段班车非常多。从洞市到梅山龙宫这一段可乘安化到新化的班车(45元;7:40、13:00;3.5小时)。班车约在8:50和14:30路过洞市,接着会途经大熊山(18元;40分钟)和梅山龙宫(28元;2小时)到新化(35元;3小时)。二是从柘溪水库坐船到平口镇,欣赏库区风光。平口到新化可乘班车(20元;6:30~17:00,约1小时1班;1小时)或火车。

嘉鑫擂茶馆(民兴街49号)环境都不错,同时也经营炒菜。

🔒 购物

位于资江大桥桥南的**黑茶文化城**是黑茶商店较为集中的街道,但规模不及益阳茶叶市场(见244页)。若从益阳自驾前来,沿省道S308过小淹镇、江南镇至安化县城一路都零散分布着茶厂的门市店。已有80年历史的**白沙溪茶厂**就位于小淹镇的白沙社区,里面的**白沙溪茶文化博物馆**藏有120年前陕西泾阳产的"泾阳砖"和解放初期至20世纪80年代出产的砖茶珍品。博物馆和茶厂对面的商店均可购茶,当地人推荐品质上乘、性价比较高的"将军茯"系列。我们调研时,茶厂只对团队开放参观,散客也可以联系接待部邓经理(📞136 0737 6222)碰碰运气。

ℹ️ 到达和离开

火车

安化火车站(平口镇)有过路火车通往长沙、怀化、广州、昆明、成都等地,但交通不便。抵达火车站后,需先步行500米至江边的平口码头,换乘平口至柘溪的客船(见246页),再从柘溪坐班车到县城东坪镇,反之亦然。若遇赶集日(农历尾数逢一、六),如此周折也不失为体验安化风情的好途径。

长途汽车

安化有3个汽车站,大部分市际班车在**安化城南汽车站**(吉祥路)乘坐,去往长沙西站(76元;6:40~17:10,1.5小时1班,8:20班次直达长沙高铁南站;4.5小时)、益阳(38元;6:30~16:50,约50分钟1班;2.5小时)、娄底(65元;7:40、13:40;4小时)、怀化(74元;9:10;3.5小时)等地。**安化汽车站**(长益路1号)发往县城以东的洞市、高城、小淹等地,**安化西站**(迎春路小火车巷17号)则发往县城以西的柘溪、马路等村镇。

ℹ️ 当地交通

公交车视车型投币1~2元,其中3路连接黑茶博物馆、汽车站和汽车西站,4路可到汽车南站,几条公交线在大码头站均可乘坐。出租车县城内一口价5元。

新化及周边

电话区号: 0738

新化多山,主要景区梅山龙宫、大熊山和紫鹊界梯田也都与山相关。古梅山地区是中华民族三大始祖之一蚩尤的世居地,也是瑶族远祖的家园,因此留下了诸如瑶人界、瑶人冲等地名。如今在新化居住的瑶族人已经不多,他们大部分都迁到了雪峰山另一边的虎形山。

新化

到新化县城主要为交通中转,若有时间可以到资江边的老街**向东街**看看。这里曾是资江上重要的水运码头,现在依然保存着青石板路和青砖黑瓦的旧屋。老街上小吃品种丰富,其中牛肉粉很出名,随便走进一家面馆尝尝都不错。新化住宿条件一般,可根据目的

安化和新化

地选择相应汽车站附近的住宿，**莫林风尚酒店**（☏326 4888；天华南路吉隆坡商业楼；标双188元起）离火车站和汽车西站较近，性价比较高。

❶ 到达和离开

长途汽车

新化西站（新洋路）是新化主要的汽车站，有班车去往长沙（78元；8:10~16:30，30分钟1班；3小时）、娄底（40元；7:00~17:20，20分钟1班；2小时）、安化（45元；7:10、13:00；4小时）等省内各地。前往紫鹊界梯田也在西站乘车。去大熊山、梅山龙宫则在**梅苑汽车站**（汽车东站；上梅中路和天华路路口）上车。6路公交车连通新化东站和西站。

火车

新化火车站（天华南路天华广场）有通往全国各地的火车，其中到长沙、张家界的火车较多，但十分缓慢。到娄底（15.5元；1小时20分钟）和怀化（37.5元；3小时）性价比较高。

新化南站（洋溪镇）位于县城西南约18公里处，是沪昆高铁线上的一站。每天有频繁的高铁去往长沙、怀化、衡阳、岳阳等省内各站，以及北京、上海、贵阳、广州等地。可在汽车西站乘往洋溪、半山、鸭田、隆回、水车等方向的班车，在高铁站下车（5元；30分钟）。打车到高铁站约40元。

梅山龙宫

（☏393 1888；油溪乡南1公里；门票98元；⏰8:30~17:00）梅山龙宫是资水边的一处大型溶洞群，参观者由讲解员带领，每15分钟统一入场1次，整个过程约70分钟。溶洞目前开发了五层，乘船通过长460米的地下河后，随着慢慢爬升的游道逐层游览（法定节假日期间全程步行游览）。在七彩灯光的照射下，琳琅满目的石笋、石柱、石管、石幔拟人状物，惟妙惟肖。洞内还有巨幅的钟乳石帷幕，以及各个

另辟蹊径

大熊山的冰雪世界

大熊山（☏378 2063；门票60元）位于雪峰山脉北段，山顶一片白色风车阵在苍翠连绵的群山中格外显眼，是当地人登山、溯溪的休闲地。大熊山最美的季节是冬季。当地人说，只要夜间气温低于5℃，次日登山的雾凇景观便会如约而至。从半山腰的树林到山顶的灌木，雾凇呈现着丰富的形态。由于降温总有大风相伴，还能看到满树长长的冰挂随着风向横在枝头的"奇观"。

留意天气预报，提前一天住到山下的农家乐，让老板帮你找车上山。景区公路直通山顶（往返200元），也可以包车到半山腰的**大熊山宾馆**（单程80元），再从步道经**十里杜鹃**上山（约2小时）。春天这是条不错的赏花路线，冬天则有三分之二被冰雪覆盖。雾凇出现时上山赏景的车特别多，可以碰碰运气搭便车。新化梅苑汽车站有直达大熊山的班车（20元；7:00；2小时），也可以先坐车到圳上（15元；7:30~17:30，30分钟1班），再打车前往（20元；10公里），返程亦然。大熊山回新化的末班车是15:00，也有去往长沙、娄底的班车。

地质时期地下河堆积和侵蚀的痕迹。站在五层俯瞰地下河，环顾宏大的洞体，确有置身龙宫之感。景区门口和省道路口有几家农家乐提供食宿，但没有必要在此留宿。

从新化梅苑汽车站（东站）乘发往圳上、白溪、油溪、大熊山方向的班车，在梅山龙宫路口下车（10元；约20分钟1班；1小时）。沿景区路步行到资水边，乘渡轮（免费；◎8:00~18:00）过河后，坐环保车 免费 到景区门口。返程需要回到省道路口等过路车，但17:00后车就很少了。

紫鹊界梯田

（☎361 6998；新化县水车镇；门票86元）紫鹊界梯田始垦于秦汉时期，至今已有2000年历史。海拔500~1200米，8万多亩、500余级梯田依山就势，此起彼伏。虽然名气和规模不如云南元阳梯田和广西龙胜梯田，但胜在养在深闺的原始风光和清静的环境，而天然形成的自流灌溉系统更使其位列世界灌溉工程遗产名录。紫鹊界四季美景不断，4月至5月梯田灌水插秧，如同无数片镜面，倒映着村庄、山林和天空；6月至8月，禾稻掀动滚滚波浪，如绿色绸缎飘浮于山野；9月漫山金黄，成熟的水稻直到"十一"过后才会收割；11月至12月枯黄的稻田空空如也，但部分山头会给梯田灌水，依然有景可赏；12月至次年2月，洁白的雪花覆盖梯田，田埂的线条如无尽的五线谱奏响冬的乐章。纵穿景区的X062县道是景区内的主路，从售票处到山顶停车场约10公里，平时只能自驾游览，法定节假日期间必须乘景区交通车（30元）。

山间7个观景台涵盖了紫鹊界的精华看点，可串成一条环线游览。从售票处上山，月芽山、瑶人冲和九龙坡都位于主路旁边，其中月芽山朝东可观日出，九龙坡朝西可看日落，瑶人冲西边一座200余层的梯田，犹如一张剖面图展现于眼前，最顶部的那片田因俯瞰呈爱心形状，又名"紫鹊界之心"。丫髻寨位于梯田上一座小山的山顶，是景区海拔最高（1200米）、视野最广的观景点，登顶需要爬上数百级台阶，由主路旁一条支道可至，也可从山顶停车场前往。但因与梯田海拔差太大，阴天时云雾缭绕，观景效果反而不佳。下山过九龙坡后，右边一条公路去往贡米岭、老马凼和八卦山。这三处观景台位于梯田之间，平视俯瞰皆可，八卦山视野尤佳。自驾可继续沿路下山回到景区入口。

🍴 食宿

景区主路两旁有许多经营食宿的农家乐，以山顶停车场和九龙坡观景台最为集中。若计划步行游览，建议你住在地处景区中心的紫鹊人家（☎137 8748 2755；月芽山观景台附近；老楼标双140元起，新楼标双200元起），从这里步行到看日出和日落的观景台都在20分钟左右，几乎也算是上述环线的起止点。老板娘常年接待摄影团体，能提供各方面的信息。乘班车可在紫鹊人家牌坊下车。九龙坡观景台旁边的九龙坡摄影人家（☎137 6228 9636；标双100元起）规模较大，酒店本身也堪比观景台。山上农家乐就餐价格普遍较贵，据说是因为原材料好，面条15元，小炒肉38元。

另辟蹊径

徒步游览梯田

起止于月芽山的这条观景环线全长约8公里，全程步行需4~5小时。由于前4公里为沿山势爬升的县道公路，为了省时省力同时安全起见，建议你从月芽山至丫髻寨的4个景点分段搭顺风车。村民都比较热情，搭车成功率很高。登丫髻寨从停车场上山，走步道下山回到主路。下行过九龙坡后，有一条人行石道可穿到贡米岭和老马凼，路程短，风景好。游览完八卦山，可从老马凼观景台旁边的小路下一小段山，沿梯田田埂上的小石板路平走约500米来到一片农家（不要从岔路上坡），打听一下去"紫鹊人家牌坊"的路，便可回到景区主路（离起点月芽山观景台很近）。这条小路可零距离看梯田，以及田中农民耕作、鸡鸭成群的场景，野趣十足。

❶ 到达和离开

从新化汽车西站开往奉家、向北和上团的班车(30元; 7:30、11:30、12:30、13:30; 2小时),可在景区主路上任一地点下车。也可以先坐车到山下的水车镇(20元; 9:30~15:30, 2小时1班, 16:30; 1.5小时),再包车上山(约50元)。返程班车经过景区的时间约为8:00、9:00、9:30和13:30,可事先与农家乐老板确认,提前在主路上等车。新化到紫鹊界的车约在开出半小时后经停新化南站(高铁站),可直接在高铁站的班车道候车。高铁站去紫鹊界25元。

邵阳及周边

电话区号: 0739

邵阳境内南岭和雪峰山交错,地貌丰富,交通不便。也正因如此,武冈、隆回、绥宁等地还保留了不少原始森林和古村落,但邵阳最耀眼的莫过于湘桂交界的崀山百里丹霞。东边的曾国藩故里地处娄底双峰,从邵阳或娄底前往都很方便。

邵阳

邵阳是前往崀山崀俾楗的中转地,如果有时间在邵阳市区逗留,可到资水边的**古城墙**和**水府庙**看看。古城墙位于资水南岸,始建于汉,如今这座由青石和红砂石垒筑,700米长的北城墙,是咸丰二年(1852)修筑并保存下来的。坚实的墙体可抵御敌侵、洪水,如今已经十分斑驳,**北门**和**临津门**两座城门立于其中。城墙与资水之间宽阔的临江步道上,一排新修的牌坊依次记录了邵阳历史上名称的更迭。沿城墙东行800米,位于资水与邵水交汇处的飞檐六角攒尖顶建筑是水府庙,这里原为祭祀河神的场所,如今只剩一座古城楼。资水对面一座八面七层的阁楼式古塔是明万历年间修建的**北塔**。公交38路连接火车站、汽车南站、临津门、水府庙和汽车东站,中转和游览都很方便。

🛏 食宿

若计划转车到崀山,建议你住在汽车南站附近。距火车站和汽车南站均为500米的**莲花精舍酒店**(☎513 3155; 双拥路与敏州路路

铁打的宝庆

邵阳旧名"宝庆"。1859年,太平天国领袖石达开率兵20万围攻宝庆府三个多月未果,粮草却已耗尽。石达开见宝庆城坚不可破,哀叹其为"铁打的宝庆",只得率残部撤退。抗日战争末期,日本部队也曾借道宝庆奔袭芷江机场,却迈不过宝庆地界,20万日军兵败宝庆境内的雪峰山下。宝庆府民风彪悍,一度有"论霸蛮,国人畏湖南人,湖南畏宝庆人"之说。不过那是对付敌人的,而朋友来了,邵阳人开朗又热心。

口,步步高超市旁;标单150元起; ✳🛜)门面和楼道有些狭小,但房间卫生舒适,装修与其名称一样精致。古城墙南边的红旗路、城北路是邵阳闹市区,就餐选择很多。

❶ 到达和离开

长途汽车

邵阳有5个汽车站,且相距较远。火车站广场东300米有**邵州汽车站**,部分从汽车东站始发的班车如隆回、武冈等班次会到此等客。

汽车东站(☎501 2093; 建设路与邵石路的交叉路口)有发往省内大部分城市的班车,包括娄底(40元; 7:50~17:30, 70分钟1班; 2小时)、双峰(30元; 7:00~17:45, 约30分钟1班; 2小时)、长沙南站(62元; 7:10~18:00; 1小时1班)等,去武冈和隆回也在此乘车,班次频繁。东站不远是**邵阳汽车西站**,有发往部分邵阳市辖村镇的班车。

汽车南站(☎535 9525; 敏州路和西湖路的交叉路口)位于火车站西北1公里处,有发往崀山所在的新宁县(54元; 7:00~18:10, 约1小时1班; 2.5小时)和桂林(112元; 8:50、14:50; 4小时)等地的班车。

汽车北站(魏源西路176号)有班车发往西北部的新化(36元; 7:40~16:40, 约1小时1班; 2小时)、怀化(74元; 8:00~18:00, 1.5小时1班; 4小时)和常德、张家界等地。

火车

邵阳火车站(大祥区魏源广场)又名"邵阳南站"。这里有发往广州、深圳、上海等地的普通列车,和少量从邵阳始发,至长沙、深圳、上海等地的高铁

列车。2018年底怀邵衡铁路开通后，去往怀化和衡阳的时间将大大缩短。

邵阳北站(坪上镇)是邵阳的高铁站，因距离市区约60公里而饱受诟病，当地人称之为坪上高铁站。北站属沪昆高铁沿线，比较适合前往省外目的地。省内短途出行建议你选择到邵阳火车站的高铁。汽车南站有开往邵阳北站的班车(30元; 7:10~18:00, 40分钟1班; 70分钟)，打车前往约120元。

曾国藩故里

(☎601 4459; 双峰县荷叶镇; 通票70元; ⏱8:30~17:30)晚清重臣曾国藩是中国近代的军事家、理学家、政治家、书法家、文学家，也是湘军的创立者和统帅。他的著作《曾国藩家书》《冰鉴》等至今对处世和做人有着深远的警示意义。双峰县荷叶镇是曾国藩的祖籍和出生地，保存了他出生时的旧居和功成名就后修建并居住的宅院。周边还有曾国藩家人留下的一些故居，也值得一看。

👁 景点

几处景点离荷叶镇都有一定距离，位置比较分散，只能乘摩托车前往。

富厚堂 故居

(荷叶镇富托村; 门票60元)富厚堂始建于清代同治四年(1865)，是曾国藩拜相封侯后，照侯府规制修建的。整个建筑中轴对称，前临**半月塘**，背倚后山，两进主楼居中而立，亭台楼阁点缀其间。每年7月至8月，富厚堂前2000多亩荷花绽放，更显诗情画意。

富厚堂的正厅为**八本堂**，梁上挂着曾国藩六十岁生日时，同治皇帝御赐的"勋高柱石"匾额(复制品)，堂内有关于曾国藩的生平展览。后厅供奉着曾氏历代先亲神位，曾国藩亲书的"肃雍和鸣"横匾与之相对，意为"肃雍和鸣之音，先祖才愿意听"。其子曾纪泽书写的曾世家族"八本"家训也在此展出。八本堂两翼共有房屋12间，均布有相关展览。在"文化大革命"时期，这里一度为供销社、卫生院所用，因此有一间屋子展有当年的各种标语。三座**藏书楼**曾藏书达30多万卷，如今大部分书籍已作为文物收藏于台北故宫博物院和湖南省博物馆中。曾国藩的藏书楼命名"公记"，儿子曾纪泽的藏书楼为"朴记"，都位于内院西侧，而东侧的"艺芳馆"则是曾纪鸿与其夫人郭筠的藏书楼。藏书楼设计独具匠心，一楼外廊为防虫蚁，以花岗石为柱，又怕潮湿，只用作居室而不用于藏书；二楼外廊可用于晒书；顶层四周均有窗户通风，使书籍免遭霉变腐败；一至三楼修有上下书籍专用通道——竹筐，可谓别具匠心的传书电梯。

值 得 一 游

散落的曾家故宅

荷叶镇还有曾国藩弟弟曾国荃、曾国潢、曾国保等人的多处旧居。新中国成立后，这些大宅有的成为人民公社驻地，有的成了百姓的大杂院，又在"文化大革命"遭到不同程度的破坏，大多已经面目全非。其中两处仍有部分保存了下来，值得前往一观。

始建于1859年的**大夫第**(大坪村荷叶中学旁; 免费)是曾国藩三弟曾国荃住宅。1864年，曾国荃率湘军大败太平天国后，告病还乡并在此度过晚年。大夫第原宅总长600多米，宽230米，有九进八厅共148间房屋，是当地最豪华的住宅。现在仅有其中敦德堂的主体建筑被保存下来，堂屋里有关于曾国荃的生平陈列。从敦德堂出来右转，有个堆满杂物的小门，进去走到尽头可以看到老宅的木头廊柱，以及工艺精细的雕花木窗、雕花石窗和石雕构件。敦德堂往左在300米的荷叶中学也是在原大夫第地界上新建的。

距大夫第约2公里，始建于1873年的**万宜堂**(硖石村)是曾国藩大弟曾国潢的住宅，远远看去，五块高大的山墙气势十足，主体建筑也几乎完好无损。如今万宜堂中住着几户百姓，征得同意后可进入参观。面对大门，左手的三面山墙内的房屋，曾于2017年初进行了维护修缮，建筑细节更加清晰真切。

可乘摩托车(80元)游览富厚堂、白玉堂、大夫第和万宜堂，总共约需3小时。

富厚堂西边的山坡上，一座独立的二层小楼**思云馆**，是曾国藩为父守孝期间亲手修建的。从这里走上后山，林间有绿杉亭、淳朴亭、鸟鹤楼几处建筑可供参观。

富厚堂周边有一些农家乐可提供食宿。从荷叶镇到富厚堂乘摩托车往返20元。

白玉堂 故居

(荷叶镇天坪村；门票20元)始建于1808年的白玉堂是曾国藩的出生地，为两进两横的砖木结构建筑。屋内复原了曾国藩的卧室、书房，还有曾国藩父母、兄弟等家族成员的介绍，以及曾氏家风、家训的展览。

从荷叶镇到白玉堂乘摩托车往返30元。路上经过**秋瑾故居**可顺便游览。

❶ 到达和离开

从邵阳(30元；7:00~17:45，约30分钟1班；2小时)、娄底(20元；6:30~18:00，20分钟1班；1小时)或长沙(51元；7:10~17:20，约30分钟1班；4小时；经湘乡)等地到双峰后，在双峰东站转班车(13元；6:40~17:40，20分钟1班；70分钟)到荷叶镇。下车后乘摩托车游览。荷叶镇返回双峰的末班车在16:50，双峰返回长沙的末班车是15:20，去娄底的车很多，班车停运后还可以在东站门外坐小车拼车(30元)。

崀山

(📞470 5110；www.langshanhong.com；A线门票220元，含天一巷、八角寨、辣椒峰、紫霞峒、夫夷江漂流。B线门票170元，不含夫夷江漂流。门票3日有效；⏰4月至10月7:30~17:30，11月至次年3月8:00~17:00)作为世界自然遗产"中国丹霞"的重要一员，108平方公里的崀山几乎涵括了丹霞发育过程中所有的地貌景观——险峻的赤壁丹崖，逼仄的一线天，百变的石墙、石峰、石柱，还有连绵起伏的丹霞峦嶂。加上森林、瀑布、溪流相伴，一年四季皆可游览。宣传画上群峰浮于云海的场景可遇不可求，只在雨后晴天的清晨方可得见。雪后的崀山银装素裹，雾凇点缀，亦可"咬牙"一游。

⦿ 景点

崀山景区实行一票制，门票含景区观光

崀山

车，进入景点和上车需刷门票卡。观光车从景区北大门始发(旺季15分钟1班，淡季30分钟至1小时1班)，经紫霞峒、丹霞广场后，1号线前往天一巷、漂流起点、八角寨索道到八角寨，2号线则前往辣椒峰。如果只有1天时间，建议你乘2号线游览辣椒峰景区后，回丹霞广场换乘1号线，游览天一巷和八角寨。停留两天可以把所有景点游遍。景区平时也可以自驾或包车游览，法定节假日期间，若景区交通满负荷，则必须在景区指定地区停车换乘观光车。从新宁西站包车到八角寨单程70元，包一天需250~300元。

紫霞峒 山

(距北大门2.3公里；游览需1.5小时)紫霞峒并非山洞，而是群山拱卫中一座形似大象的丹霞山峰，沿着竹林掩映的步道登顶大概要1小时，但看点不多，若时间有限可以舍弃。

辣椒峰和骆驼峰 山

(丹霞广场往西7公里；游览需2小时)辣椒峰高约180米，浅褐色的倒三角山体似刀削般平滑，峰顶是葱茏的植被，如同一个顶着绿萼的红辣椒。2002年，法国蜘蛛人阿兰·罗伯特(Alain Robert)曾徒手攀上辣椒峰，现在这里是国家攀岩训练基地。辣椒峰没有登山步道,你只能爬上它旁边的小山,在几处观景台近距离地观赏辣椒峰和骆驼峰的全貌。如果体力有限,更建议你在山脚看辣椒峰,攀登骆驼峰,骆驼峰与辣椒峰相距不足1公里,那里登山难度较低,风景更好。

骆驼峰形如跪卧的骆驼。登山栈道从骆驼的"尾部"爬升,绕过"驼峰"后登上最高的"头部"。千万别因景色平平而从中间的岔路下山,最精彩的部分恰恰在于"头部"下方正对的**辣椒峰峰丛**,兀立的辣椒峰与其周围的峰丛、方山、石墙、石柱等地貌构成一副异彩纷呈的丹霞画卷。

景区内有环线环保车(10元;3公里)行驶于辣椒峰、骆驼峰和大门之间。

天一巷　　　　　　　　　　　　　　　　山

(丹霞广场向南2公里;游览需2小时)丹霞地貌的典型景观"一线天"由流水沿节理下切侵蚀,逐渐拓宽而成。天一巷汇集了大小10余处"一线天"景观,其中规模最大的**天下第一巷**全长238米,高约百米的岩壁间仅留有0.3至0.8米的岩缝供行人通过。之后有一条岔路,可以先往左走一走**遇仙巷**,再返回走右侧的**翠竹巷**,从遮天蔽日的竹林间下山。

天一巷景区有轿队服务,上山单程160元/人,全程因路线不同有320元和360元两种,经过一线天景观需下轿步行。

八角寨　　　　　　　　　　　　　　　　山

(丹霞广场往南20公里;游览需2.5小时)湘桂交界处的八角寨因山顶飞出八个犄角而得名,是发育较为完全的丹霞地貌,也是崀山的精华。一鼓作气攀爬到石阶的尽头,层峦叠嶂的丹霞群峰展现眼前。**主观景台**下有一处香台,道士徒步走过狭长山脊帮香客烧"龙头香"(199元)的过程堪比惊心动魄的极限运动表演。省界横穿山顶而过,将邻近的云台寺和天空寺分划两省。最著名的景观**鲸鱼闹海**位于广西境内,但只有在雨后天晴的清晨,才能得见群峰在云雾间若隐若现的场景。

登顶八角寨也可乘**索道**(上行60元,下行40元,往返90元;⊙4月至10月7:30~17:30;11月至次年3月8:00~17:00)或**骑马**(单程150元,人少可讲至100元),终点均在接近顶峰的八角寨石门。索道入口与景区入口相距2公里,乘景区交通车需在**八角寨缆车站**下车。骑马入口在景区内,别为早起登山看日出发愁,马夫和马已早早恭候了。

✦✦ 节日和活动

崀山脐橙文化旅游节　　　　　　　　节会

新宁是中国四大出口脐橙的生产基地县之一。每年11月底脐橙成熟上市,文化旅游节同步开启。届时崀山景区北大门有歌舞综艺表演,还有脐橙采摘、脐橙负重越野赛等互动游乐项目。最重要的是,节会期间景区门票常有半价优惠,可提前关注。

夫夷江漂流　　　　　　　　　　　　漂流

(漂流单价120元/人,景区A线套票含漂流;全年开放,恶劣天气除外)乘竹筏缓慢漂流并不

另辟蹊径

从崀山到桂林

如果你的最后一站是八角寨,有两个途径可以方便地前往桂林。

一是从八角寨山顶标有"广西资源县"的指示牌下山,到岔路后,稍远的一条路过险峻的**降龙栈道**和**龙脊**,可玩可观景;另一条较近,30分钟可直达山底。从广西八角寨大门需先乘摩托车到梅溪镇(30元;8公里),梅溪每天有4班直达桂林的班车(45元;3小时),若错过了就坐小巴到资源北站,再打车到资源汽车站,坐去桂林的班车(45元;末班车18:00;2.5小时)。这一途径适合轻装上阵的旅行者,否则还需解决运送行李的问题。

另一个办法是先把行李寄存在八角寨游客中心,原路下山后取行李坐景区车在窑市镇下车,然后在路边等新宁或武冈发往桂林的过路车。新宁到桂林的班车(窑市上车50元;7:30、9:30、13:30、14:30;4小时)开出约30分钟后路过窑市,武冈的班车(8:10、13:50)约1.5小时到窑市,最好提前前往等候。

值得一游

潇湘楹联第一村

依山而建的浪石古村(武冈市双牌乡浪石村)是湘西南特色的古民居群,现存的88座古民居分别建于明末至民初,其中55座保存完整。古村的设计十分科学,青石板铺就的廊道下,交错的暗渠构成了良好的排水系统,高低错落的屋顶互不遮挡,可自然采光。房屋均为砖木结构,两端为青砖墙体,中间为木房,窗户、门龛和房梁上可见精致的浮雕和镂空雕花。最具特色的是山墙上的角门,门上的各个构件都饰以精细的石雕,楹柱上的对联更是集思想文化、书法艺术和雕刻工艺于一体,村落也因此被誉为"潇湘楹联第一村"。不过大部分楹联都在"文化大革命"中被破坏了,现存的41副石楹联中,字迹保存完好的只有21副,可慢慢寻访拜读。我们调研时,村庄正在进行修缮,房顶的飞檐、门罩和山墙画上了鲜艳的彩绘,似乎与村落的古朴有些格格不入。

古村位于邵阳至崀山的路上,可顺路游览。从邵阳汽车东站乘去杨柳的班车(32元;8:00、10:30;2小时)在双牌镇中学路口下车,然后乘摩托车前往(往返50元)。最好乘第一班车去,游览后还能赶上隆回到新宁的班车(25元;11:30发车,约12:10分路过;1.5小时)。否则只能搭摩托车到8公里外的邓家铺镇(30元)转车到新宁。

刺激,两岸的古树奇石与河心洲汕却让人心旷神怡。从水溪码头到何家湾码头8公里的水路大概要漂1小时,何家湾高约400米的将军石是崀山的招牌风景之一。

食宿

新宁县城和景区内的住宿资源都非常丰富,景区内以农家乐和中小型宾馆为主,食宿一体,平时标间价格80~150元。快捷酒店和高档酒店多集中在县城的汽车西站和崀山大道周边。法定节假日期间,住宿价格往往会飙升2至3倍,最好提前预订。

景区北大门附近是连接新宁西站和景区内交通的枢纽,也是住宿首选地。2017年开业的崀山国际青年旅舍(✆897 3988;崀山北大门;铺45元起,标双120元;🛜❄)有氛围很好的公共空间和热心的老板,热水和空调都很好。往北50米的小百花度假酒店(✆478 6888;崀山北大门;标双178元起,含双早餐;🛜❄)是附近条件较好的酒店,但常有旅行团光顾,最好提前预订。

景区内的丹霞广场是两条交通车线路的换乘点,住在这里能节约前往各景点的时间。其中时光客栈(✆897 0929;崀笏村8组10号;标双128元;🛜❄)有不错的景观,饭菜也比较可口。三星级的崀泉度假酒店(✆470 5888;崀笏街;标双149元;🛜❄🅿)环境很好,但房间设施有些老旧。

若有上八角寨看日出的计划,可以住在八角寨缆车站周边。这里离登山的入口只有2公里。其中小二农家小院(✆188 7392 7153;八角寨索道站;标双128元起;🛜❄)坐拥田园风光,房间宽敞又卫生。

ℹ 实用信息

景区救援(✆470 5478)
投诉建议(✆483 5188)

ℹ 到达和离开

去往新宁,在邵阳汽车南站(54元;7:00~18:10,约1小时1班;2.5小时)或武冈汽车东站(15元;7:00~17:50,约30分钟1班;1小时)中转最方便,长沙的汽车南站(9:00、12:40、15:30、17:40)和长株潭汽车站(8:00、9:30、14:30)分别有车直达新宁(113元;5小时)。也可以先乘高铁到永州的东安东站,再从东安汽车站坐班车(30元;7:30~14:40,约1小时1班;2小时)到新宁。班车会停靠在**新宁汽车西站**(✆256 1990;崀山大道和大兴路交叉路口),在站门口可乘公交2路或6路(1元)直达崀山北大门,打车到崀山北大门20元。

2路公交车从北大门返回西站的末班车在16:35,但景区内最后一班交通车(也是员工下班班车)17:00从八角寨发车,可以直接送旅行者至汽车西站,不妨提前与景区人员确认。新宁西站返回长沙的末班车为15:30,返回邵阳的末班车为17:30。

记事本

了解湖南

今日湖南 258
作为中国的"娱乐大本营",湖南电视传媒产业依旧一路领跑;摘掉"农业大省"的帽子,湖南经济加速,GDP总量冲进全国前十;但重负难当,各种环境问题开始凸显;以张家界和凤凰为标杆,湖南旅游的招牌越来越响亮。

历史 260
从先楚神话到青铜时代再到湘楚文明,古代湖南在历史上并没有灼灼的闪光点,直到近代湘军崛起,湖南就此撑起半部中国近代史。

湖南人 268
近200年,湖南人堪称中国人才史上的奇观。闹革命他们敢为天下先;搞娱乐他们快乐至上,创新不停。

建筑和艺术 272
湖南霸蛮,但也文气。湘西吊脚楼透露出少数民族的建筑智慧,矮寨大桥则是拥有多项世界第一的现代建筑奇迹。沈从文之后,再也没人可以把湘西写得那么好。

饮食 277
湖南人怕不辣。辣椒是湖南人的"味精",可以变换出各种花样,为各类荤素菜品点睛。湖南人口味重。闻着臭吃着香的臭豆腐,甜得发腻的糖油粑粑,让你涎水直流的口味虾,火遍全国。

环境 282
湖南山水多。水路行船纵然看不尽"三江四水",倒也可以将边城风情领略一二。湖南山不高,但胜在形状奇异,张家界、莨山、衡山风景不重样。但江湖在干涸,山岭被粗暴开发,湖南亦难逃山水危机。

今日湖南

从来敢为人先的湖南，这几年也加快了步伐，在经济文化等方面都不落人之后。株洲高铁基地、三一重工和中联重科，都是十足的硬货。何况其中加力的还有吞云吐雾的老"白沙"，以及引人注目的新"芒果"。湖南文化中蕴含着动与静，动则以马栏山旁的湖南电广为标杆，静则以河西高校区岳麓书院为渊源。三湘四水，既是鱼米之乡，也有环境污染之殇（年年都在整治）。时隔三年，2017年湖南又一次荣登Lonely Planet全球十大最佳旅行地排行榜。所有这些都可以乘坐快捷方便、纵横三湘大地的高铁——京广、沪昆高铁，以及即将开通的张吉怀高铁，由旅行者亲身亲验来问寻。

最佳读物

《山南水北：八溪峒笔记》，韩少功著，作者隐居于岳阳八溪峒，记述了湖南乡村的山野自然以及底层人民的生活。

《湘行散记》，沈从文著，收集了沈从文两次回乡，一路顺沅江而上所写的书信，以及若干篇记述沿途风貌的散文。

《发现另一个湖南》，邹容/周志刚著，《潇湘晨报》"湖湘地理"栏目的记者在湖南大地上深入行走的文字结集。

最佳影视

《空山异客》（2017年）：导演杨恒为湘西土家人，作品都在湘西本地拍摄。

《湘当韵味》（2013年）：集合湖南各种美食的人文纪录片。

《那山、那人、那狗》（1999年）：故事在父子跋山涉水中展开，唯美细腻的湘中风景更是为该片增色不少。

《芙蓉镇》（1986年）：谢晋执导的这部电影红了这座水边的湘西小镇。

经济：冲进前十名

这个不靠海、不沿边，长期在中游徘徊的内陆省份，在2017年以GDP总量以及增速双双冲进全国前十，成为中部省份"3万亿俱乐部"中的一员。

农业从来就是这个省份的底气——"湖广熟，天下足"，2017年的粮食总产量达到2984万吨，双季超级稻的年亩产量又创世界纪录。汽车制造业是新兴的中坚力量，上汽大众落户长沙，成为迄今为止湖南最大的实体投资项目。另有广汽菲克三菱、北汽福田、众泰汽车纷纷助力，扎根长沙经济开发区。让湘人更觉硬气自豪的是高铁，以350公里速度奔跑冲刺的复兴号"蓝海豚"，完全自行设计研制，是地道的株洲"南车"造。三一重工、中联重科、长沙远大、长沙卷烟、蓝思科技、山河智能、湖南电广等知名企业，都是湖南经济的顶梁柱，会合成了湖南经济的集结号，它们的持续发力拉动着全省经济企稳回升。

文化：娱乐大本营

熟悉长沙的朋友，都知道被一条湘江分隔的河东、河西是两片天地——河西是岳麓书院所在的岳麓山，山下簇拥着头戴"985"桂冠的湖南大学、中南大学，"211"的湖南师大等高校；河东是热火朝天的市民天地，商圈、酒吧、歌舞、楼台、洗脚城和按摩店，还有马栏山上的湖南电广芒果传媒。之前的酒吧歌厅演艺文化，包括脱口秀、小品、歌舞表演等已日渐式微，慢慢被强势的电视传媒、网络视频所取代。湖南电广历二十载不衰，一直立在国内电视综艺娱乐圈的潮头。从《快乐大本营》到《超级女声》都取得了巨大成功,近年推出的《歌手》亦成为刷屏热搜话题。

环境:两"乡"之殇

湖南自古就是"鱼米之乡",境内江河水道纵横,湘、资、沅、澧四条长河勾连全境,八百里洞庭滋养着富庶的几大中心城市——岳阳、常德、益阳。但同时又因各朝各代围湖造田、与水争地,加之长江泄洪口及入湖河流携带泥沙涌入等,使得湖滩、围垸被分割得支离破碎,导致了洪患不绝、环湖污染等严峻的生态后果。2016年,洞庭湖被测出水质已不能作为生活饮用水源,鱼儿生存环境堪忧。保护区内屡现违规采砂,机器采砂船的轰鸣声代替了"渔歌互答",湿地洲滩被侵占,致使越冬候鸟丧失栖身的家园。在此严峻的形势下,政府已下决心在三年(2018~2020年)内,通过整治专项行动,将水质恢复到三类。民间环保志愿者也积极助力——促成洞庭湖最大人工矮围实施爆破拆除,以及南洞庭近万"迷魂阵"拆除等。

此外,三湘大地山峦起伏,地下蕴藏着各种矿石,被誉为"有色金属之乡"。但随之而来的是各地重金属污染频发,工业废水废气随意排放,严重毁坏当地土壤水源。湖南粮食产区出产的"镉大米"一度成为热点问题,舆情深重。聚集了湖南60%人口的湘江流域,贡献了湖南70%左右的GDP,同时也承载了60%的污染。

旅游:四通八达

西线,这一片是沈从文先生笔下山水秀丽、风情万种的大湘西。从常德而下,张家界、芙蓉镇、凤凰、洪江古商城、通道侗寨,聚集着苗、侗、土家等多个少数民族。未来张吉怀高铁建成后,连通张家界、凤凰、怀化等地,这条黄金旅游线还将延伸至桂林。

东线,由北至南,岳阳、长沙、衡阳、郴州等城市已由大动脉京广线来贯通。这条线人文荟萃,历史丰厚,位于长沙市中心的湖南省博物馆一"别"五年,于2017年11月重新开放,将成为旅行者在湖南文化寻根之旅的重要支撑。

中线,由沪昆高铁来串联韶山、娄底、邵阳,这一带伟人名将辈出,新中国建立者毛泽东、刘少奇、彭德怀,以及晚清中兴功臣曾国藩、左宗棠,都出生于这片区域。

旅游产业,已成为助推湖南经济发展不可或缺的力量。根据相关统计,2017年湖南全省接待国内外游客6.69亿人次,实现旅游总收入7172.62亿元,同比上一年均有不同程度的增长。

快速参考

人口(2017年底):**6860万人**

面积:**21.18万平方公里**

地区生产总值(2017年):
34590.56亿元

地区生产总值增长率:
(2017年):**8.1%**

每100个湖南人中

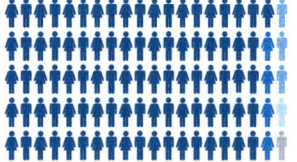

91人是汉族
4人是土家族
3人是苗族
1人是侗族
1人是瑶族

人均地区生产总值(2017年)

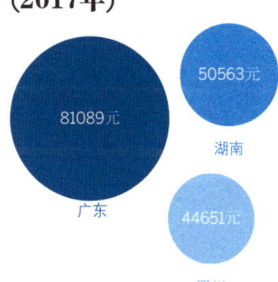

81089元 广东
50563元 湖南
44651元 四川

历 史

作为中国内陆偏南地区,湖南在历史上开发比较迟。政治、经济与文化各领域一直落后,尽管在传说与先楚时代,湖南并不完全是一个乏善可陈的地区。直到明代中后期,湖南才逐渐得到发展,此后,更因为晚清湘军的崛起与中华人民共和国的成立,其中领袖人物多属湘籍,湖南才成为一个举足轻重的省份,在政治与人文方面深刻影响了中国。厚积薄发的湖南,退去政治的光环,经济上已形成竞争力,但由此造成的"三湘四水"洪患污染,却需加倍投入才能治理好;闻名全国的文化娱乐产业,继续着"敢为天下先"的尝试和探索,并且生机勃勃。

先楚神话

舜的家庭,不是一个"有爱"的家庭:父"顽",母"嚚",弟"傲","皆欲杀舜"。幸亏舜平日孝敬谦逊,让家人找不到发飙的借口,终于逃过劫难。

夏、商、周三代的中国史,一般又称"先秦史"。秦并天下,是比西周封建更重要的"大一统",此前此后的中国,变化很大,因此,以秦为界,划定古史分期。而湖南的古史,则有人称为"先楚史",因为自春秋时代湖南地区渐次受到楚人的影响,这才进入文献可考的历史时期。

上古史都从神话开始,"先楚史"也不例外。传说最早在湖南这片土地上生活的人群,是蚩尤的后人。蚩尤为黄帝所杀,他的部下,除了投降,都逃亡至湖南。湘西苗族人祭祖,须供奉始祖首领——剖尤。他们崇拜枫木,而据《山海经》,被蚩尤打破的枷锁,正以枫木制成。

又据各地方志辑录的传说,炎帝(神农氏)驾崩,葬于长沙,故酃县(今炎陵县)有炎帝陵(传为衣冠冢),宋代有人看见过其地有200余座古墓,以为是炎帝妃子、从臣及后裔的墓园。大约与炎帝部落南迁同时,祝融部落也从中原进入湖南。衡山主峰,名祝融峰,据说祝融就葬在那儿。

当尧将天下禅让给舜的时候,"三苗之君"表示异议,尧战胜并处死三苗之君,才顺利完成禅让。三苗之君之所以这么做,是因为他与尧的儿子丹朱(又称"欢兜")是死党,不甘心看到舜这个外人得了天下。涉案的

大事年表	约40万年前	约12,000年前	8000多年前
	旧石器时代常德地区有人类活动的迹象。	道县玉蟾岩一带有人耕种稻谷。	湖南处于新石器时代,有先民定居,形成较为先进、与黄河文明并存的文明。

丹朱，被尧流放至丹水（源于陕西，流经豫鄂汇入汉水），三苗余部也随他南行。湖南是三苗活动的重点区域，2000年在凤凰县发现了明代苗疆边墙。洞庭湖的君山，旧名"苗山"，大约是古三苗国留下的痕迹。

尽管已放逐到南方，继位的舜帝还是不放心三苗人，于是，就有了御驾亲征。不幸的是，舜帝最终死在湖南，葬地为今宁远县的九嶷山。长沙马王堆出土汉墓文物有西汉初年地图，标明了九嶷山的方位，并特别注明"帝舜"二字。不仅舜帝死在湖南，他的妻子娥皇与女英（都是尧的女儿）闻信都不活了，千里迢迢跑来，一起跳入湘江。后来西汉司马迁在君山采访，听说二女已经成了湘水之神。

"毕其功于一役"，彻底战胜南方三苗集团的人是继舜称帝的禹。传说他在治水和作战时皆来过湖南，并在衡山留有碑刻，韩愈、朱熹都去找过，可惜未见着。直到南宋，有人在衡山找到一块碑，"得古篆五十馀"字，认不得，照原样摹刻于岳麓书院后山巨石上，算是为我们留下一个证据。

青铜时代

除了神话，还可以通过考古学了解湖南的古史。一般将先楚湖南分为旧石器时代、新石器时代与青铜时代三个时期，而最能代表湖南地区青铜时代特征的考古发现，是自20世纪20年代以来陆续出土的青铜器，其中，尤以宁乡县黄材盆地所出最为密集，广为人知的四羊方尊，就出在这里。

湖南出土铜器，可以雪峰山脉为界，分为东、西两部。西部铜器风格多为"中原型铜器"，大概不是本地制作的，而是从中原流入的。东部铜器可分为"沩水类群"与"资水上游类群"，尤以宁乡黄材为中心的沩水类群最为精彩，许多"重器"密集出土，可以设想，拥有这些铜器的主人应是当时地方政治集团的上层精英，甚至统治者。

这些铜器制作精良，风格独特，与中原地区的铜器有较大区别。比如，体量巨大、重达221.5公斤的铙，中原就没有类似的礼器，而即使是湖南、江西出土的形制最小的铙，也有40厘米高，中原亦无其匹。同时，南方的设计师与铸工似乎对在器物上雕塑真实的动物，而非抽象的饕餮纹更有热情，他们造了羊尊，造了象尊，造了牛尊，还造了猪尊——尤其是猪尊，"惟妙惟肖的造型"，让学者"想到年代断在商代的一批动物形铜器，大都出自或估计出自湖南"。

1963年，在宁乡县黄材镇炭河里发现一处西周遗址，2001年，正式对遗址进行发掘。城址为圆形，面积约15万平方米，现存超过2万平方米。城

2006年10月，长沙望城县风篷岭发掘一座西汉墓葬，出土金缕玉衣等文物。据考，该汉墓的丧葬规格为帝王级，高于马王堆汉墓的侯级。

4000～2000年前	3000年前	公元前278年	公元前206年
湖南原住民文明逐渐湮没，被南下的汉族文明替代。	《逸周书·王会》中出现"长沙"一词，长沙自此开始其3000年不移址的城市历史。	秦国大将白起攻陷楚都郢，楚国屈原流放湖南，正在长沙，闻此噩耗自投汨罗江而死。	刘邦立国后改"临湘"为"长沙"，并立吴氏长沙国；从此楚文化和血统融入中华文化主流。

长沙简牍博物馆是中国收藏出土简牍最多的博物馆，就在白沙路上，天心阁对面。湖南省博物馆云集了商周青铜器、马王堆汉墓和湖南陶瓷等众多最著名的展览。

墙基于原生沙砾层，现存高度3米以上，以堆夯结合技术建成，并设加固槽与护坡。城内有三个大型宫殿建筑群，城外有贵族墓葬与祭祀遗存，城址周围分布有大量同时期的聚落遗址。城墙内外均有壕沟，具备防御与排水功能。

以炭河里城址及出土铜器为代表的区域文化，与以往所知相同或相近时期的本土考古学文化有较大差别，于是，有学者认为，炭河里文化是以商文化和本地原生态文化融合而成的非中原青铜文化，存在年代相当于西周，然而独立于中原西周王朝，炭河里城址就是当时这支文化群落的都邑。当然，这仍然只是一个猜想，并未能完整而清晰地讲述关于古代南方的故事。以二里岗为代表的商代青铜文化消失后，在湖南兴起的制作工艺更为精良的青铜文化，其主人是谁，其源头在哪里，其后裔去了何方，至今仍是一个谜。

楚国

中华文明史自夏商始，然而同时期的湖南仍属"荒服"，尚未受到"中原王化"的"恩泽"，不能同步进入文明时代。时称湖南地区的人民为"荆蛮"，意谓生活在北至荆山南至衡山之间地区的蛮族。

较无恶意的称呼是"荆楚"。楚人的始祖是鬻熊，《汉书》说鬻熊是周代国师，《史记》说周灭商后，成王分封功臣，鬻熊后裔熊绎被赐国于河南丹水、湖北荆山之间，以后沿汉水发展至长江中游地区，至西周后期，更达于湖南，并成为湖南地区的主要居民。因此，湖南又称"熊湘"。

湖南宁乡与四川三星堆青铜器

有意思的是，一些大型精美的器物，往往以"遗世独立"的方式出土，既不属于墓葬，也不与其他遗物、遗址共存，而是孤零零的，令人猝不及防的，在山间水际的"窖藏"里与人相遇。有学者推测，这或许是用来祭祀山川诸神的礼器。

说到非中原区域的青铜礼器，四川广汉三星堆是非常著名的遗址。学者发现，三星堆2号器物坑中的尊与罍，多与湖南、湖北出土铜器类似，而在铸造工艺上，两湖所出铜器较三星堆更为精美，与殷墟相比也不逊色。于是，有人推测，商文化的影响是通过湖北、湖南间接传入四川的，三星堆"仿制"的青铜礼器，其原型来自两湖地区。然而，三星堆礼器及其器物坑不是"独立"出土的，而是作为范围广大的遗址的组成部分，带着相对更完整的"故事"与数千年后的人类邂逅。宁乡的青铜器却不说话，直到炭河里遗址被发掘。

268 年	764 年	13 世纪初	1664 年
僧人竺法崇到长沙传教，创建麓山寺，佛教始传入湖南。	唐设置"湖南观察使"，在中国的行政区划上首次出现"湖南"之名。	"靖康之耻"约80年后，南宋初年湖南经济社会发展，人口总数达到500万人。	清廷令湖广右布政使移驻长沙，设湖南布政、按察二司，粮驿盐道，分辖长宝衡永辰常岳七府，郴、靖二州，自此，湖南建省。

在楚人向湖南扩张以前,生活在湖南地区的土著属于哪一个族群?一般认为,在商周时期,湘水、资水流域之民属于百越集团(今日湖南侗族的先民),没有争议;然而,沅澧流域的族群,是巴人(湖南土家族的先民),还是濮人(苗、瑶族的先民),聚讼纷纭,没有定论。幸好,虽不能确定他们就是哪一族,却能从史书记载与考古成果知道他们绝非越人,而与西南的夜郎、滇、邛诸族相近。

楚国自公元前8世纪末即向湖南地区拓疆,直至公元前4世纪,才控制了湖南全境。楚人之所以能砥定三湘,或要归功于楚成王的战略规划。初即位,他对北方诸侯"布德施惠",对周天子毕恭毕敬,明白表示对问鼎中原不感兴趣,以此,换来周天子一句话:"镇尔南方夷越之乱,无侵中国。"也就是说,小熊且放心南征,不必担心朕与诸侯抄汝的后路。"于是,楚地千里。"甚至,还以湖南为跳板,扩张至云贵高原。

入湘的楚人,忙着将越人赶到湘南,将"蛮濮"驱至湘西,一旦闲下来,他们干什么呢?据学者考察,湖南楚人最与众不同的地方,竟是"臭美"——亦即屈原所谓"余幼好此奇服兮,年既老而不衰","浴兰汤兮沐芳,华采衣兮若英",云云。这个评语还有考古学的证据:湖南战国楚墓出土铜镜数量,冠于全国。

楚国是唯一与秦相抗的大邦,文学之盛与武功之烈,皆足以代表当时的中国而无愧。然而,作为楚地的湖南,自始至终,只是边疆,只是谪地,迁居至此的楚人再爱美,也扛不住秦军的铁蹄。公元前224年,楚亡。

宋明理学与两大书院

很长一段时间里,南方的文化水平"不足与中国相抗",远远落后于北方。唐代以前,湖南文化竞争力的全国排名一直靠后。大中年间(847~860年),长沙人刘蜕中进士,竟被人称为"破天荒"。他在长沙的居所——蜕园,在清代成为湖南巡抚陈宝箴的寓所,近代著名学者陈寅恪就在这里诞生(今为周南中学校园)。唐代欧阳询是湖南最早的学者,但他在学术史上的地位并不重要。宋初有道州周敦颐,才是湖南出产的第一位重量级学者,不过,作为理学的开山祖师,他在当时并未受到应有的重视,及至南宋,经朱熹、张栻鼓吹,渐渐形成湖湘学派,濂溪(周敦颐号)之学才开始影响中国。明代又出了一位大学者,即人称"船山先生"的王夫之。明亡于清,王夫之誓不仕清,绝世隐居,终老于衡阳石船山。著述繁富,后人辑有《船山全集》。

2002年4月,龙山县里耶镇发现战国古城、古井与墓葬,出土简牍、青铜器等文物,其中有3万余枚秦简。

1840年	1852年	1853年	1854年
岳麓书院山长欧阳厚均重建山斋,宋代朱熹、张栻读书处,又重修道乡台。	太平军自广西入湘,9月,围攻长沙。11月,洪秀全在长沙城外造天王玉玺,诡称天赐。12月,撤围。	曾国藩至长沙,帮办团练,查办土匪,创立湘军。	8月,曾国藩率湘军水陆兵勇2万人,复岳州,10月,复武昌,12月,克太平军田家镇大营,湘军威名大振。

船山学社留下过郭嵩焘、毛泽东和何叔衡等人的足迹。

理学兴起于湖南,传授理学的主要场所是书院,以此,宋代四大书院中竟有两所在湖南。衡阳石鼓书院初建于唐代,宋太宗、仁宗两次为书院题匾,理学大师周敦颐、朱熹、张栻、湛若水皆曾住院讲学。南宋时期湖湘学派的活动中心,则在长沙岳麓书院,著名的"朱(熹)张(栻)会讲"就在这里举行,听众云集,盛况空前。

太平天国与湘军崛起

道光末年,洪秀全创立"拜上帝教",发动武装叛乱,从广西率军北上,越过洞庭湖,沿江东下,连克武昌、九江、安庆诸名城,在南京建立太平天国,开启了十几年的内战。清廷的常备军队——八旗与绿营早已腐坏,无力抵抗太平军,国势岌岌可危。清文宗咸丰即位,命各省在籍大臣兴办团练,襄助官军。当时,曾国藩在湖南为母亲守制,受命举办团练。然而,他不满足于只做维护地方治安、巡剿省内土匪的团练,而是在罗泽南协助下创建湘军,出省讨伐太平军。他与胡林翼、左宗棠、李鸿章及其弟曾国荃诸人合力,与太平军在长江两岸鏖战10余年,终于克复南京,"勘定大乱"。

湘军崛起,为湖南与湖南人在政治、经济、社会、学术各方面的发展提供了超级动力。有史以来,各项指标一直落后的湖南,经此一役,骤然暴发。咸丰、同治年间,各省督抚中湖南人几乎占了一半,再论出身湘军集团或与之关系密切的他省人,则比例更高。10多万湘军将士在征途固然流了不少血汗,可当他们凯旋时,携归的财货或能让死者含笑于九泉。这些财货转化为投资与消费,促进了湖南尤其首府长沙的经济发展。19世纪末20世纪初湖南成为全国最有生气的省份。而"湘学之名随湘军而大振"(梁

岳麓书院楹联故事

岳麓书院有一副著名门联:"惟楚有材,于斯为盛",或被理解为只有湖南出人才,甚至引致对湖南人骄傲自大的批评,这是误会。此联的"惟"与"于"是无意义的发语词,而"楚有材,斯为盛"不过是说岳麓书院吸引了大量优秀湖南学子来此求学。岳麓书院内悬的另一联:"吾道南来,原是濂溪一脉"因未署撰人姓名,很多人不知道原作者是谁,有人猜测是何绍基,也有人认为是王闿运所作,其实都不对。清光绪年间,长沙人王先谦任江苏学政,为南京金陵贡院撰联,云:"吾道南来,原是濂溪正派;大江东去,无非湘水余波。"原来,版权是他的(见吴恭亨《对联话》)。

1897年	1904年	1918年	1919年
浏阳人谭嗣同等人创立时务学堂,培养新学人才,湖南率先开展维新运动。	湖南人黄兴、陈天华和章士钊等创立华兴会,提出"驱除鞑虏,恢复中华"的号召。	4月,毛泽东、蔡和森等人创立新民学会。	6月,在湖南省学联的组织下,长沙发动各校学生总罢课,与北京的"五四运动"遥相呼应。

胡林翼

至少有4年时间，湘军的实际统帅不是曾国藩而是胡林翼。湘军的大本营不在湖南而在武昌，胡林翼长期担任湖北巡抚，他对湘军的作战、后勤、财政与人事，具有决定权。湘军东征途中最重要的战役是克复安庆，并直接影响全局的胜负，这场战役的指挥者正是胡林翼。遗憾的是，安庆之胜后，胡林翼旋即病逝。可以设想，若非早逝，今天的成功学偶像或许不是曾文正公，而是胡文忠公。

启超语），不仅经史子集等旧学领域出现了不少大学者，即使在新学方面也能引领一国的风气。"戊戌变法"以湖南为重要试点省份，可见湖南之维新；而美国耶鲁学生立誓远渡重洋来开化中国最保守的省份，可见湖南之守旧。湘军崛起后的湖南，绅商与高官斗法，旧学与新知竞争，保守与激进并存，堪称"斯时中国的缩影"。

辛亥革命在湖南

湖南是全国最早响应辛亥革命的省份。武昌起义3日后，"湖北兵乱"的新闻成了湖南报纸的头条。10天后，长沙"满城白旗"，"革党"焦达峰与陈作新策反新军，杀死指挥官黄忠浩，攻入巡抚署，起义成功。岳州、常德、衡州、宜章、宝庆各府县陆续跟进，全省光复（除了湘西）。1911年10月23日，成立"中华民国"军政府湖南都督府，举焦达峰、陈作新为正副都督；同时，设立参议院，以"立宪派"代表谭延闿为院长。29日，新政府中的"革党"主持各界会议，定议废除参议院，谭延闿辞职。31日，立宪派武装发起兵变，杀死焦、陈，举谭延闿为都督。辛亥革命在湖南如此收场，算是"失败"。然而，《潜伏》的台词说：有一种胜利叫撤退，有一种失败叫占领。哪种说法更"辩证"呢？

五四运动与"驱张"

1919年，五四运动席卷全国，湖南虽是南北军阀混战的主战场，各界同胞也纷纷走上街头，共襄反帝爱国盛举。除了"维持国货"（政府禁止公开宣传抵制日货）、罢课罢工、宣扬新文化、妇女解放等一般性诉求外，五四运动在湖南的"地方特色"项目，则是"驱张运动"。张敬尧，北洋旧将，皖系新贵，时任湖南省督军兼省长，以"捣乱"二字评价学生运动，发布训令，命军警"拿办过激党"，然而，罢课罢工、查烧日货的运动并未因此减

1927 年	1939 ~ 1944 年	1949 年	1960 年
5月，马日事变。9月，秋收起义。	四次长沙会战，中国军民顽强抵抗日军的进攻。	8月4日，程潜、陈明仁联衔通电，称脱离国民政府，加入人民民主政权。5日，人民解放军进入长沙。	1月，湖南建起43万个人民公社食堂。9月，全省大搞"瓜菜代"，以瓜果蔬菜代替口粮，度粮荒。

弱。6月29日,日本兵舰停泊常德,有示威之意;7月4日,日资客运公司竟然殴打在码头劝导市民勿乘日船的学生;而张敬尧不恤民意,公开为日人辩护,并解散学生联合会,查封毛泽东主持的《湘江评论》等媒体。于是,各界发表联合声明驱逐张敬尧。同时,谭延闿获得桂系军阀支持,控制湘南与湘西,为克复省城做准备;驻兵衡阳的直系吴佩孚则与湘军赵恒惕形成默契,让出防区,退归武汉,以便湘军北上"讨张"。1920年6月,张敬尧抵挡不住谭、赵联军的进攻,逃往岳州。湖南再次"光复"。

抗日战争与四次长沙会战

1938年11月,日军既陷武汉,渡江进攻湖南。当时,国民政府主张"焦土抗战"(李宗仁首倡,蒋中正批准),规定敌军距城30里,即可焚城。11月12日,日军进至距长沙250里之新墙河,前线电告后方,译电员竟漏译"墙"字,而"新河"距城仅12里;守军闻信,连夜举火,5个昼夜不熄,长沙城变为废墟。

"文夕大火"之后,国军与日军在湖南进行了四次会战。1939年10月,中国第九战区司令官薛岳在湘北挡住了10万日军的进攻。1941年9月至10月,薛岳率军在长沙以北再次阻击日军,鏖战33日,击毙击伤敌军48,000余人,击落战机3架、战舰7艘。自这年12月至次年1月,再接再厉,以"后退决战"的"天炉战法"重创日军,大获全胜,史称"长沙大捷";此役,据中方统计,国军伤亡28,116人,歼敌56,994人,而日方自称伤亡6000余人。1944年五六月间,中日军队先在湘北会战,国军不敌;日军乘胜前进,攻陷长沙,国军退保衡阳,8月8日,衡阳沦陷。

20世纪后半叶的湖南

从1949年开始,湖南省的政治、经济、社会和文化都取得了长足发

坐落于南岳衡山山腰处的南岳忠烈祠是大陆规模最大的抗战烈士纪念陵园。

焦土政策

1938年11月23日,国防最高会议副主席汪兆铭在国民参政会上谈到长沙大火,说:"若要像长沙这样一处处烧成白地,这便什么也完了。战区以内一切物资烧光,我何所资?将一切物资烧光,剩下了一大群饥无食、冷无衣、宿无所的灾民,怎么办呢?带着走吗?走不动杀吗?于心何忍。撇开吗?那真是资敌,何况这里头还有不少做收复工作的人,为什么要使之无衣无食以为收复呢?"

1966 年	1972 年	1995 年	1998 年
6月,各地市县委工作队进入中等以上学校领导"文化大革命",此后全省学校相继停课。次年各地武斗迭起,造成大量伤亡。	1月,开始发掘马王堆一号汉墓。2003年1月,马王堆汉墓出土帛画首次向公众展示。	湘江流域迭受洪灾,因灾遇难400余人。	澧水、沅水流域及洞庭湖地区发生特大洪灾,损失十分惨重。

展。其中人口自然增长率从1949年的10.61‰大幅提升至27.97‰，增幅迅速。人口的增加可以看作湖南经济和社会从长年战争阴影下走出来的一个象征。

然而，此后的湖南先后经历了"三反五反""反右"和"四清"等政治运动以及"大跃进"经济发展模式，阻碍了社会发展的正常进程。随之而来的"文化大革命"更是给湖南造成全面的破坏。

1978年至20世纪末，湖南在改革开放的国策下迎来经济高速发展，社会进步，文化繁荣的新阶段。

当代湖南：文化产业大省

湖湘文化的辉煌历史已经逝去。把当代湖南称作"文化大省"，恐怕有人会质疑；但称它为"文化产业大省"，不会引起异议。

湖南已成功打造许多文化品牌：独领风骚的张家界、南岳衡山、岳阳楼、韶山、凤凰古城、崀山等每年都吸引着无数旅行者前往。2013年建成通车的矮寨大桥上榜世界十大"非去不可"的新地标。

近年来，多个文化产业领域的"湘军"也都堪称鼎鼎大名，独占鳌头：湖南新闻出版业领跑全国，2010年中南出版传媒集团上市时，其冻结资产总额创造了文化企业上市新纪录；湖南卫视掀起从内容到包装的视觉革新，《快乐大本营》《超级女声》《爸爸去哪儿》《歌手》等节目红透全国。以长沙为代表的娱乐活动，成为湖南人日常生活中不可或缺的一部分。

> 1971年9月，毛泽东南巡抵湘，称"三要三不要"，即"要搞马克思主义、不要搞修正主义；要团结、不要分裂；要光明正大、不要搞阴谋诡计"，告诫林彪。毛泽东还嘱咐工作人员胸前不要挂像章。

2001年	2012年	2014年	2015年
8月，宁乡县炭河里遗址试挖掘，发现大型土台建筑遗迹，确定为商周时期文化遗址。	12月26日，京广高铁正式开通，湖南进入高铁时代。	湖南首次入选Lonely Planet旅行榜单，被评为世界十大旅行地区之一。	7月4日，湖南永顺老司城遗址和贵州遵义海龙屯土司遗址、湖北唐崖土司城遗址作为"中国土司遗产"共同被列入世界文化遗产名录。

湖南人

用湖南方言念起"吃得苦,耐得烦,霸得蛮"这句顺口溜,确实蛮有韵味的。但真正实践起来,就没那么轻松了。吃苦耐烦,天下皆知的好品格。霸蛮,则可能算是独属湖南人的一份性格。

不辣,不革命

湖南属长江中游,洞庭湖以南,地处中国东南腹地。全省大部分地区卑湿多雨,尤其是冬季来临时,整个气候变得阴冷潮湿,丝丝的冷是贴着肌肤钻进骨头的。常年苦于湿冷阴寒的湖南人只得食用大量辣椒,用辣的热量来祛除体内的寒湿二气。嗜辣既久,这辣味似乎也渐渐渗入湖南人的性格当中。像辣椒一样,虽其貌不扬,但一接触,就能感知迎面扑来的热烈爽直、自由奔放的气息。人也敢于任事、敢于变革,尤其在国家危难之际,能挑起大梁,做中流砥柱,这样的人杰将才,前前后后、各朝各代算来不少。尤其在中国近代史上,这块土地涌现出了中兴名臣曾国藩、左宗棠等人,戊戌维新的谭嗣同,辛亥革命的领导人黄兴、宋教仁、蔡锷等人,随后又诞生了毛泽东、刘少奇、任弼时、彭德怀、贺龙、罗荣桓等一大批革命家、政治家、军事家。而在湖南大湘西地域中,生存环境更加严酷,气候也更加阴寒潮湿,当地居民嗜辣程度更为猛烈,那里也是乱世中多出军人和土匪的地方。"湘西土匪"被各色影视剧所演绎,受到近代人广泛认知,不过何为"匪"可能还有待定义。

吃得苦,耐得烦,霸得蛮

自古以来,湖南人就被中原文明归入"南蛮",视为愚昧落后不开化一类。湖南,一度也确是生存条件极度恶劣的蛮荒之地,否则楚怀王也不会将屈原贬谪至此,汉文帝也不会将贾谊发配给长沙王做太傅,更还有柳宗元、王昌龄等诸多名士文人,被贬谪或放逐至湖湘边地。

也许正是这片远古蛮荒,造就了湖南人倔强、刚直的性格,使人能在充满艰难困苦的环境中,勤勉耐劳,独立自主,敢为人先,争斗出开阔天地。曾国藩、毛泽东是其中的杰出代表。

这份"蛮"也赋予了湖南人野性与灵性,谭盾将它放进自己的音乐里,黄永玉则将它融进自己的国画雕塑中。谭盾创作《地图——寻找消失中的根籁》,灵感即取自多年来往于湘西土家族、苗族、侗族采风的启发,以湘西的淳朴民风为主调。2003年11月他将舞台搬到凤凰古城的沱江河畔,3000余名当地居民在现场聆听了这场多媒体景观音乐会。黄永玉,与其表叔沈从文一样(沈十多岁就加入行伍,跟随军队浪迹沅湘),十三岁时外出谋生,流浪福建,在德化山区做小工。凭借着湘西人特有的蛮劲,叩开艺术

湖南文化名人

章士钊:
长沙人,学者

齐白石:
湘潭县人,画家

沈从文:
凤凰县人,文学家

翦伯赞:
桃源县人,历史学家

周立波:
益阳市人,作家

田汉:
长沙县人,戏剧家

贺绿汀:
邵东县人,音乐家

黄永玉:
凤凰县人,画家

谭盾:
长沙人,音乐家

韩少功:
长沙人,作家

快乐至上

省会长沙，一度被谑称为中国"脚都"。在这个快乐至上的都市里，随处可见各种洗浴场所，洗脚是其中的重头戏。洗前服务员会按惯例丢下一袋状物品——槟榔，这是当地人的最爱。本土笑星奇志、大兵为此专门创作过一个相声段子《洗脚城》。如果你来到湖南，不妨亲身体验一下足浴。

湖南城市的夜晚是不甘寂寞的，一些大型的歌厅夜总会这两年逐渐式微。具有独特品位的小咖啡馆、小酒吧如雨后春笋般出现，相比那些火爆热闹的大型演艺场所，这些小地方更具文艺气质。长沙的太平街、化龙池已形成了小酒吧一条街。K2 Summit、46LIVEHOUSE、蜉蝣、塔克堡、扉页等酒吧（咖啡馆）有民谣歌手驻唱，或经常举办一些艺术活动。演唱会、先锋戏剧、摇滚和民谣音乐巡演、诗歌朗诵会、当代艺术展等类似的活动已经越来越多，虽然依然小众。湖南人的休闲生活从那些大型娱乐场所转移到这些有个性有品质的小地方，某些改变已经发生，潜伏的文艺气质开始冒头。

人口与民族

湖南人口众多，在中东部省市中首屈一指。这块仅占全国面积2.1%的地域，养育着全国5.2%的人口。2017年底，湖南常住人口总数达到6860万人。湖南人口的分布特点是中东部稠密，西部边缘稀少，人口最密集地区是长沙、株洲这样的东部大中城市，其人口密度超过500人/平方公里，而西北、西南、东南地区人口密度少于200人/平方公里。湘西山区约占全省面积的1/3，人口仅占1/6。

湖南也是一个多民族省份，聚集着多个世居少数民族——土家、苗、侗、瑶等，约占全省人口总数10%以上，回族、维吾尔族等少数民族则是从外省迁入湖南的。武陵山脉、雪峰山以西的大湘西区域是湖南少数民族聚居地，在此区域内的湘西土家族苗族自治州、怀化、张家界、邵阳等地集中了全省96.86%的少数民族人口。这片区域河溪纵横，山水秀丽柔美，民风质朴强悍，充满了楚文化与巫鬼文化的神秘传奇。历史上，湘西曾为土司彭氏王朝统治（位于永顺的土司城遗址与湖北唐崖土司城遗址、贵州播州海龙屯遗址联合代表中国土司遗产申遗成功），还曾被划入黔中郡。湖南两个主要的少数民族——土家族和苗族，主要都分布在湘西地区。贵州高原余脉和雪峰山以南的山区，聚居着侗族。湘桂、湘粤边界的山区则是瑶族人的主要居住地域。

湖南是土家族最主要的世居地之一，土家族亦是湖南人口最多的少数民族。湖南土家族自称"毕兹卡"（音），意指"本地人"，现主要分布在湘西永顺、龙山、吉首、凤凰和张家界等县市。在中国55个少数民族中，土家族定名最晚，直到1956年才经国家民委识别确定为单一民族。随着现代文明冲击与同化，不少民族服饰和语言均面临被"弃用"的危险。如今日常中，只有部分土家族老人还会着青色丝帕，穿对襟衫。土家族祭祀舞蹈"摆手舞"以及被称为中国戏剧鼻祖、土家族文化活化石的"茅古斯"，极具视觉震撼力和想象力。

湖南的苗族，古时活动在"左洞庭（洞庭湖）、右彭蠡（鄱阳湖）"长

"赶尸"和"放蛊"

在湘西少数民族聚居地区,曾经流传着一种日渐消失的巫鬼文化。世人最喜传播且最怪力乱神的当属只听说却从未见过的两种巫术——"赶尸"和"放蛊"。在民间存在着关于这两者神乎其神的各种说法,最典型的就是"赶尸"——一种驱赶尸体行动的法术,目的在于把客死他乡的游子的尸体运送回家安葬。尸体在赶尸人的法术驱使之下,会自行走动挪移。"放蛊"则是指针对某一对象下蛊,使其遭遇不幸或心身受损。现在凤凰、张家界这些旅游热点地区,仍常在一些大型实景表演中,穿插这两项巫术的表演。

湖南少数民族分布

土家族:
湘西(永顺、龙山)、张家界(桑植、慈利)、常德(石门)

苗族:
湘西(凤凰、花垣、吉首)、怀化(靖州、麻阳)

侗族:
怀化(通道、新晃、靖州、芷江、会同)

瑶族:
永州(江华、江永)、邵阳

回族:
常德(桃源、汉寿、隆回、桃江、鼎城)

江中游的"荆楚"一带,唐宋以后逐渐从洞庭湖溯沅江西迁,到达湘西和黔东这个历史上称为"五溪"的地区。苗人与汉人毗邻而居,苗人多生活在深山,汉人居住在沿河两岸和河水流过的低地上,所以民间流传的歌谣曰:"官占城,汉占坪,苗家撑在半天云。"苗人的不断西迁和汉族的不断西进是同时进行的。

湖南瑶族约70余万人,他们世代以山为伴,临水为家,多不居湘南。其族史最大的悬案为迷失的祖居地"千家峒",至今仍处于复杂的学术探索中。在隆回虎形山海拔1400米左右的高山居住区,大约有6000瑶族人口,因对服装色彩非常敏感,女子至今仍穿着鲜艳多彩的衣服,而被外界称为"花瑶"。其颜色鲜艳、绣法独特的花瑶挑花,2006年被录入国家非物质文化遗产名录。

湖南侗族约80余万人,聚居于湘西南。自古建筑技艺精湛,"风雨桥"(又称"花桥")已成侗族最独特的标志。据相关部门初步统计,湖南通道县境的风雨桥约有180多座,大多还在使用。另外,以多声部、无指挥、无伴奏、自然和声等特点著称的民间合唱形式"侗族大歌",堪称民族歌舞之瑰宝,早于20世纪80年代就名扬海外,2009年已列入世界人类非物质文化遗产代表作名作。

宗教

与中国大多数内陆省份一样,湖南人所奉宗教也是以佛教、道教为主。在大多数平民百姓心中,佛教与道教并无太大区别,将供奉的各路菩萨神仙合称为"老爷"。五岳之中的南岳衡山是一座宗教名山,既有佛教"六朝古刹,七祖道场"的福严寺,也有道教纪念东晋女道士南岳夫人魏华白日飞升成仙所建的黄庭观,山顶祝融峰则供奉着香火的赤帝——祝融火神。在中国旅游业还未风行之前,三湘大地的老百姓每年都会进行一次南岳朝拜之旅,或为祈福,或为还愿。尤其是每年南岳"老爷"的生辰,四面八方笃实的信徒会不辞辛苦,从家乡长途徒步前往。后来交通日趋便利,南岳香火更为旺盛。现在每到特定的日期,南岳便是满山的人、满山的车。

在大多还未城市化的湖南乡镇,都还保留有自己的庙观祠堂,成为一方乡土或城镇的宗教社区中心。走在老城、古镇或乡间,偶尔也能碰见一些小小的土地庙,供奉着在神仙界地位相对不高的土地公公和土地婆婆,有些甚至是只够安置两尊小神像的神龛(在凤凰的夺翠楼楼下,就有这样的神龛)。车行路上,有时会见到路边竖立着一块"南无阿弥陀佛"的石碑,此处一般是最常发生交通事故的路段。

位于长沙的岳麓山,是泛义的南岳七十二峰之一,儒、道、佛集于一山。山脚的岳麓书院是儒家的讲堂,山腰的古麓山寺始建于268年(西晋),其时距佛教从印度传入中国仅200多年。所以,古麓山寺号称"汉魏最初名胜,湖湘第一道场"。山顶的云麓宫则是始建于明朝的道教二十三洞真虚福地。那里风景绝佳,是俯瞰长沙市区的最佳位置。

19世纪末20世纪初,基督教文化融入湖南,在较大的城镇出现了天主教堂、福音堂等传教场所,西方文明也随之步入湖南,如长沙著名的湘雅医院即是一家教会医院。湖南西北部的桃源县内,有一片维吾尔族移民聚居地,信奉伊斯兰教。长沙市白沙古井之上方有清真古寺,在距离长沙繁华商业中心地的伍家岭仅十几分钟车程的地方,还有长沙市唯一的民族村——汉回村,汉族与回族人民在那里共同居住。

2011年,电影《雪花秘扇》讲述了湖南南部某个小镇上的故事,故事中的两位女主角从小就按照当地风俗结为老同,自幼生活在一起,靠着一种当地特殊的文字来交流彼此的心事。这种当地特殊的文字,就是濒临失传的江永女书。

建筑和艺术

湖南的建筑和艺术都透着少数民族风情,尤其是土家族、苗族聚居的湘西,以标志性的吊脚楼和丰富多彩的民间艺术备受旅行者青睐,横跨德夯大峡谷的矮寨特大悬索桥,则是拥有多项世界第一的现代建筑奇迹。名扬天下的岳阳楼和岳麓书院蕴藏着深厚的人文积淀,各地的书院、文庙和名人故居等建筑也都值得拜访。

湖南这片土地走出名人无数,在文学、音乐、戏剧等各领域都占据一席之地,甚至具有奠基性的意义。他们有的扎根乡土,坚守传统;有的走向世界,兼容并包。在大量获奖作品中,不难发现这些艺术家对湖湘文化的传承与发扬。

建筑
湘西吊脚楼

吊脚楼是湘西土家族、苗族、侗族等少数民族民居的精华所在。顾名思义,这种建筑离地架空,可抵御阴冷潮湿的气候和山中野兽虫蛇的侵扰。各民族聚族结寨,有机地融于自然环境之中。

根据外形不同,吊脚楼又分为两种:挑廊式和干阑式。挑廊式吊脚楼因在二层挑出走廊而得名,常依山就势;干阑式吊脚楼则多临河而建,上层铺木板居住,底层架空作杂房,下部支撑的杉木排列不整,呈现出一种原始美。铺展在凤凰沱江两岸的就是典型的干阑式吊脚楼,是湘西重要的旅游符号。

吊脚楼多为木质结构,三开间,中间堂屋设坛祭祖,并作婚丧大事和宴请宾客之用。与堂屋联系最密切的是火塘,在此做饭用餐,烤火取暖,或休息闲聊,常从屋梁吊下炕架供烘烤腊肉等。居室围绕堂屋展开,土家

侗族鼓楼与风雨桥

侗族民居以吊脚楼为主,侗寨中还有独具民族特色的鼓楼和风雨桥。

鼓楼分多种,以密檐式最多,远看酷似宝塔。叠楼从几层到十几层,四角、六角或八角,檐角高高翘起。底下以四根粗壮杉木直通楼顶,顶盖多为伞形,细长的塔尖凌空而立。楼顶、檐角和封檐板都装饰着精美的彩塑和绘画。鼓楼是侗族人民团结的象征,每个侗寨至少一座,有的多达四五座。鼓楼内附一架梯子,遇到紧急情况时登楼击鼓,聚众议事。

风雨桥亦称"花桥",由巨大的石墩、木结构桥身、长廊和亭阁组合而成,可避风雨。桥上均以木料筑成,和鼓楼一样,靠榫衔接,不用一根铁钉,也没有图纸。在通道侗族自治县陇城镇至皇都侗寨的乡村公路沿线,30公里就有15座风雨桥,相隔最近的不到百米。这些风雨桥至今都在使用,最早的建于清初,也有民国时修的,20世纪80年代所建的新桥也坚持使用纯木结构。

族用板壁隔断开间,苗族则不然,各开间大都连成一片,以满足在室内举行"吃牛""接龙"等聚会性活动。

人文古建筑

岳阳楼与武昌黄鹤楼、南昌滕王阁并称"江南三大名楼",登楼可远眺洞庭胜景。《岳阳楼记》赋予它忧国忧民的人文气质,建筑本身构制雄伟,尤其顶层巨大的黄色琉璃瓦盔顶英气十足。整体为纯木结构,没有使用一根铁钉,梁、柱、檩、椽全靠榫头衔接,相互咬合,稳如磐石,经历百年风雨,又平安度过2008年的冰雪灾害。

长沙岳麓山下的千年学府岳麓书院,是在屡毁屡建中保存下来的清代古园林建筑群。布局上采用中轴对称、纵深多进的院落形式,主体建筑头门、大门、二门、讲堂、御书楼依列于中轴线上,讲堂在正中,斋舍、祠堂列于两侧。既营造出了庄严、幽远的纵深感,又体现了儒家文化尊卑有序、等级有别、主次鲜明的社会伦理关系。此外,湘乡东山书院、炎陵渌江书院等也都保存较好。

湖南省内存有多座文庙,如宁远文庙、岳阳文庙、浏阳文庙,其中宁远文庙是中南地区保存最完整、规模最大的文庙,与曲阜孔庙齐名。庙内的石浮雕精美绝伦,特别是20根高浮雕镂孔龙凤石柱群,具有极高的艺术价值,为全国古建筑所仅有。岳麓书院是唯一一座建有独立文庙的民办书院。

汉族传统民居

湖南汉族民居在形式和功能上大异于北方,较之江南少了几分秀丽,而更显朴实。湘东、湘中、湘南等地区的传统民居组成单元大体相同,组合方式却不拘泥于固定的格局。室与室之间、室内外之间以及各庭院天井之间的空间划分都比较灵活通透,以适应潮热的气候。旅行者可以通过参观名人故居来感受湖南汉族传统民居的特点,这些故居一般建于明清,在战争和"文化大革命"期间遭到不同程度的破坏,如今修葺一新后对外开放。如湘潭韶山的毛泽东故居、长沙宁乡的刘少奇故居、娄底双峰的曾国藩故居、浏阳市区的谭嗣同故居等。

文学
屈贾之乡

屈原和贾谊,这两位被流放于湘地的著名文人可谓湖南文学艺术的源头,其作品散发出与正统文化相疏离的意味,隐忍而缠绵。战国时期的屈原是我国已知最早的诗人,他在楚国民歌的基础上创造了一种浪漫主义抒情韵文,以《离骚》为代表,故称"骚体",也称"楚辞体",篇幅较长,形式自由,多带"兮"字。屈原常以"香草美人"来比喻美好的政治和高尚的人格,可见其审美追求和爱国情怀,正如司马迁所言:"其志洁,故其称物芳。"西汉的贾谊在《论积贮疏》《过秦论》等名篇中提出自己的政治主张,被贬长沙期间作《吊屈原赋》《鸟赋》抒情言志,是汉初"骚体赋"的代表作。

同样流落湖南的外地人还有杜甫。他暮年漂泊而来,在岳阳楼上忧思,"戎马关山北,凭轩涕泗流";在长沙巧遇大音乐家李龟年,慨叹"正是

> 岳阳张谷英村保存着古老而神秘的明清古建筑群,至今仍有2000多人居住。大屋建筑奇特,天井连成一片,巷道四通八达,关起门是一小家,敞开门就是一大家,有"天下第一村"和"民间故宫"的美誉。

江南好风景,落花时节又逢君"。他屡登岳麓山,泊湘江以舟为家,留下许多诗篇记录当时长沙地区的风物人情。而唐宋八大家之柳宗元在永州的十年贬谪生活中写下了著名的《永州八记》。北宋词人秦观被贬郴州,无可奈何地呼唤"郴江幸自绕郴山,为谁流下潇湘去"。南宋爱国词人辛弃疾任湖南安抚史时在长沙组建飞虎军,引来误解和攻击,"金戈铁马,气吞万里如虎"的将军梦想终成空,却以豪放的作品得"词坛飞将"之名。

经世致用

时至明末,衡阳人王夫之主张经世致用,其朴素唯物主义思想直接影响了湖湘文化的发展,也体现在后来的文学作品中。他晚年居南岳衡山下的石船山,著《读通鉴论》《宋论》等代表作,世称"船山先生"。邵阳人魏源所著《海国图志》提出"师夷长技以制夷"的新思想,对后来的维新变法运动起到积极的推动作用。晚清湘乡(今双峰)人曾国藩文法继承桐城派,又一改其枯淡之弊而自成一家,世称"湘乡派"。他一生修身、齐家、治国、平天下,蒋介石称"其著作为任何政治家所必读",《曾国藩家书》至今仍然畅销。跟随曾国藩组建湘军的郭嵩焘曾作为清政府派出的第一位公使出访英法,将见闻写成《使西纪程》《伦敦与巴黎日记》,这些当年的欧洲游记,讲述并称赞了西方的政教制度,倡言清政府效仿。

文字是湖南人革命的有力武器:谭嗣同的《仁学》猛烈抨击了秦汉以来的封建专制制度;陈天华的《猛回头》《警世钟》里大声疾呼"改条约,复政权,完全独立;雪国耻,驱外族,复我冠裳";著名教育家板仓先生杨昌济翻译了《西洋伦理学史》,培养出毛泽东、蔡和森等一批进步青年。在杨昌济的带动下,毛泽东以"二十八画生"的笔名向《新青年》投了一篇《体育之研究》,成为他公开发表的处女作。五四运动时期,25岁的毛泽东在长沙创办《湘江评论》,被李大钊称为当时全国最有分量、见解最深的刊物,仅出了5期就被反动军阀查封。毛泽东一生留下数十首革命题材的诗词,《沁园春·长沙》《沁园春·雪》等名篇脍炙人口,以其豪迈的狂草书法写就,更显气势磅礴。

现当代文学

20世纪30年代,鲁迅率领左联与国民党争夺宣传阵地,这一时期湖南独特的地域背景也催生出丁玲、周立波、张天翼、萧三、叶紫、谢冰莹、彭家煌等一批左翼作家,他们在创作中不约而同地展现出湖南轰轰烈烈的农村革命运动,组成一份珍贵的历史记录。

20世纪七八十年代,获得首届茅盾文学奖的6篇长篇小说中,《将军吟》的作者莫应丰、《芙蓉镇》的作者古华都是湖南人,"文学湘军"在中国文坛声名鹊起,随后获奖不断。女作家残雪被视为先锋派的代表人物,关注深层的内心世界,以梦魇般的题材和语言风格脱颖而出。带她走上专业作家之路的何立伟曾从事诗歌创作,小说中也透着浓厚的诗意。韩少功的《马桥词典》以自己在湖南某乡村公社的知青下乡生活为素材,用词典形式收录了115个词条,又巧妙地形成一个故事。长沙人何顿的小说是湖南市井文学的代表,他爱用方言俚语写长沙这座城市的人和事,读他的小说就像一场文字上的旅行,2011年发表最新力作《湖南骡子》。身为官员的王跃文以50万字的长篇小说《国画》轰动文坛,是当代官场小说的代表作家。已故诗人昌耀一生坎坷,参加过抗美援朝,后在青海颠沛流离,他的诗在

湘西赤子沈从文

沈从文用文字创造了一个世界,再也没有谁可以把湘西写得那么好。他生在湘西凤凰县,少年从军,流浪于沅水流域,经历曲折。从未上过大学的他,却因文学成就卓著而登上高校的讲台,也是著名的文化史专家。

1934年完成的《边城》是沈从文牧歌式小说的代表,也奠定了他在中国现代文学史上的特殊地位。以边城小镇茶峒为背景,借船家少女翠翠的曲折爱情,展现出一个纯净自然又富有诗意的湘西。他还写过《湘行散记》等大量以湘西生活为题材的散文,虽一生漂泊,但他的灵魂却从未离开家乡的山水。

如今沈从文的故乡凤凰已成为湖南人气最旺的旅游景区,游客可参观他的故居和墓地。墓志铭上书"照我思索,能理解我;照我思索,可认识人",反映了他的写作态度和哲学思考。吉首大学还设有沈从文纪念馆。

西北高地的人文背景下显得质地坚硬,有金石之声。

音乐

湖南境内多丘陵,山歌流传广泛。20世纪30年代,中国流行音乐的奠基人黎锦晖,根据湖南民歌《双川调》创作的《采槟榔》风靡上海,原唱周璇、邓丽君等明星多次翻唱。今天湖南出了两位著名的歌唱家,李谷一的《浏阳河》和宋祖英的《辣妹子》都唱出湖南的味道,张也、陈思思等也是湘妹子。

长沙人谭盾是著名的作曲家和指挥家,在国际上享有盛名。他最为业界称道的作品是结合了中国传统元素的交响戏剧系列,而他最为大众所知的成就,是因电影《卧虎藏龙》配乐而获得的奥斯卡最佳原创音乐奖和格莱美奖。以《水乐》《纸乐》和《陶乐》为代表的"有机音乐"系列和《地图》等多媒体系列作品,都是他对音乐视觉表达的大胆实验。

20世纪末,长沙渔湾市成为湖南摇滚乐发源地,这里走出一支哥特风格的木马乐队(现已解散),曲风低调唯美,游移在青春的幻境中。后来很多高校都组织起校园乐队,到21世纪初,本土摇滚乐迎来巅峰,酒吧常有演出。目前长沙大概有几十支本土乐队,但迫于生存压力,大多只是当成一种业余爱好。46LIVEHOUSE和蜉蟒爵士俱乐部是长沙与外界音乐交流的重要平台。橘洲音乐节的举办和逐渐增多的巡回演出,使长沙成为南方仅次于广州的民谣摇滚基地。

橘洲音乐节自2010年起已经成功举办10届,坚持用音乐传达娱乐之都的青春脉搏。如果你在5月来到长沙,别错过在湘江晚风中享受这场户外音乐盛会。

戏剧

作为楚文化一脉,湖南的地方戏剧具有悠久的艺术传统,种类繁多,以湘剧和花鼓戏为主。前者以长沙、湘潭为中心,民间称"大戏班子",角色、行当分工细致,剧情也较严肃,代表剧目有《琵琶记》《白兔记》《拜月记》;后者则完全源自民间,趋于俚俗,不时插科打诨。如果把花鼓戏比作流行音乐,那湘剧就是美声了。尽管在现代生活的冲击下,地方戏剧日渐式微,年轻人已经基本不听戏了,但在长沙坡子街的湘江剧院、火宫殿还是常年上演经典剧目,沿江风光带也聚集着一众票友。此外,湖南地方戏剧还有巴陵戏、祁剧、辰河戏、阳戏、花灯戏、傩戏、苗剧、侗戏等。

值得一提的是,湖南诞生了中国现代戏剧的两位奠基人——田汉和欧

长乐故事会是汨罗长乐镇每年正月举行的民间杂技表演,不是普通的说故事,而是用精心制作的道具来演故事,集惊、奇、险、巧于一体,甚至有小孩子踩在两三米高的高跷上表演。

土家族舞蹈

摆手舞的土家语称"舍巴",是土家族传统的祭祀舞蹈,带有浓厚的宗教色彩,后也用来庆祝丰收和胜利。在土家族聚居区,有专门跳摆手舞的"廊场",土家人叫"摆手堂",时间一般在正月。摆手舞不论男女老少,不限人数,自动形成圆圈,动作多模仿耕作、采桑等劳动,糅合军事活动中的张弩射箭,配合着锣鼓唢呐和摆手歌。一村一寨自行娱乐是小摆手,大摆手则相约数十个村寨"齐乐"。

在摆手舞中间还会穿插表演茅古斯舞,土家人结稻草为服,通过舞蹈、道白来讲述原始初民渔猎农耕等故事,被专家称为"中国戏剧的最远源头"。

这两种舞蹈流行于湘西永顺、龙山、古丈等土家族地区。

阳予倩,两人都曾赴日留学,是文艺团体南国社的重要成员,共同举办西南第一届戏剧展览会,各自留下许多经典剧目。

民间艺术

湘女多情,亦手巧。湖南各地精致的民间手工艺品是旅行者的购物首选。

湘绣是长沙一带刺绣产品的总称,带有鲜明的湘楚文化特色,位列中国四大名绣之一,构图严谨,色彩鲜明,以中国画为基础,运用70多种针法和上百种颜色,极富表现力,"绣花花生香,绣鸟能听声,绣虎能奔跑,绣人能传神"。在长沙的中国湘绣博物馆可以欣赏和购买。

"瓷城"株洲醴陵是举世闻名的釉下五彩瓷原产地,当地生产陶瓷的历史可追溯到东汉时期的陶器作坊。1905年,国民政府总理熊希龄在醴陵开办瓷业学堂,首创薄如纸、白如玉、明如镜、声如磬的釉下五彩瓷,享誉国际。红官窑曾为毛泽东等国家领导人特制生活用瓷,在韶山毛泽东遗物馆有所展示,在醴陵的生产总部可参观体验,长沙也有一家品牌店。

滩头年画是邵阳隆回滩头镇的一种手工木版水印年画,产生于明末。画面色彩火红艳丽,造型夸张粗犷,构图饱满简洁,纯正的乡土材料和独到的工艺,使作品具有呼之欲出的浮雕感。代表作品有门神画像《秦叔宝》《尉迟恭》,戏文故事类的《老鼠娶亲》,等等。滩头年画作坊现仅存两三家,技艺较高的艺人也仅剩两三人,因恪守"传内不传外"的祖训,年画面临失传的危机。

湘西凤凰的手工蜡染也是旅行者不应错过的民间艺术珍品,土家族和苗族的蜡染工艺略有不同,但都原始古朴,是很好的装饰品。凤凰古城的刘大炮是当地最著名的蜡染艺术家,他可以凭感觉配染方,不用试染,直接用手伸进染缸,提出来看一眼从掌上流下的水珠,便能判断颜色是否符合要求。熊承早的蜡染作品、傅元庆的中国古文字蜡染书法也都颇具功力。此外,土家族还有一种织锦叫"西兰卡普",汉语译为"花铺盖",过去土家姑娘出嫁时,都要在织布机上织出美丽的"西兰卡普"。

> "我的床前就贴着两张花纸,一是'八戒招赘',满纸长嘴大耳,我以为不甚雅观;别的一张'老鼠成亲'却可爱,自新郎、新妇以至傧相、宾客、执事,没有一个不是尖腮细腿,像煞读书人的,但穿的都是红衫绿裤。"鲁迅在《朝花夕拾》中专门描述了滩头年画《老鼠娶亲》,并将其视为珍品收藏。

饮食

辣,确实是湘菜的主要特色。虽然本土最著名的老式大厨总爱向外人宣称:湘菜菜谱,一半以上的菜不辣。可外地人进入湖南,每到中午时分,顿时会觉得连空气也一下子变辣了——那时正是千家万户炒菜的时候。

湖南人爱吃炒菜,尤其当堂小炒。小炒的过度流行和泛滥,使一些城市本来上档次、讲情调的餐馆,难以抵挡这种风气,一一被同化、沦落为百姓大"食堂"。在湖南大小城市间,遍布美味炒菜的"苍蝇馆子",是本省的一大特色,这些餐馆多使用经过炼制的"老油"(为炒出口味较重的菜肴而特制的油)。

在晚清至民国形成并奠定的中国"八大菜系"中,湘菜原本排名垫底,但近20年来世风大变,刺激性的"辣味"引发全国人民喜爱的"嘴上风暴",湘菜从1993年起忽然高歌猛进,大出风头,红火了全中国。每个爱吃的中国人,几乎都能说出几道湘菜的著名菜式,如毛氏红烧肉、剁椒鱼头等。

不过,今天你再到湖南来点这些著名菜式,会惊讶地发现,剁椒鱼头在湖南本地早已不时兴,以致很多餐馆没有这道菜;而毛氏红烧肉,当地人并不爱吃。只有最家常的辣椒炒肉、坛子蒸肉,始终在大小餐馆的菜单上名列前茅。

食材
调"味"料

来到湖南,不能不说到辣椒。

辣椒,是湘菜中最具特色的"味精",且各种做法大有讲究。如果要调制家常喜嗜的香辣味,辣椒最好剁碎,加香麻油、大蒜、豆豉等,制成剁辣椒使用。如要调制成酸辣味,要将辣椒用开水烫过,再放进раз水坛中腌制一段时间,就成了具有酸辣口感的瓿辣椒。此外,干辣椒还可与大茴、小茴、桂皮、紫苏等配合,在烹制口味虾、口味蟹时,奠定香辣口感。还有一种让人大跌眼镜的调味是辣上加辣,不同辣度的辣椒混合在一起调味。比如,将剁辣椒混入衡阳黄灯笼椒,两种辣椒结合,让食者每个毛孔都酣畅淋漓。吃一顿饭,好像做了一场桑拿,舒服是舒服,只是有时辣得人头皮发麻。

米饭和米制品

有人据考古发现认为,人类最早的人工培植稻种出现在湖南南部的永州玉蟾岩;明清时,中国有"湖广熟,天下足"之谚;直到现在,湖南仍是中国最重要的稻谷种植基地。

理所当然,湖南人的主食以米饭为主。为表示隆重和盛大,富于黏性的糯米饭(以年夜饭中的八宝饭最出名)和糯米制品(年糕、糍粑等),会出现在节日和宴会点心当中。因盛产大米,米制品在湖南大行其道,并成为

> 湖南人热衷食用各类海鲜。在湖南,如果有缘,一个外来者可能品尝传统大厨特制的"具有湖南特色"的美味海鲜——干发海鲜。据一些著名食家的说法,滋味较之沿海地区烹制的鲜活海鲜有过之而无不及。

湘菜二十年红火史

1993年,借毛泽东一百周岁之际,毛氏菜系曾随红歌红遍全中国;1998年,口味虾从长沙夜宵摊跳上全国人民的大排档,像变形金刚一样让中国各大城市的夜色不再阑珊;2002年,湖南本土的酱椒鱼头,带动了剁椒鱼头在中国各地的横行,霸占中国各地餐桌的主位,湘菜影响力达到顶峰。但此后,随着湖南本地家庭外出就餐成为潮流,本地餐馆酒楼制作的湘菜,越来越日常化、世俗化。你可以理解为,一方面,湘菜更贴近湖南的生活了;但另一方面,湘菜的创新能力在降低,餐桌上的美味佳肴,渐渐不再追求"高于生活"。本地食客和外来游客,在湖南的美食寻访中,往往难以获得新鲜的味蕾刺激和惊艳的味觉感受,人们对湘菜的热爱和积极尝试逐渐降温。

> 湖南人发明了红辣椒炒青辣椒、肉炒肉这样的菜式。肉炒肉,虽然是用大肉片来炒小肉片,但颇考验厨师的技艺。

本地特色。

湖南人的早餐,喜食米粉,不过在湖南吃米粉,点单前,需要先声明,是吃圆粉,还是吃扁粉。圆粉以湖南常德米粉最出名,扁粉则是湖南最大的都市群长沙、株洲、湘潭的人群最喜爱的一道美食,衡阳所食则为鱼粉。

湖南还有一绝,叫"米豆腐"。做法是将大米浸在石灰水中,至颜色发黄,再磨成米浆,经熬制、冷却形成豆腐块状即成。其中以湘西芙蓉镇胡玉音的米豆腐(见125页)最为出名。

此外,糖油粑粑、葱油粑粑、杯子糕、米糕、凉发糕、白粒丸均为米制品,作为小吃,美味而流行。遗憾的是,这些极具地方特色的米制品小吃,随着城市现代化的推进,正在加速衰亡。

豆制品和薯类食品

湖南最著名的大豆制品是长沙臭豆腐。将豆腐浸泡在发酵的植物卤水中,制成臭豆腐坯,油炸后,香喷喷、臭烘烘的臭豆腐,出现于长沙百年老字号火宫殿以及南门口五娭毑臭豆腐(见73页)的小摊上。但有些臭豆腐所用的卤水,疑对人体有害。市场上的臭豆腐摊点无数,鱼龙混杂,下口需谨慎。

湖南另一样值得推荐的豆制品是蚕豆制品。湖南盛产蚕豆,用蚕豆制作的刮凉粉和荷兰粉,因其美味仍具有相当大的号召力。

湖南人爱用魔芋根茎磨制成粉,制作成黑黑的魔芋豆腐(鳞皮豆腐),这种豆腐本身无味,但它与啤酒鸭、红烧鸭相配,形成绝味。

> 臭豆腐的卤水,有多种制法,其中以香菇、冬笋、豆豉、白酒等发酵制成的素卤水无害;用螺蛳壳制成的荤卤水对人体肝肾有害,另传有以化学品制作的卤水,均不宜食。在长沙城内,火宫殿、九所宾馆、蓉园酒店、南门口五娭毑臭豆腐摊等的卤水比较安全。

肉类

在外省人心目中,湘菜中最著名的猪肉菜式,或许是毛氏红烧肉。其实,红烧肉在湖南分两种,即甜味红烧肉和咸味红烧肉。毛氏红烧肉是甜味红烧肉的一种,因毛泽东爱吃而广为传播。咸味红烧肉在湖南更受欢迎,端午节湖南人普遍食用蒜籽烧肉,即咸味红烧肉的一种。此外豆笋烧肉、油豆腐烧肉,肉香油浓,对于无肉不欢者,大可入湖南一饱口福。

若想了解湖南最具烟火味的生活方式,必须要去尝试辣椒炒肉这味菜。辣椒炒肉是湖南最家常、最深入人心的一道菜。辣椒与猪五花肉相配,炒制时一般还要先用骨头汤杀去辣椒的青气。长沙人食用辣椒炒肉,还爱用油汁拌饭,颇具妙味。食用辣椒炒肉的季节一般为8月至11月,此季,本土辣椒正处成熟季节,以10月的扯树辣椒炒宁乡土产黑猪肉,味道更佳。

在湖南，牛肉菜肴制作亦颇为精致，既有烩得极细的小炒黄牛肉的家常做法，也能尝到微辣却美味的发丝牛百页（将牛百页切得如头发丝一样细，与玉兰片合炒，调醋，施胡椒而成）。还有砂锅牛尾，味颇浓郁。在湘中地区娄底，当地人更能制作牛全席，其中牛内脏制作的新化三合汤，掺以山胡椒油，食之颇为豪烈，极富地方特色。

腊肉也是湖南人的看家菜。湖南腊肉以湘西龙山、永顺所产大片腊肉为佳，而湘潭、长沙腊肉亦饶有风味，其他如新化、平江等地腊肉各具特色。大蒜、藜蒿、冬笋分别与腊肉合炒，其味美妙。腊肉与腊鲤鱼、腊鸡合蒸，为湘菜名菜"腊味合蒸"。腊猪肝、腊猪心、腊口条（即猪舌）经现场热卤，适宜下酒。来湖南，绝对不可错过食用腊味的机会。

湖南也是鸡鸭成群之地。其土产三黄走地鸡最出名，柴山鸡次之。鸡在湘菜中排名靠前。在湖南讲究吃鲜嫩的子鸡，"麻辣子鸡汤泡肚，令人常忆玉楼东"，说的就是这个道理。除麻辣子鸡外，著名鸡式还有东安（子）鸡、油淋庄鸡、左宗棠鸡等。青椒爆炒子鸡以及炒鸡杂也很流行。鸭菜是近十年来湘菜地方菜"农村包围城市"的后起之秀，永州血鸭、钱粮湖鸭、芷江鸭等是湖南鸭菜中的地方特色菜。

河鲜

虽然有新闻炒作湖南制作了全国最大的一盘重达百余斤的剁椒鱼头，并申报吉尼斯世界纪录，实际上，湖南盛产河鲜，当地人却不爱吃"大"鱼，认为其肉质太老。河鲜在湖南，仍然以"小"为美，手板长的鲫鱼，手掌大的甲鱼，是湖南人所喜爱的。现在来湖南，在江边找一家鱼店，将黄鸭叫、小鲫鱼、嫩子鱼等煮成一锅"敢为天下'鲜'"的杂鱼火锅，颇为讨喜。而在冬天来一锅有鱼子、鱼鳔、鱼白、鱼肠的鱼杂火锅也不错。至于洞庭湖的银鱼，那是特产，鱼极小，却金贵。

旅行者若想尝试洞庭河鲜，不妨一试"蝴蝶飘海"和"了龙脱袍"，前者为火锅涮柴鱼片，后者是把切成火柴梗长短的鳝鱼走大油再煸炒而成。如无食忌，在湖南，红烧甲鱼、口味蛇、姜辣蛇、香辣蛇、秘制河蚌、韭菜炒田螺，均让人食兴大发。龟羊汤则是湖南本地冬补药膳。

蔬菜

"三天不食青，口里冒火星"，从这句民谚，可知湖南人爱蔬菜之情切。除本地种植外，外地蔬菜更源源不断运入湖南。本土蔬菜以冬季所产最佳，包菜、白菜及红白菜薹、油菜薹，经霜之后，甜度颇高，滋味最美。湖南本地所产小芋头、小南瓜、小土豆、小冬瓜、小豆角均有特色，蒸食味美无比。

而最具本地特色的是各类野菜，香椿、野藠头、鸡菱秆、藜蒿、野茼蒿、水芹菜、蕨菜、栀子花、野韭菜等，只要应季，满山遍野皆是。以之入馔，可令唇齿芬芳，口气清新。

此外，枞林寒菌、雨季地木耳（雷公屎）、山间竹笋，烹之有道，令人乐不思归。又有茭瓜、菱藕、芡实之属，中秋重阳节时，以之佐湘北鹤龙湖、大通湖之蟹，菊花黄酒，此乐何极？

在湖南，辣椒本身也是食材，如不怕辣，入湖南，推荐一试油淋豆豉辣椒。另一款烧辣椒皮蛋或擂辣椒皮蛋，辣椒和皮蛋均呈暗绿色，貌似辣椒菜中的低调主义者，实为凶狠的"暗辣"菜，不幸遭遇到其中最辣的一

湖南特产有美味火焙鱼，可蒸、炸、炒食，风味不逊湖南腊味。不但可以一试，还可携之回家馈赠亲朋。

湖南人，尤其湘潭人甚爱嚼干槟榔，所谓"湘潭人有点宝，口里嚼着一蒲草"。

瓣，可让你舌头痛苦得在口腔内狂舞。

地方特色

在菜肴烹饪方式中，快熘小炒以湘江流域的长沙和衡阳最为擅长，入此地可多尝炒菜。位于西洞庭湖的常德等地则以钵子菜著名，湘西擅长腊味及干锅，蒸菜则首推湘东小城浏阳。

在湖南各地行走，如果有幸，亦可尝到一些地方特产烹制的宴席，最著名的有岳阳全鱼席、益阳笋席、常德钵子宴、张家界菌子席、湘西酸味宴、怀化麻鸭席、娄底全牛席、邵阳铜鹅宴、永州异蛇席、郴州野味席、衡东小炒宴、南岳素菜席等。

饮品
茶

湖南为全国重要的绿茶产区之一，长沙高桥、金井的湘波绿，郭沫若

湖南十大著名小吃

- **油炸臭豆腐**：湖南人简称为"臭干子"。毛泽东曾有一句品评："火宫殿的臭豆腐，闻起来臭，吃起来香。"臭豆腐是湖南分布最广、最具影响力的小吃。上好的臭豆腐呈现"黑如墨、香如醇、嫩如酥、软如绒"的特点。

- **糖油粑粑**：以糯米制成团，放入北流糖与油混合的油锅中炸制而成，糯软香甜，外表金黄流油，颇具"性感"之质。

- **汤粉及汤面**：湖南人最常食用的小吃，碗内盛汤底，再撒上葱花或芹菜，盛入煮熟的米粉或汤面(碱面)后，还要盖上各种美味的浇头(本地称码子)。因最常食用，故湖南人食用汤粉汤面有一套只有本地人才懂的专门"黑话"，如"带迅干"(快速起锅不用汤底)、"轻挑"(面粉只需少量)、"重盖"(多盖浇头)等。

- **脑髓卷**：形如瓦状，色泽银白，晶莹油亮，油而不腻，软嫩咸蜜，落口消融，如食美味之猴脑，故名。其制作特色在于和面用糖油法，为湖湘传统小吃技法之遗存。曾以湘潭祥华斋最著名，但目前似乎仅在长沙可见。

- **葱油粑粑**：为米浆里加入葱花，舀入圆形油模中炸制而成。

- **姊妹团子**：一甜一肉两味的糯米团子，旧时火宫殿庙会市场有姜氏姊妹善制此团而名。

- **甜酒冲蛋**：20世纪三四十年代，湖南文人名流喜食的一种小吃，吴宓在日记中曾有记。其制法是将煮沸的甜酒冲泡到搅拌过后的生鸡蛋中。

- **刮凉粉和荷兰粉**：以蚕豆淀粉扣入大瓦钵制成，食用时，用刮子刮取，加入近十种调料生食为刮凉粉，原为湖南地区立夏时的节俗食物。食用时，小块入沸锅煮熟，加排冬菜食之则为荷兰粉。

- **热卤**：将韭菜和猪口条、猪心、猪肝、牛百叶等入卤锅现场热卤，夏天就冰啤而饮，为夏季夜宵最韵味享受。长沙一般称其为热卤三合一或四合一。三四之名为荤菜之数，一为韭菜。

- **口味虾**：北京称"麻小"，最早出现在湖南，20世纪80年代末，湖南人将洞庭湖区克氏螯虾(小龙虾)以香料烹煮而食，麻辣鲜香的口味旋即流行全国。

> **湖南汤之最**
>
> 湖南最出名的汤类为酸辣纹丝汤,最香浓之汤则是墨鱼炖肚条,最朴素家常的是酸菜豆腐脑汤,最具湖南之"霸蛮"精神的汤为新化三合汤,湖南最温馨之汤是过年时家家户户必食的全家福火锅。

曾品题、何香凝曾作画。

近年湖南绿茶则以郴州"狗脑贡"最著名。此外古丈毛尖亦具一定知名度。另有安化松针茶、辰州硪滩茶、南岳云雾茶、衡山岳北大白茶等也有一些名气。

长沙黄茶,以君山银针最著名。该茶之形银毫(指白色芽尖)披露,芽身金黄光亮,状若"金镶玉"。沸水灌注杯中,根根银针即直冲水面,状如万笔朝天。稍泡之后,银针茶上下浮动,若飞若扬。细呷滋味甘醇甜爽。安化黑茶是近年来全国茶叶中的新宠,有湘尖茶、花砖茶、茯砖茶诸品。

邵阳城步县长安乡出产一种虫茶,即虫屎茶,则甚奇特。饮之颇甘醇,令人神爽。另有湖南桃花源的药膳擂茶,将生姜、茶叶、大米、芝麻、茱萸、食盐等擂碎,再以开水冲泡。呷此擂茶,可消烦郁,令人腹饱身轻。

酒

湖南酒产地以湘西及湘西南最为著名,有名的白酒有酒鬼酒、邵阳开口笑及浏阳河等。湖南乡间的土酒有谷酒和米酒两种,湘西则有玉米酒即"苞谷烧",粗犷豪烈,后劲甚大,酒量不好者,慎喝。湖南最出名且保有古风之酒为衡阳"湖之酒"。此酒即古之所谓"醽酒",滗去酒糟两次发酵而成,酒精度仅12度,类若黄酒。

> 湖南城步县有苗寨油茶,以茶叶、糯米、黄豆、花生、玉米、糯米粑、蕨粑团、芝麻、食用油、食盐、大蒜、生姜、辣椒、山樟子、香葱、胡椒等,擂碎炒熟制成,食之其味无穷,据说,"可消瘴疫"。

环 境

湖南文气充沛。且不提洞庭湖承载了多少文人笔墨,就连湘西流过的几条小河,都要唤作"澧水""溆水",非得考住你才好。水脉,就是文脉。远古传说的云梦泽早已不知所踪,汨罗江藏了屈原泪,空余八百里洞庭照旧烟波浩渺。湘江北去,沅澧东来,资水自中间顺势一带。此地靠的便是水流:水从山间走过,人们便沿河生长;水在山洼停歇,人们便缘湖聚集。

水限于山。除北部洞庭湖平原外,湖南三面环山,重山叠岭,交通不便,可称"四塞之国"。山脉多东北—西南走向:西有与云贵高原相接的武陵、雪峰山脉;南枕五岭山脉;东有幕阜、武功诸山系组成的罗霄山脉。这些山都不算太高,2000米以上的寥寥,但胜在灵秀奇险各不同。它们围起来的中部也不平坦,河流串起盆地,丘陵一直起伏,南岳点缀其中。地形塞故风气塞,民性倔强。湖南人嗜食辣椒,脾气火爆,三皇五帝征战过,吴国蜀国僵持过,红色革命燎原过。真是没有辜负它"指顾伸缩,皆足有为"的中腹之位置。

有山水便有生灵。锢塞的地形就是封闭的演化环境。动植物们不为外界所染,千百万年来特立独行。湖南便如同哺育一方独特文化一般,坐拥一众奇花异草、珍禽稀兽。

地理
三湘四水

湖南称"三湘四水",流水地貌占到全境面积的64.76%。"三湘"指湘江流经永州时与"潇水"、流经衡阳时与"蒸水"以及入洞庭湖时与"沅水"相汇,分别称"潇湘""蒸湘"和"沅湘"。四水则指湘江、资江、沅江和澧水。要说水塑造了湖南一方水土的风情,那这水一定是偶尔停歇成湖,一路流淌成河了。

湘江最有名莫过于娥皇、女英之哭。舜帝葬在了九嶷山,二妃"九疑云杳断魂啼,相思血,都沁绿筠枝",从此竹上有了泪,湘水有了神。湘江本是长江的支流,又下分支流289条,光通航的大河就有31条。你要是嫌在长沙橘子洲看江天暮雪(如今看的可能是音乐烟花了)还不过瘾,那么缘河而上,随便一数,有"雾失楼台、月迷津渡"的郴江,柳宗元写诗作序的愚溪,摩崖石刻的浯溪,雾锁江舟隐苍茫的小东江……

湿地:"地球之肾"

湖南湿地众多,占全省面积的26.47%。在急速的经济发展中,湿地常常被看作"荒地""荒滩"加以利用、过度开发,而造成了许多环境问题。湖南有24个国家湿地公园,随便选一个观鸟都不错。江口鸟洲以鸟命名。城步白云湖是少有的高山森林湿地,也是西伯利亚—南亚—澳大利亚鸟类迁徙的重要通道。东江湖、水府庙、酒埠江、雪峰湖等都是风光不错的好景区。湘西有张家界和龙门两个大鲵保护区。祁阳有小鲵保护区。

洞庭观鸟

洞庭湖区有4个湿地保护区：东洞庭湖、西洞庭湖、南洞庭湖、横岭湖。尤其东洞庭湖更是我国7处被列入联合国《湿地公约》的国际重要湿地之一。湿地是鸟类和鸟类学者的天堂。东洞庭湖监测记录到的鸟类有338种，珍稀濒危保护的就有218种。白鹤、白鹳、灰鹤、小天鹅、白琵鹭、白尾海雕等国家一级、二级保护动物在东洞庭湖随处可见，濒危鸟类如白头鹤、大鸨、小白额雁、青头潜鸭、中华秋沙鸭等也不难见到。每年10月至次年3月，有数十万只鸟类在这里越冬。岳阳市每年2月至3月都要举行观鸟旅游节，全球鸟类学家都会蜂拥而至。要是你怕东洞庭湖观鸟游客太多，选择其他时间来看留鸟和夏候鸟，或其他几个保护区也是不错的。

观鸟路都是小道，最好放弃自驾，乘班车抵达；保护区有少量望远镜免费提供；水鸟隔得远，需要20倍以上的望远镜；衣物颜色太过鲜艳会惊走鸟类；请遵守保护区注意事项，不要惊扰鸟类。

不止湘江支流万千，资江、沅江和澧水莫不是河网纵横。千百年前屈原写"沅有芷兮澧有兰"。沈从文玩笑说自己的散文集应当叫作《沅水流域识小录》。若来这里寻找"湘西世界""边城"，请记住一定要留出几天行船的时间。只有乘木船、走水路，与船家攀谈，食几尾鲜鱼，才能真正体会此处风情。

湘北：洞庭湖南

洞庭湖很老了，能算到1.5亿岁。那时这一块"洞庭古陆"刚刚断裂沉降，之后西边青藏高原隆起，东边地壳沿海造山，两边升高，于是洞庭盆地越发陷落，注水成湖。在后来漫长的岁月中，它一直沉降，偶尔局部抬升。湖随之涨涨消消，岛也起起落落。例如"一螺青黛镜中心"的君山，它的岩石构成就来自湖底，能追溯到6亿多年前，甚至在洞庭湖之前。山顶风卷砂土10万年，形成了特别适合种茶树的混砂土层，出产了著名的君山银针和君山毛尖。再如，你若是登岳阳楼，脚踩的龟山，曾经可都是湖中之岛。而清朝道光年间《洞庭湖志》中记载的大多湖中岛屿，今天是再也看不到了。不过，如果想看洞庭"水涨为湖，水落为洲"的景象，不用活上几百万年：它是"过水性湖泊"，你只用在不同的季节来，就能看到水涨水落，以及岛屿和沙洲在湖上沉浮了。

洞庭湖南边湖连湖。常年水面面积1平方公里及以上的湖泊有156个，在全国名列前茅。不过，第二大的大通湖，也只有洞庭湖的1/20而已。它们中大约没有哪个值得你特意拜访，但若访村问寨时随意路过，在柳叶湖数数白鹭，在仰天湖看看草原，在东江湖掬掬江雾，也颇为愉悦。

湘西："不看天下山"

湖南跨在扬子准地台和南华准地台上，在地质年代上，它俩总是挤来挤去，便把这里挤得褶皱多山了。又由于这两块准地台早有合并，虽然互相挤对，大方向上还是一致的，故山都不高。湘西地势最高，有云贵高原东延而来的武陵、雪峰山脉。武陵在北，东西走向，赫赫有名的张家界坐落在此；雪峰在中，是中国第二级阶梯地势（大兴安岭—太行山—巫山—雪峰山）的最南转折，崀山镶嵌其中。在湘西这一块，对着地图飞飞镖，随便戳

砂岩峰林生命史：方山、平台是最早期，地壳刚刚抬升，如天子山、黄石寨、鹞子寨；然后流水侵蚀，峰墙形成，如白丈峡；随着流水继续切割，峰丛、峰林出现，如十里画廊、矿洞溪；最后许多峰林被蚀倒塌，只剩孤峰、残林。

不同的岩溶地貌

岩溶地貌，是指具有溶蚀力的水对可溶性岩石（如石灰岩）进行溶蚀等作用，所形成的地表和地下形态的总称，又称"喀斯特地貌"。湖南境内，石灰岩在出露岩石中占到30.44%，流水又多，所以岩溶地貌十分普遍，湘西和湘南都广布。凤凰是典型的台地峡谷，有湖南落差最大的尖多朵瀑布。德夯是峰脊峡谷。白水洞不是洞，而是巷谷、嶂谷多，瀑布多。崀山上层丹霞底层岩溶，是独特的丹霞喀斯特。古丈红石林和永顺不二门有五彩石林。乌龙山则洛塔石芽、石林比较突出。酒埠江溶洞坍塌残留了天生桥。

> 黄龙洞中标志性景点"定海神针"石笋，据推算已有20万岁，如今仍在以每年0.1毫米的速度"长高"，估计再有6万年便可戳到洞顶。

中哪个点，都能保你美景如画，有山、有水、有楼、有寨，有苗、土、瑶、侗各族风情。虽重山无路、舟船费尽方能抵达，却绝对不会让你后悔。

砂岩峰林、丹霞、岩溶和花岗岩是湖南四种最主要的地质遗迹，也是最具代表性的地貌景观。湘西张家界是石英砂岩峰林的代表。湖南全省虽然红砂岩分布很广，面积占到全境20.5%，但很少有地方如张家界岩体厚度超过500余米，形成如此壮观的景观。2010年美国大片《阿凡达》中哈利路亚柱状悬浮山原型即来自张家界。不仅如此，张家界的黄龙洞还是岩溶地貌中溶洞的代表，洞中存有上万座钟乳石峰，被称为"中国溶洞的全能冠军"。不过，每一个黄金假期，张家界的所有景点都会游客爆满，实在是令人头疼的难题。

湘南："离天三尺三"

湘南有与广东接界的南岭山脉。南岭是我国南方最大的横向山脉，也是江南与华南的分界线。南岭山不连脉，被分成了五堆：大庚岭、骑田岭、都庞岭、萌渚岭、越城岭，因而又叫"五岭"。原来南岭经过多次造山运动，本来东西走向的构造线受到干扰，变得支离破碎了。碎裂的这些谷地，便受了河流侵袭，成了交通要道。南岭的主要部分在广东，连着湖南境内的莽山。这一片原是我国所剩不多的大片原始森林，本来应该风光卓绝、草长莺飞，但由于近几年加速的粗暴开发（尤其是广东境内部分），这里的生态环境正面临巨大的威胁。

南岭发育有大量岩溶地貌，主要是类似桂林型的峰丛和溶洞。我国古代地理学家徐霞客曾在湘南流连115天，著《楚游日记》，盛赞这些溶洞"窈窕回合"，"别有天地"，"恍惚梦中曾从三岛经行，非复人世所构也"。

刀岩剑壁，绿水丹山

丹霞地貌指的是"有陡崖的陆相红层地貌"，在哪儿都是稀罕景象，值得一看。2010年，湖南省新宁的崀山领取了"世界自然遗产"的身份证：在中国六大丹霞地貌地区的演化系列中，崀山的地貌景观从青（幼）年期、壮年早期至晚期的丹霞遗迹均有发育。这种地貌是中、新生代的红色陆相碎屑岩受地壳抬升到离当地侵蚀基准有一定高度时形成的，换句好懂的话说，就是最容易出现在盆地边缘。湖南盆地多，丹霞遍布，有43处之多，如茶陵浣溪、平江石牛寨、永兴便江、资兴程江口、浏阳达浒、通道万佛山、沅陵五强溪夸父山、溆浦思蒙等地。最具规模的在湘南的茶（陵）永（兴）盆地和湘西南的通道、资（源）新（宁）盆地。丹霞地貌色泽斑斓，场面壮观，日出日落时尤美。

湖南省国家地质公园

石英砂岩峰林: 张家界(附赠溶洞)

丹霞: 郴州飞天山、崀山、通道万佛山、平江石牛寨、茶陵云阳山

岩溶: 郴州飞天山、凤凰、攸县酒埠江、龙山乌龙山、涟源湄江、新邵白水洞、安化雪峰湖(附赠冰碛砾泥岩)、古丈红石林(全球唯一在寒武纪形成的红色碳酸盐岩石林)

花岗岩: 浏阳大围山(附赠古冰川遗迹)、桂东八面山(附赠岩溶、冰川)

其他地貌: 花垣古苗河(金钉子)、澧县城头山(地质灾害遗迹)

湘中和湘东:"南岳独如飞"

如果你查阅一张地质图,会发现,湘中和湘东是由"黄绿、褐黄和红色的成北东向的条块构成",它们分别代表中生代"红色盆地"(丘陵地貌)、古生代和元古代灰岩板页岩(丘陵及山地地貌、花岗岩山地地貌)。在你的旅途中,这些晦涩的词语会以漂亮的、不同的山体形式展现在你眼前。湘中大部分属丘陵,台地广布,一般海拔都在500米以下,红岩盆地众多。盆地沿河区域常有河流冲积平原,便是人们聚居的地方。衡山在此,主峰祝融峰高1290米,算是个意外。往北延伸出去,便是湘北平原。往东,是屏障罗霄山脉,万洋山、诸广山和武功山的统称,你将在此见到许多巨大的花岗岩体。

气候

湖南是四季分明的典型。春秋自然是怡人的,春温多变,秋风多旱,不过整体都很舒适,适合出行。即使下点小雨、升降温幅度大,只要准备好衣物装备,灵活应对,还算怡人。不过如果你夏季想来登山避暑,那可就要当心了。且别说湖南的城市里热起来酷暑难当、高温期长,最重要的是这儿地处亚热带,受季风影响强烈,雨热基本同步。大热天下降温雨听上去再好不过,但湖南夏天一下就是暴雨,可能会导致洪水、山体滑坡、泥石流等问题。湖南电视台有专门的旅游地天气预报,出行前密切关注才是。冬天最低温度一般不会低于0℃,可罕有供暖系统,空气潮湿阴冷,即使严寒期短,也非常难受。

动植物
植物

根据考古资料分析,过去六七千年甚至近1万年间,湖南境内没有发生过大规模的植被变迁和突变。封闭的环境保卫了许多孑遗物种(指其类似物种只存在于化石中,而没有其他现存的近似种。这些种类往往曾经从大规模灭绝事件中存活下来,并保留了过去原始的特性),个个都是活化石,株株在别处都见不到。湖南植物特有种有235种,远高于其他一些省份和地区。然而,给湖南植被划片分区、归类总结的工作可让植物学家们头疼不已。作为东、南、西、北植被交汇、混杂、过渡的"十字路口",湖南植被碎片化很严重。每一片林子的地方性都很强,个性特别鲜明,很难跟隔壁镇的林子归成一类。不过,这对旅行者来说倒是个好消息,因为这就意味

2009年原国土资源部委托科研单位测量,发现湖南省东南部的炎陵县境内,有一座无名山海拔达2115.2米,超过海拔2098.7米的壶瓶山主峰。由于炎陵县旧名酃(音同"玲")县,这座山便称"酃峰"。如今,这座真正的湖南第一高峰仍在等着权威命名和正式发布。

湖南的古树之最

最老：东安县南镇乡马王村的古银杏，史料记载植于春秋时期，已有2500岁。

最高：桑植县四方溪乡平岩村的两株黄杉，树高分别为51.2米和51.0米。

不要错过的孑遗植物：攸县的南方红豆杉、八面山的银杉、八大公山和壶瓶山的珙桐。

着到哪儿都有独特的植物可看，多走几个地方还不重样儿呢！

以你最有可能会去的几个大景区为例，若是去张家界爬山，就一定要仔细看看别处见不到的武陵松——当然了，你也几乎不可能错过它们，它们喜好生在悬崖绝壁或山顶之上，与红色砂岩峰林相映成趣，你见到的山头一定会有。如果登国南岳，别忘了集齐沿途所有7种以"衡山"或"南岳"命名的植物（衡山椴、衡山青冈、衡山荚蒾、衡山金丝桃、衡山箬竹、南岳凤丫蕨、南岳蹄盖蕨）。这其中有几种可相当不好找，算是专业级的挑战了。衡山还有全世界仅剩4株的绒毛皂荚，在清云庵和广济寺，大树树龄都在百岁以上。倘若去南岭，买本《南岭珍稀植物》吧，可有112页厚呢。若是春末夏初随便逛，一定能在山野乡间见到大片的杜鹃。要是尤其喜欢它们，不妨往山顶高处走走，在海拔够高的地方，高山杜鹃尤其是一景。莽山最为集中，有25种，占了湖南杜鹃种类的一半多。

动物

洞庭自古流传着金鹗鸟镇服巴蛇的故事，前者化为金鹗山，后者化为巴陵。如今，东洞庭的采桑湖和西洞庭的目平湖还能见到"鹗"这种鸟，但已极少（见283页"洞庭观鸟"）。洞庭湖区常年留居的鸟类很少，大都是候鸟过境。南归的大雁沿湘江一路往南直至衡阳，平沙落雁便是常见景致。

江里的豚是水中猪，是水里的哺乳动物，是江河中的鲸鱼和海豚，是2500万年的化石，是载着恐龙故事的密码库。从云梦泽到洞庭湖，水涨水落，白鳍豚和江豚一直守在这里。水里还有"千斤的腊子万斤的象"，指的是中华鲟和白鲟，古老而巨大的鱼类。这两种鲟类从长江上游过洞庭湖入海，成年后逆流而上，鱼跃龙门。

不过，"沙鸥翔集、锦鳞游泳"都是过去的记忆了。如今长江和洞庭湖上挤满了挖沙船，螺旋桨威胁着水里所有的生命。鸟能飞，鹿能跑，水中的豚和鱼可怎么办呢？短短近十几年间，白鳍豚、白鲟、达氏鲟都已宣告灭绝，江豚、中华鲟濒危。

除了逐水而居的鸟类和鱼、豚，湖南的森林里也有不少有趣的动物。湘东和湘中山林中的红嘴相思鸟是一夫一妻制"爱情鸟"的原型，适合拍照赠人。草鸮长相逗趣，却是罕见凶悍的猛禽。湘西是生态摄影师们的挚爱之地：红腹锦鸡、白腹锦鸡、红腹角雉、勺鸡等，都是美貌上镜的鸟类。你要是有幸能在湘西北的高山森林见到白冠长尾雉，那更值得回家向朋友们炫耀好几天了。与植物比起来，湖南的动物特有种并不多，在湘西看西南鸟类，在湘南看华南鸟类，再次印证了湖南是个"十字路口"。

湘北和湘中受人类影响大，兽类不多；湘西和湘南自然环境保护得较好，就还有一些较大的动物在活动。大部分动物如今对人类都非常警觉，见到它们的机会也就少了。斑羚、苏门羚珍稀又胆小，想见一面难，但各种小鹿如小麂、水鹿、毛冠鹿就很多。猕猴广布，短尾猴较少。啮齿类泛滥，各种松鼠、田鼠、竹鼠、鼯鼠，见到不称奇。听说如今罕见的豹、云豹也有，倒是黑熊更常见。除此之外，湘南和湘西两栖爬行动物很多，烙铁头、竹叶青、银环蛇、眼镜蛇、尖吻蝮都有分布。昆虫也多，毕竟湘西是苗区，苗蛊是如何炼制的你总该听说过吧！

环境问题

水危机

洞庭湖的地台一直在沉降，它却没能囤下更多水来，因为人们围湖造田、大搞养殖，湖的面积一直在缩小，"湖亦如人老"。过去，湖南省常德和益阳一些地区的人，一出门就到了湖边，如今，他们离湖水已拉开了10公里的路程。

这还不够糟。令人诧异的是，作为名震天下的大景区，洞庭湖的保护资金投入非常少。相关机构的重点仍然集中在旅游基础设施建设的老思路上，修路建楼，大兴土木。毁了原有植被，种上人工的芦苇和杨树。自20世纪80年代以来，这里已有40多种珍稀植物灭绝。如今水底植物已基本消失。

保不住植物，依赖植物而活的动物们当然要受影响。更有许多航船、水利工程死死掐着水生动物们的命脉。胭脂湖里已没有胭脂鱼，白鳍豚的悲剧眼看着又要在江豚身上演。"灭绝"只是生物学家们惊恐谈论的字眼，将它们逼到这地步的人们一点儿也不关心。

在洞庭湖区，过境候鸟非法盗猎还是个"当地特色"。当地人打一只全世界也不剩多少的天鹅，只是为了向游客贩卖野味。这里年年都有许多毒杀候鸟、张网捕鸟的报道，每年也会有许多鸟类爱好者自发组织去拆网。

除了洞庭湖区的自然资源被滥用之外，湖南境内的许多河流都存在着水污染问题。以湘江为例，它在维基百科上被称作"中国重金属污染最严重的河流"。多年前，不少环保人士写过几万字报告，就是没有人愿意对污染负责。2013年，因为灌溉水稻的水重金属超标，湖南"镉大米"作为食品安全问题触动了大众的神经。人们在忙着学习分辨什么才是安全大米的时候，却忽视了问题的根源所在。环境问题是一个"囚徒困境"，我们每个人都身在其中，侥幸"独善其身"不是解决问题的办法。

山的危机

湖南原有生态资源非常丰富，保护一直做得不足，开发却相当有力度。在工业化、城镇化的过程中，许多不为人知的"荒山""荒岭"随意就被开发掉了。例如从宁远往下灌、九嶷山景区的公路两旁，多座峰林已经或正在被活生生地劈断、挖空。据称这些山"都被承包出去了"，"挖石头卖，碎石30元一吨，片石贵一点，私人建房、水泥厂都可以来买"。徐霞客300多年

壶瓶山

北纬30度是地球上的一条"神秘线"：密西西比河、尼罗河、幼发拉底河、长江等均在这条线上入海，地球上最高的珠穆朗玛峰也在这条线上。湖南石门县壶瓶山正在这条线附近。它因未受第四纪冰川影响，保存了大量古老子遗植物及种群，被誉为"地球怪圈上的自然迷宫"和"欧亚大陆同纬度带中的物种谱系最完整的一块宝地"。

前盘桓之处，今日连名字都没有改，山水却消失得比他的赞叹更快。

即使是在最有名的景区，无论是武陵源天子山、岳麓山，还是南岭、莽山，许许多多匪夷所思的开发项目一直都在进行着，比如在核心保护区建五星宾馆、修塔，编造一些原来没有的文化或宗教看点吸引游客，粗暴炸山修公路、开辟漂流水道等。

"发展"永远不应该是"保护"的对立词。自然资源有许多更合理的利用方式，比如说博物馆、科普站、生态旅游，把重点放在知识性的软服务而不是不合时宜的硬基建上。如果在规划的一开始就把"保护"二字放在心上，"和谐发展"就不会是一句空话。

生存指南

出行指南 290	飞机............295
住宿................290	火车............296
证件................291	长途汽车........296
保险................291	**省内交通**..........**296**
银行................291	飞机............296
购物................292	火车............296
邮政................292	长途汽车........296
电话................292	船..............297
上网................292	搭便车..........297
气候................292	自驾游..........297
工作时间..........293	包车............297
旅游信息..........293	**当地交通**..........**297**
团队游............293	公交车..........297
摄影和摄像......293	地铁............298
危险和麻烦......293	出租车..........298
独自旅行者......294	自行车..........298
残障旅行者......294	渡轮............298
女性旅行者......294	
同性恋旅行者..294	**健康指南** 299
志愿者工作......294	**幕后** 303
活动................294	**索引** 305
	地图图例........309
交通指南 295	
到达和离开 **295**	我们的作者...... 310

出行指南

住宿

在湖南旅行,无论你选择在何处逗留,无论城市、乡村、景区,都不难找到投宿点,但因各地经济发展和旅游业发展程度不一,软硬件设施自然也参差不齐。不过,山地民族的居住环境都已大幅提升,再偏的地方住宿条件也差不到哪里去。总的来说,睡得舒适并非奢望。

凤凰、张家界的住宿奢俭由人,但受淡旺季影响很大,旺季价格翻倍,"周末效应"明显,甚至一床难求,而淡季空置率极高,价格大跳水。还需提醒的是,长沙市禁止所有宾馆、酒店提供一次性日用品,其他各地有些客栈也不提供,所以洗漱用品最好自行准备。

青年旅舍

湖南的青年旅舍主要分布在长沙、凤凰、张家界、衡山、韶山、莨山、东江湖等地,其他地方服务于背包客的青旅较少。这类旅舍都提供旅游咨询、订票、自助洗衣、厨房等服务。与讲究私密性的酒店相比,青旅的开放环境更注重分享,公共空间往往比房间更吸引人,你很容易在这里结识其他旅伴,互相交流旅游信息。

湖南加入国际青年旅舍组织(YHA China; www.yhachina.com)的青年旅舍有13家,床位价格在40~60元,持有YHA会员卡(年费50元)可以享受会员价,通常是每个床位优惠5元,或者标间优惠10元。

长沙、凤凰还有更多未加入青年旅舍组织,但风格、服务类似的客栈。近年来"太空舱"式青旅在长沙遍地开花,不过大多开在居民楼里,住客并不都是旅行者,缺少青旅氛围,卫生状况也一般。除了本书列举的,你还可以登录携程(www.ctrip.com)、大众点评(www.dianping.com)、飞猪旅行(www.alitrip.com)、青芒果旅行网(www.qmango.com)等网站查询并预订。

客栈

客栈在凤凰等古镇类景区尤其多,通常由当地民居改建而成,保留了建筑本身的特色,住宿条件和价格视客栈的改造程度、设计风格和经营理念有所差异,价格在100~400元。这一类住宿与青年旅舍一样容易获取旅游信息,如果经营者就是本地人,你还可以了解到更多真实的当地风俗等。需要注意的是,入住客栈,除非你提出要求,否则主人不会每天为你打扫房间、清理垃圾。

食宿价格范围

本书所列的食宿是按照作者推荐程度而不是价格高低排列的,推荐度高的会排在前面。书中我们标注的房价,一般为标间价,即包含一张大床或两张小床,以及独立卫生间。青年旅舍会加标床位价格。除非特别注明,否则房价不含早餐。所有的价钱都是淡季价。

分类	住宿价格范围	就餐价格范围
¥(经济)	150元以下	人均50元以下
¥¥(中档)	150~350元	人均50~100元
¥¥¥(高档)	350元以上	人均100元以上

农家乐

食宿一体式的农家乐在张家界、衡山、紫鹊界梯田、小东江、非热门古镇及偏远乡村最盛行,通常是主人在自家屋檐下辟出几个房间改造的。房间以能睡觉、能洗漱为基础,其他配备很简单,有些没有空调,但主人大多会把房间打扫得很干净。农家乐的价格一般在百元上下,多付几十块钱,就可以与主人一家搭伙吃饭。

小旅馆

小县城和乡镇常见的住宿类型,有些开在居民楼里,并有着奇怪的设计画风,在订房网站上看图片常会给人错觉,入住后发现实际设施和布置都极为简陋。需要提醒的是,这类住宿930遭环境鱼龙混杂,如果决定入住,一定要看管好贵重物品和证件。

连锁快捷酒店

大城市和热门旅游区之外,标准化的连锁快捷酒店是让人比较放心的选择,虽没有惊喜,至少基本的软硬件品质有保证。这类酒店通常位于中心城区或车站附近,交通、就餐都很方便。在湖南,除了如家、汉庭、7天、锦江之星等全国连锁品牌,还有今天、和一等本土品牌。快捷酒店的标间价格一般在120~200元,它们大多有自己的官方网站,你也可以在各订房网站搜索到。

星级酒店

县级以上城市基本上都能找到星级酒店。三星级酒店价格在200~300元,设施条件与价格低一档的连锁快捷酒店差不多。如果预算充足,四星级及以上的酒店更值得入住,价位通常在350元以上。选择酒店前,了解一下新旧程度很有必要,因为一家新开的三星级酒店可能比装修了10年的四星级酒店性价比要高。另外,一家常年有旅游团队入住的酒店,旅行者无论是通过订房网站还是直接致电前台,拿到的价格都要比旅行社的协议价高,而由于这类酒店不担心客源,也很少能与时俱进地定期修缮,入住体验常常与其挂牌星级不符。

精品酒店与民宿

有着五星级酒店标准的设施与服务,但比五星级酒店更注重设计感和私密性,选址不以交通便利为首要考虑,而更偏向有特色周边环境或有历史感的建筑。不过在湖南,即使是省会长沙,精品酒店也不多。民宿是介于客栈和精品酒店之间的一种住宿。它有客栈的温馨氛围,但更有格调;它的规模比精品酒店小,但更彰显文化体验。凤凰、张家界是湖南民宿的试验场,这样的选址,或能坐看山水实景,或于山水怀抱中独辟安静一隅。两类酒店的价位大多都在千元以上。

证件

学生、军人、记者和老年人等可以得到景区折扣门票的人群,一定要带上自己的证件,它会为你省下一大笔费用。不过,如今研究生证已经被大多数景点排除在优惠证件之外了。参观博物馆时记得带好身份证,通常需要凭身份证换取免费的入场票。

保险

购买保险是旅行计划的重要组成部分。不少保险公司都推出了旅游意外险的险种,能够对旅行者在旅途中因人身意外、行程延误、财物丢失、医疗急救等造成的损失,进行一定比例的赔偿,尽可能降低旅行风险。旅行保险可以通过保险公司、旅行社购买,还可以在磨房(www.doyouhike.net)这样的旅行网站购买。

如果你在旅行中参加团队游,团费中一般已包含旅行社给你购买的旅行社责任保险,但这个险种只承担因旅行社的过错给旅行者带来的损失,并不包括因意外或旅行者自身过错造成的损失。

不少长途汽车站在售票时会主动搭售保险,根据保险自愿的原则,旅客有权拒绝(最好购票时提前声明)。即使没有另外购买保险,但其实票面已经包含了承运者的保险责任,因此如果发生意外,依然有权要求索赔,所以一路上的各种票据务必妥善保管,以备不时之需。另外,旅游意外险通常包括了航空意外,有时候比购买航空意外险更加优惠,且保额更高。

自驾游的旅行者,建议为汽车购买全车盗抢险或车辆损失险。也可以考虑为昂贵的相机之类装备购买财产险。

银行

在湖南县级以上的地区,很容易找到银行或24小时自动柜员机,通常分布在城市主干道和商业中心。较发达的乡镇会有农业银行,不过更多的是农村信用合作社或邮政储蓄银行。一般能提供住宿的景区里没有银行和自动柜员机，最好提前准备足现金。

购物

湖南的土特产颇丰。长沙的火宫殿臭豆腐、凤凰的姜糖都是适合送人的手信。凤凰的腊肉、血粑鸭和岳阳的酱板鸭也都有真空包装，很方便携带。不过，要小心凤凰古城里流动摊贩的腊肉，价格往往非常便宜，甚至比菜市场上一条五花肉还要便宜，但要记住：便宜无好货。如果只是想带点实惠又好吃的美食回去自己吃，就跟着本地人去农贸市场，洞庭水产品、湘北酱菜和湘西大山里的山笋、蕨菜、干蘑等，货真价实，买得放心。湘西著名的酒鬼酒全国各地都能买到，若非图一个原产地的纪念，并没有必要在旅行时购买。

湖南的茶叶虽不如福建、云南等地有名，不过这里的座座大山也出产品质不错的茶。岳阳的君山银针是黄茶代表，也是《红楼梦》里贾母爱喝的茶；茶马古道上的安化黑茶曾是明清时的官茶；古丈以毛尖闻名，凤凰、芙蓉镇都有售，你也可以直接去茶厂购买；衡山、莽山出产上好的云雾茶。

工艺品方面，洪江陶瓷、醴陵瓷器、岳阳的岳州窑都适合赠人或收藏，不过真正的精品很难买到。购买少数民族特色的手工艺品时，最好先理智地问问自己"买了何用"，因为手工制品价格不菲，尤其是被列入非物质文化遗产的，例如土家族西兰卡普。同样是手工制作的苗族花带，价格相对便宜，

可以作为纪念。凤凰古城里的苗银店铺大多可靠，不过街头兜售的便宜货并非真银，边边场上的苗银同样难免有掺有杂质的次品，不要一味图便宜。

如今许多店家都与时俱进地开起来淘宝店铺，或能提供快递服务，让你不必一路旅游一路为行囊所累。

需要注意的是，一些山区可能会有人向你兜售野生动物，甚至是国家级保护动物，这是违法行为，请不要购买。

邮政

只要是县城一级就有邮局，寄包裹不是问题。国家邮政局（www.chinapost.gov.cn）的网站上可以查到供参考的普通包裹邮资。民营快递公司在湖南的网点覆盖也越来越广，只要不是过分偏远的大山深处，都能提供快递业务。

气候

参见18页了解湖南的最佳旅行季节。中国天气网（www.weather.com.cn）与天气在线（www.weatheronline.cn）上能查到湖南所有县市的天气情况，一般能预告未来3~7天。

电话

无论是移动、联通还是电信，在湖南大部分区域都有手机信号，县城一级的地方基本上都有这些运营商的营业厅。部分偏僻的小村庄还没有覆盖联通信号。城市和县城基本都有4G网络覆盖。

上网

即便是入住农家乐，无线网络服务也已是基本配备，所以网吧越来越无用武之地。加上湖南省正在全面推进免费Wi-Fi热点，机场、火车站、汽车站和越来越多的公共区域都将可以一键上网。在城市或旅游热门区，住宿、咖啡馆和部分餐馆基本都能提供Wi-Fi。不过，一些硬件设施不过关的客栈可能会发生旺季时因入住客人太多而无线网络不好使的状况。

长沙

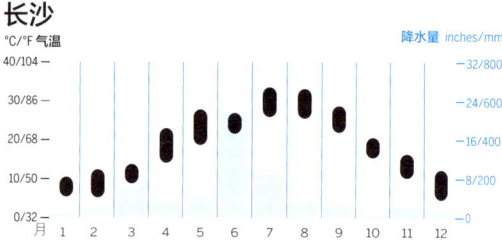

岳阳

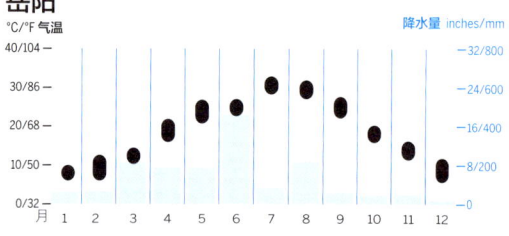

怀化

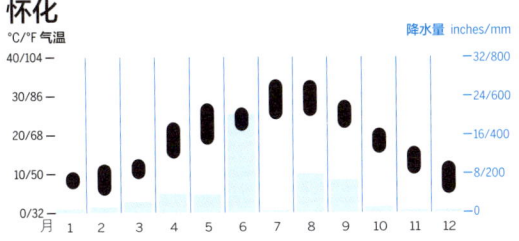

永州

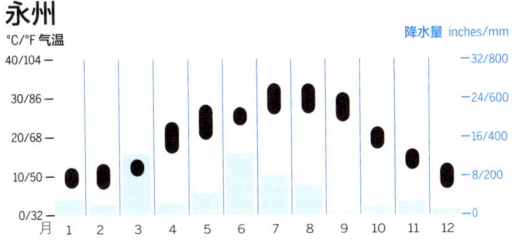

邵阳

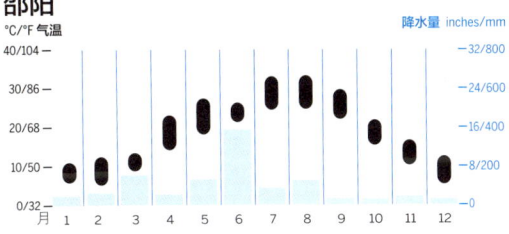

通道

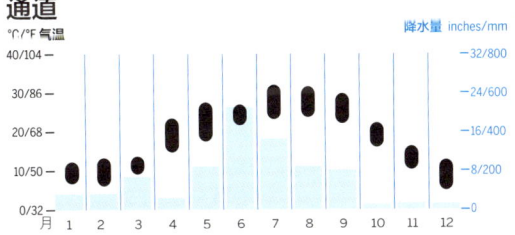

工作时间

除了某些山区由于天气因素可能会在冬季或夏季封路，湖南大多数景点都是全年开放。注意，大部分博物馆周一都闭馆。

各地银行和邮局的营业时间一般在9:00~17:00；大多数餐馆在14:00~16:00是歇业时间；咖啡馆通常从9:00经营到午夜；酒吧则从晚饭后营业至第二天凌晨2:00左右。

旅游信息

湖南各县市的旅游局是最权威的旅游信息来源，可以关注它们的官方微博和微信公众号。一些旅游热门区，如凤凰、张家界等都设有旅游咨询中心，并提供许多旅游资料供免费取阅。不过，如果你善于和当地人聊天，长途车站、客栈甚至是餐馆等处更能打听到一些真正实用的信息。

团队游

长沙、凤凰、张家界能轻松找到旅行社，又以凤凰的旅行社最多，多为经营周边苗寨一日游、漂流、篝火晚会等。团队游的最大好处是可以简单解决交通，以及相对优惠的门票。但普遍的问题是，可能浪费不少时间在导游安排的购物环节，所以报名前多咨询几家，检查一下旅行社的口碑和资质很重要。

摄影和摄像

湖南的好山好水很适合摄影创作，山峰峡谷一年四季皆有不同的美景，总体来说一晨一暮是摄影创作的黄金时间。风光摄影之外，一定要清楚哪些地方不能拍照，不要触犯法律、宗教及民族禁忌。另外需要注意的是，一些博物馆禁止拍摄展品，即使允许拍摄，也不要使用闪光灯，以免对展出的文物造成损坏。少数民族聚居区是进行人文摄影的好地方，不过拍摄人物前要先征得对方同意，拍完之后要表示感谢。答应寄照片给对方要言出必行。

危险和麻烦

总的来说，湖南是一个对旅行者非常友好的省份，大部分湖南人忠厚朴实，各地治安也没问题。不过出门在外，多个心眼总不是坏事。

交通安全

湖南近年来加大对公路设施的投入,路况已大大改善。当然自驾者还是要小心驾驶,毕竟这是个多山的省份。大山里夏季易发泥石流,冬季雪后同样要小心,因此在路上时刻注意天气和路况新闻很有必要。

捐客

"拉客"现象最严重的是凤凰,甚至在你还没下长途大巴时便已开始了(见107页方框)。在大多数情况下,机场、火车站、客运站等游客集散地,都难免会遭到捐客的打扰。只有少数情况下他们是有帮助的,更多时候是将你引向一处性价比不高的客栈、一趟耽误你时间的班车或物无所值的一日游。简单的谢绝是合适的处理方式。如果一位出租车司机过分努力地向你推荐某家宾馆,同时诋毁你已经预订的住处,通常是期望从他推荐的宾馆获得一份回扣而已。也要避免初次认识的本地朋友带你去消费。

盗窃和欺诈

任何人群密集的地方都存在偷窃、欺诈的隐患。火车站、客运站、闹市区、热门景点等地都是偷窃的高发点。近年来青年旅舍的多人间也成了小偷喜欢下手的地方,保持警惕很重要,贵重物品不要随手放置,锁在柜子里或寄存在前台会稳妥许多。

独自旅行者

独自旅行可以和当地产生更多的互动,也有更多思考和感受的时间,不过需要独自应对和解决路上所遇到的问题,对旅行经验的要求稍高一点。湖南对个人旅行者是比较亲和的,当地人很愿意提供各种信息。记住:一个人在路上,要及时把自己的行踪告知亲友。

残障旅行者

目前来说,残障人士在湖南自助旅行比较困难。在机场、四星级以上的酒店和4A级以上景区会有一些无障碍设施,主要的障碍在于省内的交通。残障人士来湖南旅行的话,最好限于长沙、张家界、凤凰等相对成熟的地方,到当地后雇请旅行社协助,尽量选择乘坐飞机,入住高级酒店。

女性旅行者

整体来说,湖南人对女性旅行者是友好、尊重的,甚至还会提供更多的关照。但在一些少数民族地区还是得小心遵守当地的风俗禁忌,入乡随俗。像凤凰这样夜生活丰富的地方,尽量不要独自去泡吧。

同性恋旅行者

在湖南,城市对同性恋者的态度日益宽容,不过偏远地区依然很传统,同性恋旅行者出行不应太张扬。

志愿者工作

把你的旅行和公益活动结合起来,会让你的旅行更有意义,也会使你加深对旅行目的地的了解。如果有兴趣了解更多有关教育、环保、扶贫、救灾等各方面志愿者工作的相关信息,请参见38页"负责任的旅行"。

活动
徒步

湖南的徒步路线多为中低难度,张家界(见137页)、潇贺古道(见230页)、壶瓶山徒步(见202页)都是你可以尝试的路线,沿途风景也都不赖,还可以接触到相对封闭的山地民族。

漂流

湖南如毛细血管般的河流给漂流这项运动创造了极佳条件。猛洞河漂流(见124页)最著名,其他还有龙底河漂流、夫夷江漂流、茅岩河漂流、小东江漂流等。漂流的季节多在5月至10月,最好带上防水的袋子以保护相机、手机等数码用品。

观鸟

洞庭湖是绝佳的观鸟地,每年10月至次年3月,10多万只水鸟飞来越冬,有机会看到白鹳、黑鹳、白鹤、白头鹤、大鸨、中华秋沙鸭、白尾海雕等国家一级保护动物。你可以在君山、丁字堤、采桑湖、红旗湖和白湖等地观鸟。另外,常德附近的花岩溪在每年3月至6月会有成群的白鹭盘旋。

交通指南

到达和离开

湖南位于中国中部地区,从邻近省份湖北、江西、贵州、重庆、广东、广西前往的话,铁路、公路交通都很发达,极为方便。而从其他省份前来,飞机依然是首选,且大多数省会飞往长沙的机票不贵,比走陆路性价比高得多。

飞机

机场

湖南现有长沙、张家界、常德、衡阳、永州、芷江6个机场。在建中的岳阳、郴州机场也将在2019年左右投入使用。长沙是中国中部地区的重要航空港,每天有非常多的航班往返国内各大城市。

由外部进入湖南的机场有:

➡ **长沙黄花国际机场**(CSX;☏0731-96777)年吞吐量2000万人次,开通航线100余条,通航国内70多个大中城市,也有直飞香港、台北等城市的国际、港澳台航线。

➡ **张家界荷花机场**(DYG;☏0744-823 8417)有直飞航班往返于北京、上海、广州、深圳、昆明、成都、杭州、南京、大连、银川等地和省内的长沙、衡阳。

➡ **常德桃花源机场**(CGD;☏0736-723 8866)有飞往北京、广州和深圳、昆明的直飞航班,但并非每天都有。而前往上海、成都等地没有直飞航班,如果通过以上直飞航班目的地转机的话,耗时很长,对旅行者来说并不方便。

➡ **衡阳南岳机场**(HNY;☏0734-869 6111)每天各有1趟航班飞往北京、上海、昆明和2趟航班飞往张家界,周二、四、六有航班飞往杭州、重庆,周一、三、五、日有航班飞往西安。

➡ **永州零陵机场**(LLF;☏0746-833 3111)每天有一班飞往北京的航班,周一、三、四、五、日有飞往昆明的航班。

➡ **铜仁凤凰机场**(TEN;☏0851-549 8908)是贵州铜仁市的机场,但因距凤凰较近,一直以来也是前往凤凰的选择之一。铜仁机场每天有航班往返于北京、上海、广州、深圳、厦门、杭州、西安、武汉等多地。

航空公司

经营湖南航线的主要航空公司有:

中国国航(☏95583;www.airchina.com)

东方航空(☏95530;www.ceair.com)

南方航空(☏95539;www.csair.com)

春秋航空(☏95524;www.china-sss.com)

海南航空(☏950718;www.hnair.com)

深圳航空(☏95361;www.shenzhenair.com)

机票

只要不是节假日,往返长沙的机票价格都不高,从上海、广州、西安、兰州飞长沙,常能刷出3折以下的机票,从北京前来也能买到低于5折的机票。淡季飞张家界也常有五六折的机票。而其他支线机场因班次较少,优惠幅度也不大。

去哪儿(www.qunar.com)、**携程旅行网**(☏400 880 3366;www.ctrip.com)、**飞猪旅行**(www.fliggy.com)是目前国内使用最多的淘票网站,动动手指就能查询和预订机票,确实特别方便。不过,这两年发生了几起订票不出票、假机票等事件，导致有些网络代理商的口碑直线下降。订票后一定要在出发前确认机票已出票。直接在航空公司官网上查询和预订机票，有时也能获得低折扣票和特价票。你还可以安装航空公司的App，或订阅电子邮件，以便第一时间获得促销信息。

火车

坐火车进入湖南虽然免不了翻山越岭，但全国无省不与湖南通铁路。目前进出湖南的主要铁路包括京广线、焦柳线、沪昆线、渝怀线、湘桂线，黔张常铁路、渝湘高铁、张吉怀高铁也在建设中，有望于2020年前后通车。长沙、衡阳和株洲是主要的铁路枢纽。

高铁更是令出行变得越来越便利，除了东北三省、内蒙古、西藏、新疆、海南、宁夏、青海、山西，其余各省都已有高铁与湖南贯通。坐高铁前来湖南，从广州出发，2小时就能到达南岳衡山脚下；从武汉出发，不出1小时就能登上岳阳楼观洞庭湖。目前抵达凤凰性价比最高的选择是先坐高铁到怀化，再换汽车前往。

长途汽车

湖南已建成14条高速公路，包括G4京港澳高速、G55二广高速、G56杭瑞高速、G60沪昆高速、G65包茂高速、G72泉南高速、G76厦蓉高速、G0065沪瑞高速等。湖南与相邻6个省市均已实现高速公路相连，从湘西前往黔东南、重庆等，走公路很方便。

省内交通

省内交通以火车、长途汽车为主，加上公路、铁路都在提速中，地级市之间很少会有超过4小时的车程。若是深入城市、县城周边的乡村，路况大多差强人意，要做好长途跋涉的心理准备。

飞机

湖南省内6个机场，仅有长沙与张家界、衡阳与张家界这两条对发航线，班次很少，很容易买到5折以下的机票。不过长沙到张家界的公路、铁路车程也不长，坐飞机并不具有性价比优势。

火车

湖南省内的各条铁路线以省会长沙为核心，向南北、东西几乎通达每一个地级市，且途经张家界、衡山、洞庭湖、韶山等著名景点。通常来说，乘坐火车所花费的时间与长途汽车不相上下，但票价要便宜些（高铁除外），虽发车频率比不得汽车，但只要合理安排行程，坐火车依然是理想的出行方式。

动车、高铁网络在湖南的铺设也越来越完整，目前，湖南省内已有13个城市步入高铁时代，包括长沙、株洲、韶山、怀化、衡山、衡阳、汨罗、岳阳、郴州、邵阳、娄底、株洲等，而吉首、常德高铁站也通车在即。但并不是所有高铁都"快捷"，例如衡阳高铁站距离市区较远，如果从长沙至衡阳，高铁反而比普通列车花费时间多——因往返高铁站的公交就需要2小时（单程1小时），其他距市区不近或交通不便的高铁站还有郴州高铁站、邵阳北站等，都在10公里以上。

如果你偏偏喜欢慢旅行，在湘黔线、焦柳线上，还跑着一些绿皮火车，票价非常便宜，只有本地百姓乘坐。不过，绿皮火车毕竟是被淘汰过程中的交通工具，说不定哪天就停运了，请提前咨询一下当地人。

长途汽车

公路运输是省内交通的主力，近年来湖南的路况越来越好，高速公路也越建越多，全省高速公路通车总里程达6419公里，跻身全国前五。但在湘西的大山里，依然有很多路窄、坑多的乡村公路。越是偏远、交通不便的地方，发车频次越少，有些一天仅1班，甚至当日有去无回，而赶集的日子车子又会多一些。

长途汽车一般有3种：高快、普快、乡村巴士。走高速的高快一般是大型客车，车内配有空调、电视，有些已安装免费的Wi-Fi热点，座椅宽敞舒适，运营也很规范，会要求对号入座，能准点发车，不允许超载。普快通常走国道，一路有很多盘山公路，车子的整洁度比高快差一些，但也都能准点发车。发往各乡镇的乡村巴士通常是破破的中巴车，车内卫生状况很差，座椅之间非常拥挤，超载是常有的事，发车准点率也不高，上座率不高的时候，有些司机会等齐一定数量的乘客才肯开车，且一路停车载客，还会带货，你也可以在路边招手拦车。

长沙是湖南最大的交通枢纽，共有6个长途客运站，发往全国各地、省内各市和周边景点、乡镇等。省内各地级市彼此之间有频繁班次衔接，而地级市又是各自区域内的交通枢纽，有发往其下有省道通达的几乎所有县、乡、镇、村的班车。

长途汽车票通常到了车站随买随走，一些大一点的车站，如长沙、凤凰等，站内有自助售票系统，你还可以通过去哪儿（bus.qunar.com）、携程（bus.ctrip.com）等网站或微信公众号"湘约出行"提前购票，发车前到汽车站取票，不过一些偏远乡村和上车购票的巴士就不能在网上购票。

船

昔日湖南水运发达，湘、资、沅、澧四条河流和各条支流沿岸有很多码头，不过随着公路和铁路交通网络的后来居上，加上各条河道上纷纷建起水电大坝，船运最终成了不合时宜的交通工具而被时代所淘汰，你很难再如20世纪的人们，一路坐着船游历湖南，只有极个别地区依然靠水路进出。

若想体验一下坐船旅行，相对完整的一条水运路线在湘西的沅江到酉水一带（见128页），也就是当年沈从文所走过的路线，不过因部分航线停航或大坝阻拦，如今的航程已缩短了很多（兴隆街—五强溪—沅陵—凤滩水电站——小溪—芙蓉镇—保靖），并且面临着进一步"缩水"。每段航程的班次很少，每天只有一两班船。

另外，安化地区的东坪至平口一段目前仅通水路，南洞庭湖的沅江至共华也有一小段船运可体验。

运营的船只有木船也有铁船，为柴油驱动，噪声较大，时速在30~55公里。船身狭长，船舱不算宽敞，靠窗有两排长木条凳座位，船尾有半露天的厕所。赶集日人和货物"挤挤"一"船"，有超载的安全隐患，建议不论水性如何，都要确保救生衣在随手拿得到的地方。

搭便车

出于个人安全考虑，我们不推荐搭便车。实在非搭不可，或者错过了唯一的班车又急于离开，一定要注意安全，尤其是女性独行者。且不要抱着占人便宜的心态，而应支付一定的费用。

搭车地点可选在景区停车场、加油站等，如果在公路边搭车，要避开上下坡、弯道和其他不方便停车的地方。上车前审慎判断一下司机和车上人员是否良善，主动与司机谈好价格，既表示感谢的同时，也能避免司机坐地起价。

搭便车尽量选在白天，而且最好结伴。上车后最好及时告知亲友自己的行程方向以及搭乘车辆的情况。

自驾游

只要不是选在极端天气出行，例如夏天山洪、冬日暴雪过后，湖南的公路是适合自驾的。目前省内和来自广东的自驾旅行者最多，京港澳高速沿线也有不少值得一看的风景。不过毕竟湖南山多弯多，新司机还是等磨炼成老司机再来尝试吧。

包车

前往一些没有公共交通覆盖的景点，难免会需要包车。一般而言，包车司机都集中在客运站附近，你可以多方比价后再决定，或者提前向客运站里的工作人员、长途车司机了解一下行情。出租车通常也乐意让你包车，但要注意了，例如凤凰这样出租车司机根本不愁生意的城市，司机会开价很高。另外，如果与包车司机谈路线时，发现司机对目的地并不熟悉，最好不要上车，一方面有可能把时间浪费在找路上，另一方面也有可能碰到司机最后以距离超出预期为由坐地起价。

当地交通

在湖南各市、县，公交车、出租车都是有效的代步工具。再小一级的镇，三轮摩的很普遍，也可以作为包车选择。

公交车

县级及以上的地方一般都有公交车，能衔接起车站、景点、中心区等，票价1~2元（南岳镇内公交免费），多为自动投币。注意，张家界、益阳等地公交票价1.5元，最好提前准备好零钱。一些小地方的公交车上没有自动报站，可能也不设站牌，最好事先告知司机或售票员，麻烦他们到站时招呼你一声。有些地方以观

拉拉渡

拉拉渡是湘西特有的渡船方式。沈从文在《边城》里写道:"渡船头竖了一枝小小竹竿,挂着一个可以活动的铁环,溪岸两端水面横牵了一段废缆,有人过渡时,把铁环挂在废缆上,船上人就引手攀缘那条缆索,慢慢的牵船过对岸去。"体验拉拉渡的最佳地点当然是书中故事的发生地茶峒,拉拉渡坐一次2元。你还可以等船夫下班后,自己"掌舵",试着将船拉去对岸。除了茶峒,湘西的洗车河沿岸也有机会体验拉拉渡,不过大多为迎合旅游需要而设。

光车(如里耶)、面的(如芙蓉镇)代替公交,性质一样。

地铁

湖南省内只有长沙通地铁,目前已通车的有一横一纵两条地铁线路,到2020年前将建成6条地铁线。长沙的两个火车站、长株潭汽车站、长沙汽车西站、长沙汽车北站和市中心的五一广场等都在地铁沿线。另外,还有磁悬浮列车连接高铁南站和机场。

出租车

湖南大多数地方出租车起步价5~6元,一些小地方通常不打表,有些还会针对游客有两套报价。长沙、衡阳、永州、郴州等大城市可以使用手机叫车App。长沙黑车猖獗,只要不是特别赶时间,最好别上黑车,你可以提前通过叫车App预约出租车。

自行车

随着共享单车的流行,自行车也成为受人们欢迎的低碳出行方式。长沙、常德、张家界、怀化、衡阳等城市都有共享单车,摩拜、ofo、小蓝车等很普遍,用手机扫码便能租车,骑行结束后会自动扣款,通常1小时以内为1元。解锁共享单车前,要查看一下车子是否存在轮胎没气、座椅有损等问题,结束骑车时不要乱停乱放。

岳阳、永州、常德有城市公共自行车,使用同样方便,各地收费标准不一样。

渡轮

渡轮也是多水的湖南所特有的公共交通工具,永州、常德、茶峒等地都有,票价与公交相当。

健康指南

湖南在健康卫生方面是比较安全的旅行目的地,但这并不意味着你可以掉以轻心。如果你平时就患有某方面的疾病,例如心脏病,旅行时就得格外小心,最好选择气候宜人的春秋两季前来。另外,湖南人嗜辣,平时饮食习惯偏清淡的旅行者最好备点肠胃药。任何人都应在旅途中注意饮食卫生。

长沙的医疗条件是全省最好的,有20多家三级甲等医院,不管大病小病都能提供完善的医疗服务。而其余地方,医疗水平就因经济状况各有不同了。总的来说,湖南东部、北部经济较发达的地区医院设施较好,湘西山区则要差一些,但基本的医疗救助都可以保证。

出发前

保险

谁也无法事先预料旅途中的事故与疾病,所以买一份保险还是有必要的,特别是当你打算去进行一些特殊活动时,比如登山、徒步、攀岩、溯溪、漂流等,即使你经验丰富,也最好给自己多准备一份保障,具体内容可参考"出行指南"中的保险(见291页)部分。

其他准备

出发前一定要确认自身的健康状况。如果行程不短的话,最好在启程之前去看牙医。如果你戴眼镜的话,应该准备一副备用眼镜,以及眼科医生开的处方以方便路上配镜。

如果你需要某种特殊药物的话,一定要多准备一些,因为当地很有可能买不到。为了避免麻烦,处方或医生提供的证明文件一定要字迹清晰,以证明你用药的合法性、经常性。在你的行囊中应该多带一些常用药品。

常备药品

推荐放入个人药品箱的医疗物品:

➡ 泰诺或阿司匹林——用于止痛或退烧

➡ 绷带、纱布、创可贴和其他创伤敷料、云南白药气雾剂——处理小创伤

➡ 剪刀、电子体温计(非水银体温计)、镊子——急救用品

➡ 百多邦、达克宁——用于各种细菌、真菌性皮肤感染

➡ 多种维生素——长途旅行过程中,饮食中的维生素含量可能不足

➡ 镇痛药(如布洛芬)

➡ 外用驱蚊剂和风油精

➡ 类固醇或可的松——用于治疗误食有毒植物或其他过敏性皮疹

➡ 抗病毒冲剂、快客、阿莫西林——预防和治疗感冒、流感

➡ 藿香正气水或十滴水、仁丹——防中暑

➡ 黄连素片、蒙脱石散——防腹泻

➡ 晕海宁——防晕车

➡ 防晒霜、润唇膏——防止晒伤、干燥

➡ 避孕药具

旅途中

如果你得了(或觉得自己得了)重病(如疟疾)、急症,千万不要拖延,应以最快速度就诊。

医疗服务及费用

在湖南绝大多数市县,如果需要紧急医疗救助,可以拨

打**医疗急救电话**📞120。如需非处方药物，各地很容易找到药店。

传染性疾病
流感

冬春两季是流感易发的季节。流感的症状包括高烧、肌肉疼痛无力、流鼻涕、咳嗽和咽喉肿痛。流感对65岁以上老人以及心脏病、糖尿病患者可能有严重威胁，建议注射流感疫苗。目前没有针对流感的有效治疗方法，旅途中如不幸染上流感，你最需要的是静养，服用感冒药减轻痛苦，在山区旅行时恶劣的环境尤其不利于康复，最好尽早回程。

伤寒

伤寒症是一种危险的肠道传染病，受污染的水和食物是导致感染的罪魁祸首。一旦患病必须就医。

在患病初期，患者可能认为自己得了重感冒或流感，因为伤寒的早期症状表现为头痛、浑身疼痛、发烧。伤寒患者体温每天都会略有升高，直至达到40℃左右或者更高。患者脉搏缓慢，而正常发烧通常是脉搏加快。此外，还会出现呕吐、腹痛、腹泻或便秘等症状。

在患病后的第二周，高烧和脉搏缓慢的现象仍在继续，皮肤上可能会出现粉红色的斑点，会有发抖、神志不清、虚弱、体重减轻和脱水等症状。另外，病情严重的话还可能产生肺炎、肠穿孔或脑膜炎等并发症。

血吸虫病

洞庭湖区的岳阳、常德、益阳是中国血吸虫病严重的疫区，这是一种严重的传染性寄生虫病。血吸虫病会损害人体的肝、脾、肠道，对儿童的危害更大，严重时会导致发育停止。和疫水接触是血吸虫病的传染途径：血吸虫以钉螺为中间宿主，人体接触曾有钉螺生存其中的水后，血吸虫尾蚴就可能从人的皮肤侵入导致接触者患病。当尾蚴侵入皮肤后，部分患者局部出现丘疹或荨麻疹；接触疫水后一至两个月内，会出现发热、腹痛、腹泻等急性症状；之后进入慢性期，可能会不定期腹泻、粪便中带有黏液及脓血、肝脾肿大、贫血和消瘦等；在5年后转为严重危害健康的晚期症状，有可能致死。

在血吸虫病流行区域，旅行者应该避免身体的任何部位与河水、湖水接触。一旦出现血吸虫病的症状，应该立即去医院或附近的血防站就医，早期的血吸虫病可以用药物治愈，一旦进入晚期就会对身体造成不可逆的影响。建议旅行者到洞庭湖附近的医院就医，那里的医生对血吸虫病的治疗更有经验。

真菌感染

偏远乡村山地较差的卫生环境和湿热的气候容易导致真菌感染，感染部位通常在头皮、脚趾（脚气）或手指之间、腹股沟和身体其他部位（表现为癣）。癣是一种真菌感染，会通过感染真菌的人或动物传染，而潮湿会助长真菌的感染。

为了防止真菌感染，应当穿宽松、透气、舒适的服装，避免人造纤维的贴身衣物，经常洗澡，并小心地擦干身体。如果你受到了感染，至少每天使用消毒剂或药皂擦洗感染区域，然后用清水冲洗并擦干，并使用抗真菌药膏或药粉，如达克宁。尽量将患处暴露于空气或日光中。用热水洗涤所有的毛巾和内衣裤，经常更换并在阳光下晒干。

肝炎

肝炎是各类肝脏炎症的总称，它是全世界范围内的一种常见病。有几种不同的病毒会导致肝炎，它们的传播途径各不相同，但症状基本相似，包括发烧、发冷、头痛、疲劳、虚弱和周身不适，随之而来的是食欲不振、恶心、呕吐、腹痛、尿色发暗、粪便颜色浅、皮肤发黄和眼白发黄。

被污染的食物和水会传播甲型肝炎。一旦传染甲型肝炎，应该听取医生的建议，但除了隔离、多喝水、少吃东西和避免油腻食物之外，你能做的非常有限。甲型肝炎可通过注射疫苗得到100%的预防。乙型肝炎通过血液（未经消毒的注射针头和输血）或性接触传播。可能导致传播风险的渠道包括剃须、文身等。戊型肝炎和甲型肝炎的传播途径相同，以青壮年人发病率最高，孕妇之间的传播尤为严重。目前有预防甲肝和乙肝的疫苗，但没有针对其他类型肝炎的疫苗。

对于旅行者来说，注意饮食和其他方面的卫生是必要的预防措施。

疟疾

疟疾是通过蚊子传播的疾病，有潜在致命性，曾经在湖南南部流行。虽然现在病例大多是输入性的，但在旅行过程中避免蚊虫叮咬依然至关重要，尤其在山里徒步时要小心。

疟疾的症状主要表现为发热、发冷、出汗、头痛、关节痛、腹泻、胃痛，在此之前通常会感到周身不适。如果怀疑感染了疟疾，应立即就医，否则病情将迅速恶化，甚至危及生命。

狂犬病

湖南乡间，不少当地人有养狗看护家院的习惯，路遇野狗的概率也非常大。万一被咬，先用肥皂和水小心地清洗伤口，再涂抹碘伏，然后尽快就医。如果之前没有接受过疫苗注射，则需要尽快注射狂犬病疫苗。

人类免疫缺陷病毒/艾滋病（HIV/AIDS）

感染人类免疫缺陷病毒（Human Immunodeficiency Virus, HIV）可能导致致命的获得性免疫缺陷综合征（Acquired Immune Deficiency Syndrome, AIDS, 音译艾滋病）。血液、血产品或体液都会传播这种疾病。湖南的HIV病毒感染人数这几年迅速上升，截至2016年10月已达24,313例。

艾滋病一般通过性接触或受污染的针头传播，因此发生性行为、接种疫苗、针刺疗法、文身、在身体上穿孔以及静脉注射毒品都有感染艾滋病的潜在危险。HIV/AIDS也会通过输血传播。

如果确实需要接受注射的话，应要求护士当着你的面打开密封的注射器，或者自备针头和注射器。但如果患严重的疾病，不应该因为害怕感染艾滋病而拒绝治疗。

环境引发的疾病和不适
腹泻

水土不服、饮食不洁以及气候变化都可能导致轻微腹泻，尤其是湖南菜大多是辣的，容易引起肠胃不适。如果只是腹泻而没有其他症状的话，通常不会有太大的问题，服用普通的腹泻药就可以了。严重的腹泻可能是由细菌感染引起的，也可能有其他原因。

腹泻的主要危险是脱水，儿童和老人尤其应该注意。无论在什么情况下，都要牢记补充液体（至少也要与在排便和呕吐中所流失的体液达到均衡）是至关重要的。红茶加少许糖、苏打水或饮料都能补充水分。恢复期间要坚持吃清淡的食物。

严重的腹泻要及时补充身体流失的矿物质和盐，口服补液盐非常有效，可以将它加入开水或瓶装水中。如果情况紧急，也可以将6茶匙糖和半匙盐加入1升的开水或瓶装水中。严重腹泻的情况下需要通过大便检验来进行诊断并查明原因，因此应立即就医。如果没有就医条件的话，建议使用治疗细菌性腹泻的药物（细菌性腹泻是最可能导致旅行者产生严重腹泻的原因）：诺氟沙星（400毫克，每天2次，服用3天）或环丙沙星（400毫克，每天2次，服用5天）。适于儿童使用的药物有复方磺胺甲噁唑（复方新诺明），服药剂量由体重决定，5天一个疗程，服用前建议先确认对此药不过敏。

晕车

如果你有晕车史，湖南的山路十八弯可能会让你叫苦不迭，带好晕车药很有必要。另外记住，上车前不要吃得太饱，不要吃甜食，大致在开车前半小时服用晕车药，涂抹清凉油或风油精也能稍稍缓解不适。

晒伤

夏天进行户外活动时需要注意防晒，即使是多云，紫外线也不能小觑。对于皮肤可能暴露在阳光下的部分，需要涂抹防晒霜，建议使用SPF50以上的护肤品，并及时补涂。最有效的防晒措施是物理防晒——长袖衣裤、头巾、帽子和墨镜。如果你的皮肤已经晒伤，应使用冷敷和使用相关药物（如芦荟膏）以缓解不适，同时避免患处继续暴露在阳光下。

中暑

中暑是一种严重的急症，症状来得很突然，伴有虚弱、恶心、体热且燥、体温超过41℃、晕眩、迷糊、失去协调性、抽搐，甚至昏迷失去知觉。

湖南夏天温度极高，尤其是行走在紫外线强烈的户外，人体很容易出现中暑症状。注意遮阳，适时补水等都能降低中暑发生的概率。感觉到有中暑症状时，要立即转移到通风、凉爽的地方休息，脱掉衣服，扇风，用冷的湿毛巾敷在身上，特别是腹股沟和腋窝下，并服用藿香正气水、藿香

关于新型冠状病毒疫情的出行提示

截至本书印刷时,新型冠状病毒疫情仍在全球流行。虽然常规旅行并不会额外增加风险,但我们仍建议旅行者结合实际情况后再决定出行,在做好自身防护的同时遵守当地的防疫要求,保持良好的卫生习惯。在人群聚集的场合保持社交距离,戴好口罩,定期彻底清洁双手,避免触碰眼睛、鼻子和嘴。如有发烧、咳嗽和呼吸困难等症状,应立即就医,并遵循当地卫生部门的指示。针对疫情期间的个人防护,可参考世界卫生组织(www.who.int/zh/emergencies/diseases/novel-coronavirus-2019/advicefor-public)的详细建议。

疫情期间,众多博物馆与景区均可能实行预约制,须至少提前1天或当场预约。预约渠道通常在相应景区的微信公众号内,可在制定行程时事先了解。

正气丸、仁丹、十滴水之类的药物,在太阳穴、人中处涂抹风油精。

蚊虫叮咬

为避免被蚊虫叮咬,可以在暴露的体表和衣服上喷洒涂抹含DEET的驱蚊剂,使用喷洒了驱虫剂的蚊帐。

在湖南的偏僻之地,特别是山区,可能会有臭虫、跳蚤、扁虱等小虫子,尤其要小心肮脏的床垫和被褥。

如果床单或墙上有血迹,就很可能有臭虫,被臭虫叮咬过的身体部位会长出一片非常痒的疙瘩。它们通常会藏在人的体毛上、衣服上。与被跳蚤找上的人直接接触,共用梳子、衣服和其他类似物品都会染上跳蚤。药粉和洗发水能够杀灭跳蚤,染上跳蚤的衣服应该用热肥皂水洗涤,并在阳光下晒干。

如果你刚刚穿越一片蜱虫滋生的区域,应该检查一下全身,因为扁虱会导致皮肤感染和其他严重的疾病。如果有扁虱吸附在你的皮肤上,应该用干净的镊子夹住它的头,垂直于体表将其拉出。不要拽扁虱的后部,因为这样会压迫它的肠道,使排泄物注入皮肤,增加感染和患病的风险。随后要以酒精、碘酒清洗伤口。

蛇

蛇在湖南的山里并不少见。为了将被蛇咬的风险降到最低,在徒步山林时,一定要穿靴子、袜子和长裤。不要把手伸进洞穴和裂缝中,而且拾柴的时候一定要小心。一般来说,你不去惹蛇,蛇也不会主动攻击你,所以绝对不要试图逗蛇、捉蛇。被毒蛇咬伤后不会立即死亡,抗蛇毒血清通常也能买到。发生意外后,务必保持冷静,应该立即将被咬的肢体紧紧包扎起来,然后用夹板将其固定,就像处理扭伤的脚踝一样。让受伤的人保持静止,同时寻求医疗救助。使用止血带和吸出蛇毒等电视里常演的方法实际上并不可靠。如果可能的话,可以拿死蛇去做鉴定。

女性健康

在城市旅行,女性卫生用品很容易买到。小县城计生用品选择有限,应携带适量的自用避孕品。使用抗生素、穿合成纤维内裤和出汗都可能会导致阴道真菌感染,特别是在炎热的地方。常规治疗药物有制霉菌素、硝酸咪康唑、克霉唑栓剂或阴道软膏。保持良好的个人卫生习惯、穿宽松的衣服和纯棉内裤有助于预防这些感染。尿道感染可能因脱水或者长时间乘坐汽车而没有机会上厕所导致,可携带适当的抗生素。

性病是导致妇科问题的主要原因。症状主要表现为阴道分泌物有臭味,性交时感到疼痛,小便时有灼烧感。如果有这些症状,应该去医院治疗,而且男性性伴侣也应该接受治疗。除了节制性行为之外,使用安全套是保证性安全的最佳办法。

幕后

说出你的想法

我们很重视旅行者的反馈——你的评价将鼓励我们前行,把书做得更好。我们同样热爱旅行的团队会认真阅读你的来信,无论表扬还是批评都非常欢迎。虽然很难一一回复,但我们保证将你的反馈信息及时交到相关作者手中,使下一版更完美。我们也会在下一版特别鸣谢来信读者。

请把你的想法发送到**china@cn.lonelyplanet.com**,谢谢!

请注意:我们可能会将你的意见编辑、复制并整合到Lonely Planet的系列产品中,例如旅行指南、网站和数字产品。如果不希望书中出现自己的意见或不希望提及你的名字,请提前告知。请访问lonelyplanet.com/privacy了解我们的隐私政策。

作者致谢

彭棠

感谢父母一直以来的默默支持,感谢老公的帮助和鼓励,感谢小树苗苗的暖心陪伴。感谢李昕给力的指导与支持,感谢各位作者的通力合作。最后感谢湖南这片好山好水,感谢曾经生活在这片土地上我的祖先。

何望若

感谢易晓春、田爱民、张一定、刘烨、龚玉玲、唐琼,以及一路上未留名的热心人,谢谢你们从各个角度为我解读湘西。感谢沈从文,再一次前来湘西依然是因为您。

龚宥文

感谢永州南风在节孝亭奉上的热茶,千家峒赵先生的瑶族火锅,东江湖小胡提供的人文和交通信息,以及衡山、江永和郴州路上热心指路的村民们,谢谢统筹编辑彭棠的专业和耐心。最重要的,感恩父母,你们是我最无怨无悔的后盾。

何苗苗

感谢父母对我一路的关心和爱护,感谢麦当劳的刘玉凤阿姨帮我照顾家里的两个小猫,感谢岳阳李定岳、许宏腾、桃花源的奶茶妹妹、壶瓶山小白夫妇、洞市客栈的老板、株洲的朱司机、安化小梁妹妹、崀山遇到的宁乡大哥、荷叶镇的摩托车师傅等人,他们不厌其烦地为我提供当地信息,在大型景点热心带我自驾游览,为我的调研和写作提供极大的方便和支持。

尼佬

特别要感谢小哈,提供从张家界到武陵源的食物指导。也要感谢彭青宇、金刚,让我对湖南人的生活增加了很多认识,感谢梁海和我一起去看景点和吃湘菜,感谢上一版柚子老师完整全面的贡献。

王玫珺

感谢温柔的CE彭棠和昕昕提供的支持和包容,祝树和苗都茁壮成长。感谢探班的老妈和博文,感谢李娟提供的陪伴和灵感。感谢湖南卫视的果果和Sup音乐的Ted。感谢常立军和伍婷婷,希望《湖湘地理》越办越好。感谢诗白姐姐的大餐,感谢左虑远和钟平,感谢每一位为本书做出贡献的受访者、作者和办公室同事。

声明

本书地图由中国地图出版社提供,审图号为GS(2018)3710号。
封面图片:张家界的山峰,视觉中国提供。

关于本书

这是Lonely Planet《湖南》的第3版。本书的作者为何望若、龚宥文、何苗苗、尼佬、王玫珺,在此一并感谢董驰迪、丁海笑、丁子凌、易晓春、谭伯牛、任大猛、姚雪霏。

本书由以下人员制作完成:

项目负责 关媛媛
项目执行 丁立松
内容策划 彭棠 李昕
视觉设计 李小棠 刘乐怡
协调调度 沈竹颖

执行出版 马珊
总　　编 朱萌
责任编辑 喻乐

地图编辑 田越
制　　图 张晓棠
终　　审 杨帆
流　　程 孙经纬
排　　版 北京梧桐影电脑科技有限公司

感谢刘泽刚、向阳、洪良、武媛媛、王逸帆为本书提供的帮助。

索 引

A
矮寨大桥 119~120
矮寨公路 118
安化 246~248, **249**

B
八面山 135~136
巴东木莲 128
白沙古镇 84
白沙井 67~68
板梁古村 231
宝峰湖 152
边城老街 120~121
不二门 130

C
藏经殿 212
茶峒（边城）120~122
茶陵老街 91
茶陵县工农兵政府旧址 90~91
茶师旧址 121
长沙 59~82, **62~63, 69, 70**, **17**
长沙市博物馆 65~66
长沙市简牍博物馆 66
常德 194~199, **195**
常德博物馆 196
常德河街 196~197
常德会战阵亡将士公墓 194~195
常德诗墙 196
郴州 231~234

000 地图页码
000 图片页码

船山学社 68
纯溪小镇 193

D
大善寺 209
大围山国家森林公园 84
德夯苗寨 117~118
滴水洞 87
定王台书市 79
东山书院 89
峒河游园 116
洞庭湖国际观鸟节 186
洞市老街 247
都罗寨 112
杜甫江阁 66~67
杜甫墓祠 193

F
方广寺 212
飞虎队纪念馆 172
凤凰 96~109, **98~99, 102, 5**, **9, 31, 164~165**
芙蓉镇（王村）122~126, **36~** **37**
芙蓉镇老街 122~123
福严寺 210~212

G
高椅古村 171
古城博物馆 97~98
古城遗址公园 135
广济寺 212
国货陈列馆旧址 67

H
夯峡溪 119
禾库 114, **2, 22**
横岭 176
衡阳 216~220, 217
红军标语博物馆 91
红石林国家地质公园 123
洪安镇 121
洪江 160~172, **161**
洪江古商城 161~162, 170~172, **170**
胡耀邦故居 83~84
壶瓶山 202~203
湖南大学 61
湖南省博物馆 65, **11**
湖南省立第一师范学院旧址 66
湖南师范大学 61
花明楼（刘少奇故居）84~85
怀化 155~158
皇都侗寨（黄土）175~176
黄龙洞 152
黄丝桥古城 110~111
黄心夜合 127~128

J
吉首 115~116
贾市古街 136
贾谊故居 66
江永 226~227
蒋宋官邸 210
金鞭溪 149~150
荆坪村 155~157
靖港 85~86
九龙溪 118~119

橘子洲 64~65
君山岛 182~185

K

开福寺 68
抗日胜利受降旧址 172

L

拉拉渡 298
腊尔山 114, **10**
崀山 253~255, **253**, **16**
老家寨 113~114
老司城 130~131
老屋场 151~152
里耶 134~137
里耶古街 135
里耶秦简博物馆 135, **167**
醴陵瓷谷 90
浏阳 82~84, **29**
浏阳文庙 83
柳叶湖 196
柳子庙 220~221
龙津风雨桥 172
龙泉洞 247
龙山 131~133
隆头 134
渌江书院 90
洛塔石林 132

M

莽山 235~237, **163**
毛泽东故居 87
毛泽东广场 87
毛泽东纪念园 87
梅山龙宫 249~250
汨罗 191~192, **29**, **52**
苗人谷 113
磨镜台 210

N

南方长城 109

000 地图页码
000 图片页码

南湖 185
南台寺 212
南岳大庙 205~209, **167**
南岳衡山 205~216, **208**, **210**, **15**, **32-33**
南岳忠烈祠 209~210, **167**
宁乡 84~85
女书园 227~228

P

彭德怀纪念馆 89
平江 192~193
坪坦 176, **12**, **164**
萍岛 221~222

Q

齐白石纪念馆 89
奇梁洞 100
千家峒 228~229
乾州古城 115~116, **54**
黔城 158~160, **159**, **2**, **36-37**, **164**

R

惹巴拉 133~134
汝城 234~235

S

杉木王 126~127
上甘棠村 229~231
韶峰 87
韶山 87~88, **33**
韶山毛泽东同志纪念馆（生平展区）87
韶山毛泽东同志纪念馆（专题展区）87
邵阳 251~252
神农谷国家森林公园 92
沈从文故居 97
沈从文墓 98~99
圣安寺 185
十里画廊 150
十里长堤 135
石鼓书院 217~218

石牛寨 194
舒家塘 112
苏仙岭 231

T

太平街 67
谭嗣同故居 82~83
炭河里国家考古遗址公园 85
桃花源 199~201
天后宫 172~173
天龙峡 110
天门山 139~141, **48**, **162**
天心阁 65
天子山 152
通道 174~178, **174**
铜官 86
团湖荷花公园 185~186
沱江 100

W

万佛山 177
万和鼓楼 173
万名塔和万寿宫 98
文昌阁小学 99~100
乌龙山大峡谷 132
浯溪碑林 225~226
武陵源 146~155, **148**
雾漫小东江 238, **15**, **40**

X

西兰卡普 134
洗车河镇 133
香零山 222
湘乡 88~89
潇湘八景 216
小东江 238~240, **15**
小溪 126~130
新化 248~249, **249**
新民学会成立会旧址 61
熊希龄故居 98

Y

岩板堰 111~112
炎帝陵 91~92

炎陵 91~92
雁城三塔 218
阳烂和高步 176
杨家界 150~151
夷望溪 201~202
益阳 242~245, **244**
益阳市博物馆 243
营盘寨 110
永顺 130~131
永州 220~225, **222**
永州博物馆 221
玉泉溪 118
芋头寨 174~175
袁家界 150
岳麓山 60, **14**

岳麓书院 60~61
岳屏公园 216~217
岳阳 181~190, **182**, **184**
岳阳博物馆 185
岳阳楼 181~182

Z
曾国藩古道 212
曾国藩故里 252~253
曾国藩生平研究馆 89
张谷英村 190~191, **16**
张家界 137~155, **137**, **140**, **8~9**, **34~35**
张家界博物馆 141

昭山 86
柘溪水库 246~247
芷江 172~174, **173**
中国黑茶博物馆 246
中国花炮文化博物馆 83
中国苗族博物馆 113
中南大学 61
周立波故居 243
祝融峰 212
祝圣寺 209
紫鹊界梯田 250~251, **13**, **34~35**
左宗棠故居 86~87
坐龙峡 124

记事本

地图图例

景 点
- 佛寺
- 城堡
- 教堂
- 清真寺
- 纪念碑
- 孔庙
- 道观
- 世界遗产
- 博物馆
- 遗址
- 酒窖
- 动物园
- 温泉
- 剧院
- 一般景点

活动、课程和团队游
- 潜水/浮潜
- 划艇
- 滑雪
- 冲浪
- 游泳/游泳池
- 蹦极
- 徒步
- 帆板
- 其他活动、课程、团队游

住 宿
- 酒店
- 露营

就 餐
- 就餐

饮 品
- 酒吧
- 咖啡

娱 乐
- 娱乐

购 物
- 购物

实用信息
- 银行
- 使馆
- 医院/药店
- 网吧
- 公安局
- 邮局/邮筒
- 公共电话
- 卫生间
- 旅游信息
- 无障碍通道
- 其他信息

地 理
- 海滩
- 灯塔
- 瞭望台
- 山峰
- 栖身所、棚屋
- 森林公园

行政区划
- 首都
- 省级行政中心
- 地级市行政中心
- 自治州行政中心
- 县级行政中心
- 乡、镇、街道
- 村

交 通
- 机场
- 过境处
- 公共汽车
- 渡船
- 地铁
- 停车场
- 加油站
- 自行车租赁
- 出租车
- 火车站
- 有轨电车
- 索道缆车
- 其他交通工具

道 路
- 高速公路
- G213 国道
- S203 省道
- X013 县、乡道
- 铁路
- 地铁
- 收费公路
- 高速公路
- 一级公路
- 二级公路
- 三级公路
- 小路
- 未封闭道路
- 购物中心/商业街
- 台阶
- 隧道
- 步行天桥
- 步行游览路
- 小路

境 界
- 国界
- 未定国界
- 地区界
- 军事分界线/停火线
- 省界
- 未定省界
- 特别行政区界
- 地级界
- 县级界
- 海洋公园界
- 城墙
- 悬崖

水 系
- 河流、小溪
- 间歇性河流
- 沼泽
- 礁石
- 运河
- 湖泊
- 干/盐/间歇性湖
- 冰川

地区特征
- 海滩/沙漠
- 基督教墓地
- 其他墓地
- 公园/森林
- 运动场所
- 重要景点(建筑)
- 一般景点(建筑)

注:并非所有图例都在此显示。

我们的故事

一辆破旧的老汽车,一点点钱,一份冒险的感觉——1972年,当托尼(Tony Wheeler)和莫琳(Maureen Wheeler)夫妇踏上那趟决定他们人生的旅程时,这就是全部的行头。他们穿越欧亚大陆,历时数月到达澳大利亚。旅途结束时,风尘仆仆的两人灵机一闪,在厨房的餐桌上制作完成了他们的第一本旅行指南——《便宜走亚洲》(Across Asia on the Cheap)。仅仅一周时间,销量就达到了1500本。Lonely Planet从此诞生。

现在,Lonely Planet在爱尔兰、美国、中国和英国都设有办公室,拥有图书、社交网络、杂志等多种媒体平台的产品。在中国,Lonely Planet被称为"孤独星球"。我们恪守托尼的信条:"一本好的旅行指南应该做好三件事: 有用、有意义和有趣。"

我们的作者

彭棠

内容策划 湖南是她的宝地。她与Lonely Planet的第一次缘分,便是参与第一版《湖南》。而对于湘西,她更是怀有更深、更隐秘的感情,几次行于沅水酉水之上,寻访水边小镇。时隔八年,她与湖南再续前缘。她同时也参与了Lonely Planet《贵州》《苏州》等书的编辑与写作。

何望若

统筹作者; 湘西地区 湘西是她最初旅行的目的地之一,很大程度是受了沈从文的影响。这一次故地重游,她不断对照着旧相片寻找湘西这些年来的变化,也发现了很多当年未发现的有趣之处。她还参与了Lonely Planet《西藏》《新疆》《云南》《江西》《内蒙古》等15本旅行指南的调研写作。

龚宥文

湘南地区 大学研读英语,因背包旅行爱上中外的历史文化。借着这次调研,认真走访不少湘南古村落,震撼于雕梁画栋的民间古建筑。目前,她致力于推广人文实践教育,此前参与撰写了Lonely Planet《甘肃和宁夏》《四川和重庆》及《In台湾》的指南。

何苗苗

湘北地区; 湘中地区; 湘东地区 湖南的饮食文化博大精深,一个多月起早贪黑、跋山涉水的调研生活还是把她扎扎实实地喂胖了好几斤。不过让她印象更深刻的,还是每天数次"为什么你一个人出来玩?应该找个伴!"的关心,以及打听"某某地方好不好玩/好吃"时,"那要看跟谁去玩/去吃啰"的统一回复。回来后她才领悟,这两句话大概就是湖南人的生活哲学。

尼佬

湘西地区 专栏作者，自由撰稿人，同时也是一名不自虐的户外领队。他从2009年起就成为Lonely Planet的中文作者，参与创制了超过20本孤独星球旅行指南和旅行读物。这次湘西旅行让他觉得开发完善的中国典型"景点"也并不是完全没意思，只要为游客提供尽可能多一点的可选项就不错。

王玫珺

湘东地区 她的主要工作是Lonely Planet统筹编辑和翻译统筹，兼任办公室最爱吃辣Top3，对湘菜的迷恋促成了这次调研。在日行三万步的紧凑行程中，她越来越喜爱这座不仅仅有美食的城市。深夜探访民国老宅，清晨闲逛天心公园，甚至连无数个赶稿时又被馋出工伤的夜晚，都是她珍藏的记忆。

特约作者

易晓春

今日湖南 作为生于斯长于斯的当地人，为自己的家乡写一段是责无旁贷的。曾受从文先生的指引，顺着沅水，走出山外，去读那本"未必能懂的大书"，做IT，做编辑。如今又回到山里，继续读书写字育子，时不时做一下环游全球每个角落的梦。

湖 南

中文第三版

© Lonely Planet 2018
本中文版由中国地图出版社出版

© 书中图片版权归图片持有者所有，2018

版权所有。未经出版方许可，不得擅自以任何方式，如电子、机械、录制等手段复制，在检索系统中储存或传播本书中的任何章节，除非出于评论目的的简短摘录，也不得擅自将本书用于商业目的。

图书在版编目 (CIP) 数据

湖南 / 澳大利亚 Lonely Planet 公司编 . -- 2 版 . --
北京：中国地图出版社，2018.7（2022.1 重印）
（中国旅行指南系列）
ISBN 978-7-5204-0689-5

Ⅰ.①湖… Ⅱ.①澳… Ⅲ.①旅游指南 - 湖南 Ⅳ.
① K928.964

中国版本图书馆 CIP 数据核字 (2018) 第 169955 号

出版发行	中国地图出版社
社　　址	北京市白纸坊西街 3 号
邮政编码	100054
网　　址	www.sinomaps.com
印　　刷	北京华联印刷有限公司
经　　销	新华书店
成品规格	197mm×128mm
印　　张	9.75
字　　数	530 千字
版　　次	2018 年 7 月第 2 版
印　　次	2022 年 1 月北京第 4 次印刷
定　　价	69.00 元
书　　号	ISBN 978-7-5204-0689-5
审 图 号	GS（2018）3710 号
图　　字	01-2014-4811

如有印装质量问题，请与我社发行部（010-83543963）联系

虽然本书作者、信息提供者以及出版者在写作和出版过程中全力保证本书质量，但是作者、信息提供者以及出版者不能完全对本书内容之准确性、完整性做任何明示或暗示之声明或保证，并只在法律规定范围内承担责任。

Lonely Planet 与其标志系 Lonely Planet 之商标，已在美国专利商标局和其他国家进行登记。不允许零售商、餐厅或酒店等商业机构使用 Lonely Planet 之名称或商标。如有发现，急请告知：lonelyplanet.com/ip。